ALEXANDRE
O GRANDE

A ARTE DA ESTRATÉGIA

PARTHA BOSE

ALEXANDRE O GRANDE

A ARTE DA ESTRATÉGIA

Tradução
Alexandre Feitosa Rosas

EDITORA BEST SELLER

CIP-BRASIL. CATALOGAÇÃO-NA-FONTE
SINDICATO NACIONAL DOS EDITORES DE LIVROS, RJ.

B755a

Bose, Partha Sarathi
Alexandre, o Grande: a arte da estratégia/Partha Bose; tradução de Alexandre Feitosa Rosas. – Rio de Janeiro: Best Seller, 2006.

Tradução de: Alexander the great's art of strategy
Inclui bibliografia
ISBN 85-7684-059-6

1. Alexandre, o Grande, 356-323 a.C. 2. Planejamento estratégico. 3. Liderança. I. Título.

05-3959. CDD 658.4012
CDU 65.012.2

Para Baba, Ma, Vinita, Priyanka e Pranay

Título original norte-americano
ALEXANDER THE GREAT'S ART OF STRATEGY

Capa: Evelyn Grumach
Editoração eletrônica: I Graficci

Direitos exclusivos de publicação em língua portuguesa para o Brasil adquiridos pela
EDITORA BEST SELLER LTDA.
Rua Argentina, 171, parte, São Cristóvão
Rio de Janeiro, RJ – 20.921-380
que se reserva a propriedade literária desta tradução

Impresso no Brasil

ISBN 85-7684-059-6

SUMÁRIO

Agradecimentos 9

Introdução 17

Capítulo 1. **Perante a Grandeza** 39

Capítulo 2. **O Nascimento da Estratégia** 63

Capítulo 3. **Os Homens Que Queriam Ser Reis** 95

Capítulo 4. **Dando o Tom de Seu Reinado** 120

Capítulo 5. **Vacas Sagradas, Escudos Dourados e um Nó em Forma de Turbante** 139

Capítulo 6. **Sete Estilos Diferentes de Liderança** 162

Capítulo 7. **Uma Estratégia Global para Unificar o Mundo** 208

Capítulo 8. **"Dentes *versus* Cauda" – Estratégia de Logística** 238

Capítulo 9. **A Arte da Estratégia Diversiva** 259

Capítulo 10. **A Morte de Alexandre – e o Seu Legado** 283

Bibliografia Selecionada 316

Notas 324

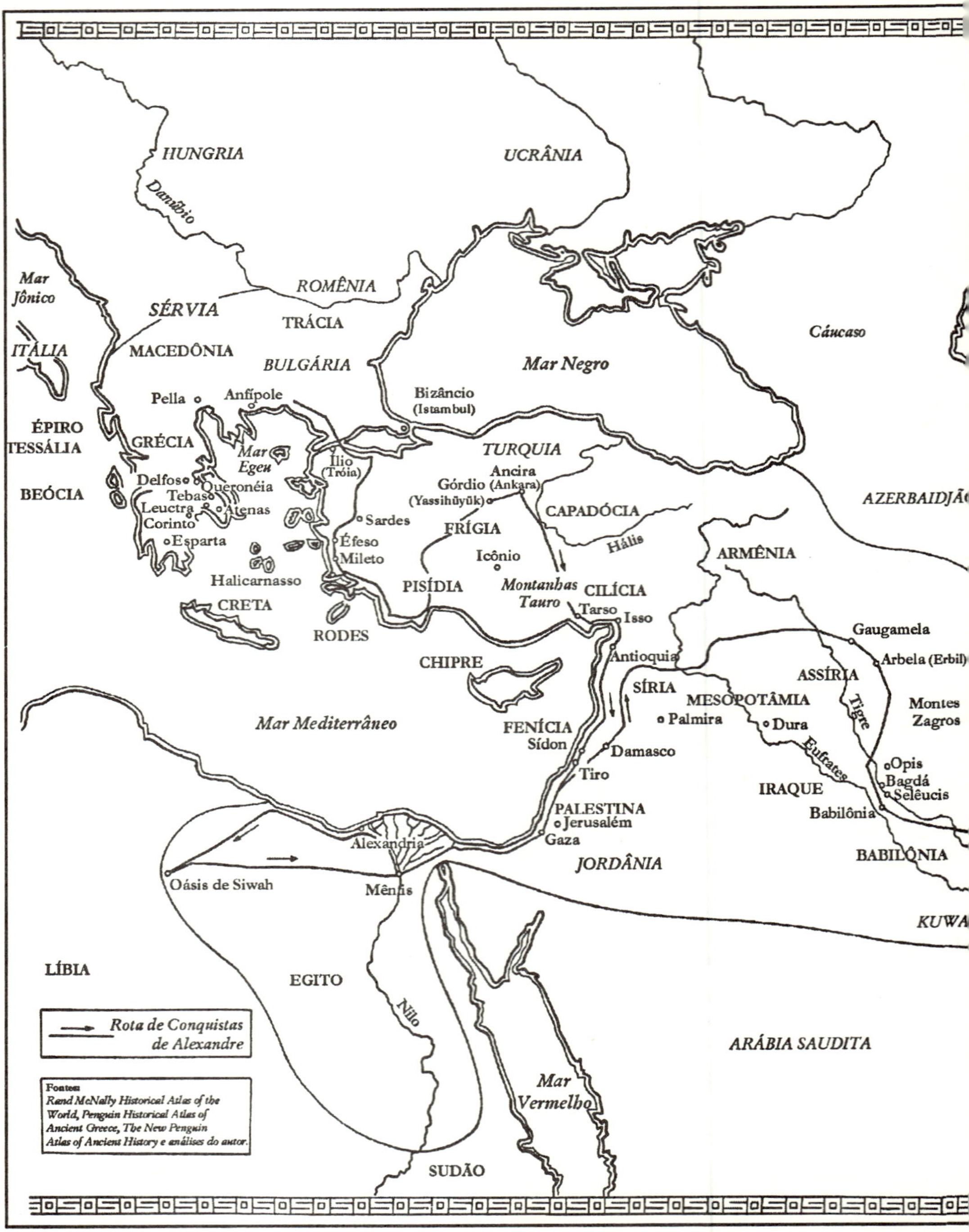

HUNGRIA
Danúbio
UCRÂNIA
Mar Jônico
ROMÊNIA
SÉRVIA
TRÁCIA
Cáucaso
ITÁLIA
MACEDÔNIA
BULGÁRIA
Mar Negro
Pella
Anfípole
Bizâncio (Istambul)
ÉPIRO
TESSÁLIA
GRÉCIA
Mar Egeu
TURQUIA
Ílio (Tróia)
Ancira
Górdio (Ankara)
(Yassihüyük)
Delfos
Queronéia
BEÓCIA
Tebas
Leuctra
Atenas
Corinto
Esparta
Sardes
CAPADÓCIA
AZERBAIDJÃ
FRÍGIA
Hális
Éfeso
Mileto
Icônio
ARMÊNIA
Halicarnasso
PISÍDIA
Montanhas Tauro
CILÍCIA
CRETA
Tarso
Isso
RODES
Gaugamela
CHIPRE
Antioquia
Arbela (Erbil)
ASSÍRIA
SÍRIA
MESOPOTÂMIA
Montes Zagros
Tigre
Palmira
Dura
Mar Mediterrâneo
FENÍCIA
Sídon
Damasco
Eufrates
Opis
Tiro
Bagdá
Selêucis
IRAQUE
PALESTINA
Babilônia
Jerusalém
Gaza
Alexandria
BABILÔNIA
JORDÂNIA
Oásis de Siwah
Mênfis
KUWA
LÍBIA
EGITO
Nilo
Rota de Conquistas de Alexandre
ARÁBIA SAUDITA
Fontes: Rand McNally Historical Atlas of the World, Penguin Historical Atlas of Ancient Greece, The New Penguin Atlas of Ancient History e análises do autor.
Mar Vermelho
SUDÃO

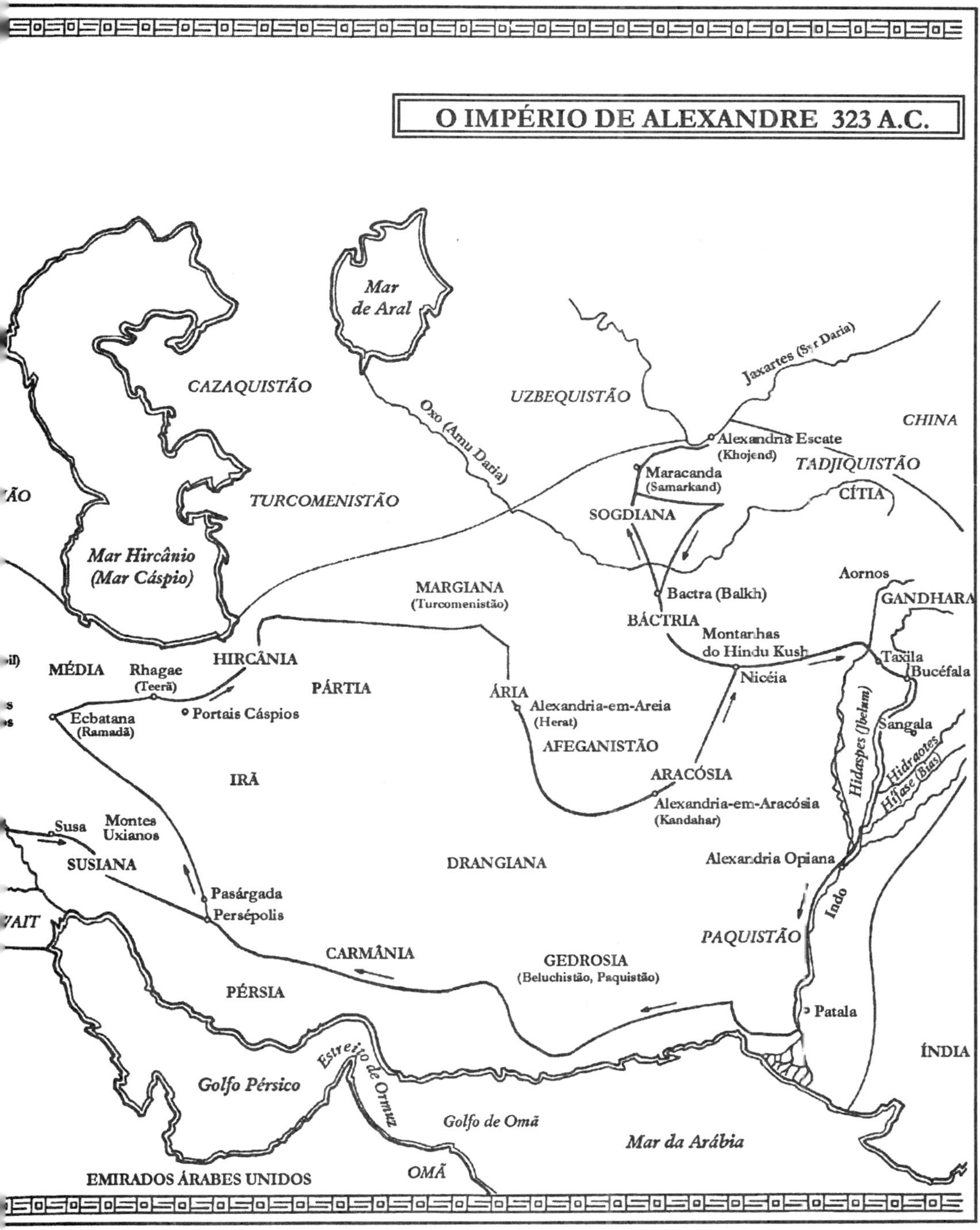
O IMPÉRIO DE ALEXANDRE 323 A.C.
Mar de Aral
CAZAQUISTÃO
UZBEQUISTÃO
Jaxartes (Syr Daria)
Oxo (Amu Daria)
CHINA
Alexandria Escate
(Khojend)
TADJIQUISTÃO
Maracanda
(Samarkand)
CÍTIA
TURCOMENISTÃO
SOGDIANA
Mar Hircânio
(Mar Cáspio)
MARGIANA
(Turcomenistão)
Aornos
Bactra (Balkh)
GANDHARA
BÁCTRIA
Montanhas
do Hindu Kush
Taxila
Bucéfala
MÉDIA
Rhagae
(Teerã)
HIRCÂNIA
PÁRTIA
ÁRIA
Nicéia
Alexandria-em-Areia
(Herat)
Ecbatana
(Ramadã)
Portais Cáspios
Sangala
AFEGANISTÃO
Hidaspes (Jhelum)
Hidraotes
Hífase (Bias)
IRÃ
ARACÓSIA
Alexandria-em-Aracósia
(Kandahar)
Susa
Montes
Uxianos
SUSIANA
DRANGIANA
Alexandria Opiana
Pasárgada
Persépolis
Indo
PAQUISTÃO
CARMÂNIA
GEDROSIA
(Beluchistão, Paquistão)
PÉRSIA
Patala
ÍNDIA
Estreito de Ormuz
Golfo Pérsico
Golfo de Omã
Mar da Arábia
EMIRADOS ÁRABES UNIDOS
OMÃ

AGRADECIMENTOS

ESTE LIVRO É FRUTO DE VÁRIOS ANOS DE ESTUDO E PESQUISA, E, PORTANTO, muitas pessoas, intencionalmente ou não, ajudaram a definir seu teor e conteúdo. Dentre elas, nove merecem menção especial por terem lido textos preliminares, tecido comentários a respeito de diversos esboços e ajudado a orientar o desenvolvimento desta obra com suas sugestões. Nick Sullivan, escritor, editor e empreendedor do ramo editorial e da área de políticas públicas, leu cada palavra e, apesar de inicialmente não ter quase nenhum interesse em Alexandre, tornou-se quase um especialista. Meu amigo dos tempos da faculdade de administração, Paul Zigman, leu o que só posso considerar minhas primeiras reflexões e me deu um *feedback* preciso e absolutamente sincero sobre os rumos e o conteúdo do livro. Max Landsberg, uma das autoridades mais bem-sucedidas e eruditas que escrevem sobre liderança e *coaching* que eu conheço, leu diversas versões iniciais de vários capítulos e dividiu comigo a experiência de já ter escrito três livros. Martin Liu ofereceu sua orientação desde o momento em que tive a idéia de escrever um livro e atendeu às minhas incessantes consultas a respeito do processo editorial com sua alegria e simpatia habituais.

Este livro jamais teria sido possível sem a ajuda e a orientação do meu amigo e mentor Graham Sharman, que reservou um tempo em sua agenda lotada de professor universitário, diretor de Conselho e consultor de estratégia para me fornecer um *feedback* detalhado, capítulo a capítulo. Sinto-me privilegiado por ter trabalhado tão próximo de Alan Kantrow, meu amigo, colega e mentor há mais de 12 anos; suas idéias e sua inteligência melhoraram o conteúdo e os rumos deste trabalho. Alan, *chief knowledge officer* do Monitor Group, foi extraordinariamente generoso na doação de seu tempo e um grande colaborador na árdua tarefa de redação desta obra. O estímulo, a inspiração e as orientações de Mark Fuller, presidente do Monitor Group, foram cruciais. Em várias ocasiões durante a redação do texto, precisei da ajuda e da orientação de Mark a respeito de diversos assuntos mais complexos, e ele não só me pôs na direção certa, como também seu entusiasmo e interesse, e seu domínio do assunto, me inspiraram a buscar um nível de excelência que permanecerá como meta a ser alcançada. Também devo agradecimentos especiais a Joe Fuller, CEO do Monitor Action Group, e a Steve Jennings, sócio sênior do Monitor, por seu *coaching*, suas orientações e sua mentorização constantes, e, acima de tudo, por seu estímulo e amizade, que tornaram possível a redação desta obra.

Como este livro esteve "em gestação" por vários anos – na verdade, décadas –, amigos e colegas de praticamente todos os lugares onde morei contribuíram de muitas maneiras. Mesmo correndo o risco de transformar esses agradecimentos em algo parecido com os discursos da entrega de prêmios do Oscar, gostaria de citar a contribuição de alguns deles. Na Índia, meus amigos J. R. S. Rathore e Vinayak Hazare organizaram e facilitaram muitas visitas a livrarias e bibliotecas pouco conhecidas. Meus amigos da faculdade de engenharia, Abhijit Chavan, Jay Chennat, Mukul Gala, Virender Jamwal, Krishna Kilambi e Bryan Shah, que enfrentaram com generosa paciência meu interesse em história antiga e me deram cobertura durante as inúmeras ocasiões em que eu deveria, na verdade, estar calculando a distribuição de freqüência de uma viga cantiléver ou desenhando a visão isométrica de uma treliça. Sou grato a meu amigo Raj Pillai, que tem servido de guia e parceiro há 25 anos. Ele e sua mulher, Sudha, sempre acompanharam de perto todas as transformações importantes por que passei – muitas vezes, facilitando uma transição mais suave. Também devo o meu muito obrigado ao querido amigo da escola de engenharia e hoje capitalista de risco do Vale do Silício, Ajmal Noorani, por suas idéias sobre o livro e toda a ajuda que me prestou. Quero agradecer a meus professores na Índia – especialmente Ramesh Dewani e Rumi e Veena Mistry – por seu inabalável entusiasmo, orientação e estímulo de meus diversos interesses, assim como aos mais próximos amigos de minha família, Sanat Kumar Banerji e Haripada Mukherji, por seu incansável apoio. A meu primo Joydeep Ghosh, agradeço por ter percorrido livrarias e sebos antigos em Mumbai em busca de livros fora de catálogo sobre a Índia Antiga.

Muitos amigos dos meus tempos de jornalista na cidade de Nova York foram extremamente atenciosos. Três dos meus colegas de viagem, os escritores Aseem Chhabra e Arthur e Betty Pais, foram fontes permanentes de inspiração, e suas idéias a respeito deste projeto em especial e de vários outros nas esferas pessoal e profissional foram mais úteis do que eles podem imaginar. Também gostaria de agradecer a Susan Qualtrough, que é não só uma das editoras mais exigentes e rigorosas com quem já trabalhei, como também um ponto de referência e incentivo há 20 anos. O saudoso Charles Emerson, antigo parceiro da McGraw-Hill, sempre me aconselhou e encorajou na vida e no jornalismo, e ajudou a orientar minha carreira na direção dos negócios. Jahar e Bharati Bhattacharya e Yatin e Shukla Ghosh continuam sendo minha maior base de apoio em Nova York, desde que cheguei à cidade há 20 anos.

Muitos amigos de Londres foram extremamente úteis para a redação deste livro, em especial Martin Giles, que dirige a nova unidade da *The Economist*; Lucinda McNeile, uma das primeiras editoras a manifestar interesse pelo projeto; e meu amigo Roger Katz, que, como gerente-geral da Hatchards, foi responsável pelas experiências mais inusitadas e interessantes que qualquer comprador de livros poderia ter – em qualquer país do mundo. Também gostaria de lembrar o saudoso Gordon Lee, que por mais de 30 anos como editor de defesa e de pesquisa da *The Economist* não só definiu a linha editorial da publicação, como também sempre acolheu a todos que, a seu ver, poderiam se beneficiar de sua vasta experiência. Também devo a Jhumur e Bhabanath Basu, a Susan e Hamish Curran e a Angela e Roger Price meus mais sinceros agradecimentos por sua entusiástica torcida. Na McKinsey, meus antigos colegas e mentores seniores, Ian Davis e Shyam Lal, e meus antigos colegas Allison Gallienne, Torsten Oltmanns, Ivan Hutnik, Michael Hersch e Pom Somkabcharti, foram ardorosos e incansáveis apoiadores deste projeto. Todos fizeram inestimáveis contribuições durante todo o processo de planejamento e redação. Geoff Andersen, que trabalhou comigo na *The McKinsey Quarterly*, nunca deixa de me surpreender com seu inovador design gráfico, capaz de trabalhar os elementos mais complexos, detalhados e sofisticados e transformá-los em algo claro, conciso e visualmente atraente.

Muitos amigos de Boston fizeram o que podiam para me ajudar de todas as formas possíveis – incluindo o fato de terem sido tão compreensivos durante meus muitos meses de reclusão da vida social. Bob e Anne Eccles não só foram grandes amigos e colaboradores como também me ajudaram inúmeras vezes indicando fontes de conhecimento que se mostraram especialmente interessantes. O que foi o caso também de Som e Subroto Bhattacharya, Steve e Maran Carlson, Tony e Swati Elavia, Vivek e Bhavini Joshi, Raman e Anju Mehra, além dos professores da Harvard Business School Nitin Nohria (e sua mulher, Monica Chandra) e Pankaj Ghemawat. Anand Raman, editor da *Harvard Business Review*, leu diversos capítulos e favoreceu o projeto com sua firme orientação. Na Sloan School of Management, do Massachusetts Institute of Technology, o professor S. P. Kothari foi um entusiasta de cada etapa deste trabalho; sua mulher, Dafni, que é de origem grega, foi fantástica e esclareceu inúmeras sutilezas inerentes a cada região. Entre os amigos da Sloan, meu colega de sala Shankar Suryanarayan, hoje na Roche, em Basle, Suíça, e sua mulher, Jayashri, foram apoiadores incansáveis. Finalmente, entre os amigos de Boston, gostaria de agradecer a Tony e Jane Worcester, que foram de grande ajuda e me apresentaram a seu amigo, o professor David Mitten, que ministra um curso de enorme popularidade sobre Alexandre, o Grande, em Harvard.

Diversos amigos e colegas do Monitor foram excepcionais, leram e fizeram comentários sobre vários capítulos. Desejo agradecer especialmente a Jeron Paul e Stephanie Kehrer, que me indicaram inúmeras fontes que eu jamais descobriria sozinho, e por terem aberto mão de seus fins de semana para ler os primeiros esboços que fiz. O pai de Jeron, Charles Randall Paul, teve a gentileza de ler todo o capítulo a respeito de mitos e sugerir várias mudanças interessantes graças à sua profunda experiência acadêmica nessa área, na Universidade de Chicago. George Eliades, historiador por formação, fez comentários sobre diversos capítulos e me pôs em contato com o departamento de história de Harvard, instituição que lhe concedeu seu ph.D. Igualmente, Amy Hustad me pôs em contato com seu marido, Mark Kurtz, do Archeological Institute of America, que, por sua vez, me apresentou a seu professor, Helmut Koester, professor emérito da Faculdade de Teologia de Harvard, graças a quem passei a entender melhor o papel exercido pela religião na caracterização de um herói da Antiguidade. Também sou grato pelas sugestões e ajuda oferecidas por meu colega Dave Dyer, um dos mais expressivos historiadores do mundo especializado em negócios e administração. À colega de Dave no Winthrop Group, Julia Heskel, que estudou e lecionou história da Macedônia antiga em Harvard, na Brown e em Yale, fez diversas sugestões que ajudaram a aprimorar o conteúdo do livro. Também agradeço a Jon Pearson, Anne Lee e Ervin Tu pelas muitas discussões juntos. Vários parceiros do Monitor, especialmente Chris Argyris, Bhaskar Chakravorti, Ralph Judah, David Levy, John Moore, Nikos Mourkogiannis, Fernando Musa, Jeffrey Rayport, Rajeev Singh-Molares, Mark Thomas e Katsuyuki Tochimoto, foram extremamente solícitos na redação desta obra. Minha assistente, Fern Fergus, cuida de minha agenda com olhos de lince, e devo a ela o fato de ter reduzido ao mínimo minhas viagens nos fins de semana, período no qual o livro foi escrito.

Meu agente e amigo Rafe Sagalyn me apoiou e incentivou durante todo o processo de concepção e redação. Eu não teria me dedicado ao projeto sem esse valioso suporte – sua vasta experiência no ramo editorial tornou o ato de escrever muito mais fácil do que é habitualmente. Jennifer Graham, da Sagalyn Agency, me ajudou a atravessar com vida o revolto oceano dos direitos autorais entre países, e Antony Topping, da Greene and Heaton, negociou com extrema competência os direitos do Reino Unido e da comunidade britânica de nações. Sou grato a Bill Shinker, meu editor na Gotham Books, por ter confiado tanto neste livro e por ter transformado o meu trabalho num verdadeiro prazer, graças a seu bom humor e aguçado senso crítico. Não canso de me surpreender com a qualidade de suas idéias a respeito de livros. Lauren Marino, minha editora, passou intermináveis dias e horas esmiuçando cada página, fornecendo um *feedback* precioso. Ela foi dura e rigorosa sem deixar de ser sensível e delicada durante todo o processo. Tem sido um prazer colaborar com ela, e sou grato pelas orientações e sugestões que transformaram milagrosamente meus rascunhos em capítulos de um livro de verdade. Brooke Capps, a ótima assistente de Lauren e Bill, deu conta de uma enorme quantidade de pesquisas secundárias, às quais sempre reagiu com impressionante desenvoltura e bom humor. Finalmente, obrigado a Mark Roy, da Gotham, por ter conduzido com maestria o manuscrito ao longo de todo o processo editorial, e a Craig Schneider, que o revisou por inteiro com extraordinária competência.

Ninguém merece mais crédito por este livro do que a minha família, que suportou todos os anos de pesquisa e os meses que passei escrevendo. Faltei a tantas festas e encontros sociais que os amigos começaram a perguntar à minha mulher, Vinita, se ela ainda estava casada. Vinita leu com entusiasmo muitas versões diferentes de vários capítulos ainda no rascunho, e seu constante *feedback* positivo foi extremamente importante para a estruturação do projeto. Sem seu estímulo, entusiasmo e inabalável apoio, este livro não poderia ter sido escrito. Meus filhos, Priyanka e Pranay, suportaram minhas repetidas ausências das partidas de futebol, dos duelos de esgrima, das reuniões de pais e mestres e das apresentações musicais, e, por trás de uma aparente alegria, sei que sentiam falta do papai para jogar bola com eles ou ir ao cinema. Priyanka, que também já está se interessando por seus primeiros clássicos da literatura, trouxe para casa muitos livros de biblioteca, na esperança de que pudessem ajudar o papai; e todos, sem exceção, foram de imensa valia. Pranay, comecei a desconfiar, devia estar sendo pago por meus editores, porque verificava, incessantemente, o progresso dos trabalhos para saber quando poderíamos voltar a levar uma vida normal em família. Quero agradecer a meus pais, Kali Krishna Bose e Sibani Bose, por terem sempre me encorajado a perseguir meus sonhos e por terem feito de tudo para me ajudar a transformá-los em realidade. Meu irmão, Suprotim; sua mulher, Lilian; meus sogros, Sharad e Nirmala Khandekar; meu cunhado, Sunil Khandekar, e sua mulher, Swati; assim como meu sobrinho, Sujay, e sobrinhas, Maya e Supriya, merecem agradecimentos por sua força e por terem aberto mão de minha presença em importantes ocasiões – tudo para que eu pudesse escrever. Sou grato a todos eles.

ALEXANDRE
O GRANDE

A ARTE DA ESTRATÉGIA

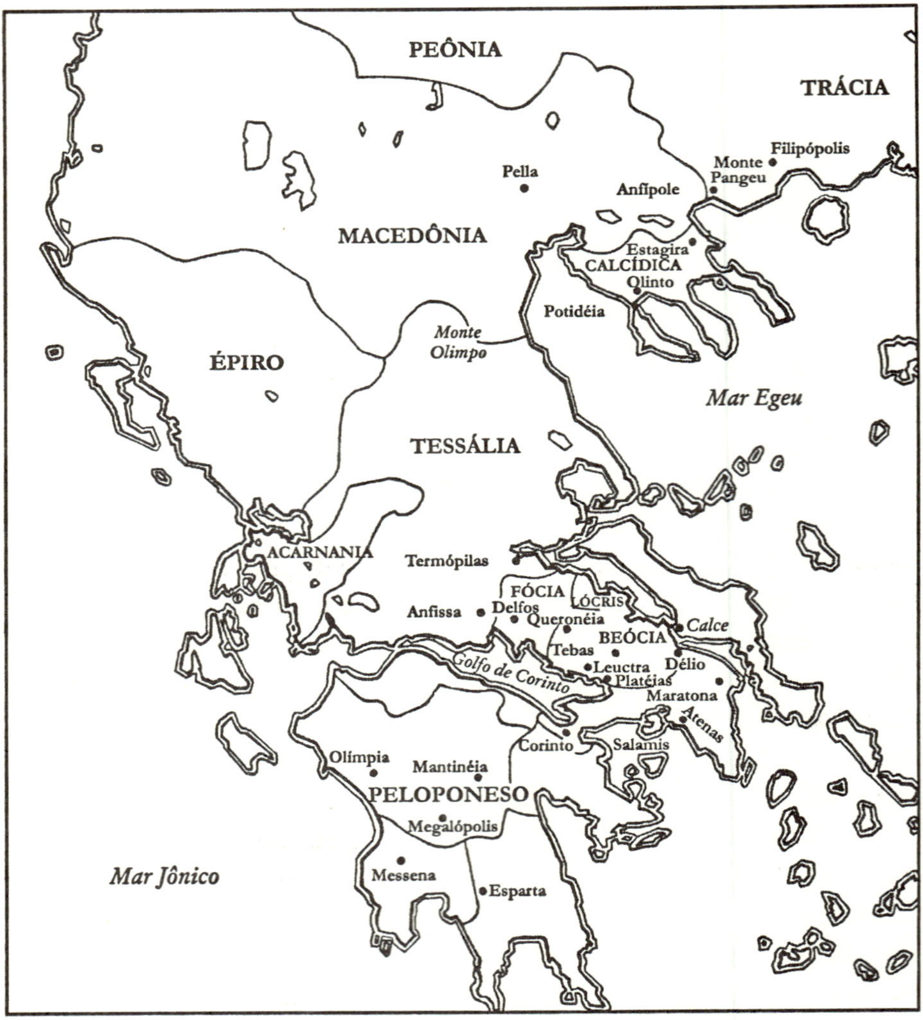
PEÔNIA
TRÁCIA
Filipópolis
Monte Pangeu
Pella
Anfípole
MACEDÔNIA
Estagira
CALCÍDICA
Olinto
Potidéia
Monte Olimpo
ÉPIRO
Mar Egeu
TESSÁLIA
ACARNANIA
Termópilas
FÓCIA
LÓCRIS
Anfissa
Delfos
Queronéia
Calce
BEÓCIA
Tebas
Délio
Leuctra
Platéias
Golfo de Corinto
Maratona
Atenas
Corinto
Salamis
Olímpia
Mantinéia
PELOPONESO
Megalópolis
Mar Jônico
Messena
Esparta

INTRODUÇÃO

A MATRIARCA DOS CLASSICISTAS, EDITH HAMILTON, CERTA VEZ ESCREVEU: "Existe algo em Alexandre, o Grande, que é de tirar o fôlego. Como tudo o que foge ao comum – as pirâmides, o Grand Canyon, o monte Everest –, nunca nos acostumamos propriamente com essa sensação. Somos levados a pensar para além dos limites normais do dia-a-dia."

As contribuições de Alexandre estendem-se por diversas áreas – afetam muitas disciplinas. Conhecido como o maior estrategista, tático e governante militar da História, as conquistas de Alexandre influenciaram inúmeros líderes militares, políticos e empresariais. Na Antiguidade, ele influenciou líderes romanos bastante poderosos como Pompeu, Júlio César e Marco Antônio, assim como o primeiro imperador de Roma, Augusto César, e também o maior inimigo de Roma, Aníbal, de Cartago, além de Chandra Gupta Maurya, da distante Índia, e seu astuto primeiro-ministro, Chanakya.

No Renascimento, os Médici da Itália e os Habsburg da Áustria estudaram-no com o mais profundo interesse. Maquiavel, de certo modo, fez da interpretação e da reinterpretação de suas campanhas militares e sistemas de governo uma ocupação profissional. Era comum durante o Renascimento que os príncipes mandassem afixar nas paredes dos palácios, como peça central de sua coleção de arte, tapeçarias que tinham como tema a vida de Alexandre. Quando o imperador de Habsburg, Frederico III, chegou a Roma em 1452 para sagrar-se soberano do Sacro Império Romano diante do Papa, foram as exuberantes tapeçarias que mostravam as conquistas de Alexandre, retiradas da coleção do cardeal Francesco

Gonzaga, o marquês de Mântua, as escolhidas para criar o efeito desejado de ostentação e louvor.[1]

Nos séculos XVII, XVIII e XIX, foi ele quem serviu de modelo para os maiores generais de cada época, como Frederico, o Grande, o Príncipe Eugênio, Napoleão Bonaparte, Horatio Nelson, o duque de Wellington e o ancestral de Winston Churchill, o duque de Marlborough. Os grandes generais americanos, George Washington (que, depois de se aposentar, procurou sem sucesso um busto de Alexandre, o Grande, para decorar sua residência em Mount Vernon), Robert E. Lee e Ulysses S. Grant, atribuíram seus êxitos militares às estratégias e táticas de Alexandre. Fala-se que importantes generais e políticos que atuaram durante e depois da Segunda Grande Guerra, de Erwin Rommel e Bernard Montgomery a Norman Schwarzkopf, foram inspirados pelas ações de Alexandre.

Entre os líderes no campo dos negócios, Ted Turner, fundador da CNN, é considerado um admirador de Alexandre, o Grande.[2] Comparações entre suas conquistas são comuns. J. Pierpont Morgan, o financista que ajudou a erguer gigantes industriais americanas como a General Electric, a U. S. Steel, as estradas de ferro e a instituição financeira epônima, hoje chamada J. P. Morgan Chase, e que atuou como presidente não-oficial do banco central norte-americano (o Federal Reserve foi criado alguns meses depois de sua morte), foi comparado a Alexandre, o Grande, pelo professor de Yale, que lhe conferiu grau honorário. Não só muitos pais dão a seus filhos o nome Alexandre – por causa de Alexandre, o Grande –, como alguns chegam a se inspirar em determinados eventos de sua vida, como foi o caso do pai de Ty Cobb, o craque do beisebol, que batizou seu filho de Tyrus depois de ler sobre o cerco de Alexandre à cidade de Tiro.

Meu primeiro contato com Alexandre aconteceu quando eu tinha sete anos e meus pais me levaram para ver as ruínas da cidade portuária de Alexandre na ilha de Failaka, próxima à costa do Kuwait. A ilha foi ocupada por Alexandre quando este voltou da Índia e, após sua morte, foi usada pelos reis selêucidas como porto de escala entre o extremo ocidental de seu império, no atual Iraque, e o extremo oriental, na Índia. Failaka, que abrigava um museu cujo acervo era rico em moedas macedônias daquela época e um antigo templo grego relativamente bem conservado, foi bombardeada e saqueada pelo exército invasor de Saddam Hussein, em 1990.

Por ter passado a infância no Kuwait, foi difícil não ter sido exposto à rica e variada herança das antigas Mesopotâmia (que ia do Iraque moderno até o extremo Oeste da atual Turquia), Fenícia (que incluía o atual Líbano) e Egito Antigo, graças aos amigos, vizinhos e professores, para quem essa cultura representava o legado de um passado distante. A contribuição de Alexandre, o Grande, para tais civilizações foi continuamente objeto de muita discussão, assim como sempre houve bastante polêmica estéril, do tipo "Os gregos aprenderam mais astronomia com os egípcios do que os egípcios com os gregos?" "Os gregos que moravam em Alexandria – sobretudo os famosos, como o matemático Euclides – eram gregos ou egípcios?" Ou "O que os egípcios não sabiam antes a respeito das medições de suas pirâmides, e que foram os gregos que ensinaram?"

Também tive uma ligação ainda mais pessoal com Alexandre pelo fato de ter nascido em Patna, Índia – hoje uma cidade em ruínas, que simboliza todo o caos, as atribulações, a penúria e a decadência urbana. Patna também se distingue por ser a única cidade indiana com crescimento negativo em quase 60 anos, desde a independência da Índia. Houve um tempo, porém, em que reinava soberana: chamava-se Pataliputra e era a capital da Índia Antiga, que Alexandre quis alcançar, mas nunca conseguiu. Foi a partir de sua base em Pataliputra que o primeiro imperador da Índia, Chandra Gupta Maurya – que se aproximou amistosamente de Alexandre quando este pisou em solo indiano –, expulsou o sucessor de Alexandre, Selêuco Nicator, mas não sem antes negociar um acordo (que incluía casar-se com a filha do grego) entre os impérios indiano e selêucida. Parte significativa da história de Pataliputra (e, portanto, da própria Índia) não será encontrada em textos indianos antigos – infelizmente, a maioria desapareceu –, mas em documentos gregos. Com efeito, até mesmo o principal texto histórico sobre Alexandre, escrito por Arriano, chama-se *Anábase* (História) *de Alexandre e Indica* (ou seja, Índia). Assim como qualquer pessoa com curiosidade sobre o lugar onde nasceu, eu também me interesso há anos por Pataliputra, e, quanto mais estudo a respeito, mais aprendo sobre Alexandre.

Acontece também que ninguém freqüenta uma escola na Índia sem travar contato com Alexandre. Toda criança indiana estuda a história da batalha de Alexandre contra o rei indiano Porus, e toda criança indiana aprende uma cantiga infantil sobre a bravura desses dois personagens históricos. Ninguém atravessa a infância na Índia, ou em qualquer dos países outrora submetidos ao poderio macedônio, sem conhecer as romantizações do grande conquistador em filmes, danças e peças de teatro. A Índia já produziu tantos filmes sobre Alexandre (ou Sikander, como é conhecido) quantos foram produzidos em língua inglesa. Um filme de 1941, em preto-e-branco, chamado *Sikander*, falado em híndi e urdu e dirigido por Sohrab Modi, até hoje atrai as platéias nas matinês. É interessante notar que Modi era parse – descendente dos persas seguidores de Zoroastro. Foram os parses que sofreram a derrota para Alexandre na Pérsia, o maior império daquela época; a maioria dos parses hoje vive na Índia.

Como estudante de estratégia e consultor nessa área, dei-me conta da extensão da influência de Alexandre no modo como conduzimos nossos negócios, nossas forças armadas e nossa estratégia política na atualidade. Não só existe algo, nas palavras de Edith Hamilton, "de tirar o fôlego", mas também algo de atemporalidade em suas ações. Isso ficou absolutamente claro em 1991, quando visitei um colega e mentor mais velho, Graham Sharman, responsável pela logística das forças de coalizão da Guerra do Golfo, general William "Gus" Pagonis. Lá, vimos, *in loco*, como as estratégias e táticas de Alexandre haviam determinado os procedimentos de guerra dos Estados Unidos nas mesmas areias da Arábia que Alexandre havia atravessado 2.500 anos antes.

Como observador, participante e autor de idéias e de tendências gerenciais, tenho constatado que, diferentemente do que costumamos pensar, muitas das idéias e conceitos que aplicamos hoje para lidar com as incertezas ou tomar decisões que afetam nosso futuro têm origem nele. Não surpreende, portanto, que ouçamos com tanta freqüência um CEO ou um gerente sênior exclamar, no calor de uma conversa sobre um complexo problema da atualidade, que a solução pode estar numa das abordagens de Alexandre. Tampouco surpreende entrar na sala de um alto executivo e reconhecer uma coleção sobre Alexandre na estante, ou se deparar com um busto do grande estrategista sobre um pedestal, para mostrar a direção e inspirar.

Existe um motivo muito simples pelo qual as pessoas se voltam para Alexandre em busca de orientação – no campo do pensamento gerencial, por exemplo. Apesar dos progressos feitos nesse campo nas últimas décadas e da preponderância dos assim chamados "saltos quânticos" e "idéias revolucionárias", a verdade é que as idéias que no final das contas determinaram as mudanças na prática do gerenciamento foram em grande parte adaptações de crenças e metodologias adotadas há muito tempo em outras áreas. Frederick Winslow Taylor, pai do gerenciamento científico, foi maquinista e inventor – suas contribuições a produção em massa não teria passado de um sonho. Elton Mayo, psicólogo de origem australiana, cujo trabalho sobre a importância dos pequenos intervalos para a motivação e a produtividade da planta de Hawthorne da Western Electric, perto de Chicago, fez mais pela compreensão do comportamento do empregado do que todos os volumes até hoje escritos sobre comportamento organizacional. Mary Parker Follet foi uma ativista política e social cujo trabalho sobre cidadania e outros valores democráticos nos núcleos urbanos de Boston e Londres fez pela idéia de colaboração e *empowerment* o que as idéias atuais sobre trabalho em equipe não podem sequer sonhar. W. Edwards Deming foi um estatístico cuja contribuição para o censo japonês depois da Segunda Guerra Mundial forneceu as bases do movimento de qualidade. Jay Forrester, pai da dinâmica de sistemas, inventou o campo no qual os sistemas de controle de *feedback* são aplicados à engenharia elétrica. O maior de todos os pensadores gerenciais, Peter Drucker, de origem austríaca, passou a maior parte de sua vida trabalhando como jornalista em tempo integral. Essas são algumas das pessoas cujas idéias, apesar da passagem das décadas, continuam sendo determinantes na prática do gerenciamento.

Por outro lado, modismos da década de 1990 como a "reegenharia", o "*redesign* de *core process*" e as "competências essenciais" hoje valem tanto no meio empresarial quanto o cedi, a moeda corrente de Gana, no mercado de câmbio. Apesar de essas idéias das últimas décadas parecerem tão falsas quanto uma nota de três dólares, as idéias de décadas e séculos passados continuam ecoando em alto e bom som em nossos corações e mentes. Tomar conhecimento das idéias e ações de Alexandre, o Grande, equivale a beber da fonte original do pensamento sobre estratégia e tática. Pelos mais diferentes motivos, ele foi o responsável não só pelas manobras táticas e estratégicas que os países contemporâneos utilizam para vencer guerras, e as empresas para vencer concorrentes, como também, ao aplicá-las, mudou o modo como há quase 2.500 anos gerações após gerações têm interpretado e interagido com o mundo à sua volta.

Como a maioria dos eventos marcados por uma profunda mudança, Alexandre subiu ao poder num momento crucial e preocupante da história macedônia. Seu pai, Filipe II, havia acabado de ser assassinado, as cidades-Estado gregas que Filipe conquistara estavam à beira da insurgência e o poderoso império persa, prestes a atacar a Grécia e a Macedônia.

Após emergir vitorioso da batalha da sucessão na flor dos 20 anos, Alexandre se tornou rei da Macedônia e da Grécia. É interessante observar que, para não dar ao povo grego a impressão de ser seu governante, ele nunca se chamou de "rei da Macedônia e da Grécia", mas, simplesmente, de rei Alexandre. Em pouco tempo, seu império se estendia dos Bálcãs, na Europa Central, até o sul da Europa, e do norte da África, passando por toda a Ásia, até o noroeste da Índia. Em sua busca por dominar o mundo desde a Grécia até as terras "do outro lado do Oceano", ele conquistou diversos grandes impérios e civilizações da Antiguidade: a Pérsia, que havia dominado a Ásia por mais de três séculos, assim como o Egito, a Babilônia, a Assíria e a Índia.

Alexandre mudou completamente a face das batalhas. Até então, as guerras vinham sendo travadas num ataque frontal puro e simples, um lado arremetendo contra o outro como insetos batendo seus frágeis corpos contra uma lâmpada num poste de rua – até que a força mais numerosa prevalecesse. Alexandre foi o primeiro general a mostrar como uma força numericamente inferior poderia derrotar um exército de maior porte graças a estratégias e táticas inteligentes – sucessivas vezes. Ele mostrou como esmagar um oponente atacando sua posição mais decisiva, demonstrando que ponto decisivo poderia ser esse, na linha de frente ou no flanco do inimigo. Talvez mais importante do que isso, ele revelou que o ponto mais decisivo não é necessariamente o mais fraco, como todo mundo presumia que fosse. Mostrou como realizar um bom trabalho de inteligência militar – não mediante a prática de tortura ou do suborno de informantes, como os líderes do império persa faziam, mas fazendo uma triangulação de informações a partir das contribuições de especialistas em diversas áreas, e realizando a partir daí sua síntese.

O que fez de Alexandre alguém tão fora do comum? Certamente, um fator importante foi seu pai ter mandado buscar, quando Alexandre ainda era adolescente, um aclamado sábio de fora para lhe dar aulas na Macedônia. Estamos falando de Aristóteles. Sob a batuta do famoso filósofo, Alexandre desenvolveu uma sensibilidade em relação aos povos e culturas que nenhum outro governante antes dele e poucos depois dele demonstraram.

Essa característica lhe garantia uma vantagem. Nenhum dos territórios ocupados por ele jamais se rebelou. Quando precisou duplicar seu efetivo em pleno curso das campanhas, 30 mil voluntários persas se apresentaram para ingressar no exército.

Ele possuía uma invejável capacidade de motivar seus soldados a encarar os maiores desafios, contra as chances mais remotas, tais como a travessia das cordilheiras nevadas do Hindu Kush, no Afeganistão, ou das montanhas Uxian, no Irã, no final do inverno e princípio da primavera, ou a travessia do Saara e do deserto da Arábia a pé ou a cavalo, ou o combate a inimigos cujo efetivo era quatro vezes maior que o dele. Sempre exerceu sua liderança na linha de frente, nunca exigindo de seus homens que fizessem algo que ele próprio não estivesse disposto a fazer – o primeiro a arremeter contra o adversário numa batalha, sempre na refrega mais cerrada, e sempre pronto a vir em socorro de um companheiro, independentemente da patente.

Quando Alexandre morreu na Babilônia, em 323 a.C., deixou para trás cidades e culturas que existem até hoje, e fixou o modelo da construção de um império. Ele foi o que de melhor os grandes conquistadores podiam aspirar a ser, e serviu de modelo para inúmeros expansionistas.

Este livro foi escrito para todos que se interessam por Alexandre, o Grande, e que desejam saber de que modo ele inspirou o que fazemos hoje. Não se trata de um registro enciclopédico de todas as suas conquistas – este seria um projeto vasto demais, e muitos outros pesquisadores mais bem preparados do que eu estão em condições de fazê-lo. Com efeito, este livro é deliberadamente seletivo em relação aos eventos e situações sobre os quais decide lançar luz.

Tucídides, provavelmente o maior historiador que já viveu, definiu há quase 2.500 anos o público-alvo de seu livro, *The Peloponnesian Wars*: "Aqueles que desejam compreender com clareza os eventos que tiveram lugar no passado e que (sendo a natureza humana como é) serão num momento ou noutro e de formas bastante semelhantes repetidos no futuro." O contexto histórico deste livro é muito mais modesto: pretende nos lembrar do que aconteceu no passado e nos fazer perceber como tão poucos acontecimentos que inúmeras vezes consideramos "revolucionários", em termos de idéias e metodologias, representam de fato uma novidade.

Finalmente, um dos objetivos deste trabalho é oferecer ao leitor alguns exemplos do que Alexandre dizia. Grandes líderes são conhecidos tanto pelo que falaram como pelo que fizeram. Poucos, além de classicistas e estudiosos, têm conhecimento daquilo que Alexandre dizia (ou do que passou de geração em geração, como supostamente dito por ele). Sempre que possível, procurei dar uma pequena mostra de algo que ele falou, esperando que, apesar dos séculos que nos separam, os leitores possam ouvir os ecos de suas palavras trazidas no vento.

Foi em 336 a.C., há quase 2.500 anos, que Alexandre, o Grande, ascendeu ao trono da Macedônia após seu pai, o rei Filipe II da Macedônia, ter sido assassinado.

Filipe tinha 46 anos quando morreu. Começou a governar a Macedônia em 359 a.C. – três anos antes de Alexandre nascer. Nos 23 anos de seu reinado, quase toda a Grécia estava unida sob sua liderança, e seu império incluía os territórios que circudam a Turquia moderna. Ele havia invadido um grande número de cidades-Estado gregas (ou "pólis") e as transformado em uma força unificada sob sua liderança. Duas eram democracias, outras eram oligarquias, no sentido de que o poder estava na mão de uma elite aristrocrática, e as restantes eram regimes totalitários. Ele nunca impôs seu poder direto ou se apresentou como rei de toda a Grécia. Morreu Filipe, rei da Macedônia, e "chefe supremo" ou "capitão-general" de toda a Grécia.

Foi como "capitão-general" que praticamente toda a Grécia foi unificada sob sua batuta. Apesar de a Pérsia ter sofrido fragorosa derrota no combate com os gregos em Maratona, em 490 a.C., os persas continuaram sendo uma ameaça: em 480 a.C., o exército persa, sob o comando do rei Xerxes, arrasou a Grécia, destruiu suas terras e pôs abaixo seus maiores monumentos – incluindo o Templo de Atena, na acrópole –, não deixando pedra sobre pedra. Os gregos voltaram a vencer em 480 a.C., numa batalha naval em que os atenienses armaram uma cilada para os ingênuos persas no golfo de Salamis, e outra vez no ano seguinte, quando os espartanos, marinheiros de água doce, lideraram os gregos numa batalha terrestre em Platéias.

Apesar de as cidades-Estado não se gostarem nem confiarem umas nas outras, e de duas coalizões de cidades-Estado terem se enfrentado na guerra do Peloponeso, com 27 anos de duração, entre 431 e 404 a.C., Filipe sabia que a maioria delas se uniria para combater a Pérsia. Portanto, apesar de ter conquistado grande parte da Grécia, Filipe, sempre político, em 338 a.C. pediu humildemente que as cidades-Estado se unissem sob seu comando como "capitão-general" numa futura guerra santa contra a Pérsia, para se vingar de todos os sacrilégios cometidos em território grego. Dois anos depois, estava morto.

Sem sombra de dúvida, Alexandre jamais poderia ter governado toda a Grécia, vencido os persas, atingido um território tão distante quanto a Índia e se tornado conhecido como Alexandre, o Grande, se não tivesse sido – literal e metaforicamente falando – por Filipe, que foi um dos mais refinados táticos do mundo antigo. Foi Filipe quem, inspirado pela obra de um general tebano chamado Epaminondas, pôs fim, de vez, ao absurdo ataque frontal puro e simples, que era a tática preferida dos exércitos, independentemente de seu tamanho. Por outro lado, Alexandre não foi um mero beneficiário não-merecedor do legado deixado por seu pai, mas o maior estrategista e tático de toda a História.

Como Organizar Um Exército Vencedor

Filipe conseguia fazer com que milhares de soldados funcionassem como um único corpo de ataque, munido de autoconfiança, disciplina, treinamento e organização superiores. Ele aprimorou a organização da cavalaria macedônia. Quando foi mantido como refém em Tebas (para garantir que seus dois irmãos mais velhos se comportassem depois que a mãe e o cunhado mataram seu pai, rei Amintas), estudou as manobras de cavalaria do rei tebano Epaminondas. Estava em Tebas imediatamente após a Batalha de Leuctras, na qual Epaminondas, considerado um dos maiores generais da Antiguidade, liderou o exército tebano na vitória esmagadora sobre Esparta, terminando, assim, com o domínio totalitário de 35 anos desta cidade sobre toda a Grécia, prolongado desde as guerras peloponésicas.

Filipe recolheu diretamente de guerreiros tebanos informações sobre o modo como Epaminondas organizara a cavalaria tebana numa unidade, e como essa unidade havia feito sua investida durante a batalha. Antes de Leuctras, as cavalarias operavam como um grupo de indivíduos montados a cavalo que arremetiam contra a infantaria ou a cavalaria inimiga de forma independente – nunca como uma unidade com movimentos coordenados. A exemplo de Tebas, que tinha uma longa tradição de criação de cavalos, a Macedônia possuía tradição na mesma linha. Os cavalos macedônios eram treinados basicamente para facilitar sua condução pelas colinas e encostas, e não tanto para ser velozes, como era o caso dos cavalos persas.

Filipe era um admirador ardoroso da obra de Xenofonte, historiador militar, filósofo e general que liderou o que se conhece em História simplesmente como "os Dez Mil". As inúmeras contribuições de Xenofonte para a arte da guerra incluem a idéia de planejar e executar o recuo (ver Capítulo 2), e veremos como Filipe, e também Alexandre, aplicaram as idéias de Xenofonte a respeito do recuo em diversas de suas batalhas – especialmente a de Queronéia.

Xenofonte também escreveu outros dois livros que influenciaram Filipe profundamente. Um, *About Horsemanship*, aborda pormenores da criação de cavalos, além de ser um manual de adestramento. O outro é um livro sobre os benefícios da divisão do trabalho. Ao descrever o funcionamento de uma fábrica grega de sapatos, Xenofonte escreveu em 370 a.C.: "Aquele que se dedica a uma linha de trabalho que exija profunda especialização será capaz de realizá-la da melhor maneira possível."[3] Isso mais de 2.000 anos antes de a Revolução Industrial aderir com entusiasmo à idéia de divisão do trabalho.

Com as recomendações de Xenofonte em mente, Filipe organizou a cavalaria em três diferentes unidades, cada qual especializada numa tarefa específica. Como os cavaleiros medievais europeus, os Companheiros usavam um capacete de bronze com penacho de crina, uma couraça ou blindagem de bronze semelhante a escamas de peixe que os protegia do pescoço à cintura, e longas grevas que os resguardavam dos pés até os joelhos. Cada um carregava um escudo leve de madeira com revestimento de couro, uma lança comprida e uma espada celta. Os cavalos também eram protegidos com uma peça para a cabeça e uma couraça para o tórax. Apesar de algumas unidades de Companheiros serem compostas por nobres que haviam sido contemplados por Filipe com províncias por serviços prestados, a maioria de seus integrantes era ou parentes ou cavaleiros profissionais a serviço dos nobres. Mitos se formavam, à guisa daqueles a respeito dos cavaleiros da corte do rei Artur, falando da bravura, da intrepidez e da fidalguia dos Companheiros.

Treinando as Forças de Elite dos Companheiros

Cada Companheiro tinha consigo no máximo três pajens. Filipe havia estruturado a ordem dos Companheiros de tal forma que os pajens fossem aprendizes, que se inteiravam do ofício de um Companheiro desde os sete anos de idade. Considerando-se as lendas que corriam pelas terras, sempre havia mais candidatos a pajem do que oportunidades. O pajem seria sagrado cavaleiro quando fosse com um Companheiro para uma batalha na qualidade de escudeiro e, depois de adquirir proficiência no treinamento militar e nas artes da estadística e da diplomacia, seria sagrado Companheiro. Todos os comandantes e generais do exército, assim como os administradores civis na Macedônia, eram escolhidos entre as unidades de Companheiros. Havia algo em torno de dois mil Companheiros em toda a Macedônia, independentemente da época, servindo em oito esquadrões de 250 homens cada. As táticas de choque dos Companheiros decidiram o resultado de praticamente todas as batalhas de Filipe e de Alexandre.[4]

A ordem seguinte era a unidade de cavalaria tessália. A família real da Tessália, pequeno país ao sul da Macedônia, também remontava, como a realeza macedônia, ao deus grego Héracles, e a população do país se considerava prima não muito distante dos macedônios. A Tessália tinha um longo histórico de alianças com a Macedônia, e sua unidade de cavalaria pesada, com mais ou menos o mesmo tamanho da unidade dos Companheiros, servia sempre ao lado destes. Os tessálios da unidade eram nobres e seus parentes, e equivalentes a seus primos macedônios em termos de bravura no campo de batalha.

A última ordem era a cavalaria leve. Esses cavaleiros levavam apenas um escudo e uma espada, e, por terem uma blindagem tão leve, moviam-se com extrema agilidade. Tanto Filipe como Alexandre recrutavam os cavaleiros dessa unidade entre países aliados ou bandos de mercenários gregos dispostos a lutar por qualquer um pelo preço justo. Eram usados com alguma regularidade para investidas-surpresa em território inimigo, com o intuito de desorientar as fileiras – não necessariamente infligir danos –, e freqüentemente como reserva para apoiar ou redirecionar uma ação da cavalaria pesada em andamento. Muitas vezes, quando uma grande expedição militar estava em curso, unidades de arqueiros e lanceiros montados a cavalo acompanhavam esses cavaleiros leves com o propósito ostensivo de romper o flanco do inimigo. Pela primeira vez em batalha, a cavalaria era usada como tecnologia de esfrangalhamento.

Após toda e qualquer investida da cavalaria, vinham os soldados de infantaria leve chamados hipaspistas ("escudeiros"), que avançavam munidos de espadas e lanças enquanto aguardavam a chegada da infantaria pesada. Em torno de três mil, esses escudeiros eram os nobres em treinamento para se sagrar Companheiro. No entendimento de Filipe – e de Alexandre –, a cavalaria e a infantaria precisavam agir de modo coordenado na batalha, e a transição entre o ataque da cavalaria e o da infantaria precisava ser feita sem solução de continuidade. Os hipaspistas, por terem passado tantos anos de treinamento como pajens dos Companheiros e conhecerem as formas de ataque de cavalaria, estavam em melhor situação para coordenar a transição entre uma arrasadora arremetida de cavalaria e um formidável ataque de infantaria com lanças erguidas. Por conhecerem a fundo os ataques de infantaria, os hipaspistas se tornavam melhores cavaleiros.

A maior inovação organizacional de Filipe foi a formação em falanges, que se tornaria a mais respeitada e imitada na história da guerra de infantaria. As cidades-Estado gregas já utilizavam o combate em falanges havia séculos, mas organizar aquela massa humana para manter uma formação compacta, carregar equipamentos pesados, proteger seus camaradas e atacar o inimigo era uma combinação de ações que estava além da capacidade de controle e coordenação da maioria dos mortais.

Filipe simplificou o objetivo e a organização da falange. Com isso, transformou a falange numa unidade invencível. Filipe começou a transformação se livrando da pesada armadura metálica que os soldados de infantaria (os hoplitas) usavam. Ele substituiu a blindagem do tórax – constituída de uma couraça, de uma borla em volta da cintura e de compridas grevas nas pernas – por materiais mais leves, como couro reforçado e combinações diversas. O pesado capacete de bronze, com sua visibilidade reduzida, deu lugar a um capacete de couro que cobria a cabeça mas não o rosto. Filipe, então, aumentou o comprimento da lança (sarissa) que cada hoplita levava, de 2,4 para 4,2m. Essa lança mais comprida e mais pesada exigia as duas mãos, por isso Filipe também livrou a infantaria da espada que eles antes levavam numa das mãos e pôs, em seu lugar, uma pequena adaga que ficava presa à cintura.

Antes, os integrantes das falanges se preocupavam em proteger seu flanco direito durante o avanço. Na mão esquerda, levavam o escudo; na direita, a lança. Se um companheiro caísse do lado direito deles, isso deixava esse lado vulnerável diante do inimigo. Filipe mudou totalmente a formação das unidades de tal modo que os combatentes só precisavam se preocupar em avançar. Diminuiu o diâmetro do escudo de 91 para 61cm. Os soldados da infantaria levavam esses escudos mais leves de couro em volta do pescoço – de tal modo que podiam deslizá-lo para a esquerda ou a direita conforme achassem mais conveniente. O escudo menor e a leve inclinação lateral do corpo necessária para carregar a lança com as duas mãos significavam que cada unidade podia se mover num bloco ainda mais compacto. Não só o aumento do número de lanças na linha de frente da falange como também o maior comprimento das lanças significavam que, pelo menos, as cinco primeiras fileiras da falange – em contraposição às três fileiras da situação anterior – tinham condições de atingir o inimigo ao primeiro contato.[5]

Cada coluna da falange era composta por fileiras de, no mínimo, oito – e preferencialmente 16 – homens, permitindo inúmeros pontos de contato com o inimigo. Cada coluna podia ter até 128 soldados. Em movimento, lembravam centopéias enfileiradas andando de lado. À medida que as cinco fileiras de soldados de infantaria apontavam sua lança contra o inimigo, quem vinha atrás, normalmente apontando a lança para o alto, na direção do céu, defendendo-se do ataque dos arqueiros, das fundas e dos dardos arremessados, baixava as lanças na direção do inimigo caído e terminava o serviço. Políbio, historiador grego, escreveu no século II a.C. que o adversário enfrentava tamanha "tempestade de lanças" que até dez pontas dessas armas podiam estar direcionadas para um único homem. "Nada pode enfrentar a falange", escreveu Políbio. Um soldado romano com sua espada, ele explica, não teria o que fazer contra as dez lanças que viriam todas de uma só vez em sua direção. Não poderia avançar nem cortar as lanças; a única saída para os romanos seria fugir.

Uma vez tendo conseguido pôr as falanges funcionando da maneira correta, Filipe começou a treinar os soldados para que assumissem diversas formações durante o avanço. Antes, as falanges só avançavam em forma de retângulo. Filipe, muitas vezes, fazia com que a falange se aproximasse do inimigo em formação oblíqua, liderando-a, digamos, pela esquerda, que ele reforçava com uma larga coluna de soldados. Assim que o inimigo era atingido, uma reserva de homens da retaguarda da falange contornava rapidamente o lado direito do inimigo e espremia os soldados tanto da esquerda como da direita em direção ao meio. As falanges também assumiam formações côncavas ou convexas. Em pleno movimento, os soldados tinham de se adaptar às situações instantaneamente. Bastava decidir se deviam assumir a formação em retângulo, avançar em diagonal, espremer os flancos num movimento semelhante a uma tenaz, obrigando o meio a recuar, ou fazer o meio da formação avançar em relação às extremidades.

Um dos elementos-chave da estrutura que Filipe deu à falange macedônia era a escolha dos soldados da infantaria não pela força física ou a rapidez, e sim por sua coragem e determinação. Homens experientes e corajosos ficavam encarregados de proteger as laterais e todas as últimas fileiras da falange, pois Filipe sabia que eles não vacilariam diante de nada. Seu dever era incentivar os membros relativamente mais jovens da falange para que não perdessem a coragem diante do massacre infligido ao inimigo. As falanges tinham um único objetivo – avançar ofensivamente. Filipe delegava todas as decisões com o intuito de cumprir esse objetivo ao oficial encarregado.

Desenvolvendo um Quadro Profissional de Oficiais

Filipe foi o criador da idéia de um exército profissional cujos soldados fossem voluntários, e não convocados compulsoriamente. Nenhum outro país contava com um exército voluntário. A Pérsia, por exemplo, nação mais poderosa da época, convocava voluntários ou usava sua riqueza para contratar mercenários gregos sempre que havia uma ameaça militar ou quando se preparavam para uma expedição militar, o que era bastante freqüente. As cidades-Estado gregas, como Atenas, convocavam os cidadãos para a batalha quando necessário; os cidadãos elegiam quem eles queriam como general, e o comando das tropas mudava conforme mudavam os generais. E Esparta decretava que todos os cidadãos servissem no exército, do berço à cova.

Filipe investiu pesadamente no desenvolvimento de um exército macedônio profissional. O pajem que estivesse treinando para se tornar um Companheiro aprendia primeiro equitação. Como o estribo ainda não havia chegado da Índia até a Grécia, os pajens aprendiam a montar apertando as pernas contra o corpo do cavalo e mantendo uma das mãos livre para segurar uma arma. À medida que cresciam, os pajens eram treinados para levar equipamentos cada vez mais pesados, o que os deixava preparados para montar com a armadura completa aos 14 anos. Os cavalos eram treinados para oferecer máxima facilidade de manobra e resistência física.

Não importava que um cavalo fosse o mais veloz; era mais importante estar em excelente forma e ser extremamente ágil. Eram necessários pelo menos cinco anos para se treinar um cavalo de tal forma que ele estivesse plenamente integrado com seu cavaleiro, respondendo aos comandos com precisão. Os cavalos eram condicionados para agüentar um cavaleiro com armadura completa por grandes distâncias – a maior parte sobre terreno irregular.

Todo soldado macedônio era treinado para suportar as condições mais adversas. A infantaria muitas vezes fazia longas marchas – de até 65 quilômetros – envergando uma armadura completa, suas armas e carga adicional equivalente a meses de provisões. Eles atravessavam cordilheiras e vales das montanhas da Macedônia, alagadiços e lagos rasos como forma de aumentar sua resistência às condições mais duras. Quando chegavam ao destino oito horas mais tarde, depois de ter marchado ao ritmo forçado de 8km/h, tinham de preparar a própria ração e o lugar para descansar. Depois de três horas de descanso, era comum marcharem de volta à base a tempo de mergulhar já de madrugada nas águas geladas do rio Hélicon ou do golfo de Thérmai, que ficava próximo da capital da Macedônia, Pela.

Quando marchavam, os soldados macedônios eram lembrados das grandes vitórias gregas e dos feitos dos generais famosos. O sargento poderia gritar para o contingente: "Quem venceu em Leuctras?"

E o coro responderia: "E-pa-mi-non-das!"

Filipe havia concebido um treinamento que inspirasse em seus soldados o mais profundo respeito pelas conquistas dos grandes generais e uma boa compreensão acerca de todas as principais batalhas travadas. Entre uma aula e outra, recitava-se o código de conduta do exército, que todo soldado precisava entender e saber de cor. Qualquer um que violasse o código era punido rápida, severa e publicamente. Quando dois oficiais foram flagrados com uma jovem alaudista no acampamento certa noite, prática que era expressamente proibida, Filipe mandou que fossem açoitados diante de uma multidão na manhã seguinte – não muito diferente dos açoitamentos públicos que George Washington teve de realizar para impor a disciplina nos primeiros dias do Exército Continental norte-americano.

Os exércitos do extraordinário império romano estudaram cuidadosamente as metodologias pedagógicas de Filipe. Em Roma, como em Esparta, não havia arte superior à da guerra. Os homens se encaminhavam para a batalha com seus pertences e apetrechos, incluindo pás, picaretas, espátulas e machados para cavar trincheiras toda noite antes de se recolherem para dormir; marchavam em tempos de paz com todo esse equipamento. Mas, comparando com os 64km dos macedônios, só conseguiam vencer de 32 a 40km por dia.

O exército de Roma jamais conseguiria atingir a velocidade, digamos, de Antígono, "o Ciclope" – um dos generais mais hábeis de Filipe e Alexandre. Certa vez, ele liderou uma força macedônia de 50 mil soldados por mais de 460km em sete dias – cobrindo 66km por dia. Não é de se admirar que tenha confundido completamente e derrotado seu adversário. Ou do próprio Alexandre, que liderou uma força de 50 mil homens pelas cordilheiras nevadas do Hindu Kush em 17 dias, pegando seu inimigo de surpresa, pois este nunca imaginara que isso poderia ser realizado.

Numa época em que os líderes se faziam cercar de mais homens do que mais tarde cercariam os príncipes do Renascimento, a comitiva de conselheiros de Filipe era inacreditavelmente exígua. Até mesmo a hierarquia de seu exército, que tinha apenas sete níveis, fora idealizada para mantê-lo em estreito contato com os soldados dos níveis mais rasteiros. Sua estrutura de comando consistia nele como comandante supremo, dois comandantes adjuntos e sete dentre os melhores Companheiros servindo como generais. Sob o comando de cada general havia uma hierarquia de cinco patentes que tinha controle sobre todo o exército. Direitos, deveres, responsabilidades, competências, parâmetros de desempenho e prêmios e incentivos para cada nível hierárquico eram definidos nos mínimos detalhes. Apesar de a palavra do comandante supremo ser a final, os devidos trâmites nas questões controversas eram garantidos pelo Conselho de Guerra, que arbitrava temas de natureza "política". Os membros desse conselho eram os generais.

Expansão sem Luta

Filipe, senhor de férrea determinação, não permitia interposições entre ele e suas ambições – estas estavam praticamente arraigadas à sua personalidade. Ele se dispunha a usar toda e qualquer tática que pudesse ajudá-lo a conquistar seus objetivos: o fim justificava os meios.

À medida que vencia batalhas, o exército macedônio sob o comando de Filipe ganhava uma aura mística. As forças adversárias tendiam a simplesmente baixar suas armas diante dos macedônios. Mesmo quando lutavam, eram constantemente lembrados de que estavam enfrentando o invencível exército macedônio – exatamente como os times de beisebol que enfrentam o New York Yankees. Apesar de seu poderio militar e da mística em torno de seu exército, Filipe não acreditava em luta a não ser que fosse necessária. Ele abominava qualquer derramamento de sangue sem sentido. Por isso, homens de toda a Grécia queriam servir em seu exército.

Além disso, Filipe empregava outras táticas para expandir o domínio macedônio: ele pagava propina para que os governantes de nações vizinhas desistissem; fazia uma aliança em troca da qual ficava com suas terras; ou simplesmente se casava com a princesa mais indicada. Numa época em que as nações iam à guerra pelos motivos mais fúteis, Filipe fazia das batalhas o último recurso. Nesse sentido, ele estava muito à frente de seu tempo. Quase dois mil anos depois, essa disposição de evitar um derramamento desnecessário de sangue se tornaria a marca de grandes generais como Frederico, o Grande, Napoleão Bonaparte e John Churchill, duque de Marlborough.

As nações dos Bálcãs que cercavam pelo norte a Macedônia de Filipe tinham, como Heródoto escreveu, um lema simples: "Não ter ocupação é sinal de grande prestígio, trabalhar sobre a terra é sinal de grande vergonha; viver da guerra e dos saques é sinal de grande honra." Essas nações vinham lutando umas contra as outras havia tanto tempo para fazer jus a esse lema que nenhuma teria condições de formar uma coalizão que as salvasse dos planos expansionistas de Filipe. Ao sul da Macedônia de Filipe, ficavam as cidades-Estado gregas, para as quais, naquela época como hoje, a Macedônia não fazia a menor diferença, nem tinha o menor interesse. Enquanto os gregos levavam a vida em agradáveis passeios pela praia, sob céus azuis e ensolarados o ano inteiro, os macedônios trabalhavam arduamente para seu sustento.

Em *Walden*, Henry David Thoreau escreveu que a população de Massachusetts e os americanos em geral "sofriam em silêncio". Os macedônios, por sua vez, sofriam de forma *violenta*. Mesmo hoje, quando boa parte da Grécia passa o tempo de biquíni e calção de banho, bebendo drinques com gelo picado e guarda-chuvinhas coloridos, os macedônios (especialmente os do Norte) lutam suas guerras étnicas e trabalham pesadamente para sobreviver. Os longos e gelados invernos tornam inacessíveis muitas regiões da Macedônia, e os curtos dias de verão dificultam a produção de uma quantidade suficiente de alimentos para abastecê-los durante o inverno.

Filipe mudou tudo isso nos 23 anos de seu reinado. Primeiro, ele conquistou os vizinhos ao Norte, ao Leste e a Oeste do território macedônio, fazendo com que as fronteiras do país incluíssem tudo desde o mar Adriático até o mar Egeu – incluindo toda a Albânia, Sérvia, Montenegro, Bulgária e partes da Turquia. Então, ele rumou para o sul, na direção do mar Jônico, conquistando as cidades-Estado gregas. E não estamos falando de nações fracas, mas das poderosas Atenas, Tebas, Trácia e Tessália, que já haviam rechaçado inúmeras investidas do poderoso império persa aquemênida, o maior daquela época. Mas todas sucumbiram diante da argúcia de Filipe.

Quando a guerra era a única alternativa que restava para levar à submissão de um país vizinho, Filipe relutava, mas declarava o estado beligerante. Mas fazia o que fosse necessário para garantir que o preço pago pelo outro lado fosse alto – para dissuadir outros países de enfrentá-lo. Ele enfrentou um exército de 10.500 homens da Ilíria (Albânia), dizimando mais de sete mil. Os ilírios possuíam uma cavalaria excepcional. Filipe pura e simplesmente ignorou a infantaria ilíria e atacou a cavalaria – na verdade, arrasou-a. Uma vez destruída, o moral dos soldados desabou e eles foram facilmente subjugados.

Mas Filipe nunca pilhou ou saqueou as terras ou os povos conquistados. Era comum que criasse cidades e vilas, garantindo que as pessoas participassem da crescente riqueza e prosperidade da Macedônia. Os reis vizinhos sofriam constantes pressões de seus súditos para se aliar a Filipe. Se fizessem a aliança voluntariamente, o rei macedônio mantinha o soberano no trono em troca de completa obediência; ficavam proibidos de declarar guerras por conta própria e tinham de ajudar Filipe nas dele.

Filipe era tão popular entre as massas que até mesmo muitos atenienses desejavam em segredo fazer parte da eficiente monarquia macedônia, em vez de seu caótico Estado democrático. Para Filipe, Atenas era igualmente um troféu especialmente desejado. Tratava-se de uma democracia perdida em meio a um mar de oligarquias e monarquias. Mesmo sendo democracia, porém, nunca houve qualquer consenso em Atenas, muito menos referente à ameaça de invasão macedônia.

Até mesmo Demóstenes, possivelmente o melhor orador de toda a História, foi completamente ignorado quando percorreu as ruas de Atenas advertindo contra a ameaça macedônia. Seus discursos em pouco tempo começaram a soar no vazio – muita emoção, pouco conteúdo. Ele atacava Filipe da seguinte forma: "Não apenas um grego sem relação com os gregos, mas tampouco um bárbaro de alguma terra que valha a pena mencionar; não, ele é uma pestilência da Macedônia, uma região onde sequer se pode comprar um escravo que valha o próprio suor."[6] Os protestos de Demóstenes foram tão agressivos e virulentos que veementes ataques verbais e invectivas são às vezes chamados de "filípicas". Os discursos de Demóstenes lhe valeram prêmios por notável serviço público – e nada mais.

Muitas Vezes no Caminho do Altar

Se as alianças e ameaças não dessem certo contra seus inimigos, Filipe investigava a possibilidade de casamento. Assim como Henrique VIII, o rei inglês da dinastia Tudor do século XVI, Filipe tinha um apetite conjugal – e sexual – voraz. Se não tivesse feito mais nada além de se ter casado com suas oito esposas e ter tido e mantido tantas amantes, tantas quantos são os cavalos mantidos por um príncipe árabe, já teria garantido um papel proeminente na História Antiga. Filipe se casava com freqüência – e com princesas jovens e recatadas dos Estados vizinhos. Diferente dos seis casamentos de Henrique, que foram realizados tendo em vista um herdeiro, os oito de Filipe tiveram razões puramente políticas ou econômicas – não foram motivados por sonhos de amor juvenil, que ele reservava exclusivamente para as amantes. Os casamentos eram concebidos para costurar alianças territoriais com os Estados vizinhos ou para arranjar um sogro endinheirado capaz de financiar suas campanhas militares. Não admira que todos os casamentos de Filipe, exceto o último, tenham sido com princesas não-macedônias.

Filipe se casou com Olímpia, mãe de Alexandre, quando ela tinha apenas 16 anos. Era sua terceira esposa. Ele prometia a cada uma de suas noivas que ela seria o único cisne de seu lago – promessa que manteve no caso de

Olímpia por quase um ano. Olímpia era uma princesa do reino de Épiro, nação pequena, mas poderosa, localizada no oeste da Grécia, que fazia fronteira com a extremidade sul da atual Albânia. A família real de Épiro remontava sua linhagem a Aquiles, o deus e herói mitológico grego, e a Helena de Tróia. Olímpia era escandalosamente bela, apesar de possuir um temperamento irascível. Uma hora, ela fazia os homens subirem montanhas de quatro, apenas para estar com ela e, no momento seguinte, fazia-os sair correndo de seus aposentos aos gritos, entrar para uma ordem religiosa ou declarar guerras para se manter ocupados.

Se a antiga Macedônia tivesse a tradição de fazer contratos de casamento, o de Filipe teria expirado em menos tempo do que a maioria das licenças modernas para animais domésticos. Mas, independentemente da situação de seu casamento, Filipe sempre cuidou das famílias de suas esposas. Elas podiam estar certas de que ele não dava ponto sem nó. Era um aliado confiável. Em Épiro, por exemplo, ele interveio em prol do irmão mais novo de Olímpia, também chamado Alexandre, quando o rei Épiro morreu e o tio de sua esposa pleiteou o trono. Filipe garantiu o direito de Alexandre ao trono concedendo a ele a mão de sua filha Cleópatra em casamento. Foi no casamento de Alexandre e Cleópatra que Filipe foi assassinado.

Essa seqüência de casamentos entre Filipe e as filhas dos reis dos Estados vizinhos, junto com as guerras que ele travou para conquistar alguns Estados e as alianças que compôs com outros, criaram uma Macedônia ampliada que só perdia em extensão e poder para a Pérsia. Todo cidadão desse império ampliado, independentemente de sua estatura econômica, rico ou nascido na pobreza, gozava de igual status: eram todos macedônios. A aristocracia que existia era formada por pessoas que tinham conquistado essa posição graças a atitudes e atributos pessoais, e não por direito de nascença. "Apesar de ser verdade que os macedônios estavam acostumados à monarquia", escreveu o historiador romano Quintus Curtius Rufus, "eles viviam mais sob o abrigo da liberdade do que outras etnias".[7]

Filipe ergueu novas cidades e vilas, e melhorou a infra-estrutura daquelas já existentes. Construiu canais e aquedutos para facilitar a irrigação e o comércio marítimo. Estradas cruzavam toda a Macedônia ampliada, interligando povoados, aldeias e capitais. Apesar de Filipe normalmente manter no trono, como governador da província, os reis que estavam no poder antes de ele ter conquistado o novo território, era ele quem ditava todas as políticas impostas sobre as províncias a partir da capital Pela. A Macedônia de Filipe é considerada o primeiro país da Europa a ter uma administração política e militar centralizada e uma estrutura descentralizada encarregada de sua execução.

Foi nesse contexto de ascensão da supremacia macedônia na Europa que nasceu Alexandre. Não mais universal e publicamente subestimada como o país "bárbaro" pelas cidades-Estado gregas, a Macedônia de Filipe conseguira romper completamente com seu passado e emergira como a segunda nação mais poderosa do mundo, atrás apenas da Pérsia. Isso não significa dizer que houvesse completa confiança entre a Macedônia e as cidades-Estado – porque não havia. A Macedônia era temida por seu poder, admirada por sua eficiência e respeitada por sua prosperidade econômica e cultural.[8]

Cada capítulo deste livro está estruturado em torno de um importante evento da vida de Alexandre, e as ilustrações servem para mostrar de que forma funcionava a estratégia do governante macedônio – seja para vencer guerras, liderar pessoas, gerar mitos, conquistar novas terras, transportar suprimentos ou aproximar diferentes culturas num império unificado que se prolongava por quase todo o mundo conhecido. Cada aspecto da vida ou das metodologias de Alexandre é examinado no contexto de uma situação ou organização moderna, de tal forma que os paralelos e semelhanças entre o que ele fez há quase 2.500 anos e o que fazemos hoje fiquem claros. Tendo dito isso, a escolha eclética dos exemplos e personalidades modernos – retirados dos negócios, da política, das guerras, dos esportes, das artes e da história – foi determinada sobretudo por minhas experiências e circunstâncias pessoais; afinal, vivi em três continentes distintos: na Europa, na Ásia e na América do Norte. Ela também foi determinada, em parte, por uma profunda crença no fato de que a estratégia é um tema amplo e dinâmico demais para ser categorizado de forma estreita, e quanto mais diversificadas as experiências que servem de pano de fundo para traçar o mapa da estratégia em tela, melhor o resultado.

Em cada capítulo, procurei dedicar suficiente atenção a assuntos, situações e problemas contemporâneos, com os quais nos debatemos hoje no dia-a-dia – seja na concepção de estratégias políticas, militares ou de negócios, seja na forma como vemos e entendemos o mundo em que vivemos. Esta não é, sob qualquer aspecto que se olhe, uma história completa sobre

Alexandre, o Grande, tampouco um tratado a respeito de tudo o que poderíamos aprender com sua vida. Trata-se de um livro seletivo, opinativo e traduz fortemente minha trajetória pessoal de aprendizado e meus conceitos pessoais. Para equilibrar esse dado inescapável, procurei fazer dele a leitura mais interessante possível; espero, humildemente, ter conseguido.

O livro começa com seu nascimento e primeiros anos de vida, sobretudo aqueles sob a tutela de Aristóteles, e se concentra na pedagogia adotada pelo grande filósofo, a maior parte extraída de seus trabalhos, os quais acredito terem preparado Alexandre como soberano que conquistou o mundo. Terminei o livro com sua morte e a divisão dos espólios do império. Esta obra, portanto, abrange toda a vida de Alexandre. No meio, procurei seguir, cronologicamente, as pegadas deixadas por ele, mas, quando necessário, sintetizei diferentes momentos de sua vida – ora para fundamentar ainda mais um argumento que esteja sendo feito, ora porque os fatos de dois momentos distintos simplesmente merecem ser avaliados em conjunto.

A vida e a personalidade de Alexandre foram tão complexas, e as fontes sobre sua vida e conquistas tão díspares em qualidade e época de produção, que produzir um relato unificado que reúna todos os dados, mesmo que remotamente, é tarefa impossível. Cada capítulo, portanto, pode, aqui e ali, lembrar contas coloridas que foram inseridas e reunidas num cordão. Cada uma dessas contas, porém, nos lembra de problemas concretos que enfrentamos hoje: como desenvolver e treinar profissionais? O que pensar de temas básicos da estratégia tais como onde, quando e de que forma competir? Como nos comportar durante uma transição de comando? Como os líderes devem estabelecer sua autoridade nos "primeiros cem dias?" Por que os líderes geram mitos? Quais são os diversos estilos de liderança que uma única pessoa pode ter em seu arsenal e qual escolher, além de onde e quando? Como deveríamos ver a convergência de culturas e a divergência de costumes e tradições sociais quando desejamos dar uma contribuição de maior profundidade? Como decidir o que levar e o que não levar numa campanha? Qual é o papel das ciladas e dos ardis estratégicos nas situações de competição? Por que o legado de um líder é uma equação de equilíbrio tão delicada que tantas corre o risco de cair do pedestal onde repousa? Estas são as questões sobre as quais nos dedicamos neste estudo da vida de Alexandre e de muitos outros líderes que foram seus seguidores e imitadores, ou cujas vidas tomaram rumo semelhante à dele.

CAPÍTULO 1

PERANTE A GRANDEZA

O MAR MEDITERRÂNEO FORA PALCO DE UMA VIOLENTA TEMPESTADE AQUELA noite. Os ventos furiosos haviam deixado um rastro de destruição. Até mesmo o mar Adriático, não longe dali, se agitou quando a borrasca migrou para o Norte e se abateu sobre o território da Grécia e da Macedônia. Na capital da Macedônia, Pela, enquanto o palácio era chicoteado por violentas rajadas de vento, em meio a relâmpagos e o ribombar de trovões, a rainha Olímpia dava à luz um menino nas primeiras horas do dia 26 de julho de 356 a.C. O menino recebeu o nome de Alexandre III. Um dia, seria chamado de Alexandre, o Grande.

Nas primeiras horas do dia, a tempestade já havia passado e o marido da rainha Olímpia, o rei Filipe II, se preparava para a invasão da cidade costeira grega de Potidéia, no mar Egeu. Filipe e suas tropas macedônias haviam resistido bravamente à fúria da tempestade durante toda a noite, preparando-se para a invasão. Ao longo do litoral, a tempestade derrubara árvores, virara embarcações e soterrara casas debaixo de toneladas de areia. Mas não abalara a determinação dos macedônios. Apesar de encharcados devido à pesada chuva horizontal, estavam prontos e em posição para o avanço, e a cidade foi ocupada em questão de minutos. Nenhum soldado grego em sã consciência enfrentaria um exército com tamanha motivação.

Mais ou menos na mesma hora em que Filipe invadia Potidéia naquela manhã, no norte da Macedônia, seu principal general, Parmênion, derrotava as forças unificadas de péones e ilírios – pertencentes a duas poderosas nações situadas nas atuais Sérvia e Albânia. Como se essas coincidências não bastassem, naquele mesmo dia, no sul da Grécia, na pequena cidade de Olímpia, os cavalos de Filipe venceram com elegância o primeiro e o mais popular evento dos jogos pan-helênicos (os jogos olímpicos daquela época): a corrida de bigas. Essa vitória se revestia de tanta importância e solenidade quanto a medalha de ouro de Jesse Owen nos Jogos Olímpicos de 1936, em Berlim, diante de Adolf Hitler, porque os gregos havia muito vinham dizendo que os macedônios não eram inteiramente gregos (e, naquela época, os jogos eram exclusivamente para os gregos) e que a Macedônia, como nação, não tinha nada a oferecer além de madeira para construir barcos. Ao permitir que Filipe participasse, os gregos estavam admitindo a nacionalidade grega dos macedônios. É claro que eles não tinham escolha, afinal a Macedônia de Filipe emergira como a maior potência do mundo, equiparando-se aos poderosos persas.

O Nascimento Real

Dias tão solenes assim eram raros para a pequena Macedônia, incrustada no norte da Grécia. As vitórias militares foram importantes, o êxito nos jogos foi emocionante, mas o motivo pelo qual todo macedônio andava com um sorriso estampado no rosto e o peito inflado de orgulho era pelo fato de o nascimento de Alexandre traçar uma linha clara para a definição do trono do país. Muito embora Filipe tivesse apenas 27 anos quando do nascimento de Alexandre, conseguir um herdeiro era da maior importância numa terra onde praticamente todos os soberanos haviam morrido de forma violenta e súbita, com uma lâmina enfiada entre as costelas.

A História não vinha sendo generosa com a Macedônia nas últimas décadas. Foram três reis em dez anos. Primeiro, o pai de Filipe, o rei Amintas, foi assassinado, depois foi a vez de seu irmão mais velho, e finalmente outro irmão, também mais velho que Amintas, morto em batalha. Com isso, os eventos que cercaram o nascimento de Alexandre deram aos cidadãos macedônios uma rara esperança. As celebrações foram uma manifestação de seu desejo de sobreviver à violência que dominava tudo.

Em Pela, antes mesmo da volta de seu rei e do exército vitorioso, a população ganhou as ruas para comemorar. As avenidas arborizadas de Pela corriam de norte a sul, ligando o palácio à ágora, ou praça principal da cidade, onde a população se reunia para as festas. Ruas entrecortavam as avenidas de leste a oeste, dividindo a cidade em quarteirões, cada qual adornado com todos os elementos de uma celebração real. Estrados montados na ágora representavam os 12 deuses olímpicos que os macedônios, e todos os gregos, veneravam. Em cada extremidade da praça havia um santuário, dotado de uma cúpula dourada, onde cortesãos serviam cidra e vinho com elevado teor alcoólico.

Mais tarde, naquele mesmo dia, Filipe conduziu seu exército vitorioso de volta a Pela. Ao desfilar em seu cavalo pela avenida, o capacete de bronze com penacho de crina numa das mãos e a rédea na outra, a multidão de súditos irrompeu em gritos de aprovação e alegria. O Sol poente se derramava sobre os exuberantes gramados que separavam as pistas em alamedas arborizadas, fazendo-os rebrilhar como um refinado tapete de Aubusson.

O nascimento de qualquer bebê da realeza sempre deflagra uma série de ritos. Pouco depois de chegar ao palácio, situado no topo de um outeiro coberto de relva, Filipe se trocou e vestiu os paramentos solenes. Acompanhado de sua mulher e carregando o filho nos braços, Filipe ganhou o balcão do palácio, iluminado por tochas, e o exibiu aos súditos. O céu noturno, rajado de nuvens, descia sobre o palácio como um manto que cobria as águas tranqüilas do golfo de Thérmai.

Numa cena que lembrava uma passagem da *Ilíada*, Filipe ergueu seu filho na direção do distante cume do monte Olimpo e dirigiu uma prece a Zeus e aos demais deuses. Como Heitor pedindo ao grande deus que concedesse a seu filho a mais alta glória entre os troianos, que o fizesse bravo e forte como a si mesmo, e que governasse Tróia, Filipe também pediu por glória, força e poder de Alexandre – e por seu futuro reinado sobre toda a Grécia. E, como Heitor, rogou que todos os povos se referissem a seu filho como "um homem melhor do que seu pai".[1]

Os macedônios acreditavam que seus reis eram descendentes diretos dos deuses gregos do Olimpo, o qual, nos dias claros, podia ser avistado de Pela. A dinastia temenita dos monarcas macedônios não era de origem macedônia, mas vivia lá desde 650 a.C., quando Perdicas I chegou vindo da cidade do sul da Grécia, Argos, e deu início ao reinado argivo. A linhagem dos temenitas remontava diretamente a Héracles (Hércules para os romanos), filho de Zeus. A origem estrangeira dessa dinastia os deixava de fora das rusgas existentes entre diversas tribos dentro da Macedônia, e sua linhagem divina conferia lhes status superior. Parte da reverência dos macedônios por seus reis vinha da admiração por sua competência e coragem como monarcas, mas grande parte dessa devoção se explicava por esses laços divinos. Com efeito, a maioria tratava seu monarca como um deus na Terra.

Os monarcas macedônios gostavam de cultivar os mitos em torno da origem de sua família. Eles aproveitavam para interpretar todo e qualquer fenômeno ou augúrio para enfatizar suas ligações divinas – e os hagiógrafos da época colaboravam de muito bom grado com as intenções do monarca. Por isso, àquela noite, no balcão do palácio, apoiado em gigantescas colunas jônicas e dóricas, Filipe lembrou a destruição do templo de Ártemis, deusa grega do parto, na noite anterior. O templo, situado no topo de uma colina escarpada na cidade de Éfeso, na atual Turquia ocidental, havia sido atingido por um raio durante a violenta tempestade no Mediterrâneo. O enorme templo de madeira, considerado uma das maravilhas do mundo antigo, se consumiu rapidamente nas chamas.

Os sacerdotes do templo haviam saído pelas ruas da cidade anunciando que o incêndio significava exatamente o nascimento *daquele* que iria derrotar o império persa, então o maior do mundo, além de arquiinimigo da Grécia. Ali, em seus braços, estava essa pessoa – Filipe proclamou orgulhosamente diante da multidão, que explodiu num frenesi de entusiasmo. Mais tarde, até mesmo o historiador Plutarco se deixou influenciar pela idéia de intervenção divina, proclamada por Filipe. Plutarco escreveu: "Não é de se admirar que o templo de Ártemis tenha sido destruído, uma vez que a deusa estava ocupada assistindo ao nascimento de Alexandre."[2]

Alexandre tinha 13 anos quando Filipe decidiu que seu filho precisava de uma formação muito superior àquela que estava sendo oferecida pelos lingüistas, gramáticos, poetas e atletas que lhe vinham dando aulas até então. Filipe, tendo ele próprio se beneficiado das inspiradoras experiências educacionais proporcionadas por grandes mestres quando foi mantido refém em Tebas,[3] queria para Alexandre um tutor que lhe proporcionasse não apenas uma boa formação, mas que também o preparasse para resolver os problemas que enfrentaria mais tarde como rei. Não queria que Alexandre se limitasse a aprender as respostas de sempre para problemas banais; queria que desenvolvesse um arcabouço intelectual capaz de guiá-lo diante de qualquer desafio com que se deparasse. Também era importante que Alexandre entendesse os limites de sua própria capacidade física e mental. Como diria Sófocles, autor de tragédias gregas, era necessário um mestre capaz de dar ao príncipe "a orientação da rédea e a contenção do freio".[4] Finalmente, precisava de um tutor capaz de enxergar não apenas os dois lados de uma questão com mais rapidez que seu filho, mas talvez até seis lados.

Filipe escolheu Aristóteles, oriundo de relativo anonimato, para ser esse tutor. Aristóteles era macedônio, nascido na ilha de Estagira. Sua família era velha conhecida da família real macedônia; seu pai fora médico do pai de Filipe, Amintas. Aristóteles havia sido alçado recentemente ao cargo máximo da academia de Platão em Atenas, onde estudara e lecionara por mais de 20 anos, e levava uma vida tranqüila na ilha intelectualmente deserta de Lesbos. Aristóteles aceitou imediatamente a proposta.

O filósofo encontrou uma Macedônia de encantos culturais e exuberância literária. Uma escola palaciana havia sido construída para ele nas colinas de Mieza, não muito longe da capital Pela. Dessa escola, de um lado, descortinava-se a vista impressionante do golfo de Thérmai, onde os mastros dos trirremes podiam ser vistos à distância; do outro, a verdejante natureza ao redor. Mieza, na maioria dos dias, era uma pintura de serenidade banhada pelo Sol, com estradas calçadas de pedras e alamedas sombreadas onde grupos de estudantes conversavam sobre poesia persa ou teatro grego. Jardins botânicos e zoológicos haviam sido construídos em torno da escola para atender ao interesse de Aristóteles pelas ciências biológicas.

Filipe já havia profissionalizado a ordem dos Companheiros, constituída de comandantes e generais. Os estudantes de Mieza, ele acreditava, constituíam o grupo do qual sairiam as futuras gerações de Companheiros. Assim, ele pediu que os nobres macedônios enviassem seus filhos da idade de Alexandre para estudar com ele em Mieza. A escola foi concebida como instituição militar, além do ensino cultural e filosófico. Mas, acima de tudo, sua função era preparar os militares profissionais e a elite governante que, um dia, administraria a Macedônia e seus territórios.

Como futuros líderes da Macedônia, esses estudantes precisavam ser preparados para resolver problemas complexos e inesperados, cuja solução talvez não recaísse propriamente em nenhuma categoria ou área de especialização bem definida. Eles tinham de ser capazes de improvisar, de tomar decisões difíceis, de reconhecer aspectos em comum entre problemas diferentes, de investigar os fatos para comprovar ou refutar suas hipóteses, de se valer de seu conhecimento e do conhecimento de terceiros e de trabalhar em cooperação uns com os outros no sentido de idealizar e executar projetos de futuro para seu país.

Para garantir que não crescessem com uma visão estreita do mundo, ele convidou professores, poetas, artistas e cientistas do Egito, bem como outros tantos exilados da Pérsia, para formar um corpo docente visitante em Mieza. Muito pouca informação nos chega sobre o tempo que ele passou em Mieza, mas podemos imaginar que Aristóteles tenha idealizado um programa acadêmico de estudos capaz de proporcionar uma profunda imersão no campo de especialização escolhido pelo aluno e, ao mesmo tempo, uma visão geral de outras áreas, de tal forma que Alexandre e seus colegas pudessem lidar, de forma integrada, com a problemática da guerra, das políticas públicas e da justiça, as quais, como futuros líderes da Macedônia, era provável que tivessem de atacar. O motivo pelo qual podemos acreditar que Alexandre tenha tido contato com as mais diferentes disciplinas sob os auspícios de Aristóteles é que, em suas campanhas, ele demonstrava um prodigioso interesse pelas mais diversas áreas, além de extraordinária compreensão delas. Também sabemos que era Aristóteles, dentre os mestres atenienses, quem nutria maior interesse pela diversidade de estudos. Aliás, não mero interesse, mas profunda compreensão – atribui-se a ele a autoria de cerca de 150 livros sobre assuntos tão diversos quanto a meteorologia, a metafísica, a física e a política. Há uma famosa frase do poeta grego do século VII, Arquíloco, segundo a qual "a raposa sabe muitas coisas, o porco-espinho sabe apenas uma e fundamental coisa".[5] Aristóteles era considerado a raposa e, com efeito, é tido como o maior de todos os polímatas, transitando pelos campos mais díspares como a política e a interpretação de sonhos, enquanto seu mestre, Platão, era considerado o porco-espinho, com sua única e arrebatadora paixão, que era o governo dos reis-filósofos.

Ensinando a Mente a Pensar

Mieza foi onde a mente de Alexandre foi preparada para investigar dados concretos e padrões subjetivos, e para procurá-los entre as mais diversas fontes, lugares e pessoas, de tal forma a chegar a uma solução. Uma das principais características de Alexandre como general numa batalha era sua capacidade de conseguir dados sobre determinada região retirados das mais variadas fontes – digamos, do meteorologista, do especialista em agricultura, do botânico, do zoólogo, do engenheiro civil, do hidrólogo, do historiador e até do sofista que viajava com ele –, e de sintetizá-los de tal modo a formar uma opinião quanto ao melhor momento para invadir a região, quantos soldados seria viável mobilizar e manter e como essa região poderia facilitar a próxima etapa da expedição.

Ele não só buscava essas informações com seus especialistas para então triangulá-las com aquelas que já trazia na cabeça, como também compreendia com absoluta clareza que, por mais sofisticada que fosse uma análise, ela jamais poderia substituir a experiência de alguém que morasse na região que estivesse querendo invadir ou que tivesse profunda ligação com o problema que estivesse tentando resolver. Ele podia rejeitar o parecer de seus especialistas acerca da melhor rota para surpreender o inimigo sobre uma colina, por exemplo, em favor das orientações dadas por um jovem pastor da região, cuja família viesse cuidando de seus rebanhos naquelas paragens há décadas, conhecendo, portanto, todos os cantos, recantos e passagens da montanha.

Lado a lado com essa busca por fragmentos de dados oriundos das mais diversas fontes para chegar a uma solução, havia a humildade, que Aristóteles, podemos estar certos, deve ter procurado inculcar em Alexandre e outros alunos, referindo-se à inexistência de uma resposta perfeita para todos os problemas. Eles eram preparados para acreditar que o mundo com o qual iriam interagir como administradores, governadores e generais era um complexo de povos, sentimentos, pontos de vista, hipóteses e preconceitos. Dada tamanha complexidade de relações como pano de fundo de todo e qualquer problema, seria incrivelmente difícil chegar a uma solução perfeita. O que deveria ser buscado, Aristóteles deve tê-los convencido, era a questão mais próxima da resposta perfeita. Como Charles Kingsfield, personagem interpretado por John Houseman no filme *O Homem que Eu Escolhi*,[6] lembrou muito bem no primeiro dia do primeiro ano de aulas na faculdade de direito de Harvard: "Às vezes, a gente acha que encontrou a resposta certa. Garanto a vocês que isso é uma total ilusão. Vocês jamais encontrarão a resposta certa, final, absoluta."

Os rapazes, porém, logo aprenderam que chegar o mais próximo possível da resposta perfeita não seria fácil. Como eles iriam atuar num mundo de pessoas e de política, no qual os problemas sofreriam a influência não só da complexidade que cerca qualquer conflito, como também das experiências precedentes e dos posicionamentos éticos e morais que eles e outras pessoas manifestavam – individualmente ou em grupo –, sua capacidade para resolver problemas teria de envolver concessões de um lado para ganhar no outro. Para não falar das falácias cognitivas, tema que interessava profundamente a Aristóteles. Eles teriam, portanto, de testar e retestar – incessantemente – suas decisões, para se certificar de que eram compatíveis com seus posicionamentos moral e ético, seja do ponto de vista pessoal ou coletivo. Era um exemplo de prática do dia-a-dia que levaria à perfeição. Como generais e governantes, eles teriam de tomar decisões em frações de segundo; ter a experiência de superar mentalmente cada problema, com o intuito de melhorar a capacidade de fazer concessões necessárias, perdendo de um lado para ganhar de outro, o que certamente os ajudaria a tomar decisões com rapidez – e das quais não viessem a se arrepender.

Podemos imaginar Aristóteles se valendo da rica experiência que viveu em contato com a realidade macedônia nas mais diversas questões políticas e militares com seus vizinhos para ensinar os estudantes a pensar. Enquanto os rapazes estudavam em Mieza, o Conselho Anfictiônico, supremo órgão representativo de todas as cidades-Estado gregas, conclamou Filipe a intervir e resolver o que os gregos chamavam de "Primeira Guerra Sagrada". Os fócios, povo belicoso da Grécia central, haviam ocupado o templo de Apolo em Delfos, o mais sagrado dos gregos, assim como o desfiladeiro das Termópilas, perto dali. Se alguém quisesse desafiar qualquer um na Grécia, nada melhor do que ocupar um desses lugares sagrados – que dirá os dois.

Delfos era o centro da cultura grega. Toda cidade-Estado dava suas coordenadas geográficas tendo Delfos como ponto de referência. Todo homem, mulher e criança considerava a cordilheira das Termópilas um lugar sagrado, e boa parte da cultura grega estava intimamente ligada aos eventos que tiveram lugar nessa passagem em 480 a.C., quando trezentos corajosos espartanos, a cabeça de seu amado rei Leônidas fincada numa estaca, escudos cerrados e lanças posicionadas tentaram em vão conter onda após onda de ataque de cem mil invasores persas – apenas o suficiente para os aliados gregos poderem recuar pelo desfiladeiro e se preparar para enfrentar os persas em campo aberto. Muito embora todas as cerca de 30 cidades-Estado da Antiguidade pudessem – como de fato faziam – lutar entre si, falar daquela passagem nas Termópilas fazia imediata e miraculosamente com que elas se unissem num grupo de fato coeso.

Filipe se pôs a caminho com seus soldados, e os fócios se renderam a ele de imediato. Apesar de a causa dos fócios suscitar tanta simpatia quanto, digamos, a do canibalismo dos Tonton Macoute entre a acuada população haitiana da atualidade, Filipe, a despeito da forte pressão de todas as cidades-Estado gregas no Conselho Anfictiônico, não vendeu todos eles como escravos nem arrasou suas cidades e vilas. Essas medidas não eram moralmente repreensíveis para Filipe, uma vez que ele já havia feito isso a outros inimigos. Sendo assim, então, por que Filipe não puniu os fócios conforme solicitado pelo Conselho Anfictiônico? Que bem maior ele tinha em vista ao deixá-los em liberdade? De que forma esse gesto o colocava em posição de controlar com ainda maior facilidade o Conselho Anfictiônico, que era presumivelmente o que ele desejava? O que isso poderia significar? Aristóteles, que, alguns anos depois de Mieza, seria responsável pelo advento da Lógica, deve ter se divertido muito com essas mentes tão jovens.

Uma das missões de Mieza era ensinar os rapazes a cooperar uns com os outros em cada tarefa, e podemos tentar imaginar um Aristóteles de 42 anos incitando, incentivando e orientando os meninos a trabalhar juntos para resolver problemas. Nas campanhas, veremos como Alexandre e seus aliados faziam para trocar idéias, mantinham reciprocamente o moral elevado, sabiam de que forma este ou aquele via ou resolvia determinado problema, integravam os diferentes pontos de vista e se portavam como verdadeiros colegas que se haviam desenvolvido um com o outro, e com *o apoio* do outro. As relações de colaboração geravam um clima de confiança e respeito – as bases do profissionalismo. Nas batalhas de que participavam, essa confiança e esse respeito eram de enorme valia para todos. Como sempre haviam trabalhado juntos de forma tão estreita e conheciam as opiniões e pontos de vista uns dos outros tão bem, podiam tomar decisões rápidas e ficar seguros de que receberiam exatamente o tratamento que esperavam – veremos isso acontecer repetidas vezes. Tinham tamanha intimidade que podiam, literal e metaforicamente falando, terminar as frases uns dos outros.

Influência sobre a Faculdade de Direito e de Administração de Harvard

Há pouco ou nenhum registro preciso sobre o que Aristóteles de fato ensinou a Alexandre, mas sabemos que os anos que o filósofo passou em Mieza foram cruciais para a formação de sua opinião sobre uma ampla gama de assuntos, que influenciaram e continuam influenciando o modo como pensamos, hoje, sobre uma enorme variedade de assuntos. Os métodos de ensino de Aristóteles são importantes porque são exatamente os mesmos que usamos atualmente para formar profissionais das áreas de medicina, administração, direito, pedagogia e artes militares, entre outros assuntos.

Sócrates foi o primeiro professor ateniense a travar contato com seus alunos por intermédio de diálogos. Mas não havia nada de disciplinado ou de rigoroso no método socrático. Ele iniciava um diálogo com qualquer um, em qualquer lugar – preferencialmente num ginásio. Aristóteles esteve entre os primeiros a adotar o método de Sócrates e aplicá-lo num ambiente de ensino formal – de forma disciplinada, com o rigor necessário. Ele acrescentou disciplina ao conteúdo que estava sendo discutido, mas aperfeiçoou a técnica e o método socrático de discussão. Era comum, por exemplo, ver Aristóteles virar uma esquina à frente de um grupo de alunos entretidos num profundo diálogo intelectual (seus seguidores, que também davam aulas enquanto caminhavam, eram chamados de peripatéticos, denominação também dada ao seu método de ensino peripapético).

Em 1870, marco da revolução do ensino de direito, o modelo de Aristóteles se tornou a base da pedagogia do direito quando Christopher Columbus Langdell criou o método "dialógico" – ou baseado no diálogo – na Faculdade de Direito de Harvard. Usando resumos de casos jurídicos reais para explicar tanto os elementos teóricos como práticos do direito, esse método depende de um membro da turma, que é "convidado" a expor os dados do caso, apresentar uma análise dos fatos e sugerir as medidas cabíveis – enchendo o recinto com sua inteligência, como Charles Kingsfield dizia a seus alunos.

Segue-se a isso um diálogo entre mestre e alunos, com cada estudante procurando corroborar ou derrubar os elementos ou as medidas que tenham sido apresentados e preconizados. Para quem não o conhece, a questão é mais ou menos assim: primeiro, a exposição do problema, incluindo uma repetição dos fatos para enxergá-los com clareza; a defesa de uma posição; a refutação da posição proposta e a defesa de uma contraposição; a defesa de uma série ininterrupta de posições e contraposições, à medida que o professor fecha o cerco sobre o ponto principal a ser aprendido acerca do caso.

Em 1924, a Harvard Business School adotou a metodologia da Harvard Law School e incorporou o método dialógico de estudos de caso para ajudar seus alunos a alcançarem a mítica capacidade de "pensar como um *chief executive*". Toda faculdade de direito ou de administração, no mundo inteiro, para não falar das de medicina, jornalismo, pedagogia e até de teologia, já adotou essa metodologia de ensino – seminaristas hoje são preparados não só para a liturgia, mas também para tratar dos problemas que provavelmente encontrarão em suas respectivas paróquias.

Apesar de hoje ser comum assistir a um professor de administração dominando a atenção da turma numa sala que lembra um anfiteatro – atiçando-os para fazer vir à tona o conteúdo que se encontra oculto, e aquele que se encontra na informação – com a licença de T. S. Eliot –[7], a idéia de uma faculdade de administração para preparar pessoas para assumirem as estradas de ferro, os bancos e as fábricas que estavam começando a despontar na paisagem industrial americana não era a única com chance de ser adotada em Harvard, quando seu então presidente Charles W. Eliot fez essa proposta pela primeira vez no início dos anos 1900, logo após a faculdade de administração ter sido criada.

Muitos professores de Harvard discordavam de Eliot, sobretudo A. Lawrence Lowell, professor de governança que mais tarde sucederia Eliot na presidência da Harvard. "Administração em geral é algo bastante vago", escreveu Lowell, "para o qual é provavelmente impossível oferecer algo que sequer se aproxime de uma formação profissional". Eliot, porém, foi quem saiu ganhando e a Harvard Business School abriu suas portas em 1908. Mas o debate sobre rigor acadêmico e disciplina aplicada aos negócios prosseguiu.[8]

Somente depois da nomeação do segundo reitor, Wallace B. Donham, em 1921, o método de ensino de casos nos negócios começou a ser levado a sério. Donham, formado pela Harvard Law School, já passara ele próprio pelo método de casos. A função de Donham era aplicar rigor semelhante ao promover essa metodologia de ensino na área da administração. As empresas que contrataram os alunos depois de formados adoraram o fato de seus novos contratados terem passado pela experiência prática e pela complexidade da administração real de um negócio, em vez de terem estudado idéias, sistemas e conceitos abstratos e solenes, mediante teorias e textos. Os professores também, longe de se intimidarem diante de sua ligação com um campo que não possuía teorias, textos ou preceitos, estavam exultantes e orgulhosos por estarem ajudando a erguer o edifício intelectual de um novo campo de estudos. Em vez de se ater à pesquisa tradicional baseada em modelos quantitativos e raciocínio dedutivo, o professor busca uma "investigação clínica" no mundo real, que termina em substanciosos casos que podem ser usados para ajudar a compreender melhor os processos de tomada de decisão do gerenciamento sênior.

A Formação do Caráter

Aristóteles foi o otimista original: ele teria dito que quem age com retidão é contemplado com as recompensas e as coisas boas da vida.[9] Um dos temas centrais de seu livro *Ética a Nicômaco* trata da forma pela qual manifestamos nosso caráter em situações nas quais a escolha moral não é evidente à primeira vista. Virtudes como respeito mútuo e admiração uns pelos outros graças à cooperação podiam ser ensinadas, mas como preparar os Companheiros para tomar a decisão moral e ética acertada a cada vez, todas as vezes? Basta ver a interminável lista de corruptos, predadores sexuais e manipuladores de balanços de empresas, todos saídos dos indefectíveis *campi* das principais faculdades de direito e de administração dos Estados Unidos, para se ter uma idéia da atualidade desse problema.

Como nos trabalhos sobre ética, Aristóteles formulava cada problema de tal maneira que as implicações morais eram evidentes para Alexandre e os Companheiros. Porém, ele não buscava nem impunha valores morais absolutos. Aristóteles acreditava que não existiam valores morais absolutos – decisões práticas jamais poderiam oferecer o mesmo grau de certeza e objetividade que a matemática.[10] Ele também sustentava que a obediência às virtudes morais dependia da situação em que essas virtudes estavam sendo exercidas – que era inviável exigir o mesmo grau de obediência em todas as situações. Portanto, ele encorajava as pessoas a buscar "o meio" – posição em algum ponto intermediário. Em matéria de coragem, segundo Aristóteles, o meio está em algum ponto entre os extremos do medo covarde e da confiança cega e imprudente; em matéria de vitória, entre a magnanimidade e a inclemência.

Para encontrar o meio, ele obrigava seus alunos a passarem por uma série de auto-análises, como fazia quando lecionava na academia de Platão em Atenas, e, desse modo, instilava nesses jovens a consciência de seu posicionamento nas questões de caráter – pois seus valores íntimos não eram necessariamente todos iguais –, para que pudessem fazer os ajustes decisórios indispensáveis quando mais tarde se tornassem governantes, comandantes e líderes, de tal forma que, no final, todos chegassem rigorosamente ao mesmo lugar. Para Aristóteles, havia muitas formas de errar, mas só uma de acertar, sobretudo quando se tratava das virtudes morais. Acertar toda vez exigia intensa prática. Aristóteles nunca se cansava, e como um preparador de atores incentivando seus alunos a dizerem o texto sem falhas, ele ensaiava incessantemente – do mesmo modo que o método de casos das faculdades de administração obriga os alunos a ensaiar seus posicionamentos repetidas vezes.

Aristóteles acreditava profundamente na virtude da prática. "A virtude moral é fruto da prática", escreveu.[11] Assim como um construtor se torna melhor construindo e um lirista se aprimora tocando sua lira, "assim também nos tornamos justos praticando atos justos, austeros praticando atos austeros, corajosos praticando atos de bravura".[12] Sucessivas vezes. Veremos como as decisões de Alexandre melhoraram com o passar do tempo – quanto mais decisões ele tomava, melhores elas ficavam.

Aristóteles sabia que, quanto mais transformadoras fossem as experiências que concebesse para seus alunos, propondo a resolução de problemas os mais complexos, melhor seria seu aprendizado. O mesmo conceito transforma o primeiro ano das faculdades de direito e de administração, o período de residência dos médicos, o início da contratação de um novo jogador, o treinamento básico do exército americano e os campos de treinamento militar da Marinha num rito de passagem. Isso estava, com efeito, em consonância com o que escreveu o filósofo chinês do século V a.C., Lao Tsé: "Se você me disser, eu escutarei. Se você me mostrar, eu verei. Mas, se me permitir viver a experiência, eu aprenderei."

Apesar de Aristóteles ser eloqüente o bastante para formular cada questão de tal forma que obrigasse seus alunos a considerar as implicações morais de suas decisões, a metodologia de casos das faculdades de direito e de administração, com sua ênfase na tomada de decisão a qualquer custo (em contraposição ao abandono do problema), muitas vezes ignora a dimensão moral e estimula o preparo de profissionais que dão pouca importância às questões éticas. O segundo inconveniente do método de casos reside exatamente em sua força. Devido à sua perspectiva de grande alcance, generalista, sistêmica, própria dos altos escalões de gerência, o método de casos pode muitas vezes deixar os estudantes mal preparados para as exigências de cargos hierárquicos mais rasteiros.

Para se assegurar que os estudantes de Mieza não cristalizassem uma visão inteiramente teórica do mundo, pequenos grupos eram, com freqüência, comumente levados por Filipe até as batalhas para observar, em primeira mão, de que forma o que tinham aprendido nas aulas poderia ser aplicado. Depois disso, recebiam pequenas missões para experimentar eles mesmos – ainda matriculados em Mieza. Nos tempos de paz, eram convidados a observar e participar das decisões de Estado. Havia uma aura de invencibilidade que cercava os generais macedônios graças a seu histórico nas batalhas. Trabalhar ao lado deles e vê-los em ação ajudava a intensificar essa aura mística entre os estudantes. Mais importante, também mostrava como esses grandes generais refletiam sobre as implicações de suas ações e se preparavam para as reações que elas provocariam.

É impressionante que, em todas as suas conquistas, os Companheiros de Mieza tenham demonstrado tão assombrosa capacidade de prever com tamanha exatidão as reações que suas ações acarretariam. Eles avaliavam as implicações de suas ações com três ou quatro passos de antecedência e eram capazes de determinar com notável grau de precisão quais seriam os efeitos em cascata de suas ações. Diferentemente do personagem de Robert Redford em *The Candidate*, que, depois de vencer as eleições para o senado americano pergunta a si mesmo "E agora?", os Companheiros já haviam examinado todos os efeitos sistêmicos de longo prazo de tudo o que tinham feito e planejado, de tal forma que o "e agora?", para eles, vinha naturalmente.

Os "Companheiros" da Segunda Guerra Mundial

A revolução na metodologia pedagógica que aconteceu na Harvard Law School e na Harvard Business School foi igualmente aplicada na escola de instrução de oficiais dos Estados Unidos. Foi no final dos anos 1920 que George C. Marshall assumiu o posto de diretor de instrução da Escola de Infantaria de Fort Benning, Georgia, e deu início ao que tem sido chamado de a "Revolução de Benning" do treinamento militar.[13] O objetivo de

Marshall era treinar oficiais mediante a criação de situações reais e significativas de batalha, nas quais eles tivessem de tomar decisões de vida ou morte, em vez do treinamento por intermédio de livros, manuais e palestras. Como a historiadora Barbara Tuchman escreveu: "A tática, a essência da arte militar, a situação na qual é preciso ter capacidade de improvisar, era o atributo-chave."[14] Marshall, estudioso das campanhas de Alexandre, o Grande, revolucionou a arte do treinamento militar de um modo que espelhava, com bastante semelhança, a forma como Alexandre e os Companheiros estudaram em Mieza.

Tuchman conta que, quando Marshall serviu na China com a 15ª Infantaria, ficou furioso ao saber que um oficial sob seu comando, durante um exercício de treinamento, não deu a ordem para cercar um flanco do inimigo porque suas informações sobre o terreno no qual o exercício estava sendo realizado eram incompletas. Marshall, segundo Tuchman, ficou ainda mais estarrecido ao saber que o oficial em questão havia sido o melhor aluno de sua turma em Benning. Ele mal podia esperar para iniciar as mudanças na instituição.

Marshall, estudioso também da guerra civil americana, estava plenamente ciente de que o excesso de planejamento havia prejudicado as forças da União, sob o comando de generais brilhantes como Ulysses S. Grant, William T. Sherman e Don Carlos Buell, na busca de uma vitória – ou pelo menos de um empate – contra as forças confederadas em Shiloh (Pittsburgh Landing), assegurando decisivas vitórias logo depois disso. Esse fato aconteceu principalmente porque generais como Henry Wager Halleck, que assumiu o posto de comando de campo de Grant depois de Shiloh, perderam tempo a caminho de Corinth, evitando a batalha com os confederados. Apesar de os generais da União terem muito mais homens sob seu comando e um exuberante complexo militar-industrial para apoiá-los, eles só podiam garantir vitórias de Pirro, ou inconclusivas, contra os exércitos do sul, compostos basicamente por civis.

Isso se explicava, em parte, pela relutância dos generais em tomar uma atitude antes que tudo – suprimentos, homens e inteligência – estivesse pronto. Grande parte disso se devia ao seu desejo de travar a guerra seguindo os livros à risca. Esses homens viviam em função da teoria da guerra, mas "seu problema era que a Guerra Civil pedia deles qualidades que seus estudos jamais lhes haviam revelado".[15] Livros didáticos de estratégia militar havia muito tempo afirmavam, por exemplo, que diversas campanhas militares são ganhas quando se deixa de lutar – verdadeiro se uma campanha no estilo de Filipe, com alianças ardilosas e táticas diplomáticas, for feita para evitar o enfrentamento. Esses grandes generais, porém, acreditavam que uma pura e simples demonstração de força seria capaz de acovardar o inimigo e levá-lo à rendição. Infelizmente, o inimigo nesse caso não era apenas o exército confederado; mas a totalidade da população do Sul, que, conforme sustentado pelo historiador Bruce Catton, só seria derrotada se fosse completa e integralmente reduzida à impotência, para nunca mais poder lutar novamente.

Mesmo quando os generais da União lutaram de fato, muitas vezes deixaram de perseguir o inimigo depois da vitória para evitar que ele se reagrupasse como força militar outra vez – uma das lições mais importantes das campanhas de Alexandre. Depois de Shiloh, por exemplo, onde o exército de 125 mil homens de Halleck correspondia a mais do que o dobro da força confederada que o general Pierre Gustave Toutant Beauregard herdara de seu superior, Albert Sidney Johnston, morto em Shiloh, Halleck seguiu o manual à risca e não perseguiu o inimigo para "aniquilá-lo". Em vez disso, obedecendo ao manual, "tratou de ocupar o território, dividindo suas forças em destacamentos, entregando-se descansadamente ao trabalho de consolidar sua vantagem; ele enxergava mais o mapa, e tudo o que os estrategistas costumavam fazer sobre os mapas, do que os inimigos e suas baionetas caladas".[16]

Seguir o manual à risca, segundo a opinião de muitos historiadores, apenas prolongou a guerra civil por mais dois anos e acabou com a credibilidade – e a determinação, como era a opinião de muitos em Washington – de inúmeros brilhantes generais da União. A guerra só terminaria quando generais como Ulysses S. Grant, com a determinação e a coragem de travar uma guerra total, estivessem no comando.

Quando Marshall chegou em Fort Benning, o corpo docente da instituição compunha-se de um verdadeiro *Quem é Quem* dos futuros líderes das forças armadas americanas, cada um dos quais se tornaria protegido de Marshall. Esses instrutores emergiriam como os grandes generais americanos da Segunda Guerra Mundial: Dwight D. Eisenhower, que se tornaria o comandante supremo das forças aliadas; George S. Patton, provavelmente o mais hábil dos generais americanos e, com certeza, o mais temido pelos alemães; Omar N. Bradley, colega de turma de Eisenhower em West Point e um dos mais eficazes e confiáveis generais em se tratando de operações terrestres; general Walter Bedell Smith, que serviria a Eisenhower como seu chefe de Estado-maior; general Joseph Lawton Collins, que comandou os navios no dia D e cujo poder de fogo abriu rombos na muralha atlântica de concreto de Hitler grandes o suficiente para que homens, caminhões e tanques pudessem passar; e, entre outros, general Mathew Ridgeway, comandante da 82º brigada aerotransportada, que lançou milhares de paraquedistas sobre a França ocupada. Todos eles – cerca de 170 líderes militares da Segunda Guerra Mundial – se conheceram em Fort Benning.

Somente a turma de Alexandre em Mieza poderia ser comparada com Fort Benning na reunião de tantos homens que iriam um dia mudar o curso da História. Entre os colegas de turma de Alexandre, incluíam-se: Ptolomeu Soter, que se tornou general de Alexandre e, depois de sua morte, ergueu o império ptolemaico no Egito (que terminaria 13 gerações depois, com a morte do último membro da dinastia, Cleópatra VII); Seleuco Nicator, que também foi general e depois fundou o império selêucida, que dominaria grande parte da Ásia, desde a Síria até as fronteiras da Índia, por mais de 150 anos; Perdicas, que acompanhou Alexandre durante toda a expedição como um de seus mais hábeis comandantes, a quem Alexandre deu seu anel com sinete antes de morrer; e muitos outros.

Assim que Marshall chegou em Fort Benning, mandou chamar Joseph Stilwell, ao lado de quem servira durante os muitos anos em que Stilwell esteve à frente do envolvimento americano na China, para ser seu ajudante-de-ordens. Havia um bom motivo pelo qual Marshall queria Stilwell nessa função. Stilwell, valendo-se de sua experiência no combate a inimigos conhecidos e desconhecidos nas selvas da China, concebera exercícios táticos eficazes para os cadetes na densa floresta de pinheiros da Georgia, onde os comunicadores eram sabotados para não funcionar, mensageiros eram invariavelmente interceptados, erros e informações enganosas eram propositadamente inseridos nos relatórios da inteligência, mapas eram retraçados para ludibriar e, por mais bem preparado que o soldado estivesse, o inimigo sempre reservava um inesgotável repertório de surpresas – na intensidade do ataque, nas manobras, na formação adotada, no ponto de onde surgia repentinamente. Não obstante a tendência a tomar decisões ora desprovidas de sentido do ponto de vista teórico das táticas de guerra, ora absurdamente obtusas, as ações do inimigo eram sempre altamente eficazes.

"Uma vez no comando, Marshall jogou fora o manual", Tuchman escreveu, "em prol de exercícios realistas que preparavam em função da iniciativa e da capacidade de raciocínio, e não da resposta correta".[17] Ter servido sob o comando do general Pershing lhe ensinara o valor das ordens curtas e claras oriundas do quartel-general ou do posto de comando, e de delegar o cumprimento dessa ordem ao oficial da divisão ou companhia. O treinamento militar até aquele momento baseava-se no fornecimento de planos pormenorizados e precisos e em relatórios completos da inteligência a respeito do inimigo e do terreno, e cumpria aos oficiais seguir as ordens com alto grau de detalhamento e bastante prescritivas. Marshall não só deu maior peso aos aspectos práticos do que aos teóricos da guerra, como também convenceu os instrutores a direcionar as aulas para os primeiros seis meses de uma guerra, quando faltam homens e suprimentos, em vez dos dias finais, quando costumam ser abundantes.[18] Marshall mudou o treinamento militar americano de tal modo que obrigava os oficiais a agir de improviso, e aumentou o escopo desse treinamento de tal modo que preparava oficiais capazes de exercer liderança.

Bem mais de dois mil anos antes de Marshall, Aristóteles sabia que ensinar Alexandre a agir de improviso poderia significar a diferença entre o fracasso e o sucesso, entre a vida e a morte. Para raciocinar com rapidez e clareza, era preciso conhecer o ambiente e adaptar-se às suas condições no sentido do cumprimento de uma meta. Sendo assim, Aristóteles, que era extremamente "pé no chão", soterrava Alexandre de dados e situações para ver como ele encarava, adaptava e resolvia um problema baseado numa série de dados desconexos, muitas vezes conflitantes. Ele aprendia a pensar no nexo entre os dados, nos aspectos frágeis da lógica de um argumento e nas informações que estavam faltando – mesmo quando já quase afogado em informações de toda espécie. Alexandre e seus companheiros em pouco tempo se tornaram ótimos reconhecedores de padrões, capazes de fazer cálculos de extrapolação a partir de dados mais simples e de formular juízos baseados em sua intuição. O psicólogo ganhador do prêmio Nobel, Herbert Simon, que estuda o processo de tomada de decisão dos seres humanos há décadas, chama a intuição de "análises congeladas na forma de hábitos" – como aqueles cultivados pelos grandes mestres do xadrez, que são capazes de reconhecer algo em torno de 50 mil combinações possíveis que as peças podem assumir sobre o tabuleiro.[19] O sucesso macedônio, sobretudo em batalha, se explica, em grande parte, por essa qualidade que Aristóteles incutiu em Alexandre.

Fazendo Boas Perguntas

Aristóteles podia ser visto muitas vezes sentado à sombra de uma árvore – como era seu costume em Atenas – fazendo, compenetrado, perguntas a seus alunos. Às vezes, havia desgosto ou desprezo em sua voz, outras vezes, franqueza e objetividade; em geral, era circunspecto, mostrava-se pensativo e sua voz possuía uma nota delicada, doce. A variação no tom de voz obedecia à formulação específica das perguntas que fazia – pensadas para suscitar determinada reação da outra parte. Alexandre estudou o sutil método de formulação adotado por Aristóteles – o modo como fazia uma pergunta, a forma como pronunciava ou enfatizava determinadas palavras, os momentos em que fazia uma pausa durante a questão.

A capacidade de formular as perguntas da forma mais apropriada se transformou numa habilidade importante para Alexandre em suas campanhas, quando ele dependia tanto das pessoas que estavam sob seu comando, como também daquelas que estava conquistando, em termos de informações, idéias e decisões. Ele formulava a questão de determinada forma e, com base na resposta que recebia, decidia se podia confiar no interlocutor ou devia agir com mais cautela. Houve diversas ocasiões nas quais, em meio a esse jogo de formulações de perguntas e respostas, ele entregou a sorte de todo o exército macedônio a um jovem pastor das montanhas, a um pescador ou a um passante com quem acabara de cruzar. Outras vezes, procurava sondar tudo mais a fundo porque estava convencido de que a aparência da situação não condizia com a realidade.

Aristóteles, que nutria profundo interesse pela biologia e passava todo seu tempo livre classificando e categorizando os diferentes tipos de plantas e animais, usou seu sistema classificatório para entender também o mundo cognitivo. Ele criou uma taxonomia para os tipos de perguntas que as pessoas faziam e incutiu em cada um de seus alunos a vontade instintiva de fazer boas perguntas, nas quais a entonação, a formulação e o encadeamento das indagações, além do domínio das pausas e inflexões na geração do efeito desejado, eram tão importantes quanto o próprio conteúdo da pergunta.

O saudoso professor C. Rolando Christensen, da Harvard Business School, que fez pelo ensino da administração – especialmente do método de casos aplicado aos negócios – o que Aristóteles fez pelo ensino e pela prática da filosofia e da política, certa vez afirmou que, ao todo, existem apenas de seis a oito tipos básicos de perguntas que os professores podem fazer para ajudar seus alunos a apreenderem plenamente a complexidade de uma situação em evidência. Há dezenas de subgrupos de perguntas contidas nesses seis a oito tipos básicos; mas, num nível alto de abstração, há fundamentalmente esses poucos tipos mais abrangentes.

As mais importantes delas são as perguntas de informação, interpretação, extensão e as simplesmente hipotéticas. "Quando vocês devem personalizar as perguntas?" Christensen perguntava dirigindo-se aos professores de administração a quem havia formado. "Quando vocês devem baixar o nível de abstração? Que perguntas são mais apropriadas na primeira parte de uma aula, e que outras são apropriadas na parte final da mesma aula? O que há de tão especial na primeira pergunta feita a uma turma?" Christensen chegou a descrever a arte de escutar dentro do ensino de casos – como diferenciar o que ouvimos em busca de conteúdo, em contraposição ao que ouvimos em busca de uma sensação? Por fim, Christensen escreveu, os professores precisam conhecer a taxonomia das respostas: "Quando dizer, 'Hummmm?' Quando pôr algo no quadro? Quando parafrasear o comentário de um aluno?"[20]

Atmosfera de Ironia

Os Companheiros eram preparados para correr riscos, e Mieza encorajava essa disposição na próxima geração de líderes macedônios. Para assumir riscos, era vital uma atmosfera franca, na qual contestações tanto da autoridade quanto das idéias fossem aceitas. Isso era ótimo para Aristóteles. Como estrangeiro na academia de Platão, em Atenas, ele se sentira sufocado porque não tinha liberdade para falar o que pensava. Apesar de, nesse momento, já haver ocorrido 30 anos desde que os atenienses envenenaram Sócrates – algo que aconteceu antes da chegada de Aristóteles à academia –, o assassinato de Sócrates fez com que os filósofos (sobretudo os de fora, caso de Aristóteles) manifestassem sérias reservas a expressar com total clareza aquilo em que acreditavam. Não é de se surpreender, portanto, que Aristóteles, um eterno pragmático, se mantivesse basicamente isolado.

Aristóteles fez o que pôde para garantir que Alexandre e os demais alunos compreendessem que tudo e todos eram passíveis de crítica. Os que criticavam eram expressamente protegidos da maioria que pudesse ter um ponto de vista diferente. Ninguém, nem nenhuma instituição, estava acima de críticas – nem mesmo o rei, que entre os Companheiros era *primus inter pares* e exercia sobre eles um poder que emanava mais de sua capacidade intelectual e de seu carisma do que de sua linhagem ou de suas ligações divinas. Por mais ridícula ou virulenta que fosse a crítica, garantir uma atmosfera de franqueza era fundamental no ambiente educativo de Mieza.

O uso da ironia, sobretudo da ironia socrática, que fingia não saber determinadas coisas numa discussão, estava em voga. Os rapazes viviam tão profundamente mergulhados nas obras literárias gregas – não só na *Ilíada* e na *Odisséia*, mas também nas grandes tragédias e comédias escritas por Eurípides, Sófocles e Aristófanes, assim como na poesia lírica de Píndaro – que boa parte da conversa entre eles assumia a forma de um diálogo irônico.

Dísticos e citações das grandes obras eram comumente usados pelos Companheiros como fórmulas que expressavam o que eles realmente pensavam a respeito de algo ou um sobre o outro sem que os de fora compreendessem o que estava sendo dito. Num episódio sobre o qual nos debruçaremos mais detidamente no próximo capítulo, Alexandre repete as famosas palavras "o pai, a noiva e o noivo, todos juntos", da *Medéia*, de Eurípedes, dando a entender que falava do assassinato de seu pai, Filipe, da última noiva de Filipe, Cleópatra, e do guarda-costas desta, Átalo. Ou num jantar real, no qual o historiador oficial do exército macedônio, Calístenes (que era sobrinho de Aristóteles), estava tecendo louvores aos macedônios, Alexandre, citando a *Bacchae*, de Eurípedes: "Acerca de assuntos nobres, todos os homens podem falar com propriedade", incitou Calístenes a mostrar o verdadeiro poder de sua eloqüência fazendo críticas aos macedônios. Os rapazes viviam tão enfronhados nos clássicos gregos que até mesmo suas atitudes durante as batalhas lembram episódios das grandes obras. Alexandre, por exemplo, após conquistar Gaza, na Palestina, amarrou o governador da cidade pelos tornozelos a uma carruagem e mandou que fosse arrastado pela cidade até a morte – em referência ao destino imposto por Aquiles a Heitor no final da *Ilíada*.

Nem Aristóteles é Poupado

"Quem quer que se arrogue o papel de juiz no campo da verdade e do conhecimento", disse Albert Einstein, "morrerá afogado no riso dos deuses". Aristóteles estava determinado a fazer tudo que estivesse a seu alcance para nunca ocupar o lugar de árbitro da verdade ou do conhecimento. Ele estava, isto sim, resolvido a fazer tudo que estivesse a seu alcance para negar aos deuses essa alegria suprema.

É claro, Alexandre se divertia muitíssimo com a franqueza – chegando até a ridicularizá-lo às vezes. Não fazia muito tempo que *A República*, de Platão, havia sido publicada, obra que, junto com a *Política*, de Aristóteles, é até hoje um dos trabalhos de filosofia política de maior influência. O livro de Platão discutia a existência de três tipos de Estado, mas sua atenção se concentrava sobre aquele que era utópico, o qual, segundo ele, seria governado por reis-filósofos. Esse Estado seria criado por meio de uma revolução. Aristóteles, enquanto esteve em Mieza, formulou sua refutação às idéias de Platão – sobretudo à necessidade de uma revolução para trazer a mudança, à importância da propriedade comum em contraposição à propriedade privada e à idéia de concentração do poder numa elite. Deve ter havido muitas críticas a Platão, mas, considerando-se a forma como Alexandre afirmaria sua filosofia política durante as campanhas, também deve ter havido críticas às posições de Aristóteles.

Como estudantes universitários que muitas vezes fazem as primeiras leituras das versões preliminares dos livros de seus professores, Alexandre e os Companheiros foram, sem dúvida, as cobaias de Aristóteles. Podemos imaginar Alexandre se divertindo ao contestar as idéias de Aristóteles. Alexandre acreditava profundamente na importância das diferentes culturas, não na primazia de uma única, e por isso podemos estar seguros de que ele fazia objeções às mais profundas crenças de Aristóteles na supremacia da cultura e da civilização grega sobre todas as demais e no status inferior das mulheres na sociedade. Como veremos, a vida de Alexandre foi dedicada a promover idéias diametralmente opostas às de Aristóteles, pelo menos no que diz respeito a essas questões.

O excelente relacionamento entre Aristóteles e Alexandre iria se deteriorar no final das campanhas, quando, irritado com o sobrinho do filósofo, Calístenes, que criticava sua aproximação dos costumes sociais e da cultura persa, mandou matar o historiador oficial. E considerou Aristóteles responsável por inspirar o arroubo de Calístenes, procurando se vingar do antigo professor – a quem, ao longo de toda a campanha, havia escrito durante praticamente todas as folgas que teve, e cujo exemplar pessoal da *Ilíada* lia todas as noites, guardando-o debaixo do travesseiro.

Era um lamentável desentendimento entre professor e aluno. Alexandre, ocupado demais em sua campanha na Índia, não levou a termo sua vingança. E Aristóteles, que teria ficado profundamente decepcionado com seu pupilo, teria declarado que ninguém, de livre e espontânea vontade, iria tolerar viver em um mundo criado por Alexandre. Infelizmente para Aristóteles, sua ligação com Alexandre se revelaria custosa após a morte deste. Durante a curta revolta da Grécia contra tudo que tivesse origem macedônia, Aristóteles seria obrigado a deixar Atenas e buscar refúgio em sua terra natal, a ilha de Estagira, onde, dois anos mais tarde, aos 62 anos, viria a morrer. Sua obra ecoaria em todos os campos da investigação intelectual durante os dois milênios seguintes.

Nos três anos de preparo de Alexandre sob a orientação de Aristóteles, Mieza respondeu à altura ao desafio de criar um grupo ou comunidade de nobres intelectual e fisicamente preparado para conquistar o mundo. Acima de tudo, Mieza deu a Alexandre, sob a tutela de Aristóteles, uma visão de mundo que era mais ampla e integrada do que qualquer outra instituição educacional teria sido capaz de oferecer. Mieza não foi apenas instituição de formação, mas também uma fraternidade. O que se fazia depois das aulas era tão importante quanto o programa de ensino. A socialização se constituía em parte integrante do processo. As pessoas que essas crianças conheciam e a profundidade com que se relacionavam eram quase tão importantes quanto o que elas aprendiam. Aqueles meninos, dali a algum tempo, estariam servindo ao lado de Alexandre como companheiros, comandantes, guardiães e confidentes.

RESUMO DOS PONTOS CENTRAIS

1. Ensinando a Mente a Pensar

Aplicando o método socrático de ensino, Aristóteles ensinou Alexandre e os Companheiros a buscarem informações e padrões nas mais diversas fontes, integrando-as de forma sistemática e criativa, o que permitia resolver o problema específico que estivessem enfrentando.

2. A Formação do Caráter

Para ajudá-los a refletir sobre as implicações morais de suas decisões, Aristóteles obrigava Alexandre e os outros a se submeterem a sucessivas rodadas de auto-análise e instilava neles um objetivo moral que influenciou sua atuação como construtores do império, generais e líderes políticos.

3. Aulas sobre Formação de Impérios

Em Mieza, um impressionante círculo de alunos aprendeu a tomar decisões que os permitiria não apenas conquistar o mundo conhecido até então, como também usar o que tinham aprendido ali para erguer impérios como o ptolemaico, no Egito, e o selêucida, na Ásia.

4. Uma Cultura Que Aceita Riscos

Ao cultivar qualidades como o raciocínio analítico, a auto-crítica e a honestidade intelectual, uma cultura de pensamento crítico e de aceitação do risco se desenvolveu, graças à qual tudo e todos eram passíveis de questionamento ou refutação.

5. A Arte de Fazer Boas Perguntas

Aristóteles ensinou uma taxonomia de perguntas, que esses rapazes, no papel de comandantes e líderes, usaram para fazer triangulação de informações, obter dados e tomar conhecimento exatamente do que era preciso. Como tem sido ensinado por professores da Harvard Business School, a arte de fazer boas perguntas é muitas vezes o elemento mais importante dentre as tarefas gerenciais.

CAPÍTULO 2

O NASCIMENTO DA ESTRATÉGIA

Aos 16 anos, no ano 340a.C., Alexandre deixou Mieza para se unir a seu pai e ajudá-lo a administrar os assuntos relacionados à expansão cada vez mais rápida do Estado macedônio. Ele ficara ansioso em Mieza diante do ritmo de expansão geográfica levada a efeito por seu pai – não porque não tivesse orgulho dela, mas porque temia que, se Filipe quisesse expandir o império macedônio à velocidade com que vinha fazendo até então, não restaria mais nada para ele e seus amigos conquistarem – um clima de impaciência que caracterizou todas as gerações que lhe seguiram.

Ciente do desejo que seu filho tinha de ter espaço para exercer autoridade, e do potencial de ameaça que isso representava para o trono da Macedônia (a mãe de Alexandre, Olímpia, Filipe sabia, havia se decidido a garantir o trono para o filho), Filipe nomeava Alexandre regente da Macedônia sempre que se afastava para uma campanha mais longa. Desse modo, ele baixava a pressão daquilo que tinha toda a possibilidade de se tornar uma relação conflituosa entre pai e filho. Foi durante uma campanha no coração de Bizâncio que Alexandre teve a primeira oportunidade de exercer seu poder como regente.

Uma nação tribal ao Norte da Macedônia, os maedi, havia se insurgido contra o poder macedônio. Alexandre, à frente de um pequeno contingente de cavalaria, se pôs rapidamente a caminho e saqueou a região. Ele desmantelou a praça-forte autóctone que montava guarda e pôs em seu lugar uma força plurinacional, composta por diversas cidades-Estado gregas. Também assumiu o controle da maior cidade daquela nação e convidou imigrantes dos Estados vizinhos a se instalarem nas terras mais férteis e produtivas. Rebatizou a cidade de Alexandrópolos, como seu pai havia feito recentemente na Trácia, onde havia saqueado todas as cidades importantes, mudado o nome de uma para Filipópolis (a moderna Plovdiv, na Bulgária) e instalado uma guarnição militar na cidade composta por homens de diversas cidades-Estado gregas. Quando Filipe retornou à Macedônia, voltando de sua incursão a Bizâncio, imaginando como iria reparar sua reputação no Conselho Anfictiônico, deparou-se com uma oportunidade inesperada. O Conselho havia sido informado que os lócrios, que viviam em Anfissa, na Grécia central, estavam cultivando as terras próximas ao templo sagrado de Apolo, em Delfos. Isso deflagrou a Segunda Guerra Sagrada. (A Primeira Guerra Sagrada, da qual falamos no capítulo anterior, fora deflagrada por um incidente parecido, quando os fócios da Grécia central ocuparam as terras próximas a Delfos.)

O Conselho Anfictiônico havia pedido que Atenas e Tebas cuidassem dessa invasão de suas terras sagradas. Atenas, preocupada demais com assuntos internos, e Tebas, temerosa depois de sua desastrosa participação na Primeira Guerra Sagrada, recusaram-se a agir. O Conselho, então, recorreu a Filipe. Ele não só concordou em intervir, como também fez isso com extraordinária rapidez. Filipe sabia aproveitar uma boa oportunidade e era um excelente diplomata, que entendia com absoluta clareza os valores e interesses gregos. Para a maioria dos sacerdotes e oráculos, ele era um enigma. Não intervinha diante de muitos pedidos de ajuda – e então, inesperadamente, intervinha em outros. Não havia um padrão ou uma regra reconhecível para suas ações. Não obstante, todos procuravam entendê-lo com tanta argúcia quanto um batedor de beisebol tenta decifrar o lançador do time adversário. Mas sempre erravam em sua tentativa de interpretação – quando esperavam uma bola mais alta, vinha um lançamento em velocidade; quando se preparavam para um tipo de efeito, a bola era arremessada com um efeito diferente.

Às vezes, com o estádio lotado, a Grécia inteira aguardando ansiosamente que ele entrasse e salvasse a partida, Filipe era perfeitamente capaz de pegar seu taco e voltar para casa. Isso aconteceu em 346 a.C., apenas seis anos antes desses acontecimentos, quando Filipe sequer esboçou uma resposta a um apelo de um dos maiores oradores de Atenas, Isócrates, para unir as quatro principais cidades-Estado – Atenas, Argos, Esparta e Tebas – em cruzada contra a Pérsia.[1]

Alguns historiadores suspeitaram que o próprio Filipe – agora, que todo o norte da Grécia estava dentro de sua esfera de influência ou sob seu controle direto – persuadira o Conselho a lhe enviar o convite porque a ele convinha influenciar os assuntos da Grécia central e do sul. Além disso, se ajudasse a limpar o templo mais sagrado dos gregos, o de Apolo em Delfos, estaria praticando um ato solene que faria a maioria dos gregos quebrar pratos de alegria.

Filipe, acompanhado de Alexandre, marchou com o exército macedônio para o sul, na direção da Grécia central; mas, quando estavam próximos de Anfissa, desviou para o leste e ocupou Elatéia, cidade estratégica, porque era por onde a população dos três Estados mais poderosos da Grécia – Atenas, Tebas e Esparta, todos localizadas na Grécia central e no sul – tinha de passar para alcançar o norte daquele país. Ao ocupar Elatéia, os macedônios passaram a controlar o acesso ao norte. Esse tipo de ocupação oportunista de uma cidade para preparar o terreno para um objetivo maior – a derrota das poderosas cidades-Estado gregas – não encontra precedentes na Antiguidade. E foi adotado como elemento central da estratégia militar macedônia.

Os outros dois elementos eram a derrota de um inimigo em batalha e a conquista da capital do inimigo para exercer pressão real ou psicológica. Esses três elementos continuam sendo os pilares de sustentação sobre os quais as estratégias militares se apoiaram em sua maioria durante toda a guerra civil americana – e, até certo ponto, é assim até hoje. O avanço de sofisticados ataques aéreos ou mecanizados deu um pouco mais de liberdade aos estrategistas militares, mas os princípios básicos continuam os mesmos. Na guerra americana contra o Talibã e a Al-Qaeda no Afeganistão, por exemplo, apesar da disponibilidade – e do uso – de avançadas tecnologias de guerra, o cerne da estratégia americana sempre foi a tomada estratégica de cidades como Herat (a propósito, cidade fundada por Alexandre sob o nome de Alexandria-em-Areia) e Mazar-e-Sharif, com o intuito de obter um posicionamento de ataque e confronto mais amplo contra o inimigo, e a tomada de Kabul, a capital afegã. Todas essas manobras foram pensadas para neutralizar a resistência talibã em Kandahar (outra das cidades de Alexandre no Afeganistão).

Foi num sombrio dia de setembro de 339 a.C. que a assembléia em Atenas foi informada como Filipe e Alexandre haviam conduzido o exército macedônio até Elatéia, fechando o acesso ao Norte. Os arautos soaram o alarme a manhã toda, e os rumores e o medo se espalharam pela cidade. Apesar de os anciãos da cidade terem saído às ruas e perguntado o que os atenienses achavam que Atenas deveria fazer em seguida, ninguém estava disposto a falar abertamente. A população de Atenas estava tão assustada aquele dia que a cidade-Estado mergulhou no silêncio típico de um vilarejo que parou para a sesta. Alguns atenienses estavam de fato com medo dos macedônios. Outros, silenciosamente, esperavam que os macedônios pusessem um fim à sua democracia, que havia perdido o rumo; mas, como qualquer um que criticasse a forma como Atenas era administrada tinha sua autoridade moral imediatamente atacada pelos anciãos da cidade, essas pessoas não diziam o que pensavam.

Durante quase um ano, Filipe e Alexandre não atacaram. Eles podiam ter lançado um ataque tendo Elatéia como base, mas sabiam muito bem que esse tipo de ofensiva aumentaria as distâncias para comunicações e transporte de suprimentos, e obrigaria seus homens a viajarem muitos quilômetros para alcançar o inimigo (apesar de isso nunca ter perturbado os macedônios, que atravessavam enormes distâncias em ritmo extraordinário).

Em Elatéia, os macedônios se limitaram a aguardar e consolidar sua posição. O professor da Harvard Business School, Michael Porter, um dos maiores pensadores sobre estratégia corporativa, certa vez escreveu: "A essência da estratégia é decidir o que não fazer."[2] Os macedônios haviam decidido não atacar – durante quase um ano. Assim como o presidente Abraham Lincoln, que formou um exército e fez todos os preparativos para a guerra durante os primeiros estágios da Guerra de Secessão, mas não desferiu o golpe, preferindo aguardar para ver (em parte, para que seus inimigos se alinhassem como patinhos prontos para serem abatidos), os macedônios também esperaram para ver se as cidades-Estado cederiam à pressão.

Sob alguns aspectos, eles pareciam estar seguindo as idéias do filósofo da estratégia militar chinesa, Sun Tzu, acerca da liderança militar: a primeira forma mais elevada de liderança militar é "frustrar" os esforços inimigos por meio da estratégia; a segunda é derrotar o inimigo por meio de aliança ou impedir que este forme alianças com terceiros ; a terceira é derrotar o inimigo travando uma batalha; mas a pior forma de liderança militar é derrotar o inimigo por meio de cerco a uma cidade fortificada.[3]

O livro *A arte da guerra*, de Sun Tzu, só seria conhecido fora da China vários séculos depois de Filipe e Alexandre, muito embora tenha sido escrito em 450 a.C., pouco mais de um século antes desses eventos.

A ocupação macedônia em Elatéia, considerando que os macedônios haviam bloqueado todas as cidades-Estado do norte e agora controlavam a passagem entre os Estados do sul e da região central para o norte, estava em conformidade com a recomendação feita por Sun Tzu no que diz respeito à mais alta forma de liderança militar. Mas as cidades-Estado gregas não se deram conta de que estavam em xeque-mate. Filipe e Alexandre passaram então para a próxima medida recomendada por Sun-Tzu: derrotar o inimigo por meio de alianças. Alexandre liderou missões de paz a todas as três poderosas cidades-Estado, procurando aliar-se a elas. Essas propostas foram recusadas. Então, os macedônios passaram para a terceira opção de Sun-Tzu: prepararam-se para a batalha. Fizeram um plano de guerra contra duas delas – Atenas e Tebas; Esparta fora suplantada por Tebas como potência militar e econômica desde a derrota em Leuctras, em 371 a.C.

O grande orador ateniense, Demóstenes, foi o único que enxergou o que, de fato, se passava por trás das propostas de paz feitas pela Macedônia, e tomou o rumo de Tebas para convencê-los a ficar ao lado de Atenas em aliança contra os macedônios.[4] Atenienses e tebanos foram convencidos por Demóstenes que não podiam se permitir ser pegos desprevenidos. Simplesmente, não podiam se dar ao luxo de continuar sua rotina como se nada tivesse acontecido.

Atenas e Tebas, inimigos inveterados com uma longa história de desconfianças mútuas, se uniram no verão de 338 a.C., quase um ano depois da chegada dos macedônios a Elatéia, sob o comando de seus generais-estadistas, que eram eloqüentes em retórica moral e medíocres em estratégias e táticas de batalha. Os macedônios, por sua vez, tomando cuidado para não suscitar a ira de nenhuma das duas nações antes que estivessem prontos, planejaram seus movimentos de tal forma a exercer impacto profundo e estratégico. Adotaram pequenas medidas de eficácia crescente para obrigar as duas cidades-Estado a tomarem o rumo de um campo de batalha aberto, amplo o suficiente para a movimentação da cavalaria macedônia. Não só um campo de batalha aberto, mas também que permitisse a luta longe dos muros fortificados que cercavam Atenas e Tebas, por trás dos quais seria possível cansar os macedônios numa longa guerra de atrito, exatamente como Sun-Tzu escrevera. Os macedônios já controlavam o golfo de Corinto, que separava o norte do sul da Grécia, mas não puseram sua frota naval nele. Desse modo, os atenienses, com sua superioridade naval, não tinham como enfrentá-los no mar. Os macedônios sabiam dar um passo de cada vez, cada qual sendo visto pelo oponente como insignificante, mas que, cumulativamente, resultava numa ameaça perturbadora.

Somente quando Filipe e Alexandre estavam prontos para lutar, no final do verão de 338 a.C., foi revelada sua intenção de guerra. Empreenderam um ataque noturno relâmpago contra a cidade lócria de Anfissa e neutralizaram a guarnição grega que a protegia. Os lócrios eram o povo contra o qual o Conselho Anfictiônico havia pedido a intervenção de Filipe no sentido de livrar o templo de Apolo, em Delfos, de seus agravos. Os macedônios tomaram Anfissa não em deferência ao Conselho – com efeito, o Conselho tornara-se obsoleto com a tomada de Elatéia –, mas para criar mais um obstáculo contra qualquer movimentação de pessoas e mercadorias da Grécia central e do sul na direção do norte. Com isso, os macedônios haviam criado o equivalente a dois bloqueios – um à direita (Elatéia); e outro à esquerda (Anfissa). Mesmo que algo passasse por Elatéia, seria barrado em Anfissa. A Grécia central e o sul estavam completamente bloqueados, mas as cidades-Estado gregas ainda resistiam.

A Batalha de Queronéia

As cidades-Estado gregas se preparam para a batalha. Sem saber ao certo se – e de onde – poderia vir um ataque macedônio, Atenas e Tebas reuniram um exército o mais ao norte possível em relação a suas fronteiras. O lugar que eles escolheram foi Queronéia, na Grécia central, na estrada principal que ligava todas as maiores cidades-Estado gregas aos países do norte da Grécia. A cidade ficava ao sul de Elatéia. No que dizia respeito às cidades-Estado, esse tipo de local manteria a guerra longe das cercanias de seus territórios, que eles haviam reforçado com muros mais fortes e altos, na esperança de que esses obstáculos pudessem manter o inimigo do lado de fora. Crença semelhante na eficácia das fortificações levaria Adolf Hitler a consumir muitas toneladas de concreto e aço na construção de *bunkers*, muros e outros bloqueios num esforço malsucedido de manter os Aliados fora dos territórios ocupados no noroeste da Europa.

A escolha de Queronéia como local da batalha não poderia ter sido melhor para os propósitos de Filipe e Alexandre. Em Queronéia seria a primeira vez de que se tem registro na História em que a estratégia, e não apenas a tática, exerceria seu papel em batalha. Filipe se concentrou no local do ataque, de tal forma que suas tropas estivessem em vantagem e as do inimigo, de preferência, em desvantagem, em todas as dimensões críticas da estratégia: no momento do confronto, o objetivo era garantir a maior surpresa possível; em seu estilo de atacar, de modo que as fraquezas do inimigo ficassem evidentes logo no início e fossem então exploradas; nos estratagemas e ardis usados para confundir o inimigo acerca das verdadeiras intenções; naquela que deveria ser a seqüência de investidas, e a partir de que direção; em quem lideraria quais elementos, e como cada elemento deveria ser conduzido para alcançar o objetivo final de subjugar inteiramente o inimigo; nos resultados exatos que eram esperados de cada parte daquela seqüência – todas as dimensões críticas da estratégia. Também eram delineadas, com toda clareza, as características precisas dos elementos táticos: quais peças das linhas macedônias exerceriam papel defensivo, e quando; quais fariam papel ofensivo, e quando; quais cumpririam ambas as funções; e como cada divisão do exército (as falanges, a cavalaria leve, a cavalaria pesada) interagiria uma com a outra contra o inimigo, objetivando levar a uma vitória rápida e definitiva – com um mínimo derramamento de sangue do lado macedônio. Conforme veremos na descrição da batalha propriamente dita, a falange cumpria função inicialmente ofensiva, depois defensiva e novamente contra-ofensiva, e a cavalaria desferia o golpe de misericórdia. A declaração de Napoleão – "toda a arte da guerra se resume a uma defesa bem articulada e profundamente cautelosa, seguida por um ataque rápido e audacioso"[5] – poderia ter sido baseada na estratégia macedônia. Provavelmente foi, considerando-se a profunda influência que as estratégias e táticas de Alexandre tiveram sobre Napoleão.

Escolhendo "Onde" Travar a Batalha

As amplas pradarias de Queronéia eram o tipo de território que favoreceria a cavalaria e as falanges atenienses. Apenas 30 anos antes de Queronéia, os tebanos, sob o comando do general Epaminondas, haviam derrotado o exército espartano, muito mais numeroso e bem treinado, em Leuctras –

pondo fim à corrupta e tirânica dominação de 35 anos de Esparta sobre a Grécia, que se iniciara com sua vitória na guerra do Peloponeso. Se os seis mil soldados tebenses podiam derrotar um efetivo espartano de onze mil homens– pensaram os generais das cidades-Estado –, o exército resultante da união das duas cidades-Estado, um contingente muito maior, seria capaz de derrotar os macedônios. Queronéia, que ficava ao norte de Leuctras, tinha uma topologia parecida. Além disso, pelo menos superficialmente, os macedônios não tinham uma aura tão extraordinária quanto a dos espartanos, para quem a guerra era a mais elevada forma de arte. Os espartanos, desde os oito anos de idade, quando começavam o serviço militar, até os 60, quando se aposentavam, viviam para satisfazer às exigências do Estado. A liberdade, a responsabilidade e a iniciativa pessoal eram vedadas, e o Estado cuidava de tudo. Esparta adotava um modelo parecido com o socialismo, que na era atual, fez ruir a União Soviética. O único objetivo do Estado era a guerra, nada além disso. Todo espartano era treinado para ser destemido, resistente e obedecer a ordens – e jamais perguntar por quê. Muitos historiadores já escreveram sobre os motivos que levaram às regras autocráticas de Esparta. Um dos mais perspicazes foi provavelmente aquele que, em visita àquela cidade, escreveu ter entendido por que os espartanos se dispunham a morrer de tão bom grado; ele havia provado a comida espartana. Infelizmente para tebanos e atenienses, Queronéia também era o tipo de terreno do qual os macedônios precisavam para movimentar sua cavalaria e as falanges. Espiões macedônios haviam informado que as campinas se compunham basicamente de superfícies planas, o que significava que tanto a cavalaria macedônia como as falanges poderiam se movimentar com velocidade e agilidade ótimas. Informações detalhadas sobre o número e a posição exatos dos tebanos e atenienses também foram trazidas. Essa operação pode não parecer muito sofisticada na atual era de satélites e aeronaves com câmeras operadas por controle remoto, mas na Antiguidade, quando a guerra se resumia a dois exércitos adversários à procura um do outro (como veremos mais adiante, muitas vezes centenas de milhares de homens passavam ao largo de outros tantos como navios na noite, separados por menos de um quilômetro), e ao se encontrarem se chocavam em confronto direto até que o menor sucumbisse ao mais numeroso, esse tipo de análise que os macedônios faziam do campo de batalha foi revolucionário na história da guerra. Suas táticas e estratégias acabariam com as dificuldades naturais e o improviso, que faziam com que os exércitos avançassem e recuassem numa espécie de cabo-de-guerra até que o menor fosse esmagado ou conseguisse sobrepujar o maior.

Não sabemos se era Filipe ou Alexandre quem fazia questão da coleta de informações e do serviço de inteligência de guerra, mas sim que as informações detalhadas a respeito do adversário era uma das marcas da tática militar de Alexandre. A maior parte dessa abordagem integral tinha origem no treinamento dado por Aristóteles em Mieza. Inspirados pelo êxito que Alexandre tivera com seu serviço de inteligência, muitos generais, como Haníbal, Júlio César, Augusto César, Frederico, o Grande, e Napoleão, baseando-se nas estratégias e táticas de Alexandre, também fariam da coleta de informações o grande destaque de sua história militar – conforme fica evidente na famosa observação de César, "Toda a Gália se divide em três partes", e no fato de Napoleão ter consultado, nas principais bibliotecas parisienses, todos os livros sobre o país que planejava conquistar, estudando meticulosamente cada volume.

Mesmo dois milênios depois, algumas dessas táticas de coleta de informações básicas continuam válidas. Na Segunda Guerra Mundial, por exemplo, tripulantes de submarinos britânicos desembarcaram nas praias da Normandia na véspera do ano novo de 1943 para coletar amostras do solo, porque um mapa romano daquela área – de dois mil anos antes, quando a França ficou sob ocupação romana no final das guerras gálicas, entre 58 e 50 a.C. – parecia indicar trechos de turfa úmida.[6] Se, de fato, o solo sob a areia da praia fosse turfoso, os planos das forças aliadas para a invasão da Normandia teriam de ser adiados, pois esse tipo de terreno faria com que os tanques e caminhões, cruciais para a invasão, atolassem. Ou, então, a transmissão feita pela BBC pouco depois da evacuação das forças expedicionárias britânicas em Dunquerque, pedindo que os ouvintes enviassem cartões-postais e fotografias particulares da costa da Normandia anteriores à guerra.

Foi reunido tanto material de inteligência – especialmente fotografias aéreas – depois da ocupação da França pela Alemanha que estrategistas militares em Londres tiveram de estudar as fortificações e os reforços alemães comparando as fotografias pós-ocupação oriundas do serviço de inteligência com fotos particulares anteriores à ocupação.[7] Até pombos-correio foram usados. Eles eram lançados à noite em gaiolas presas a pára-quedas. Instruções detalhadas para alimentar os pombos assim como pequenos tubos que serviam para inserir informações de inteligência também eram usados. De manhã, fazendeiros franceses escreviam a informação requisitada e soltavam os pombos, que retornavam aos postos do serviço secreto na Inglaterra.

Foi em parte graças a seu sofisticado sistema de inteligência que o Reino Unido, enfraquecido e em desespero de causa, conseguiu evitar que a Alemanha o invadisse naquele fatídico ano de 1940, quando a França caiu. O primeiro-ministro britânico, Winston Churchill, sabendo muito bem que não podia derrotar a Alemanha sem a ajuda dos Estados Unidos (a administração Roosevelt, apesar de não estar disposta a entrar na guerra naquele momento, mantinha-se disposta a oferecer ajuda material à Grã-Bretanha), concebeu uma estratégia tríplice para sabotar a Alemanha: um serviço de informações e a infiltração de agentes secretos britânicos na França e na Polônia ocupada pelos alemães, e até no próprio território alemão; bombardeios estratégicos efetuados pelos enormes bombardeiros britânicos Lancaster, quadrimotores, sobre os complexos industriais e militares alemães; e o bloqueio naval efetuado pelas naves britânicas – as quais, desde a derrota da Invencível Armada espanhola por Elizabeth I, tendo no comando o enigmático almirante Sir Francis Drake, continuavam sendo as mais poderosas do mundo.

De volta a 338 a.C., apesar de Tebas e Atenas não poderem contar com nenhum serviço instalado de inteligência, elas haviam estabelecido um sistema de transmissão de informações entre o campo de batalha e as cidades-Estado. Elas haviam delimitado suas posições em Queronéia, tendo as montanhas ao sul como pano de fundo, e controlavam as passagens pelos desfiladeiros – não só para permitir o recuo caso fosse necessário, mas também para manter um fluxo contínuo de informações com as respectivas cidades-Estado. Um serviço de mensageiros entre a linha de frente e as duas cidades havia sido organizado, constituído por cavaleiros que utilizavam essas passagens. Esse sistema de retransmissão de informações era capaz de enviar mensagens sobre os resultados das batalhas a uma velocidade de até 240 quilômetros por dia,[8] o que significava que as duas cidades-Estado podiam receber informações atualizadas a respeito da batalha de Queronéia em menos de duas horas. A leste e a oeste de suas posições, havia apenas cordilheiras intransponíveis. A única via pela qual os macedônios podiam se aproximar era pelo norte, cujo acesso fora deixado desimpedido pelas duas cidades aliadas, exatamente para permitir essa aproximação. Todas as outras passagens estavam bloqueadas pelas duas cidades-Estado gregas; portanto, não havia possibilidade de os macedônios burlarem os bloqueios e chegarem a Tebas ou Atenas vindo pelas planícies.

As duas cidades-Estado posicionaram seus exércitos entre uma cidadela à esquerda, onde estavam guardados seus suprimentos e equipamentos, e o rio Céfiso, que passava à direita, ladeando as montanhas.[9] Eles haviam estocado suprimentos suficientes para vários meses. A terra ao sul se erguia numa suave colina, e foi nessa colina que os comandantes atenienses e tebanos decidiram posicionar o máximo possível de soldados – para aproveitar a inércia da descida quando chegasse a hora de investir contra os macedônios. Os 12 mil soldados de infantaria tebanos e seus 800 cavaleiros ocuparam o flanco direito; os dez mil soldados de infantaria atenienses e seus 600 cavaleiros guarneceram a esquerda. Entre os dois exércitos dessas duas cidades-Estado, havia outros 14 mil soldados de infantaria e 600 cavaleiros oriundos de cidades-Estado menores e das províncias aliadas daquelas duas mais poderosas. Ao todo, a infantaria contava com 36 mil homens e dois mil cavaleiros do lado da coalizão Atenas-Tebas.[10]

Motos, Limpadores de Neve e Automóveis

Enquanto Queronéia foi o primeiro caso de decisão estratégica tomada por uma força militar quanto ao local *onde* travar a batalha contra o inimigo, a decisão quanto ao local para entrar em confronto é hoje elemento estratégico, de importância fundamental, nas organizações empresariais, militares e políticas. A invasão da Normandia efetuada pelos Aliados no dia D, 6 de junho de 1944, é um dos mais acertados exemplos da decisão sobre *onde* entrar em confronto. As unidades de Hitler haviam gasto quatro anos para fortificar as praias da Normandia e instalar quilômetros de arame farpado no raso do Canal da Mancha, além de minas terrestres. Os alemães acreditavam que qualquer invasão poderia ser repelida detrás de maciças casamatas e fortalezas de concreto e aço construídas ao longo do litoral do Atlântico, como se fosse uma Muralha da China. A Muralha do Atlântico – os alemães

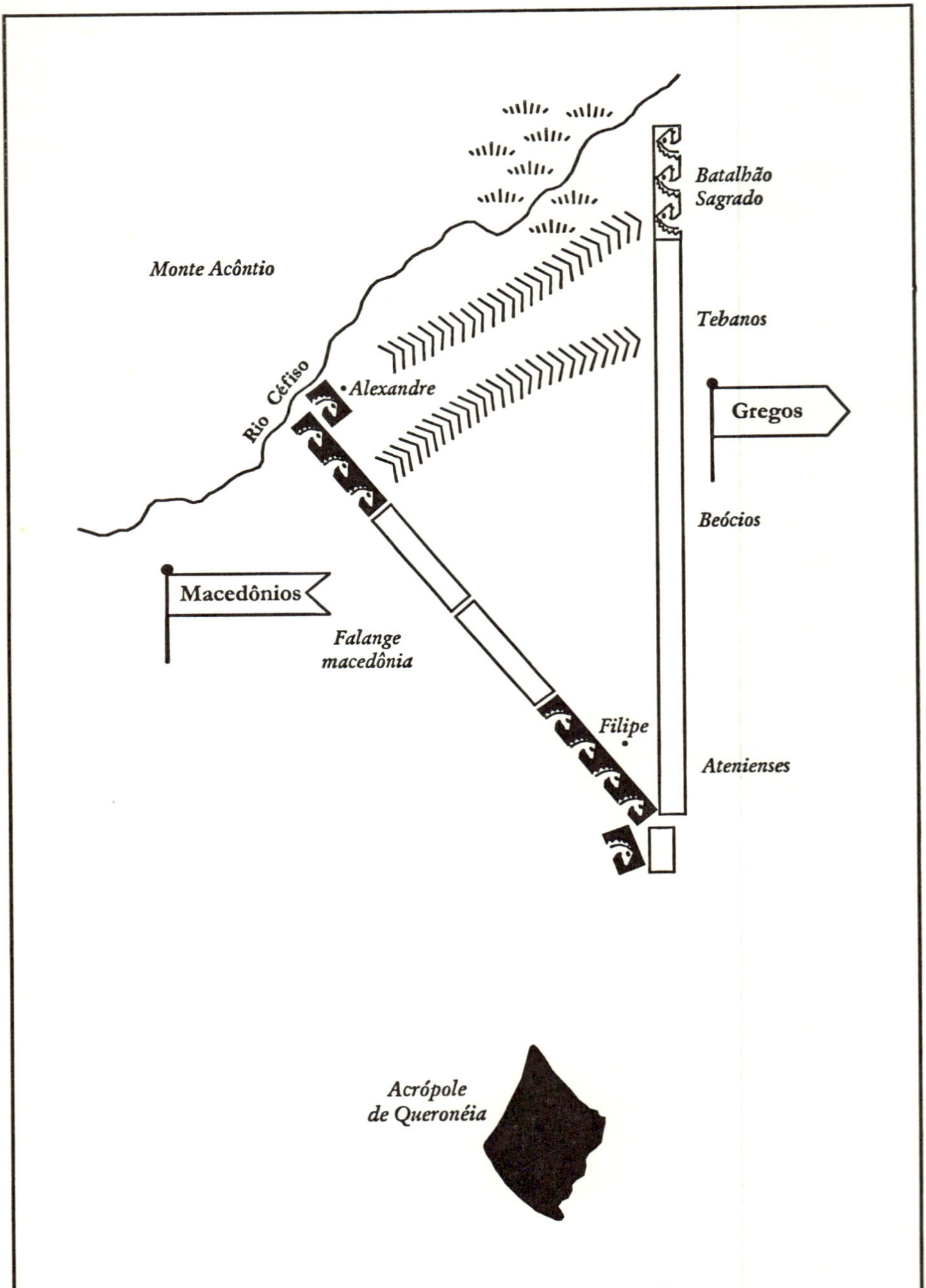
Monte Acôntio
Rio Céfiso
Alexandre
Batalhão
Sagrado
Tebanos
Gregos
Beócios
Macedônios
Falange
macedônia
Filipe
Atenienses
Acrópole
de Queronéia

QUERONÉIA

acreditavam – era intransponível e seria capaz de obrigar qualquer unidade invasora a retornar para o Canal.

O fatídico desembarque das forças aliadas nas quatro praias da Normandia, o estabelecimento das cabeças-de-praia como base para a invasão da França e a subseqüente derrota de Hitler são, hoje, eventos históricos conhecidos por todos. Os pára-quedas lançados durante toda à noite, o bombardeio das posições alemães, os sapadores de minas abrindo a linha costeira para a aproximação das naves de guerra que levavam milhares de embarcações de assalto anfíbio com os quase 175 mil soldados aliados, os quais atravessaram o Canal da Mancha no primeiro dia – uma travessia que só fora realizada com êxito por Júlio César e por Guilherme, o Conquistador, quando de sua invasão da Grã-Bretanha, cerca de dois mil e mil anos antes, respectivamente.

Um dos melhores exemplos da decisão sobre *onde* entrar em confronto é o estabelecimento de "cabeças-de-praia" por parte da Honda no mercado de motocicletas americano. Estabelecer uma "cabeça-de-praia" é muitas vezes o primeiro passo da decisão sobre *onde* entrar em confronto. Foi em 1959 que um ex-mecânico de carros de 52 anos chamado Soichiro Honda, junto com 12 amigos mais jovens, abriu uma pequena loja na Pico Boulevard, 4.077, em Los Angeles. Apesar de Honda e seu sócio Takeo Fujisawa virem administrando uma bem-sucedida fábrica de motos e *scooters* no Japão havia 11 anos, eles não tinham nenhuma experiência ou visibilidade internacional. Um estudo do Ministério Japonês de Indústria e Comércio Exterior feito pouco tempo antes propôs que a primeira incursão da Honda no exterior se desse em algum outro lugar mais próximo da matriz, e recomendou a Indonésia como o país que atendia aos requisitos. A Indonésia tinha população numerosa, o que significava um mercado pronto para receber a "revolucionária" *scooter* da Honda: a Honda 50 SuperCub, desenvolvida em 1959. Pela primeira vez na história das motocicletas e *scooters*, os motociclistas podiam contar com uma máquina confiável, pois a SuperCub, com seu motor de 50cc, quatro tempos e válvula no cabeçote, passava mais tempo nas ruas do que nas oficinas mecânicas – ao contrário dos veículos similares. O estudo argumentava que se concentrar em outra região poderia ser prejudicial para os planos internacionais da Honda.

Como o exército macedônio, que tinha tido pouca experiência (Filipe havia derrotado o rei Trácio) contra adversários difíceis como Atenas e Tebas, mas, mesmo assim, decidiu enfrentar ambos e, se preciso fosse, Esparta também, Honda, que ainda não havia tido nenhuma experiência em mercados internacionais, não deu atenção ao parecer do ministério e foi para os Estados Unidos – o maior e mais competitivo mercado motociclístico, já dominado por fabricantes domésticos como a Harley-Davidson e importados britânicos como a Norton e a Royal Enfield. Além disso, a intenção de Soichiro não era vender a nova Honda 50. Ele e Takeo Fujisawa queriam vender suas motocicletas de 125cc, 250cc e 305cc, de grande porte (e, portanto, com grandes margens), suplantando os líderes do setor.

Os empregados da Honda andavam pelas ruas de Los Angeles em suas SuperCubs, atraindo distribuidores para suas motocicletas. Esse híbrido entre uma motocicleta e uma lambreta fascinou de tal forma os moradores de Los Angeles que muitos começaram a ligar para a Honda perguntando onde poderiam comprá-la. Quando se espalhou a notícia de que essa *scooter*, tão resistente e prática, chegava silenciosa e eficientemente à velocidade de 64km/h, surgiram milhares de compradores. Ela não podia ser encontrada nas revendedoras de motocicletas, que não desejavam manchar sua imagem de vendedoras de motos grandes e viris. Assim, a SuperCub, que, em pouco tempo, ganharia o apelido de "modelo T" do mundo das *scooters*, era vendida na Sears e nas lojas de artigos esportivos. A Honda redirecionou seus processos de negócios, que até então haviam se concentrado nos consumidores de motos de grande porte, para o segmento que sabia apreciar o slogan da campanha: "As pessoas mais simpáticas andam de Honda." Eram os jovens e os adultos, homens e mulheres, que vinham usando a SuperCub para todas as suas necessidades básicas de transporte. O modelo vendeu mais de 30 milhões de unidades em todo o mundo – e continua sendo fabricado.

Uma vez estabelecida sua cabeça-de-praia no mercado de *scooters* – e, portanto, no de motocicletas –, a Honda voltou sua atenção para os carros. Foi atrás do mesmo segmento que comprava as *scooters* e, desde que entrou na fabricação e na montagem de automóveis no início dos anos 60, emergiu como uma potência no mercado mundial. A profunda compreensão das necessidades dos clientes e o atendimento dessas necessidades graças ao uso e gerenciamento inovador de sua rede de revendedores têm sido marcas do sucesso da Honda. A praticidade tem recebido grande atenção da Honda no atendimento desse mercado, assim como o respeito ao meio ambiente. Apesar de a Honda ser, hoje, uma das maiores fabricantes de automóveis dos

Estados Unidos – e do mundo –, ela não abandonou sua liderança no ramo de *scooters*. Com efeito, ela tem usado a cabeça-de-praia tecnológica garantida com os pequenos motores, representados em suas *scooters*, para expandir e apoiar também sua posição nos mercados de motos de alta cilindrada, cortadores de grama, limpadores de neve, *jet-skis*, entre outros.

O que distingue o sucesso da Honda – como o de muitas outras empresas, tais como a Wal-Mart no mercado de varejo – é a capacidade que ela tem de identificar *onde* deseja travar suas batalhas. Mas, uma vez focada num segmento geográfico ou mercado específico, ela adota uma postura flexível quanto aos imperativos estratégicos e táticos necessários para ter êxito naquele mercado – tais como o segmento de consumidores desejado; com que produtos e por meio de quais canais com o consumidor ela deseja competir (direto ao consumidor ou passando por intermediários); e as peças – e seqüências – exatas que deseja controlar em seu sistema empresarial. Nos Estados Unidos, o início foram os distribuidores, depois passaram para os motores e, em seguida, para a montagem do corpo.

Do mesmo modo, a Wal-Mart, que no início dos anos 80 era uma pequena rede de nicho de varejo com 250 lojas baseadas no sul dos Estados Unidos, cresceu num espaço de poucos anos até ultrapassar não só a sua concorrente Kmart, que era muito maior – seu número de lojas era oito vezes maior – e estava falida naquele momento, mas também a Sears, a Roebuck and Company, durante um século pioneira na adoção dos mais diversos formatos de varejo (*mail order*, *home delivery*, marcas com o nome da loja). O segredo do sucesso da Wal-Mart, a maior e mais lucrativa rede de varejo do mundo, está na simples técnica de logística chamada *cross docking* – um sistema de reposição de estoque pelo qual as mercadorias provenientes dos fornecedores são levadas até os depósitos regionais da Wal-Mart, onde são separadas por categorias, reembaladas e enviadas imediatamente para cada uma das lojas. Isso significa que, depois de despachados pelo fornecedor, em vez de ficarem parados nas prateleiras dos depósitos por vários dias, os produtos podem ganhar as gôndolas de uma loja Wal-Mart em menos de 48 horas.[11] A Wal-Mart é capaz de repor suas mercadorias em tão pouco tempo porque suas lojas estão situadas fora da região metropolitana, em pequenas cidades do Sun Belt*, com populações de cem mil habitantes ou mais. Não só suas lojas estão localizadas

* Região sul-sudoeste dos Estados Unidos. (*N. do T.*)

em cidades pequenas, como também invariavelmente em parques industriais de baixo custo, onde é muito mais fácil operar a gigantesca frota de caminhões de entrega dentro desses prazos mais rígidos.

Repito, a exemplo da Honda, a Wal-Mart sabia exatamente em que regiões geográficas desejava concorrer, quais eram os segmentos do consumidor-alvo e que partes de seus sistemas de negócios deveriam ser rigorosamente controlados – localização e logística para começar, em seguida gerenciamento de fornecedores e precificação. É importante ser previdente não só com relação ao quando, o onde e o como, como também avaliar muito bem de que modo as decisões sobre cada um desses critérios estratégicos se combinam e se encadeiam para desenvolver uma estratégia. Não existem duas combinações idênticas de decisões dessa natureza. "A característica mais importante de um padrão empresarial de decisão que pode ser apropriadamente chamado de estratégico é a sua originalidade", escreveu Kenneth R. Andrews, professor da Harvard Business School, em seu revolucionário trabalho de 1971, *The Concept of Corporate Strategy*. Foi exatamente por isso que as tentativas da Kmart e da Sears de imitar o padrão de tomada de decisões da Wal-Mart deram errado: suas estratégias não eram originais o suficiente para atender às suas necessidades; em verdade, muitas vezes não passavam de arremedos da estratégia da Wal-Mart. Andrews preconizava a clareza do caráter, dos objetivos, das metas e propósitos de cada empresa, e associava esses fatores a todas as suas atividades. A vantagem competitiva no mercado só poderia resultar de uma articulação clara e da mais rigorosa busca dessas características diferenciadoras, que garantiriam à estratégia de cada empresa sua originalidade. "Num setor no qual todas as empresas parecem ter a mesma estratégia, verificamos que só os líderes não enfrentam dificuldades – pois, em diversas épocas, a American Motors Corporation, a Chrysler Corporation e a Ford Motor Company enfrentaram diferentes graus de dificuldade, na tentativa de seguir a General Motors Corporation, que chegou aonde está exatamente por *não* seguir o líder de antes, Henry Ford", Andrews escreveu.[12]

Quando Entrar e Quando Sair

Até a madrugada de 2 de agosto de 338 a.C., os comandantes das cidades-Estado não sabiam ao certo quando, ou mesmo se, os macedônios, que se preparavam para uma batalha contra Tebas e Atenas, haviam enviado missões diplomáticas para cada Estado, no intuito de saber se algum aceitaria se juntar a eles no combate ao outro. Para confundir o inimigo, eles chegaram a enviar a Pela um mensageiro com importantes planos de batalha, na esperança de que alguma unidade ateniense ou tebana o capturasse. Foi exatamente isso que aconteceu. Os planos mostravam uma marcha fictícia até o norte da Trácia – o que não difere dos falsos planos do Quarto Exército Britânico com base na Escócia para invadir a Noruega e deflagrar o ataque das forças aliadas contra os alemães na Segunda Guerra Mundial (Ver Capítulo 9).

Enquanto os atenienses e tebanos os aguardavam com bastante aflição, os macedônios estavam fazendo o jogo puramente proativo de neutralizar os potenciais aliados de seu inimigo. Anfissa estava inteiramente à mercê da Macedônia, assim como de Tebas. Ao ocupá-la primeiro, os macedônios tinham se assegurado de que a cidade estaria sob seu controle. Diversas das cidades-Estado gregas não sabiam o que pensar da ocupação de Anfissa pelos macedônios. Elas acharam que talvez os macedônios estivessem tentando controlar o golfo de Corinto – vital para a Grécia central e do norte, por onde os macedônios teriam acesso a tropas e suprimentos para seu esforço de guerra. Para destruir essa possível vantagem em favor dos macedônios, os tebanos e atenienses bloquearam todos os acessos que pessoas e mercadorias eram obrigadas a usar para entrar na Grécia vindo pelo golfo de Corinto.

Filipe e Alexandre não usaram o golfo de Corinto como rota de suprimentos. Suas ações eram, em parte, para confundir o inimigo e, em parte, uma série de manobras bem executadas para garantir vantagem competitiva, porque, como exército invasor, eles sabiam que sempre estariam em desvantagem. Depois de todas as refregas e lutas em que se haviam envolvido por toda a Grécia e em outras regiões, eles não subestimavam a obstinação de um inimigo que impunha resistência em seu próprio território. Já conheciam essa lição dois milênios antes que os russos a ensinassem a Napoleão; os afegãos, aos britânicos e russos; e os vietnamitas, aos americanos.

Por isso, mesmo quando os tebanos expulsaram a guarnição que vigiava o desfiladeiro simbolicamente importante – e sagrado – das Termópilas, os macedônios não tomaram nenhuma medida punitiva contra eles. As Termópilas ficavam muito longe, no extremo leste de seu teatro de operações daquele momento. Por isso, concentraram todas as atenções numa forma de desimpedir duas passagens que não ficavam muito longe da passagem crítica de Parapotâmia, que controlava o acesso às planícies de Queronéia. O desfiladeiro de Parapotâmia era aquele por onde o rio Céfiso e a estrada principal de Tebas passavam. Se controlassem as duas passagens próximas, era o que pensavam corretamente, as forças inimigas recuariam suas tropas em Parapotâmia. Ao ver que as tropas macedônias tinham assumido o controle das duas passagens, a guarnição tebana em Parapotâmia foi retirada. Os macedônios haviam garantido livre acesso a Queronéia, e todas as regiões e passagens ao norte de Queronéia estavam sob seu completo domínio. Agora, eles podiam entrar em Queronéia e – o que era importante –, caso necessário, efetuar uma rápida retirada.

As movimentações macedônias para assegurar uma rota de saída estavam em perfeita conformidade com os escritos de Xenofonte, historiador e general do século IV a.C., cuja obra está em pé de igualdade com outros historiadores gregos como Tucídides e Heródoto. É interessante lembrar que o mais prolífico guru dos negócios de todos os tempos, Peter Drucker, também recomenda os escritos de Xenofonte para quem deseja beber da fonte original de todo o pensamento gerencial. Xenofonte foi o líder daqueles que ficaram conhecidos simplesmente como "os Dez Mil" – uma força de dez mil mercenários gregos que invadiram com êxito a Pérsia para apoiar Ciro, o Jovem, segundo filho do imperador persa Dario II. Os mercenários tiveram de bater em retirada quando Ciro foi morto em batalha contra seu irmão mais velho, no comando de uma força que, segundo relatos, era 20 vezes maior que a de Ciro.

Filipe e Alexandre, ambos admiradores ardorosos dos escritos de Xenofonte, seguiram seus conselhos à risca. Para eles, *quando bater em retirada* era tão importante quanto *quando entrar* em Queronéia. O conselho de Xenofonte sobre a arte da retirada estratégica continua sendo um dos guias mais eficazes a respeito dessa manobra essencial das operações táticas e estratégicas de uma batalha. Com efeito, as multinacionais em sua expansão mundial fazem planos detalhados e se preparam durante meses, quando não durante anos, para tomar a decisão de *quando entrar*, mas poucas fazem qualquer planejamento a respeito de *quando sair*. Não é de se admirar que, como nos confirmam as experiências da Coca-Cola e da IBM nos anos 70, quando suas operações foram inesperada e inapelavelmente obstruídas por certos governos de países em desenvolvimento, a decisão sobre quando sair continua sendo o calcanhar-de-aquiles das estratégias globais. Na tradição militar ocidental, do mesmo modo, a decisão sobre o momento de bater em retirada nunca teve muito peso nos tempos relativamente modernos. A historiadora Barbara Tuchman conta como o general do exército americano Joseph Stilwell foi pego de surpresa pela arte da retirada estratégica. Stilwell, que chegou à China pela primeira vez em 1911, algumas semanas depois do início da revolução, começou a transformar o país, que era uma monarquia, numa república, e impôs inúmeras restrições durante todo o processo de transição entre o poder dos senhores feudais, durante o domínio dos nacionalistas, posteriormente dos comunistas, e durante toda a Segunda Guerra Mundial. Em West Point, ele havia recebido treinamento sobre táticas e estratégias relacionadas a manobras ofensivas – nunca relacionadas ao quando e como efetuar uma retirada. Os chineses, por outro lado, punham tanta ênfase no movimento de recuo quanto no de avanço. Eles acreditavam que uma retirada calculada lhes daria a opção de avanço no futuro. A necessidade de recuar estrategicamente e a execução desse recuo continuariam sendo assunto controverso entre Stilwell e os grandes generais chineses, ao lado de quem ele servia como aliado. Ele admitia que eram grandes generais, mas vista sob o prisma do treinamento que recebera em West Point, dado por instrutores de táticas e estratégias "ofensivas" tão eminentes quanto Dennis Hart Mahan, e de sua experiência na Força Expedicionária Americana (AEF) sob o comando do general John J. Pershing, essa técnica não fazia muito sentido.

A função da AEF na Primeira Guerra Mundial era não só ajudar os Aliados, como também convencer seus líderes a abandonarem a preferência pela guerra de trincheiras – ou seja, a busca por um conjunto limitado de objetivos seguidos de uma rápida consolidação – em favor da doutrina militar americana de máxima penetração ofensiva, e não da consolidação.[13] O recuo não tinha espaço nessa doutrina ofensiva. Segundo os americanos, assim como muitos estudiosos europeus da história militar que eram praticamente ignorados, o motivo para a Grande Guerra estar sendo tão longa e custosa era que ambos os lados estavam travando uma guerra basicamente defensiva – uma guerra de atrito na qual uma ação ofensiva limitada se fazia seguir de meses de entrincheiramento para consolidar posições.

Yamaha Wo Tsubusu

Henry Mintzberg, o guru canadense do gerenciamento, já observou há muito tempo que, quando se trata de grandes mudanças estratégicas, provavelmente é mais importante estar certo quanto ao *quando* do que quanto ao *como*. Adiar uma mudança até que todos os envolvidos estejam preparados e à vontade com ela pode significar esperar até ser tarde demais; fazer uma mudança cedo demais pode, da mesma forma, pôr tudo a perder. A briga entre a Honda e a Yamaha pela liderança do mercado japonês de motos permite visualizar um interessante quadro do senso de oportunidade apropriado.

Na década de 1970, a Honda, a maior fabricante de motos do mundo, assistiu com preocupação à crescente capacidade e produtividade da Yamaha. Mas, no final das contas, a Honda, entretida demais com o desenvolvimento de sua posição automotiva, não deu atenção suficiente à ameaça da Yamaha até 1981, quando esta sinalizou sua intenção de desafiar a supremacia da Honda no setor de motocicletas com algo sólido: abriu uma nova fábrica cuja capacidade produtiva poderia levar a Yamaha a ultrapassar a Honda como maior produtora mundial de motos.

A Honda reagiu com o grito de guerra japonês *Yamaha wo tsubusu*, que pode ser traduzido mais ou menos como: "Não só vamos matá-los, esmagá-los e enterrá-los, como também dançar sobre suas covas." A Honda, que vinha se concentrando na produção de automóveis, usou a experiência adquirida em técnicas japonesas de manufatura flexível para renovar toda a sua linha de modelos, bem como para dobrar a variedade de opções. A Yamaha, que também havia começado com 60 modelos – mesmo número da Honda –, não compreendeu muito bem no começo da guerra o momento em que deveria criar novos modelos para estancar a fuga de clientes que passaram a dar preferência às 120 eletrizantes novidades da Honda. Acabou renovando e lançando no mercado 50% menos modelos que a concorrente.

Parte da reação da Honda se deveu a uma pura intuição. Era comum que ela usasse a mesma base mecânica, porém equipada com diversos itens extras e acessórios que deixavam os consumidores de queixo caído nas lojas. Boa parte desse movimento era algo concreto: a Honda foi responsável por diversas inovações tecnológicas, como um motor muito maior, do mesmo tamanho daquele usado nos carros, novos materiais compostos, que tornavam as motos mais resistentes e leves, e assim por diante. Mas a Honda compreendia o *quando* da manobra estratégica e fez tudo que devia para não perder esse *timing*. Os consumidores, cansados dos velhos modelos, estavam prontos para uma nova série que representava "estilo de vida" – eram modelos diferentes, modernos e avivavam paixões. Para traduzir essas paixões em lucro, a Honda suplementou seus novos modelos com incentivos, promoções e propaganda. A Yamaha tinha sido atropelada. Não só seu presidente foi obrigado a se declarar vencido, em público, como a empresa ficou tão sobrecarregada com os estoques abarrotados que foram necessários muitos anos para ela se recuperar.[14]

Nas últimas duas décadas, a Harley-Davidson conseguiu voltar à cena de forma notável e lucrativa. A empresa esteve à beira da falência muitas vezes em seus cem anos de História, desde que William Harley e Arthur Davidson, ambos com 21 anos, idealizaram uma forma de fixar um motor à combustão interna entre dois grandes pneumáticos de borracha. Percebendo que poderiam estar fora do jogo se dependessem exclusivamente dos consumidores habituais – sujeitos gordos, carecas, com rabo-de-cavalo, jaqueta de couro e de meia-idade (média de 46 anos) –, a Harley-Davidson, mais uma vez, a exemplo do que fizera na Segunda Guerra Mundial, resolveu investir no design e na fabricação de motos que tivessem apelo junto aos jovens e às mulheres americanas. Interrompendo um pouco sua tradição de construir máquinas grandes e pesadas, com bancos traseiros enormes e motores de, no mínimo, 650cc, a Harley-Davidson fez parceria com empresas como a fabricante alemã de carros Porsche para idealizar motos modernas, cheias de estilo, leves e rápidas, preservando, ao mesmo tempo, o ronco de motor característico da marca Harley.

O novo motor projetado pela Porsche e refrigerado à água da V-Rod marca não só o rompimento com um passado de motos equipadas exclusivamente com motores refrigerados a ar, como também os bancos de altura ajustável e o peso de 163 quilos abrem um novo segmento de mercado entre as mulheres e os jovens – passo importante para uma empresa que, até então, atendia aos Hell's Angels.[15] Para a Harley, que, apesar de sua lucratividade, tem perdido mercado para motos japonesas mais leves e modernas, ou para suas primas teutônicas focadas em desempenho, o *timing* de sua entrada no setor de motos mais leves não poderia ter sido mais adequado.

O Como: Alavancar Pontos Fortes, Proteger Pontos Fracos

Com o despontar do Sol no céu do Oriente, os observadores tebanos e atenienses posicionados nos desfiladeiros do monte Petrachos, pela esquerda, e do monte Acontion, pela direita, assistiram à passagem de 30 mil soldados de infantaria macedônios e dois mil cavaleiros por Parapotâmia e pelas duas passagens vizinhas que davam acesso às planícies de Queronéia. Os corneteiros soaram o alarme e uma força combinada de 38 mil soldados tebanos e atenienses (incluindo contingentes menores de algumas cidades-Estado vizinhas) assumiu suas posições predeterminadas sobre a elevação onde os montes Petrachos e Acontion se uniam. Os tebanos enveredaram pelo caminho de uma milha pelo lado direito na direção do rio e os atenienses ocuparam o lado esquerdo, à beira da cidadela. Pelo lado macedônio, Filipe estava à direita liderando a infantaria, e Alexandre, à esquerda, liderando os cavalos tessálios. A cavalaria macedônia, sob o comando de Parmênion, avançava à esquerda de Alexandre. Postado no alto da elevação, estava o famoso Batalhão Sagrado de Tebas, responsável pelo golpe final que garantira a vitória de Tebas (contra Esparta) em Leuctras e na Mantinéia. Alexandre teria de enfrentar essa unidade de cavalaria composta de 150 duplas que moravam juntas, treinavam juntas e se moviam de forma absolutamente coordenada.

Os macedônios assumiram sua posição no campo de batalha, com Filipe se alinhando pelo flanco esquerdo dos atenienses. A linha de frente macedônia estava disposta a um ângulo de 45 graus em relação às cidades-Estado gregas, portanto, enquanto Filipe estava frente a frente com os atenienses, centenas de metros separavam o Batalhão Sagrado de Tebas do ponto onde Alexandre comandava o flanco esquerdo dos macedônios. A formação "avançada" pela direita e "recuada" pela esquerda era a repetição de uma formação historicamente bem-sucedida: o general tebano Epaminondas havia ganho duas guerras contra efetivos numericamente superiores ao adotar uma formação "oblíqua" semelhante e, mesmo assim, não eram os tebanos, nem seus aliados, os atenienses, que estavam utilizando aquela posição, mas os macedônios.

Os macedônios estavam perfeitamente cientes de seus pontos fortes e fracos. Seu ponto forte era o planejamento pormenorizado da batalha, o que incluía formações específicas que eles haviam ensaiado durante anos. Sua força estava também na agilidade de sua cavalaria, na simplicidade de suas falanges – graças à qual os soldados de infantaria só precisavam se concentrar na movimentação para frente, para os lados ou para trás, *e não* em proteger o flanco direito por trazerem os escudos no flanco esquerdo – e nas lanças mais compridas e mais leves (do que aquelas adotadas pelas cidades-Estado gregas).

Os pontos fracos dos macedônios residiam no fato de estarem em número ligeiramente menor, de os atenienses e tebanos terem chegado às planícies vários dias antes e, portanto, conhecerem bem o terreno (sua posição numa elevação era indicação clara de sua disposição de tirar vantagem da topografia), e, finalmente, no fato de o Batalhão Sagrado ser a melhor cavalaria pesada de toda a Grécia.

A ocupação da elevação pelos tebanos e atenienses em Queronéia era um exemplo do posicionamento estratégico clássico: tebanos e atenienses haviam encontrado uma posição privilegiada, haviam se entrincheirado para se defender – e atacar – a partir daquela posição e, agora, limitavam-se a esperar a chegada do inimigo para arremeter. Infelizmente, isso também é um exemplo de posicionamento estratégico estático. Tebanos e atenienses não haviam planejado o que fazer se os macedônios atacassem de forma inesperada.

Para usar a terminologia da estratégia corporativa, seu posicionamento não era sustentável. Não só porque dependia de determinada aproximação específica dos macedônios, mas também porque atenienses e tebanos não haviam pensado nas implicações de controle e coordenação concernentes a dois tipos de exército – um deles, um exército profissional consolidado, e o outro, um exército de cidadãos-soldados – que haviam se unido numa aliança frouxa. No mundo dos negócios, Michael Porter tem defendido que a necessidade de controle e coordenação interna exige que a organização abra mão de alguns aspectos em prol de outros mais vantajosos. As organizações "que tentam ser todas as coisas para todos os clientes, por sua vez se arriscam a gerar confusão na frente de batalha, pois os empregados são diariamente obrigados a tomar decisões operacionais desprovidos de uma visão estrutural clara".[16]

Infelizmente, os tebanos e atenienses não haviam aberto mão de nada em prol, seja de uma visão estrutural adequada para enfrentar os macedônios, seja de importantes questões ligadas ao controle e à coordenação, tais como quem estava no comando geral, de que forma eles deveriam trabalhar juntos, como deviam apoiar um ao outro durante a batalha etc. Além disso, enquanto Tebas possuía uma estrutura formal de liderança em suas forças armadas, Atenas, por não ter um exército fixo, não possuía estrutura formal de liderança. Filipe dissera, certa vez, que os atenienses pareciam ser uma fonte inesgotável de grandes generais, enquanto durante toda a sua vida só encontrara um grande general na Macedônia: Parmênion.

Todo cidadão ateniense, homem ou mulher, tinha por obrigação moral cumprir seu dever na guerra. Não podiam ser convocados compulsoriamente, mas esperava-se que cumprissem esse dever. Seus líderes políticos se alternavam nas diversas posições de alto-comando, mas esses líderes não podiam tomar decisões, pois todas as decisões deviam ser tomadas por consenso. Não é de se surpreender que um general inexperiente e indeciso estivesse à frente do grupo ateniense; até Demóstenes, que era um grande orador, um diplomata medíocre, um político fraco e um péssimo soldado, graças à sua posição política em Atenas, recebeu o comando de um contingente ateniense.

Os macedônios estavam cientes da falta de coordenação e controle entre tebanos e atenienses. Muito embora isso representasse uma enorme vantagem em seu favor, também eram espertos o suficiente para reconhecer uma desvantagem inversa – a imprevisibilidade. Eles admitiam que seu exército profissional enfrentaria um combinado entre um exército profissional e outro composto de cidadãos-soldados. Os macedônios, especialmente Filipe, considerando-se sua formação feita em Tebas, haviam estudado as estratégias e táticas dos tebanos, e sabiam que, salvo alguma surpresa, as manobras do exército profissional tebano eram previsíveis. Como nos planos dos treinadores de futebol americano da atualidade, Filipe havia preparado o exército macedônio para lidar contra e a favor de uma série de situações ofensivas e defensivas.

As manobras dos cidadãos-soldados, por outro lado – como fica evidente em sua história desde os tempos antigos até hoje –, eram em grande parte imprevisíveis. Além disso, enquanto os exércitos profissionais faziam uma idéia mais ou menos parecida da vitória e da derrota no campo de batalha, para os cidadãos-soldados, que muitas vezes lutavam para preservar seu meio de vida – o que no caso do sul dos Estados Unidos durante a Guerra Civil significava preservar a escravidão –, não havia uma perspectiva única ou comum a respeito de vitória ou derrota. Os macedônios, portanto, procuravam eliminar a imprevisibilidade possível concentrando-se no planejamento e na execução do ataque e no espírito absolutamente resoluto com o qual decidiam as batalhas.

Os macedônios sabiam, com total clareza e detalhamento, quem estava no controle, e onde. Filipe era o comandante geral, e liderava o flanco direito; Alexandre liderava o flanco macedônio esquerdo. Filipe havia cercado Alexandre de vários comandantes experientes, pois essa era sua primeira missão de liderança, caso ele precisasse de ajuda. Cada membro do exército macedônio, fosse soldado de infantaria ou cavaleiro, sabia com bastante precisão o que se esperava dele – o que fazer, atacar e defender. Dessa forma, os macedônios estavam no controle completo daquilo que, nos negócios, seria descrito como o "sistema de atividade" de uma empresa.

Estratégia, acredita Porter, é saber "*combinar* atividades".[17] Assim como a Southwest Airlines, que combina uma enorme quantidade de atividades – desde o *turnaround* rápido de suas aeronaves graças a vôos sem refeições, a ausência de transferência de bagagem entre linhas e a escolha livre de assentos, passando pelo uso de um só tipo de aeronave (o Boeing 737) para oferecer conveniência e baixo custo, e até a lenda da sua origem impressa no verso dos guardanapos –, os macedônios também combinaram toda uma série de atividades para criar, nas palavras de Porter, "adequação estratégica". Seus soldados eram capazes de manobrar com agilidade graças às armaduras extremamente leves, coletavam informações e tinham um serviço de inteligência superior ao de seus oponentes, muniam sua infantaria com lanças mais eficientes que as do adversário, cada elemento de seus batalhões tinha a incumbência de atingir determinado objetivo predeterminado e eles se comunicavam por meio de uma combinação de sinais convencionais, além dos mensageiros. De muitas formas diferentes, como na definição que Porter oferece sobre estratégia de negócios, cada atividade era relevante e atuava em sinergia com as demais, criando uma corrente de estratégia macedônia tão forte quanto o mais forte de seus elos.

O Uso da Abordagem Indireta

Uma das manobras táticas mais importantes da guerra é a abordagem indireta de ataque, na qual ardis e estratagemas são usados para desviar temporariamente as energias do oponente e fortalecer o próprio lado. Os macedônios já haviam usado a abordagem indireta quando, em vez de entrar em Anfissa, conforme solicitado pelo Conselho Anfictiônico, passaram ao largo e ocuparam Elatéia, e então, vários meses depois, numa manobra surpresa, assumiram o controle de Anfissa. A abordagem indireta seria usada novamente por eles no campo de batalha da Queronéia.

A vantagem natural de que atenienses e tebanos gozavam por estar sobre uma elevação em posição defensiva era uma vantagem que os macedônios queriam neutralizar rapidamente, abatendo, assim, o moral de seus oponentes. A batalha começou com Filipe, à frente de uma coluna de hipaspistas (soldados de infantaria leve munidos de escudo), arremetendo contra um enorme contingente de soldados atenienses de infantaria pesada bem protegido. Ao ver os macedônios subindo a encosta, os atenienses, munidos de armas mais pesadas, deram vivas e arremeteram encosta abaixo para atacá-los – o equipamento pesado aumentando ainda mais o impulso. Quando suas lanças estavam prestes a se tocar, Filipe sinalizou um recuo repentino, pré-planejado. Os macedônios, com suas armas leves, bateram em retirada encosta abaixo, com suas lanças ainda apontando na direção dos atenienses, que continuavam descendo. Era uma armadilha. Os atenienses, eufóricos ao ver que os macedônios estavam batendo em retirada, aumentaram ainda mais sua velocidade de investida contra a infantaria macedônia, sem perceber que tinham deixado desprotegida sua posição superior na elevação, e que também haviam deixado brechas na própria linha de frente. Filipe, liderando o contingente macedônio levemente armado, como se fora o flautista de Hamelin, havia atraído uma enorme quantidade de soldados de infantaria com armas pesadas, fazendo-os abandonar a segurança de sua posição defensiva. Os atenienses haviam perdido sua vantagem estratégica. A infantaria macedônia batendo em retirada estacou, se reorganizou rapidamente em formação ofensiva e arremeteu contra eles.

Os atenienses não só tinham perdido sua *vantagem* estratégica quando não pensaram no que estavam fazendo, como também haviam criado uma significativa *desvantagem* estratégica ao abrir uma brecha em suas linhas. Com a abertura dessa brecha, Filipe ordenou que suas falanges, compostas por fileiras de 16 homens, arremetessem contra as falanges atenienses e tebanas, com oito a 12 homens de profundidade, pelo centro.

Na outra extremidade do *front* macedônio, a cavalaria pesada tessália sob o comando de Alexandre investiu contra as falanges tebanas e o Batalhão Sagrado. Graças à contenda corpo-a-corpo que Filipe iniciara, uma enorme brecha havia sido criada entre as posições atenienses e tebanas. Os tebanos, porém, na posição em que se encontravam permaneceram em formação coesa. Por meio da brecha, que expunha uma extremidade da linha de frente tebana, Alexandre entrou, enquanto Parmênion, liderando a cavalaria leve macedônia, dava a volta até a outra extremidade.

Enquanto a infantaria pesada ateniense era dizimada, o exército tebano, muito mais bem treinado, tentava defender sua posição. Mas foi em vão. As cavalarias tessália e macedônia atravessaram as brechas e cercaram o contingente tebano. Seguiu-se um terrível confronto sangrento, incluindo o Batalhão Sagrado, que, incapaz de se mover em meio ao empurra-empurra da infantaria tebana completamente cercada, foi dizimado no exato local onde havia entrado em formação. Apenas 46, de trezentos, sobreviveram. Quase todo o exército tebano, o qual não fugiu da luta, tombou valorosamente diante da chuva de lanças brandidas pelas falanges e da cavalaria pesada que se abateu sobre ele.

Do lado ateniense, os soldados-cidadãos, que eram voluntários, haviam começado a bater em retirada pela passagem sul que havia sido tomada para esse fim. Não se tratava exatamente de uma retirada, mas de uma fuga desesperada pela vida. Infelizmente, poucos escaparam; a maioria se rendeu. O historiador Plutarco, queronense de nascimento, narra a história trágica – ou cômica, dependendo do lado de quem veja – do recuo de Demóstenes, mancando lenta e dolorosamente em busca de um local seguro. Se a dificuldade para andar era provocada pelo peso da humilhação ou por um ferimento real não se sabe. O que se sabe é que sua capa enganchou num ramo de silva. Quando tentava se libertar, viu, com horror, que a cavalaria macedônia se aproximava a galope. Demóstenes caiu de joelhos diante dos macedônios e, indiferente aos gritos de dor dos atenienses feridos no campo de batalha como vermes pisoteados, chorou e implorou para ser levado vivo. Não queria morrer. Mais de dois mil soldados atenienses não tiveram a mesma sorte; o mesmo se pode dizer da maioria dos tebanos. Suas vidas foram ceifadas como se arranca a erva do campo.

MAGNANIMIDADE NA VITÓRIA

Os exércitos das grandes cidades-Estado de Tebas e Atenas haviam sido total e humilhantemente derrotados nas planícies de Queronéia. A vitória macedônia foi completa. O pânico se espalhou pelas duas cidades-Estado quando chegou a notícia de sua derrota militar. Mas eles não tinham muito o que temer – em especial, Atenas. Na manhã seguinte à batalha, Alexandre, acompanhado de Parmênion, entrou em Atenas à frente de uma pequena unidade de cavalaria segurando urnas que continham as cinzas dos mortos da cidade. Atrás deles, vinham a pé os prisioneiros de guerra atenienses, o que significava praticamente todo o exército da cidade menos os dois mil que haviam sido mortos. Os cidadãos de Atenas assistiram boquiabertos à subida do contingente macedônio pela colina que abrigava o maior cemitério da cidade-Estado, seguido por carruagens abertas carregando os corpos – muito parecido com o que o maior general e líder ateniense, Péricles, havia feito com os mortos da cidade em 431 a.C., o primeiro ano da guerra do Peloponeso.

No cemitério, que ficava no alto da colina para que todos pudessem ver e lembrar de seus mortos, em clima sombrio e consternado, com a cabeça baixa como se estivessem enterrando os seus, soldados macedônios alinharam as urnas com todo o cuidado ao longo dos espaços ainda livres. Depois, retiraram as correntes dos prisioneiros e os libertaram. Os atenienses ficaram tão profundamente comovidos com esse gesto que, na Assembléia daquela tarde, votaram pela concessão da cidadania ateniense a Filipe e Alexandre.

Filipe e Alexandre aceitaram esse gesto e prometeram que não haveria retaliação contra Atenas, desde que a Assembléia fosse dissolvida e a cidade se tornasse aliada dos macedônios. Todas as tropas atenienses – e, mais importante, seus navios – dali por diante estariam sob seu comando. Já com os tebanos, não foram tão benevolentes – em parte porque Filipe, que, quando mantido como refém em Tebas, conhecera muitos deles e os tratara como grandes amigos, se sentiu verdadeiramente traído por estes terem se unido aos atenienses numa coalizão contra ele. Grande parte desse sentimento de traição se devia à rigidez com a qual os gregos e macedônios viam os relacionamentos. Como disse o personagem Gordon Gekko, interpretado por Michael Douglas no filme *Wall Street*: "Ou você está totalmente comigo (como amigo) ou está fora (como inimigo).

A retaliação que se abateu sobre Tebas foi em parte determinada por aquilo que Filipe sabia a respeito do excelente treinamento dos tebanos. Ele não queria que pudessem voltar a Tebas para organizar outro exército. Todos os soldados tebanos foram vendidos como escravos; seus comandantes foram sumariamente executados. Em homenagem aos integrantes do Batalhão Sagrado mortos em combate, os macedônios fizeram uma estátua em pedra de um leão e a colocaram no terreno onde os corpos foram enterrados. Essa estátua não só está lá até hoje, perto de uma estrada que cruza a planície, como também escavações recentes no monumento revelaram os restos de um número de corpos idêntico ao de membros do Batalhão Sagrado mortos naquele dia, quase 2.400 anos atrás.

No ano seguinte, 337 a.C., Filipe convocou os líderes de todas as cidades-Estado gregas para se reunirem em Corinto, onde foi criada a Liga de Corinto – o mesmo que fizeram os líderes dos países adversários da Alemanha na Primeira Guerra Mundial, reunindo-se no magnífico palácio da dinastia Bourbon, em Versailles, para criar a Liga das Nações, ou a impressionante presença do czar russo, do imperador austríaco e do rei da Prússia, reunidos com os regentes e governantes de nações menores para o Congresso de Viena, em setembro de 1814, após a primeira abdicação de Napoleão.

Em Corinto, cada cidade-Estado grega jurou – sucessivamente – não declarar guerra uma à outra; não declarar guerra a Filipe, Alexandre ou seus descendentes; e que nenhum cidadão de nenhuma cidade-Estado venderia seus serviços para uma nação estrangeira sem a expressa autorização da Liga – manobra feita para desestimular os exércitos gregos mercenários a serviço da Pérsia.

Filipe, então, se levantou diante dos delegados e pediu para ser nomeado "chefe supremo", "capitão-general" ou "comandante supremo" das forças armadas combinadas da Liga. Tinha um controle tão completo sobre a Grécia que poderia ter pedido para que o elegessem o governante de toda a Grécia – e, fosse como fosse, a Grécia estava sob seu comando. Mas ele queria sua boa vontade, seus homens, seus trirremes e sua riqueza – não estava interessado nas terras.

Filipe foi um inteligente vendedor de sonhos. Ele não queria se tornar comandante supremo só pelo título; mas também para poder liderar a Grécia inteira numa batalha contra a sua arquiinimiga, a Pérsia. Nem mesmo isso era apresentado como uma proposta genérica. Ele queria liderar os gregos numa batalha contra os persas para se vingar das atrocidades que estes últimos, especialmente sob o comando do Grande Rei Xerxes, haviam cometido contra suas cidades, templos e povo. Era esse tipo de posicionamento de esforços que Filipe acreditava ser capaz de soar bem para garantir o apoio de todos os gregos.

Apesar de Xerxes estar morto havia muito tempo, Filipe lembrou dele porque era esse nome que provocava a ira dos gregos – e trazia esperança. Os ataques de Xerxes à Grécia, cerca de 150 anos antes, representavam uma ameaça porque, ao longo de todo o império persa, aqueles tinham sido os ataques mais violentos e regulares. Esperança porque foi em Salamis que a argúcia de um general ateniense chamado Temístocles e a obstinação dos atenienses haviam derrotado a frota naval de Xerxes, que era muito maior. A ameaça persa precisava ser enfrentada. Unidos sob seu comando, eles poderiam – Filipe prometeu, assim como Churchill disse na Segunda Guerra Mundial– travar a "boa guerra" e vencer. A Liga foi unânime em eleger Filipe o comandante supremo.

O filósofo militar prussiano do século XVIII, Carl von Clausewitz, definiu a estratégia como o uso do combate, ou da força, ou a ameaça de combate ou força para a realização ou conquista de objetivos militares e políticos de guerra. Como Filipe e Alexandre demonstraram em Queronéia, estratégia é a manipulação de fatores geográficos, econômicos, sociais, políticos e comportamentais no sentido de atingir objetivos mais amplos. Para eles, o intuito não era dominar a Grécia; mas fazê-lo com um objetivo: levar a Macedônia e a Grécia juntas a subjugar a Pérsia. Na geopolítica, da mesma forma, testemunhamos a aplicação de um pensamento estratégico quando países invadem outros não por razões puramente táticas, mas quando isso pode ajudá-los a atingir metas estratégicas de maior amplitude, tais como garantir acesso a recursos humanos e minerais, ou a portos e rotas de escoamento de produtos. Filipe e Alexandre fizeram uma proposta antiga, derrotar a Pérsia, que persistia como meta desde o fim das guerras persas de 499 a.C., e eles haviam conquistado o direito de fazer semelhante proposta de uma forma especialíssima: unindo o poderio macedônio ao das grandes cidades-Estado gregas. Tratava-se de uma proposta de peso a ser seriamente considerada.

James Brian Quinn, professor emérito da Faculdade de Administração Amos Tuck, da Dartmouth, e uma das maiores autoridades em estratégia de negócios, escreveu em sua obra de grande influência *Strategies for Change: Logical Incrementalism* que os "princípios" da batalha de Queronéia "permaneceram vivos e têm reaparecido constantemente seja em outras estratégias de 'batalha', seja na corrente dominante do pensamento estratégico nos últimos 2.300 anos".[18] Mais à frente, prosseguiu: "Talvez as analogias mais surpreendentes da Segunda Guerra Mundial possam ser traçadas em relação às estratégias de Patton e de Rommel, que foram cópias idênticas do conceito macedônio de concentração planejada, invasão repentina, cerco e ataque da retaguarda do inimigo. Conceitos semelhantes continuam sendo comuns entre as melhores estratégias – sejam governamentais, diplomáticas, militares, esportivas ou de negócios."[19]

RESUMO DAS QUESTÕES CENTRAIS

1. O Ocaso do Ataque Frontal

As estratégias e táticas de Filipe e Alexandre mostraram que as guerras não precisavam ser travadas exclusivamente de modo improvisado, ao sabor do momento, mas também revelaram que um exército em desvantagem numérica poderia derrotar um adversário mais numeroso.

2. A Aplicação da Estratégia, e Não Somente da Tática

Depois de dominar Elatéia, eles ficaram quase um ano planejando, preparando e testando os próximos movimentos, mas não atacando – demonstrando que na guerra, como nos negócios e na política, "a essência da estratégia" pode estar na "escolha do que não fazer".

3. A Importância de Escolher Exatamente "Onde" Travar a Batalha

Como empresas que escolhem "onde" competir, a decisão sobre o local da batalha se revela um princípio básico das estratégias e táticas de Filipe e Alexandre. O foco no "onde" fez com que a Honda deixasse de ser uma pequena fabricante de motos japonesa dos anos 60 e passasse a ser não só a maior fabricante de motos do mundo, mas também candidata a líder da indústria automobilística.

4. "Quando" Entrar e Quando Sair

Quando invadir e quando bater em retirada; e quando ser ofensivo ou defensivo – tudo isso se esclarece nas técnicas e nos comportamentos dos macedônios. O ataque da Honda contra a Yamaha no setor motociclístico é uma aplicação relativamente moderna da experiência macedônia.

5. A Decisão de "Como" Travar a Batalha ou Competir

Ela se manifesta em cada movimento dos macedônios, desde o posicionamento até o momento certo do ataque, das ciladas e armadilhas e outros subterfúgios "indiretos" – tudo para infligir o máximo dano ao inimigo com o menor custo para si –, ou seja, magnanimidade na vitória.

CAPÍTULO 3

OS HOMENS QUE QUERIAM SER REIS

Foi um momento de enorme alegria quando o Rei Filipe da Macedônia levou sua filha, Cleópatra, ao altar em outubro de 336 a.C. Depois de décadas de guerra, seu país emergira como a grande potência do sul da Europa. Praticamente toda a Grécia estava nas mãos da Macedônia, sob a regência de Filipe. Dirigindo-se ao altar, a cabeça baixa indicando a luta interna do pai prestes a entregar a filha para outro homem, ele também estremecia visivelmente devido às dores que sentia nos braços fortes e nos ombros largos. Havia sido ferido tantas vezes em batalha que qualquer trajeto mais longo trazia de volta a lembrança dolorosa dos cortes, estocadas e lesões, como se tivessem sido infligidos no dia anterior. Apesar de ser preciso apertar o único olho bom para conseguir enxergar, tendo perdido o outro em batalha, tratava-se de um brilhante manipulador das massas. Respondia a cada aceno, aplauso ou saudação com a sinceridade de um grande ator capaz de ocultar seus verdadeiros sentimentos e até mesmo o estado de saúde atrás de uma seqüência de gestos bem ensaiados.

Cleópatra iria se casar com o tio materno (irmão de Olímpia), que também se chamava Alexandre. Filipe havia intercedido numa disputa de sucessão na vizinha Épiro, noroeste da Grécia, em favor de seu cunhado, e a concessão da mão de sua filha em casamento servira como mais um sinal de seu apoio irrestrito. Filipe estava determinado a vencer os degraus que conduziam ao templo e chegar ao altar sem tropeçar nem suscitar qualquer tipo de embaraço. Havia mandado enfileirar estrategicamente diversos guardas ao longo da escadaria para mantê-lo de pé caso suas pernas cansadas não agüentassem. Sorria com carinho para sua filha e com desânimo para os súditos quando galgou os primeiros degraus. Então, fez uma pausa para recuperar o fôlego e vencer os poucos que restavam; os dois seguintes foram suficientes para fazer sua perna falhar e jogá-lo nos braços do guarda mais próximo, que vinha acompanhando a subida a seu lado.

Quando sua filha se agachou para ajudá-lo a levantar, os olhos de Filipe reviraram nas órbitas e ele caiu sobre os degraus. Em pouco tempo, o tecido branco que estava usando tingiu-se de vermelho vivo e sua filha, que havia se ajoelhado para ampará-lo, soltou um grito impregnado de pavor e desmaiou. Filipe jazia numa poça de seu próprio sangue, que se espalhava lentamente, ensopando-lhe as vestes e escorrendo pelos degraus como tinta. O seu guarda pessoal, um nobre chamado Pausânias, em quem ele confiara para evitar qualquer incidente, havia cravado uma adaga em seu peito.

Filipe tinha apenas 46 anos quando morreu.

Sucessor Não-nomeado

Filipe morreu sem ter nomeado expressamente o filho, Alexandre, como seu sucessor, mesmo tendo tomado diversas medidas (como tê-lo feito o comandante-em-chefe em Queronéia) para sinalizar essa intenção. Isso acontece com razoável freqüência no meio político e empresarial. Deixando de lado instituições menos conhecidas, até o venerável banco de investimentos Goldman Sachs, detentor de histórico em sua maior parte irrepreensível, ficou sem um sucessor claro quando seu diretor, Gustave Lehmann Levy, morreu em conseqüência de um derrame em outubro de 1976. Apesar de Levy ter falado por alto de possíveis sucessores, nenhum herdeiro específico fora apontado, e sua morte lançou a instituição no caos.[1]

Filipe estava orgulhoso da competência e da agudeza de espírito que seu filho vinha demonstrando como governante da Macedônia em sua ausência. Seu coração se enchia de júbilo e orgulho quando, nas conquistas militares, depois de um dia estafante, seus comandantes e generais reunidos em volta do fogo falavam de Alexandre como o regente e de Filipe como seu maior general.

É claro, nem tudo corria às mil maravilhas. Dois acontecimentos quase afastaram Alexandre do poder político na Macedônia. O primeiro envolveu uma oferta de casamento que Filipe recebeu de um governante persa em favor de seu filho ilegítimo, Arrideu, o qual Filipe tivera com sua amante tessália. (Arrideu era o filho mais velho de Filipe e, conforme veremos no Capítulo 10, retornaria temporariamente como rei da Macedônia após a morte de Alexandre.)

Conforme contado por Plutarco, o sátrapa (governador) da parte persa da Trácia enviou um intermediário para propor a Filipe que sua filha mais velha se casasse com Arrideu. Quando a notícia dessa proposta de casamento chegou ao palácio real, a rainha Olímpia convenceu Alexandre de que essa união redistribuiria as forças do império de Filipe em favor de Arrideu. Ela chegou até mesmo a conseguir a ajuda de alguns dos amigos mais próximos de Alexandre, como Ptolomeu, que depois se destacaria como um de seus melhores generais e, mais tarde, rei do Egito, para apoiá-la nessa interpretação. Filipe, segundo diziam, não teria como evitar esse resultado porque o poder do império Persa exerceria enorme ascendência sobre suas decisões.

Alexandre, uma vez persuadido, decidiu agir. Ele contratou um famoso ator de tragédias que estava atuando numa peça de Sófocles, em Pela, para sabotar o casamento. Esse ator, depois de ensaiar com Alexandre, encaminhou-se para a corte do sátrapa, na Trácia, e, com toda a gravidade e expressão do herói trágico, bem como demonstrando profunda preocupação, deu a entender ao sátrapa que temia pelo casamento. Com os olhos arregalados e a aparência nobre, o ator, pouco a pouco, mas de forma convincente, conseguiu erodir a credibilidade de Arrideu. O noivo, dizia, era não só parvo e algo idiota, o que de fato se verificava, como também dado a violentos ataques epilépticos – o conteúdo da história era basicamente legítimo, mas a gravidade dos problemas de Arrideu foram exageradas ao máximo. No dia seguinte, o sátrapa retirou discretamente a proposta de casamento. Quando Filipe finalmente ficou sabendo o que havia acontecido, e quem estava por trás de tudo, foi até os aposentos de Alexandre no palácio e ordenou que deixasse a Macedônia imediatamente – junto com seus amigos que haviam participado do plano. Alexandre e seus amigos passaram alguns meses em Épiro.

O outro acontecimento que os afastou teve a ver com o casamento de Filipe com Cleópatra, filha de um nobre macedônio. A filha de Filipe também se chamava Cleópatra (na Grécia Antiga, esse nome era tão comum quanto Maria nos dias de hoje).

Apesar de Olímpia e as demais esposas de Filipe sempre terem se irritado com a infidelidade do monarca, elas chegaram à conclusão de que era provavelmente mais fácil um camelo passar pelo buraco de uma agulha do que Filipe manter-se fiel. Mas Filipe as havia convencido, e elas acabaram concluindo, com relutância, que todos os casamentos que ele teve foram por conveniência – planejados para expandir o território macedônio ou financiar uma expedição militar. Foi por isso que todos os seus casamentos aconteceram com princesas de fora da Macedônia.

A união com Cleópatra, o oitavo matrimônio, foi diferente. Não existia vantagem territorial nem uma arca repleta de ouro como presente – ele já era o governante mais poderoso depois do grande rei da Pérsia. Também não era que Filipe estivesse enfrentando uma séria crise de meia-idade e quisesse se casar com uma mulher mais jovem, como muitos homens fazem. Na condição de homem de poder, Filipe tinha fácil acesso a quantas mulheres quisesse. A única razão concebível para o casamento, como muitos especularam, era que Filipe queria – ou tinha sido convencido a – gerar um herdeiro de "pedigree" genuinamente macedônio. Esse motivo perturbou bastante Alexandre, mas ele manteve um silêncio altivo sobre o assunto até o dia do casamento.

Apesar de diversos nobres terem advertido Filipe de que ele poderia não conseguir dizer "aceito" sem pelo menos alguns protestos dos presentes, o casamento transcorreu sem maiores problemas. Todas as esposas de Filipe e seus parentes mais próximos o boicotaram. Durante a recepção, porém, o tio de Cleópatra, Átalo, um dos generais mais importantes do exército macedônio, fez um brinde ao casal – o noivo de 45 anos e sua noiva de 16. Átalo, sentado próximo aos dois, que ocupavam a cabeceira da mesa, convidou os convivas a rezarem para que a união deles resultasse num herdeiro *legítimo* ao trono. Quando os convidados ergueram suas taças, uma de bronze foi arremessada e atravessou toda a extensão do salão de festas atingindo Átalo, em meio a seu brinde, justo no centro da testa. Alexandre, do fundo do salão, onde se encontrava discretamente sentado, havia arremessado o objeto contra Átalo. Enquanto o sangue escorria pelo rosto do general, um Alexandre enfurecido pôs-se de pé sobre a mesa e gritou: "Canalha, então me tomas por bastardo?"[2] – referindo-se à sua origem mista de um pai macedônio e uma mãe epirota.

Enquanto Átalo ficava sem reação diante do incidente, Filipe, enfurecido com o comportamento do filho, puxou de sua espada celta e, afastando a esposa, que tentava impedi-lo, caminhou lentamente na direção de seu filho, tonto de embriaguez. Alexandre também desembainhara sua espada e saltara da mesa ao chão, pronto para enfrentar o pai em duelo. Infelizmente, Filipe havia bebido um pouco demais. Depois de alguns passos, seus joelhos se dobraram e ele se esparramou de cara no chão de pedra do salão de festas. Em meio aos convidados que procuravam sair em socorro de Filipe, Alexandre se adiantou e, brandindo sua espada, afastou cada um deles de seu pai. Então, de pé ao lado de Filipe estendido no chão, proclamou para os presentes que ali estava o rei que desejava invadir a Ásia. Mas não conseguia sequer passar de uma mesa a outra sem perder o equilíbrio.[3]

Guardou novamente sua espada e, acompanhado de seus amigos, que dividiam com ele a mesma mesa, deixou o palácio. Cavalgaram até Épiro, onde Olímpia já se encontrava num exílio auto-imposto para não presenciar aquele casamento.

Em seis meses, porém, Alexandre estava de volta a Macedônia, servindo como substituto de Filipe e liderando a cavalaria macedônia em batalha. Podia estar um pouco ferido por dentro, mas por fora agia de um modo que fazia crer que o problema familiar ficara no passado.

Sensação de Imortalidade

Nenhum outro império teve tantos problemas com a sucessão como o macedônio. A dinastia britânica dos Tudor no século XVI chegaria perto, quando, após a morte de Henrique VIII e de seus muitos casamentos, a coroa passaria de irmão para irmão três vezes consecutivas em pouco mais de uma década, culminando com o reinado de 45 anos de Elizabeth I. Mas nem mesmo os Tudor foram testemunhas de tanta violência e incertezas quanto nas sucessões macedônias. A maioria dos monarcas macedônios havia sofrido morte violenta, e o próprio Filipe fora beneficiário de uma sucessão na qual a coroa passara duas vezes de irmão para irmão, em vez de diretamente do regente para seu filho.

O fato de Filipe não ter indicado Alexandre como seu sucessor talvez se possa explicar por sua sensação de imortalidade. Indicar um sucessor é atitude muitas vezes comparada à preparação do próprio testamento –

obriga-nos a encarar nossa própria mortalidade. É claro que Filipe era relativamente jovem quando morreu, de modo que o fato de não ter indicado um sucessor é até certo ponto compreensível – mas apenas até certo ponto, se levarmos em conta a história violenta da Macedônia. Não há muita explicação para o mundo contemporâneo dos negócios e da política estar repleto de exemplos de CEOs e líderes que, apesar da idade avançada e dos problemas de saúde, deixam a vida passar sem um plano claro de sucessão. As dificuldades ligadas à sucessão de CEOs septuagenários e octogenários como Armand Hammer, da Occidental Pretoleum, Harold Geneen, da ITT, e Harry Gray, da United Technologies, são o material de estudo dos cursos de planejamento de sucessão das principais faculdades de administração – lado a lado com exemplos políticos como o de Yasser Arafat, à frente da Organização pela Libertação da Palestina, e o de Fidel Castro, em Cuba, que nunca cultivaram possíveis substitutos e sempre protegeram sua base de poder alimentando rivalidades entre aqueles que os cercavam; ou como o de Stálin, que simplesmente eliminava qualquer um que pudesse ameaçá-lo.

Nos melhores exemplos, quando as empresas estabelecem planos detalhados de sucessão, a transição para o novo líder não é fácil – basta olhar para as dificuldades de adaptação do novo CEO da GE, Jeffrey Immelt, e da IBM, Sam Palmisano, que foram os beneficiários de provavelmente dois dos mais seletos processos de sucessão já realizados em todo o meio empresarial americano. Nenhum dos CEOs estava preparado para, nem poderia ter previsto, a mudança de expectativas dos acionistas em relação às empresas públicas no mundo pós-Enron.

Também acontece de existir um plano de sucessão, mas o líder no comando, como se estivesse com medo de passar o resto da vida como o rei Lear, consumindo-se em nostalgia por tudo que um dia foi dele e recusando-se a dividir responsabilidades suficientes com o sucessor escolhido. O número dois na hierarquia de poder, portanto, pode ficar relegado a fazer tudo o que o líder *não* deseja fazer. Kevin Sharer, o CEO da gigante da biotecnologia Amgen, fala do relacionamento que Larry Bossidy teria com Jack Welch: "Jack faz tudo o que ele quer e eu faço tudo o que sobra." Comentário evidentemente jocoso acerca do papel de Bossidy como COO da GE sob o comando do CEO Jack Welch. No entanto, é verdade que Bossidy saiu da GE para fazer seu vôo solo como CEO da Allied Signal (hoje, Honeywell).

Muitos vice-presidentes dos Estados Unidos também ficaram relegados ao corte das fitas de inauguração ou ao comparecimento a enterros de líderes internacionais de segundo escalão. Todos sabiam que o vice-presidente de William McKinley, Teddy Roosevelt, entediava-se até a sonolência. Se não tivesse sido pelo trágico assassinato de McKinley, poucos teriam conhecido a determinação e a garra de Roosevelt como pessoa e como líder que, com as rédeas nas mãos, garantiu aos Estados Unidos seu papel de grandeza. Poucas pessoas saberiam dizer o nome dos 44 primeiros vice-presidentes dos Estados Unidos – com a possível exceção dos 14 que se tornaram presidentes. John Adams, que, como vice-presidente dos Estados Unidos, foi uma espécie de anteparo do presidente George Washington contra a zombaria – pois era comum que ele mesmo se colocasse como alvo de piadas –, certa vez comentou a respeito do cargo de vice-presidente: "O mais insignificante dos cargos que o gênio humano já criou ou que sua imaginação já concebeu."

A despeito de Adams ter freqüentemente absorvido golpes no lugar de Washington, o presidente e o vice-presidente nunca foram próximos, e Washington chegou a manter uma "apreciável distância"[4] de Adams porque a predileção do vice-presidente por se dirigir ao presidente por meio de títulos formais o tornara bastante impopular. Enquanto Washington mantinha distância, sabemos que alguns presidentes nutriam franco desdém por seus vices. Mesmo no auge da Segunda Guerra Mundial, Franklin Roosevelt, apesar de fisicamente abatido, só se encontrou duas vezes com o vice-presidente Harry Truman depois que a dupla venceu as eleições. Truman se encontrava tão desinformado a respeito dos esforços de guerra que só quando fez o juramento da presidência após a morte de Roosevelt tomou conhecimento da "terrível arma" que os Estados Unidos estavam desenvolvendo. Truman terminaria a Segunda Guerra Mundial ordenando que a "terrível arma" fosse lançada sobre Hiroshima e Nagasaki, assim como conduziria os Estados Unidos nas primeiras fases da Guerra Fria. Mas Truman havia sido mantido afastado do círculo de informações como vice-presidente. Se Roosevelt tivesse conseguido fazer o que pretendia, Truman seria lembrado como um ex-comerciante do Missouri e ex-senador, que, por acaso, fora também vice-presidente de Roosevelt.

Manobras Que Garantem Posições

Apesar de tudo apontar para Alexandre como o sucessor, pois não havia plano formal de sucessão na Macedônia, não estava evidente para todos que Alexandre, como filho mais velho e *legítimo*, era automaticamente o próximo candidato ao trono. Os 60 nobres que administravam a Macedônia detinham suficiente poder e voz em Pela para encaminhar resultado diferente.

A lista de candidatos também vinha crescendo. O primo de Alexandre, Amintas, filho de seu tio Perdicas, em nome de quem Filipe governara a Macedônia, obviamente tinha direito, anterior e expressivo, ao trono. Amintas agradara ainda mais a Filipe casando-se com a filha que este tivera com sua amante ilíria (albanesa). A mais recente esposa de Filipe, Cleópatra, havia pouco tempo dera à luz um filho, que passou a ser visto por alguns como um macedônio mais puro e de sangue mais nobre, e, portanto, com maior direito ao trono da Macedônia do que Alexandre. Átalo, tio de Cleópatra, tinha influência suficiente para atrair o apoio de alguns nobres macedônios em torno desse direito.

E havia também inúmeras propostas extemporâneas que alguns nobres se encarregavam de investigar envolvendo filhos ilegítimos que Filipe havia tido. Houve a proposta contemplando Arrideu, cujo casamento com a filha de um sátrapa persa Alexandre e seus amigos haviam conseguido sabotar. Arrideu era mais velho que Alexandre, e alguns nobres desejavam que fosse ele o regente. É claro, se Arrideu tivesse ganho, governaria a Macedônia como regente títere. Também havia alguns nobres que achavam que Cleópatra, filha legítima de Filipe (e, dentre todos os filhos, a mais velha), poderia ter mais direito ao trono que Alexandre, afinal, em nenhum lugar as leis macedônias determinavam que o trono só poderia ser ocupado por um herdeiro varão.

Apesar de bastante jovem, Alexandre era muito experiente. Ele estava ciente das intrigas que se encontravam em andamento nos bastidores do poder para impedi-lo de assumir o trono. Apesar de não constituírem ameaças relevantes, ele não deixaria esse tipo de coisa passar em brancas nuvens. Ao mesmo tempo, não estava disposto a tomar o poder e assumir o controle do trono. A morte prematura de Filipe havia coberto a Macedônia com uma mortalha de luto. Já se instalara uma forte incerteza e nervosismo quanto ao rumo que aquela poderosa nação deveria tomar, agora que tinha perdido seu carismático líder e caudilho. Ele não queria agravar as incertezas. Com efeito, sabia que sua missão seria exatamente minimizar a incerteza e a dúvida. E planejou um processo de transição com essa finalidade..

Ele sabia que contava com o amor e o respeito da maioria dos macedônios. Já havia mostrado serviço como general em Queronéia, à frente da cavalaria pesada que investiu contra o Batalhão Sagrado de Tebas, desse modo desferindo o golpe que daria a vitória aos macedônios. Já liderara diversas outras expedições militares bem-sucedidas. Já havia governado com sabedoria e justiça durante a ausência de seu pai, e, apesar de não contar com um histórico muito extenso como monarca, já havia mostrado todas as qualidades de um bom regente e a agudez necessária naqueles breves períodos que ocupara o trono.

A maioria dos macedônios estava profundamente envolvida no culto à personalidade de seu jovem príncipe. Sua estatura física não era nem um pouco imponente, mas era forte e de compleição robusta. Tinha cabelos castanho-claros e olhos da mesma cor, e os historiadores se referiam a ele como um rapaz bonito. Era ágil e veloz, e um exímio cavaleiro mesmo envergando a armadura completa. Montava com excelência e era hábil com a lança, e o testemunho de sua bravura e coragem em diversas guerras e expedições já se tornara uma lenda. E até já rendera mitos: alguns atribuíam a ele poderes sobrenaturais, como ser capaz de correr mais rápido que um tigre, de estraçalhar dragões ou de levitar. Como acontece com qualquer príncipe que reúna tantas qualidades, também havia o lado dissoluto, mas as histórias das festas e orgias já eram menos espetaculares na época em que ele começou a trabalhar lado a lado com seu pai cuidando dos assuntos nacionais.

Minimizando a Incerteza e a Dúvida

É difícil saber as reais motivações das pessoas; para Alexandre, descobrir quem se manteria ou não leal a ele, seria fácil. Apesar disso, Alexandre sabia que teria de preparar um processo de transição absolutamente transparente, o que seria importante para o país naquele momento. Ele também se dava conta de que, quanto mais tempo levasse para coroar o próximo rei, maior seria a incerteza, e havia também a ameaça de punhaladas nas costas e facas na garganta – inclusive literalmente. Ele não era do tipo que perdia tempo.

A incerteza e a dúvida na hora de passar o bastão adiante podem ser o fator mais importante das desavenças políticas internas de uma organização e até de uma nação. Por exemplo, a ascensão de Elizabeth I ao trono da Inglaterra. Era o início de uma manhã brumosa de novembro de 1558 quando a Inglaterra perdeu a rainha Maria Tudor, que falecera placidamente durante o sono, depois de uma longa enfermidade. Havia muitos sucessores em potencial para a filha mais velha de Henrique VIII com sua primeira esposa, Catarina de Aragão. Entre os possíveis sucessores, incluía-se sua sobrinha de 16 anos, Maria Stuart, rainha de Scots, que pertencia à linha de sucessão graças à sua avó, Margaret, irmã de Henrique VIII. Maria Stuart era católica e, naquela época, na Inglaterra, ser católico importava bastante.

O catolicismo havia mais uma vez encontrado refúgio na Inglaterra governada por Maria Tudor. Era como se Maria desejasse compensar Roma pela batalha pública de seu pai contra a igreja católica e, portanto, estivesse fazendo todo o possível para consolidar o catolicismo no país. Henrique VIII rompera com Roma quando esta se recusara a lhe conceder o divórcio de Catarina de Aragão, do qual ele precisava para se casar com Ana Bolena, irmã de uma de suas amantes; Ana, a segunda das seis esposas que teve, era a mãe de Elizabeth.

Maria não só reafirmara o poder de Roma na Inglaterra, como também mobilizara todos os meios a seu alcance para conseguir esse intento – fanatismo, força e até por meio de seu casamento com o católico ardoroso e rei de imenso poder, Filipe II da Espanha. A Inglaterra, mais, uma vez se afirmava como país católico, e os católicos na Inglaterra não podiam imaginar nada melhor do que a transmissão da coroa de Maria Tudor para sua sobrinha católica, Maria Stuart, e, ainda por cima, livrando-se de sua irmã, Elizabeth, cujas inclinações religiosas eram obscuras e, portanto, suspeitas.

Maria Stuart não era a única sucessora em potencial ao trono da Inglaterra naquela época. Havia os primos de Elizabeth, a quem seu meio-irmão, Eduardo VI (filho de Henrique VIII com sua terceira esposa, Jane Seymour), legou em testamento sua preferência como herdeiros ao trono. Eduardo tinha apenas dez anos de idade quando ascendeu ao trono da Inglaterra depois da morte de Henrique VIII como seu filho único, mas morreu seis anos depois, em 1533, sem deixar nenhum herdeiro direto. Indiretamente, porém, ele havia indicado em testamento as netas de sua tia Maria, a irmã mais nova de Henrique VIII, como herdeiras *dele* ao trono.

Elizabeth, a única descendente direta viva de Henrique VIII naquela manhã da morte de Mary Tudor, não só tinha muitos rivais na disputa ao trono, como também as cartas desse jogo não podiam estar mais desfavoráveis a ela. Para início de conversa, muitos na Inglaterra, e poderosos países católicos na Europa, como a França e a Espanha, consideravam-na filha ilegítima de Henrique – tendo em vista que este não conseguira o divórcio em Roma e, portanto, não poderia ter se casado com Ana Bolena.

Henrique havia rompido com a igreja católica para se casar com ela. Ficara tão furioso com a recusa do papa Clemente VII em lhe conceder o divórcio de Catarina que decidiu trazer a Reforma para a Inglaterra, acolhendo a igreja anglicana e nomeando-se o seu líder, apenas 17 anos depois que o principal nome da Reforma, Martinho Lutero, afixou as 95 teses denunciando os abusos e perversões dos ensinamentos da igreja católica na porta da Igreja de Todos os Santos, em Wittenberg, Alemanha, em 31 de outubro de 1517.

O casamento com a mãe de Elizabeth, Ana Bolena, infelizmente não durou muito e, em mais uma evidência de que tudo que Henrique queria ele obtinha, o Parlamento inglês deferiu a solicitação do monarca no sentido de invalidar seu casamento com Ana – abrindo caminho para o terceiro de seus seis casamentos. Henrique não se contentou com essa invalidação – mandou decapitar Ana na Torre de Londres sob falsas acusações de adultério e traição. Elizabeth tinha apenas três anos de idade. Aos olhos de muitos, e sobretudo dos católicos ingleses que procuravam defender-se, a recusa de Roma em conceder o divórcio e a conseqüente invalidação do casamento efetuada pelo Parlamento significavam que Elizabeth era filha ilegítima de Henrique – o que afastavam qualquer direito que ela pudesse ter ao trono.

Do ponto de vista de Henrique, porém, nada podia estar mais longe da verdade. Ele tratava todos os seus três filhos, Maria, Eduardo e Elizabeth, do mesmo modo; dava-lhes todo seu amor, carinho e afeto; e, mesmo cuidando dos solenes assuntos de Estado, não deixava de dedicar tempo suficiente à criação deles. A capacidade que Henrique tinha para agir corretamente em quase todos os aspectos de sua vida – embora ele seja mais lembrado, hoje, pelos casamentos errados que arranjou – era própria de um gênio. Com efeito, essa discrepância pode ser melhor descrita nas palavras outrora ditas a respeito do general ateniense Temístocles, o cérebro por trás da vitória de Atenas em Salamis: "Seu gênio era maior que seu caráter."

Henrique morreu quando Elizabeth estava com 14 anos e, com sua morte, terminou a vida serena e cercada de privilégios da jovem princesa. Seu meio-irmão de dez anos de idade, Eduardo, de quem ela era muito próxima, subiu ao trono. Mas Eduardo era filho de Henrique com Jane Seymour, e a família Seymour fez tudo que pôde para afastar o irmão de suas irmãs, e estas entre si. Tiveram tanto êxito nisso que, se não tivesse sido pelo surgimento da tuberculose e pela intervenção de soldados leais às duas irmãs, Maria, como a mais velha das duas, não teria sido feita rainha.

Maria e Elizabeth nunca se entenderam muito bem, e seu relacionamento se deteriorou rapidamente quando Maria, que era católica fervorosa, exortou Elizabeth a aderir a Roma. Quando esta se recusou, foi aprisionada por Maria na Torre de Londres sob a acusação de traição. Mas Maria adoeceu e, durante os longos meses de sua doença, Elizabeth, que investira cuidadosa e lucrativamente sua renda oriunda das propriedades do pai, como um chefão da máfia administrando seu império de dentro da clausura, gastou o que tinha na consolidação de seu apoio sem sair da torre.

Os não-católicos da Inglaterra estavam cansados das conspirações e conluios que haviam caracterizado os reinados de Eduardo VI e Maria Tudor. O país estava farto dos favorecimentos ilícitos a velhos cupinchas e das elites que acumulavam privilégios. Sob a regência de Maria, o povo também era obrigado a suportar o fanatismo católico-bíblico e a perseguição inquisitorial deflagrada por ela em todo o país. Além disso, a Inglaterra havia sido humilhada numa série de reveses militares contra sua arquiinimiga histórica, a França. Os ingleses suspiravam de saudades da estabilidade do reino, da qual tinham podido gozar quando Henrique VIII esteve no poder. O monarca havia se constituído não apenas num símbolo claramente visível da nação inglesa e na própria personificação da monarquia, como também havia liderado a Reforma inglesa e o retorno à antiga glória da Inglaterra.

Apesar de Elizabeth – que, com a morte de Maria, seria o único descendente vivo de Henrique VIII – ser a opção preferida pela maioria para substituir Maria, ela não era do tipo que se contentaria, de forma indiferente, com sua popularidade e esperaria sentada que a coroa fosse trazida até ela. Sabia, como o grande Jimmy Durante declarou certa vez, que "todo mundo quer tomar parte na ação". Naqueles meses, quando ficou claro que Maria estava perdendo lenta mas inexoravelmente contato com a vida, Elizabeth mandou que seus aliados se espalhassem por todo o país incitando o movimento popular de apoio à sua ascensão ao trono. Como Alexandre, que confiava em alguns poucos conselheiros altamente dignos de crédito, ela mandou reunir um conclave de conselheiros de nobilíssima reputação, dedicação e pragmatismo, que montaram inclusive um gabinete de transição (medida relativamente rara na política daquela época) em Brocket Hall, Hertfordshire, a cerca de duas horas a cavalo de Londres. Ali, pessoas como William Cecil (mais tarde, Lord Burghley), que seria o mais próximo conselheiro de Elizabeth por mais de 40 anos, Thomas Parry, seu chefe do Estado-Maior, Nicholas Throckmorton e Francis Walsingham, que organizaram e operaram uma grande rede de espionagem, planejaram estratégias, estudaram cenários possíveis, cooptaram amigos e neutralizaram inimigos da coroação de Elizabeth. Chegaram a secretamente reunir soldados e armas por todo o país – apenas por precaução. Não apenas homens, mas também muitas mulheres, de forma oculta, se juntaram à causa, convencendo seus maridos e amigos a apoiar a causa de Elizabeth.[5]

Durante toda essa mobilização, Elizabeth manteve-se absolutamente discreta, não permitindo que ninguém visse as cartas que tinha na mão. Ao longo de sua vida, sua personalidade pública seria um espetáculo cuidadosamente trabalhado e cultivado de posicionamentos, pontos de vista e aparências. Ninguém sabia qual era sua posição em relação ao catolicismo romano, por exemplo. Essa dissimulação não só levou o rei Filipe II da Espanha a advogar sua causa, como também convenceu a esposa dele – e irmã *dela* –, Maria, de que Elizabeth era a sucessora que mais provavelmente protegeria e preservaria os interesses católicos. Ambos estavam enganados. A Inglaterra, durante seu reinado, deixaria de ser um país católico e passaria a ser uma sólida nação protestante, e a influência de Filipe sobre a Inglaterra se tornaria não só praticamente insignificante, como também intransigente – culminando na derrota da poderosa Invencível Armada infligida por uma emergente força naval britânica sob o comando de Sir Francis Drake.

Graças a todo o trabalho de base que ela havia feito, seis horas após a morte de Maria, Elizabeth estava sólida e firmemente entronada. Não podia restar qualquer dúvida na cabeça de ninguém quanto a quem estava no comando, e que rumo o país iria tomar.

Administrando o Processo de Transição

Reconhecendo que as ameaças à monarquia macedônia eram enormes, e que muitas das cidades-Estado gregas, que haviam sido obrigadas a se tornar parte da Macedônia, assim como a arqui-rival da Grécia, a Pérsia, poderiam organizar uma ofensiva contra eles, Alexandre mandou que vários de seus amigos mais próximos desde Mieza, que eram agora comandantes importantes das fileiras dos Companheiros, defendessem o palácio e as principais travessias das fronteiras. Eles tinham de demonstrar, ostensivamente, que detinham pleno comando. Era importante que Alexandre tivesse um círculo de pessoas em quem pudesse confiar porque as conhecia e sabia que fariam tudo que tivessem se comprometido a fazer. Também era importante que ele não fosse envenenado emocional e intelectualmente nesses primeiros dias. É comum que um novo líder se depare com inúmeros projetos que atendem aos interesses mais diversos ou com o tipo de conselho que só ajuda a quem aconselha. Era imperativo que ele se livrasse disso tudo.

Uma vez protegidos o palácio e as fronteiras, mesmo antes que providenciasse os preparativos do enterro, convocou uma reunião com os generais da mais alta confiança de seu pai. A maioria o conhecia desde o dia em que nasceu. Nessa reunião, ele declarou a todos os nobres que a última coisa que faria com a Macedônia seria impor uma "visão" mirabolante que conduzisse a Grécia numa direção diferente. Lembrou da ameaça da Pérsia que se avizinhava, e que a Macedônia – unida à Grécia – precisava se preparar para a guerra de imediato. Impor nova direção à Grécia e à Macedônia viria mais tarde, depois que as ameaças à segurança tivessem sido afastadas. Nas famosas palavras de Lou Gerstner no primeiro de abril de 1993, quando ele assumiu uma IBM mal das pernas, prestes a ser desmembrada em 13 partes distintas, a última coisa que a gigante precisava era de outra visão.

Alexandre pediu que Antípatro, um dos generais mais antigos de Filipe, liderasse o processo de transição. Informou aos generais ali reunidos que havia chegado um mensageiro de Parmênion, outro dentre os generais mais antigos, que se encontrava à frente de uma força expedicionária de dez mil soldados na Ásia Menor. Parmênion não só havia oferecido seu irrestrito apoio e lealdade, como também se oferecera para voltar à Macedônia caso fosse necessário. Alexandre não iria pedir que Parmênion voltasse da Ásia, mas iria nomeá-lo, juntamente com Antípatro (*in absentia*) co-líderes do processo de transição.

A escolha de Antípatro e Parmênion contou com significativa aprovação dos generais ali reunidos. Ambos eram sexagenários, veteranos de muitas batalhas, estavam entre os nobres mais ricos da Macedônia e contavam com o mais profundo respeito das forças armadas, assim como da população macedônia. Era sabido de todos que nenhum deles nutria qualquer aspiração ao trono. Quase todos os seus filhos ocupavam posição de liderança na sociedade macedônia – seus filhos eram generais; e suas filhas, esposas de generais importantes. Ambos já haviam falado da aposentadoria num recanto longínquo qualquer da Macedônia (de preferência, nos climas mais frios de alguma das cidades-Estado do sul), onde cuidariam de seus pomares. Eles sonhavam em ver cervos pastando na relva de suas propriedades, em ouvir o murmurar de um rio que passasse por perto e em contemplar placidamente as nascentes de água cristalina.

Antípatro e Parmênion não podiam ser mais diferentes um do outro, tanto em formação como em personalidade. Antípatro era um general que havia subido na carreira pelos méritos que demonstrara, com reputação de formador de consenso, enquanto Parmênion, que tivera uma criação privilegiada, era curto e grosso. Antípatro era o diplomata consumado que aparava as arestas mais cortantes, enquanto Parmênion era um homem de ação. Apesar das diferenças de estilo, ambos tinham uma longa história de trabalho eficaz, entre si e com Filipe, tendo sempre exibido publicamente um relacionamento muito amistoso e próximo.

Convencer esses dois homens a liderar um processo de transição era muito sagaz da parte de Alexandre. Parmênion, por exemplo, era não só um grande general, como também contava com um poderoso séquito de seguidores no exército. Ele havia treinado muitos dos oficiais mais graduados, e praticamente todo soldado do exército macedônio havia, em algum momento, servido sob seu comando direto – quando não diretamente sob o comando de Filipe. Parmênion representava a "memória institucional" do exército macedônio. Ninguém conhecia as habilidades, capacidades e, mais importante, as fraquezas de cada um dos oficiais tão bem quanto Parmênion; e agora que Filipe estava morto, ninguém era mais calejado nas batalhas do que ele.

Antípatro era um extraordinário general e um excelente administrador. Quando Filipe foi nomeado chefe ou comandante supremo de todas as forças armadas em Corinto, Antípatro, ao lado de Alexandre e de Parmênion, trabalhou lado a lado com ele, engendrando planos secretos para invadir a Pérsia. Ninguém mais fora informado dos detalhes desses planos, porque era imperativo preservar o elemento surpresa contra um inimigo tão formidável. Apesar de Filipe ter planejado que Alexandre ficasse na retaguarda como regente enquanto ele liderava as primeiras incursões à Pérsia, Alexandre queria encontrar um bom regente para ficar na Macedônia enquanto ele conduzia as tropas. Ninguém seria melhor regente que Antípatro, que desfrutava de imensa credibilidade entre os nobres. Além disso, Antípatro era o único nobre capaz de resistir ao comportamento sedutor da mãe de Alexandre. Esse era um fator determinante na escolha de seu substituto como regente durante sua ausência. Olímpia estava agora com pouco mais de 30 anos, no auge de sua capacidade de seduzir para conseguir o que queria. Ainda era muito atraente e sabia como deixar os homens nervosos. À exceção de Antípatro, que gozava de um casamento feliz e não era dado a perder a compostura diante das investidas de Olímpia.

Clareza de Papéis

O papel que Parmênion e Antípatro desempenharam foi o que muitos presidentes e vice-presidentes de empresas desempenham para ajudar um novo CEO a administrar a sucessão e *também* o processo de transição. Um exemplo interessante de CEO que indicou um sucessor, mas junto com uma equipe com papéis claramente definidos para a transição, pode ser encontrado na GE. Jack Welch, antes de indicar Jeffrey Immelt para sucedê-lo na GE, mandou trazer Dennis Dammerman, que era então CEO da GE Capital, e Robert Wright, que dirigia a NBC, como vice-presidentes, para ajudar Immelt a assumir o cargo com maior tranqüilidade. Aqueles que ficariam decepcionados por não terem sido indicados como novo CEO ou que não conseguiriam trabalhar com ele não foram sequer considerados por Welch para essas funções. Elas precisavam ser desempenhadas por pessoas que, como o editor-executivo do *The New York Times* Max Frankel certa vez escreveu a respeito do ex-secretário de defesa, Robert McNamara, por maior que fosse seu brilho, se sentissem à vontade em ser "não o sol, mas um planeta que se limita a refletir a luz".

Katharine Graham, que dirigiu com mão segura o Washington Post Company como proprietária e presidente em meio a diversas crises empresariais e nacionais – incluindo o assassinato de Kennedy, o episódio dos documentos do Pentágono e o caso Watergate –, falou do importante papel que o presidente da empresa Frederick "Fritz" Beebe desempenhou na suavização da transição que ela teve de fazer entre o papel de mãe em tempo integral e presidente da empresa, quando seu marido, Philip L. Graham, morreu, surpreendendo a todos em agosto de 1963. Beebe havia chegado ao Washington Post Company dois anos antes da morte de Phil, vindo da elegante empresa de advocacia Cravath, Swaine and Moore. Em sua autobiografia, *Personal History*, Kay Graham explicou como seu pai, dono do *Post*, havia aconselhado seu marido a ajudar nas operações da empresa – "não como empregado no papel de executivo, mas como um verdadeiro sócio". Phil Graham encontrou em Beebe esse tipo de sócio.

Quando assumiu a função de gerenciar a empresa, que também era dela, uma das primeiras atitudes que tomou foi ter uma conversa com Beebe a respeito dos papéis de cada um. Beebe, que havia mantido a empresa coesa, o que incluía a recém-adquirida *Newsweek*, durante os surtos de depressão de Phil Graham, oferecera-se para ficar como diretor-geral, com Kay na presidência no lugar de Phil. "Os títulos em si não me importavam ou sequer interessavam", ela escreveu, "mas eu não deixava de ver que isso poderia colocá-lo como o chefe e eu, a número dois, e eu queria deixar claro"[6] que o relacionamento seria uma parceria equânime – exatamente como havia sido entre Beebe e Phil.

No início, não estava claro como poderia funcionar o relacionamento entre um executivo experiente como Beebe e uma neófita como Kay Graham, que, apesar da falta de experiência executiva, era dona da empresa, que seu pai havia comprado e livrado da falência num leilão havia apenas três décadas. Tratar esse relacionamento como um "casamento de negócios" ajudou – eles permaneceram como parceiros iguais durante os muitos altos e baixos do *Post*, sobretudo com a publicação do que ficou conhecido como "os documentos do Pentágono" e com a cobertura inicial do caso Watergate, até que Beebe morreu em 1972, poucos meses depois da invasão e do grampo telefônico de 17 de junho na sede do partido democrata no hotel Watergate, realizados por sete homens direta ou indiretamente ligados ao comitê de reeleição do presidente Richard Nixon.

O legado de Katharine Graham na história editorial dos jornais não se limita ao fato de ter conduzido o *Post* com mão firme durante diversas crises. Ela era uma aspirante a líder que não estava disposta a negociar o padrão dos editoriais, a investigação das matérias e nem seu compromisso com os direitos garantidos pela primeira emenda constitucional dos Estados Unidos. Ela gozava da lealdade de seus repórteres, editores e demais funcionários, que a viam não como uma baronesa da mídia interessada em dinheiro, que era e continua sendo a imagem predominante dos magnatas das comunicações, mas como uma pessoa que construíra uma instituição com um propósito de fundo moral. Com isso, ela também garantiu rios de dinheiro para seus acionistas e empregados. O lendário investidor Warren Buffet agradeceu-lhe pelos resultados que a administração dela do *The Washington Post* rendera em prol de sua empresa Berkshire Hathaway. Os dez milhões de dólares que Buffett investira na empresa em 1973 já era o equivalente a 140 milhões de dólares em pouco mais de uma década. "Portanto, em vez de lhe dizer um milhão de obrigados", Buffett escreveu para ela, "façamos um agradecimento de 65 a 110 milhões de dólares"[7] – a diferença no rendimento que Buffett teria se tivesse investido em qualquer outra empresa de mídia.

Como Katharine Graham, que foi jogada repentinamente na arena, Elizabeth I tinha 25 anos quando se sagrou rainha da Inglaterra. Apesar de ter passado parte de sua infância na prisão ou na obscuridade forçada, afastada das questões políticas, ela havia se informado suficientemente acerca dos assuntos ligados ao governo da nação para tomar decisões rápidas e cruciais. Nos primeiros dias de seu reinado, alguns de seus conselheiros, guiados por espírito condescendente, tentaram dizer exatamente quem ela deveria manter e quem deveria substituir na nova administração. Eles esperavam que ela seguisse seus conselhos ao pé da letra. Mas iriam se decepcionar amargamente.

Ela não só postergou as indicações para cargos essenciais da administração, o que lhe fora sugerido para permitir que baixasse a poeira levantada por sua ascensão, como fez isso de uma maneira bastante pública, como forma de mostrar a todo mundo o estilo de tomada de decisão que lhe caracterizaria o governo. Ela havia sido aconselhada a se voltar lentamente contra membros-chave da administração de sua irmã, mas, nos primeiros dois dias de reinado, mesmo antes do enterro de Maria, livrou-se de tudo que não servia a seus propósitos. Chegou a diminuir o número de conselheiros de sua administração e, como seu pai – e diferentemente de sua irmã e irmão –, nomeou-os segundo a comprovada experiência e conhecimento, e nunca por sua posição ou apadrinhamentos. Apesar da eminência de seus conselheiros, nunca deixou dúvida quanto a quem mandava e quem obedecia.

Tampouco deixou de mostrar ao país, com toda a clareza, que era senhora absoluta das rédeas. Apenas três semanas depois de subir ao trono da Inglaterra, o Parlamento enviou uma delegação requerendo que procurasse um marido "capaz de aliviá-la daquelas atividades exclusivas dos homens".[8] Esses cavalheiros a informaram que era impróprio que ela permanecesse uma "virgem de vestal", e até mesmo contrário aos desejos de seus súditos. Ao ouvir isso, Elizabeth teria apontado para seu anel de coroação e dito: "Já sou comprometida com um marido, que é o reino da Inglaterra", e que todos aqueles reunidos diante dela, assim como todos os ingleses, eram os seus filhos.[9]

Elizabeth prosseguiu e deixou inequivocamente claro que estava disposta a deixar a questão de um sucessor apropriado a ela nas mãos da providência, e que tinha plena fé de que um sucessor adequado para governar a Inglaterra iria se materializar. No que lhe dizia respeito, seria suficiente "que o mármore declarasse que a rainha, tendo reinado por determinado tempo, vivera e morrera virgem".[10] Assim teve início a lenda e o culto da rainha virgem. O mais importante é que, do ponto de vista da Inglaterra, desses atos e palavras brotou a clareza quanto à forma pela qual ela planejava governar e o quanto estava disposta a ouvir de seus conselheiros e súditos. Ela era a regente, e iria reger o país do jeito *dela.*

Transparência

Ciente de que um lento processo de sucessão poderia levar a brigas internas entre os nobres, Alexandre deu a Antípatro dois dias para concluir a tarefa. Apesar do apoio de que alguns candidatos gozavam, Antípatro concordou com Alexandre que a unanimidade de apoio seria um importante sinal para as cidades-Estado gregas e para a Pérsia de que, apesar da morte de Filipe, todos os nobres apoiavam integralmente o novo rei. A unanimidade sinalizaria que nada havia mudado. Não haveria incertezas nem dúvidas quanto a quem estava no comando.

Um outro princípio adotado foi que o processo de seleção transmitisse transparência para todos do lado de fora. Antípatro pôs imediatamente mãos à obra. Antes de pedir o apoio dos nobres, ele, junto com Alexandre, se dedicou a um elaborado processo no qual perguntava a si mesmo, como Margaret Thatcher perguntou a respeito de seus ministros antes de nomeá-los, "este é um dos nossos?" Se o nobre passasse por esse teste, era imediatamente convidado para uma reunião na qual o novo rei da Macedônia seria escolhido e coroado; se os dois não estivessem seguros, então o nobre só era convidado depois que a resposta esperada tivesse sido "ajustada" por meio das devidas propinas, promessas ou ameaças. O "ajuste" começaria com Antípatro perguntando ao nobre simplesmente se ele estava "com" ou "contra" eles. Muito poucos desses ocupantes da parte de cima do muro tinham coragem de dizer que não estavam com o grande general. No caso de um pequeno grupo de nobres que os dois sabiam que certamente não estariam com eles, simplesmente não eram convidados. No final das contas, só havia três nobres nessa última categoria.

Vejamos esse processo de sucessão à luz do predecessor de Jack Welch na GE, Reginald Jones, que fez seus sucessores em potencial passarem por suas hoje infames, e absolutamente desastrosas, "entrevistas do avião". Ele convidava um candidato em potencial para ir à sua sala para um bate-papo e, quando o candidato menos esperava, perguntava à queima-roupa quem ele considerava, dentre os sete candidatos pré-qualificados, o mais capacitado para se tornar CEO da GE se eles dois – Jones e o candidato sendo entrevistado – morressem num acidente de avião. Jones levou 14 meses para tomar a decisão sobre seu sucessor em meio a uma inacreditavelmente pública corrida de cavalos pelo cargo máximo da GE.

Não é de se surpreender que imediatamente depois que Jack Welch foi escolhido no final de 1980, quatro dos sete candidatos tenham saído da empresa. Ficaram tão chamuscados pelo palavrório e pela politicagem que transcorreram durante tanto tempo nesse processo de sucessão tão pouco transparente que não havia mais como permanecer na empresa. Junto com eles, saiu uma grande quantidade de seus subordinados diretos e outros gerentes seniores que, muitas vezes publicamente, haviam se posicionado favoravelmente a um ou outro desses sete candidatos possíveis ao cargo.

A Coroação

Quando os nobres chegaram ao palácio real da Macedônia em Pela para a reunião a respeito da sucessão, ficaram surpresos ao saber que a reunião não se realizaria no palácio propriamente dito, mas numa grande tenda montada nos jardins do palácio. A bandeira da Macedônia, assim como as de todos os territórios conquistados, flamulavam a meio mastro. A atmosfera de preparativos para a guerra era palpável. Depois que todos os generais chegaram e se acomodaram, Alexandre surgiu seguido de uma grande comitiva de nobres que eram seus amigos pessoais e aliados. Antípatro sentou-se à cabeceira da mesa.

Antípatro falou brevemente sobre o processo de sucessão. Para a maioria dos nobres mais jovens, este era o primeiro processo de sucessão que testemunhavam na vida. Filipe governara por 23 anos, e poucos se lembravam como aquela sucessão fora tensa e cheia de incertezas. Depois que Antípatro terminou de falar, um dos nobres se levantou, vestiu o manto cerimonial de armas que ostentava a insígnia real da dinastia macedônia dos têmenos e galgou os degraus que levavam ao tablado que fora erguido especialmente para aquela cerimônia. Então, anunciou seu apoio a Alexandre. Um por um, os nobres se levantaram e, desembainhando suas espadas enquanto subiam os degraus, tocaram levemente a couraça da armadura, em sinal de seu apoio a Alexandre.

O apoio foi esmagador: 57 dos 60 nobres da Macedônia estavam ao lado de Alexandre. Mais uma vez, Antípatro, pondo-se de pé, sua figura imponente dominando praticamente todo o ambiente, começou a falar. Seu aspecto era tão magnífico que, como um biógrafo escreveu a respeito de George Washington, seu corpo não se limitava a ocupar espaço; mas organizava o espaço à sua volta.[11] Apesar dessa imagem imponente, Antípatro não era uma figura ameaçadora. Olhava nos olhos das pessoas quando falava com elas, transmitia confiança na voz e sempre havia algo de reconfortante no que dizia. Era também um bom e atento ouvinte –

e até um pouco calado às vezes. Quando lidava com a mãe de Alexandre, Olímpia, sua economia de palavras chegava a assumir a forma de um retumbante e, para Olímpia, torturante silêncio. Nesse momento debaixo da tenda, quando falava a respeito de Alexandre já na condição de novo rei da Macedônia, e empenhava seu irrestrito apoio e lealdade, estava muito longe de seu lado taciturno. Com aquelas palavras, sagrou Alexandre rei.

Alexandre aceitou a coroa de bom grado. Então, caminhou por entre os nobres que o haviam escolhido, e agradeceu individualmente a cada um deles, sempre fazendo questão de se referir a algo que eles haviam feito ou a alguma experiência que já tinham passado juntos. Apesar de parecer tudo muito espontâneo, ele havia dedicado horas ao preparo e ensaio do que dizer exatamente para cada um. Essa foi a forma que Alexandre encontrou para fortalecer os laços pessoais de amizade.

Ele também prometeu aos nobres ali reunidos que agora, que era rei, cumpria-lhe tratar dos assassinos de seu pai e dos nobres que não haviam comparecido à reunião. Apesar de Alexandre ter querido retaliar de imediato contra o guarda-costas que apunhalara seu pai, Antípatro o aconselhara a não fazer isso, e sim a dar início a uma "investigação" para identificar quem estava por trás do crime e transformar a morte do pai em algo muito maior do que uma ocasião para o luto nacional. Ele precisava criar uma atmosfera de solidariedade entre todos os macedônios e gregos. Para obtê-la, seria preciso tirar proveito da compaixão despertada pelo assassinato de um pai de meia-idade levando sua filha ao altar – um dos momentos mais felizes da vida de um homem – nos corações e mentes do povo, e canalizar essa maré de emoções no sentido da destruição de um inimigo único, comum e identificável.

Dois dias depois de coroado rei da Macedônia, Alexandre montou seu cavalo, Bucéfalo, cavalgou para fora do palácio e proclamou para a multidão que os boatos acerca de cinco mortes aquela manhã em Pela eram verdadeiros. Entre eles, incluíam-se o guarda-costas que assassinara Filipe, o seu primo Amintas e três nobres. Todos os cinco, ele disse à multidão, haviam sido julgados diante de um tribunal e considerados participantes de uma conspiração junto aos persas. Só depois que Lady Godiva resolveu cavalgar pelas ruas da cidade inglesa de Conventry vestindo apenas seus cachos dourados, seria ouvida uma reação emocional tão profunda por parte da população.

Alexandre, como os astros do rock, sabia razoavelmente como controlar e despertar emoções. Ele sabia que podia contar com a atenção do povo. E agora, decidira-se a transmitir a mensagem que ele sabia que uniria a todos como uma só nação. Os persas, cuja frota controlava a maior parte das vias marítimas da Grécia nos mares Jônico e Egeu, disse à multidão, estavam se preparando para atacar a Grécia. Isso era coerente com o que os antepassados do atual imperador da Pérsia, Dario III, haviam feito durante mais de duzentos anos. Mas, cada vez que haviam atacado, Alexandre lembrou à multidão que a coragem dos gregos os repelira. Daquela vez, não seria diferente.

Ele prometeu à multidão que, apesar de ter a intenção de seguir os passos de seu pai, não era seu intuito deixar pegadas inexpressivas em seu rastro. Filipe, ele disse ao povo, viera se preparando para invadir a Pérsia. Ele completaria a tarefa. E ofereceu a eles o projeto de uma Macedônia todo-poderosa, que poria, de uma vez por todas, fim à ameaça persa. Bastava de caça miúda. A Macedônia estava pronta para ir à caça dos leões. Alexandre era exímio não só na apresentação de um projeto grandioso, mas também na tradução, em imagens poderosas e tangíveis, do que a realização daquele projeto significaria para seus súditos. A multidão gritou a plenos pulmões: "Alexandre! Alexandre!" Este perguntou quem gostaria de receber os despojos que a invasão à Pérsia certamente traria. "Nós gostaríamos", a multidão respondeu.

Alexandre sabia que tinha vendido ao povo algo que ainda estava muito longe de ser conquistado. Era preciso oferecer a eles pelo menos um pequeno gostinho. Assim, ele anunciou uma moratória dos impostos para todos os macedônios e gregos, acrescentando estar confiante de que as riquezas do tesouro persa dariam conta de todas as necessidades da Macedônia. A multidão, a essa altura, ficou fora de si. Como uma horda de fãs assomando à beira do palco para tocar seu astro de rock favorito, a massa humana se aproximou, querendo tocá-lo como que para ter certeza de que o que estava ouvindo era real. Apesar de ter ido até ali para falar à multidão, acompanhado somente de seus guarda-costas, alguns dos nobres que haviam ficado no palácio para as comemorações pós-coroação, percebendo a confusão do lado de fora, saíram a cavalo acompanhados também de seus guarda-costas para trazê-lo de volta ao palácio.

Enquanto o escoltavam, um dos nobres perguntou a ele: Se as pessoas iriam gostar de receber os despojos de guerra da invasão à Pérsia, que vantagem eles próprios receberiam?

"Nossas esperanças", respondeu Alexandre.

RESUMO DAS QUESTÕES CENTRAIS

1. MINIMIZAR A DÚVIDA E A INCERTEZA

Apesar da quantidade de candidatos em potencial ao trono da Macedônia e das ameaças internas e externas ao país, Alexandre fez todo o possível para gerar a sensação de que "tudo se resumia a negócios, como sempre".

2. INDICAR LÍDERES RECONHECIDOS PARA LIDERAR O PROCESSO DE TRANSIÇÃO

Apesar de manter voz ativa nos bastidores, ele convidou Antípatro e Parmênion para administrar o processo de transição. Para todos do lado de fora do palácio, era evidente que as duas pessoas que os macedônios mais respeitavam estavam no controle do processo.

3. BUSCAR CLAREZA NOS PAPÉIS

Ao mesmo tempo em que Antípatro e Parmênion receberam – e se desincumbiram bem de – seus papéis claramente definidos durante toda a transição, estava claro quem era o líder. A transição de Elizabeth I ao trono da Inglaterra, de Katherine Graham como CEO do *The Washington Post* e a passagem do bastão de Welch para Immelt como CEO da GE são notáveis por causa da clareza como todos desempenharam seu papel.

4. TORNAR O PROCESSO DE SUCESSÃO TRANSPARENTE

Alexandre garantiu que o processo de sucessão fosse claro para todos, para que não houvesse dúvidas sobre assuntos de bastidores, ou intrigas kremlinescas para arrebatar o trono. O mais recente processo de sucessão da GE, marcado pela transparência, assegurou uma transição suave, enquanto o processo anterior, obscuro, levou muitos executivos seniores a buscarem a porta de saída.

5. Definir sem Demora o Tom de Seu Reinado

Em todos os casos de transição bem-sucedida, nota-se que o líder não perde tempo no estabelecimento do novo projeto e dos novos objetivos de seu mandato. Não só Alexandre, o Grande, mas também os exitosos mandatos de Elizabeth I e de Katherine Graham devem muito ao fato de o tom de trabalho ter sido definido com rapidez, logo depois de assumido o posto máximo.

CAPÍTULO 4

DANDO O TOM DE SEU REINADO

A Macedônia que Alexandre herdou de seu pai era muito maior do que aquela herdada por Filipe de seu irmão, Perdicas. Cada uma das cidades-Estado gregas – à exceção de Esparta – se encontrava sob o domínio ou a influência direta da Macedônia. Mas nenhuma das cidades-Estado desejava continuar sob o jugo macedônio, e quase todas já procuravam um meio de se separar quando receberam a notícia da morte de Filipe. Além disso, diversos cidadãos não-gregos ao norte, como os ilírios, os trácios, os tribálios e os peônios, que viviam no território que hoje pertence à Albânia, à Bulgária e à Romênia, decidiram se livrar do "jugo" macedônio.[1] Na Tessália, imediatamente ao sul da Macedônia, cujos cidadãos se consideravam parentes próximos dos macedônios, surgiu um partido anti-macedônio, e os tessálios, cuja cavalaria Alexandre comandara em Queronéia, deliberaram se deviam se insurgir.

Em Atenas, os sentimentos anti-macedônios foram ainda mais virulentos, tanto no tom como no conteúdo. Desde a morte de Filipe, Demóstenes começara a desfilar pelas ruas de Atenas ornado de guirlandas. Seus discursos de ataque à Macedônia, para usar uma expressão que já foi atribuída ao presidente Richard Nixon, "eram de esfolar a pessoa viva". Sua miscelânea de invectivas, agora dirigidas contra Alexandre, exortavam os atenienses a se rebelar contra os macedônios, afinal, um regente de 20 anos de idade, mal saído dos cueiros, não podia representar ameaça séria. Convencidos – ou melhor, vencidos pelo cansaço – diante do incômodo da retórica política e dos libelos de Demóstenes, a assembléia ateniense declarou que Atenas doravante estava livre do controle da Macedônia, e iria reerguer o exército e a marinha pela glória que um dia lhe pertencera. A postura de Demóstenes mesmo depois que ele e Atenas foram derrotados de forma humilhante em Queronéia só provava que era possível passar a vida inteira cultivando o intelecto e continuar tomando decisões estúpidas.

Os tebanos também consideraram se insurgir contra o domínio macedônio. Os poderosos tebanos, que haviam perdido a batalha de Queronéia e assistido à queda e à destruição de sua aliada de guerra, Atenas, já haviam começado a formar e treinar novas forças armadas. Demóstenes foi a Tebas e os exortou a acelerar a preparação desse exército e a se separar da Macedônia o quanto antes.

Ação Rápida, Metas Claras

Raras vezes na História, houve tanta inquietação nos primeiros dias de mandato de um novo líder. O dia da posse de Franklin Delano Roosevelt como 32º presidente dos Estados Unidos em 4 de março de 1933, no auge da Grande Depressão, e de Abraham Lincoln, exatamente 72 anos antes de Roosevelt, são dois exemplos históricos que possivelmente se aproximam das dificuldades com que Alexandre se deparou em seus primeiros dias como rei. Quando Roosevelt iniciou o mandato, um em cada quatro americanos estava desempregado, o sistema bancário do país estava à beira do colapso, com mais de cinco mil bancos já falidos desde a queda da bolsa de valores de 1929, e a maioria das famílias não sabia se teria como fazer a próxima refeição, nem de onde ela viria.

No caso de Lincoln, apenas seis semanas após sua eleição em 6 de novembro de 1860 como 16º presidente dos Estados Unidos, a Carolina do Sul decidiu se separar da União e, dentro de mais seis semanas, o Alabama, a Flórida, a Georgia, a Louisiana, o Mississipi e o Texas seguiram o exemplo da Carolina do Sul. Em 4 de fevereiro, um mês antes da posse da Lincoln, todas as instalações, fortes e paióis federais do sul haviam sido ocupados pelos separatistas, que chegaram a estabelecer um governo interino chamado Estados Confederados da América, em Montgomery, Alabama, com Jefferson Davis como seu primeiro presidente.

Cinco semanas depois que Lincoln iniciou seu mandato, em 12 de abril de 1861, e prometeu, no discurso de posse, fazer de tudo para "defender, ocupar e preservar" todas as instituições federais do sul, os confederados abriram fogo no forte Sumter, construído em forma de pentágono, em Charleston Harbor, Carolina do Sul, ameaçando fazer tudo voar pelos ares. Apesar de nenhuma vida ter sido perdida, essas primeiras 34 horas de disparos no forte Sumter marcaram o início da guerra civil, que custaria muitas vidas. Tanto Lincoln como Roosevelt poderiam ter se deixado envolver pelas demandas e exigências de curto prazo do dia-a-dia do cargo. Em vez disso, decidiram se concentrar numa forma de assegurar seus objetivos de longo prazo.

De volta à Macedônia, 2.200 anos antes de Lincoln e quase 2.300 antes de Roosevelt, o jovem Alexandre, de apenas 20 anos, estava sob terrível pressão. Vários de seus conselheiros mais antigos disseram que seria melhor se ele permitisse que os países vizinhos se livrassem do jugo macedônio como forma de garantir a paz entre eles. Advertiram que seu tempo seria melhor aproveitado na proteção da própria Macedônia, com a confirmação de que todos os nobres eram leais a ele, e não se preocupando com países estrangeiros subjugados havia pouco tempo.

Alexandre, por sua vez, preferia se concentrar nas prioridades que garantiriam a estabilidade de longo prazo da Macedônia e o ajudariam a cumprir a meta de derrotar a Pérsia e conquistar o mundo – e não nos imperativos de curto prazo de buscar a paz com os povos vizinhos. A genialidade, escreveu J. F. C. Fuller, costuma ser desconcertante. Não se trata de um produto do intelecto, nem do aprendizado, nem da disciplina, nem do treinamento – ou Demóstenes teria sido um gênio. Trata-se, isto sim, da manifestação intuitiva e espontânea de um poder que o racional jamais poderia alcançar.[2] Fiel à inexplicável natureza das atitudes inspiradas por esse tipo de genialidade, Alexandre, à frente de todo o contingente de três mil elementos da cavalaria macedônia, rumou para a Tessália. Ele tomou a estrada costeira que margeava o mar Egeu, o que o obrigava a passar pelo desfiladeiro de Tempe, atrás do qual passava a única via por sobre o monte Ossa, que era preciso tomar para penetrar na Tessália.

Os anciãos tessálios foram ter com ele fora do desfiladeiro e pediram que ele aguardasse, uma vez que os líderes tessálios estavam deliberando se iriam ou não romper os laços com a Macedônia. Parte da cavalaria pesada tessália havia sido posicionada dentro e em volta do desfiladeiro, mas a maioria se encontrava aguardando na via que passava logo atrás, pronta para atacar se fosse necessário.

Alexandre estacionou fora do desfiladeiro. Mas, no meio da noite, quando a via e a montanha estavam imersas em trevas, os soldados de Alexandre começaram a escalar a encosta rochosa para contornar o desfiladeiro. Um passo em falso ou um apoio errado das mãos faria com que rolassem sobre as pedras lá embaixo, que haviam sido esculpidas pelas ondas do mar Egeu. Ninguém nunca havia escalado aquela montanha antes, mas a determinação de Alexandre era tal, e tão profunda a lealdade a ele, que a maioria dos três mil cavaleiros concluíram a façanha – alguns haviam permanecido no desfiladeiro para confundir os tessálios.

Com o romper da aurora, a cavalaria tessália se viu bloqueada e cercada na via de acesso à Tessália. Eles se renderam a Alexandre, que, ansioso para assegurar sua lealdade, da qual precisaria nas futuras conquistas, providenciou para que fossem tratados como amigos diletos que haviam se desviado temporariamente do caminho justo, e não como prisioneiros. A Assembléia Tessália também se rendeu e o elegeu chefe da Liga Tessália – uma aliança entre a Tessália e seus aliados.

Depois disso, Alexandre rumou para as Termópilas. Conquistar o mais sagrado de todos os desfiladeiros da Grécia central era mais do que uma vitória simbólica. O Conselho Anfictiônico encontrava-se em sessão perto dali e, ao ver Alexandre avançando à frente das cavalarias macedônia e tessália, apresentou sua rendição e o elegeu chefe supremo – concedendo-lhe o mesmo título que fora conferido a seu pai. Alexandre continuou a marcha na direção de Tebas e Atenas. Acampou nas cercanias de Tebas – perto de Atenas, as duas mais evidentes inimigas de seu reinado.

Atenas enviou emissários às pressas para mediar a paz entre Tebas e a Macedônia, e, apesar de Demóstenes continuar com suas críticas, e de Tebas representar uma ameaça militar, e de Esparta, que não havia participado de nenhuma das deliberações até então, também representar uma importante ameaça, Alexandre aceitou a proposta de paz e deu meia-volta, retornando à Macedônia. Ele deixou guarnições na Grécia central e do sul – sendo uma de grandes proporções dentro de Tebas – para se manter a par dos acontecimentos por ali e ser avisado de quaisquer possíveis ameaças. Do seu ponto de vista, ele havia conseguido o que tinha se proposto para os cem primeiros dias: assegurar sua situação na Macedônia e nas cidades-Estado gregas, e receber as mesmas garantias de honra e apoio que as cidades-Estado haviam prometido a seu pai no sentido de arrojar a Macedônia e a Grécia contra os persas. Quanto a Demóstenes, foi solenemente ignorado como um intelecto de quinta categoria que parecia convencido da própria genialidade – se Demóstenes fosse de fato um gênio, Alexandre teria prestado mais atenção nele.

Os Primeiros Cem Dias

Foi o presidente Franklin D. Roosevelt quem, ao iniciar seu mandato em 1933, popularizou a expressão "os primeiros cem dias", quando, entre 9 de março (dia de abertura do septuagésimo terceiro Congresso) e 16 de junho de 1933, fez passar uma batelada de projetos de lei para salvar uma economia que estava à beira do colapso. Essas leis salvaram o sistema bancário americano, reconduziram milhões de pessoas ao emprego em cargos federais e aprovaram legislações fundamentais de mercado financeiro e valores mobiliários, como o Glass-Steagall Banking Act, que até hoje proíbe que bancos comerciais negociem títulos. Suas leis impediram que muitas pessoas nas cidades e nos campos perdessem seus imóveis, criaram o Tennessee Valley Authority, que levou eletricidade e controle de enchentes para Appalachia, e foram responsáveis pelo advento de marcos da economia americana, como o salário-mínimo, a semana de trabalho de 40 horas e o dissídio coletivo.[3]

Apesar de o *New Deal* ser comumente associado a Roosevelt, foi o seu enfoque bipartidário que garantiu a aprovação de tantas iniciativas por parte do Congresso. Com efeito, o Congresso encerrou os trabalhos um dia antes da posse de Roosevelt e só deveria se reunir novamente em dezembro. Para estancar a literal "corrida aos bancos" por parte dos correntistas ansiosos por sacar seu dinheiro e acalmar a população sobressaltada, a primeira missão de Roosevelt ao prestar o juramento presidencial em 4 de março (um sábado) foi declarar um feriado bancário de três dias e convocar uma sessão extraordinária do Congresso. Os prazos foram pensados de tal forma que, quando as pessoas voltassem ao trabalho no dia 9 de março, o Congresso também se encontraria em sessão.

Foi uma época tão difícil, com falências diárias de bancos e os efeitos tardios de três anos de profunda depressão econômica, que Roosevelt sabia que não interessava às pessoas o que ele iria fazer; só era preciso agir rapidamente e em profundidade. E foi o que ele fez, com tamanha presteza e energia que o Congresso, no primeiríssimo dia de trabalho, aprovou uma medida bancária de emergência – desde a leitura da proposta, passando pelo debate até a votação final – em apenas oito horas. O Congresso estava funcionando com tamanha rapidez que às vezes a votação era feita de viva voz.

É claro que muitos erros foram cometidos em meio a tanta pressa. A Suprema Corte derrubou a Lei Nacional de Recuperação Industrial, que procurava dar ao governo maior controle sobre a economia nacional, assim como a Lei de Ajuste Agrícola. Essas leis foram vetadas não por causa de alguma interpretação equivocada ou anacrônica da Constituição, como Roosevelt afirmou, mas porque haviam sido aprovadas com tanto açodamento que graves deficiências e erros haviam passado junto.[4] Apesar dos problemas, Roosevelt sabia que era necessário agir. O colunista Will Rogers escreveu na época que, se Roosevelt não tivesse feito outra coisa nos primeiros dias senão atear fogo ao Capitólio, o povo daria vivas nas ruas porque, pelo menos, algo estava sendo feito.

O grupo bipartidário de legisladores que trabalhou com o presidente democrata para emprestar forma e aprovar partes importantes do *New Deal* incluía nomes como os senadores Bronson Cutting (R-NM), Bob La Follette Jr. (Progressive-WI), George W. Norris (R-NE), Robert F. Wagner (D-NY), Edward Costigan (D-CO) e os deputados David Lewis (D-MD) e Sam Rayburn (D-TX), que, mais tarde, se tornaria líder da Câmara. Enquanto o grupo totalmente bipartidário – ou "tripartite", se os progressistas, uma dissensão do partido republicano, forem considerados um partido à parte – de legisladores composto por Costigan, Cutting, La Follette e Lewis foi o artífice das políticas de Roosevelt para acabar com o desemprego, Wagner, do partido democrata, redigiu as leis trabalhistas e a legislação que tratava da política industrial, e Norris, do partido republicano, ajudou a criar a Autoridade do Vale do Tennessee.[5]

Roosevelt era, sem dúvida, um grande líder, ou o país não o teria eleito quatro vezes para presidente. Mas sua genialidade residia na escolha das pessoas mais capacitadas do país para trabalhar com ele. Apesar de o *New Deal* ser amplamente associado a Roosevelt, ele próprio foi o autor e defensor de apenas duas leis: a *Economy Act*, que cortava as despesas governamentais basicamente reduzindo salários e pensões de funcionários públicos, e que muitos alegam ter causado mais danos que melhorias; e a lei que criava o *Civilian Conservation Corps*, que empregou meio milhão de pessoas no trabalho altamente necessário de preservação dos recursos naturais.[6] As leis mais consistentes foram concebidas por outras pessoas, cujas energia criativa e determinação Roosevelt era capaz de canalizar. Algumas leis intimamente associadas a ele, como a *Federal Deposit Insurance Corporation*, que até hoje protege os depósitos bancários, tinham sido na verdade combatidas por ele, mas foram finalmente incorporadas ao projeto quando ele percebeu que seriam aprovadas com ou sem o seu apoio.[7]

Ninguém menos que o venerado jornalista Walter Lippmann, colunista do *New York Herald*, apenas 15 meses antes da posse de Roosevelt, atacou-o nestes termos: "Franklin Roosevelt não é um cruzado. Não é um representante do povo. Não é um inimigo dos privilégios entrincheirados. É um sujeito simpático que, sem nenhuma qualificação relevante para o cargo, gostaria muitíssimo de ser presidente da República."[8] Alguns meses depois, Lippmann engoliu essa dura crítica e escreveu que as primeiras duas semanas de Roosevelt haviam elevado o moral da nação como ninguém mais conseguira fazer desde a vitória na Segunda Batalha de Marne, na Primeira Guerra Mundial.[9]

Além de Roosevelt, apenas Lincoln, entre os presidentes americanos, teve um início de mandato tão expressivo. Mas a imprensa de Washington e os analistas políticos não estavam acostumados a avaliar o início dos mandatos presidenciais em termos dos cem primeiros dias e, portanto, o fato de Lincoln ter erguido um exército e travado uma guerra contra o sul para salvar a União foi considerado simplesmente a "Longa e Triste Primavera" que se seguiu ao "Terrível Inverno da Secessão".[10]

Ainda mais admirável foi que, diferente de Roosevelt, que convocou o Congresso, Lincoln teve de vencer os obstáculos iniciais sozinho, porque ainda levaria um tempo depois da posse até que o Congresso se reunisse novamente. Ele só convocou uma sessão especial do Congresso em junho, quando já se encontrava a pleno vapor em seu objetivo de preservar a coesão da União.

Apesar de todos os presidentes desde Roosevelt – e muitos CEOs também – terem tido seu desempenho avaliado em função desse parâmetro dos "cem primeiros dias", a expressão deve sua origem não a uma pessoa ou evento ocorrido no território americano, mas sim à fuga que Napoleão empreendeu de seu exílio em Elba, em 1815, seu retorno a Paris e sua segunda abdicação após a derrota de Waterloo, até a chegada à ilha de Santa Helena – intervalo de exatos 116 dias.

A autoria da expressão remonta a um subserviente oficial francês, o prefeito de Paris, Louis de Chabrol de Volvic. Ao saudar o retorno do rei francês Luís XVIII, ele denominou o afastamento do rei da capital francesa de as férias "de cem dias" do monarca. Foi Raymond Moley, professor da Universidade de Columbia e membro do "Brain Trust" de Roosevelt (grupo de acadêmicos e economistas de escol que aconselhavam o presidente), que usou o termo cunhado na França quase um século antes para descrever o desempenho de Roosevelt em seus primeiros dias de mandato. Moley é também autor de frases memoráveis atribuídas a Roosevelt, como por exemplo: "A única coisa que temos de temer é o próprio medo" e "Esta geração de americanos tem um encontro marcado com o destino".[11]

Apesar de muitos se queixarem de que a avaliação da presidência, ou de qualquer outro cargo de liderança de alto nível, por esse parâmetro se transformou numa fórmula vazia, desprovida de qualquer significado, continua sendo verdade que, assim como os cem primeiros dias de Alexandre, os cem primeiros dias de muitas outras figuras históricas podem igualmente oferecer uma valiosa e profética amostra do que vem pela frente. Mussolini anunciou um programa de cem dias depois de subir ao poder como prelúdio ao modo feroz como os fascistas dominariam a Itália. O primeiro-ministro britânico Harold Wilson chegou ao poder em 1964, depois de o partido trabalhista ter passado 30 anos na Sibéria política, prometendo "cem dias de dinamismo".[12] Com efeito, alguns presidentes, como Bill Clinton, chegaram a adotar medida semelhante, prospectivamente, antes de tomar posse, como amostra do que esperavam realizar.

Infelizmente, o programa econômico inicial de Clinton e as reformas na saúde, que ele tentou aprovar nos primeiros cem dias de mandato, foram prejudicados por seu desconhecimento dos bastidores de Washington e pelo tempo perdido com assuntos secundários, como a presença de gays nas forças armadas. Pelo menos Clinton conseguia rir de si mesmo: em sua primeira aparição no jantar da Casa Branca para a Associação de Correspondentes, ele observou que pelo menos os dele tinham sido melhores que os de William Henry Harrison. "Como alguns de vocês devem se lembrar", ele comentou, referindo-se ao nono presidente americano, que pegou pneumonia depois de se meter debaixo de uma chuva torrencial no desfile de posse na Pennsylvania Avenue, "quando os cem dias dele terminaram, ele já estava morto desde o sexagésimo oitavo dia".[13]

Os cem dias de outro presidente muito popular, John F. Kennedy, não foram muito melhores. Seu octagésimo sétimo dia na presidência foi marcado pelo episódio da Baía dos Porcos, onde exilados cubanos morando em Miami, sob a orientação da CIA, fizeram uma desastrada tentativa de invasão. O que Kennedy não percebeu foi que o diretor da CIA, que trabalhara com ele no planejamento da invasão, tinha envolvido apenas uma parte da agência – operações secretas – para apoiar a logística da invasão. Os analistas da CIA, que tinham informações de inteligência mais sofisticadas sobre a capacidade cubana de reprimir esse tipo de ação por terra, não foram informados porque simplesmente teriam rido do plano. É interessante notar que nem mesmo os oficiais do Estado-Maior, a quem os planos foram mostrados muitas vezes, nada disseram sobre as chances de fracasso, porque, do seu ponto de vista, tratava-se de uma operação da CIA – eles não diriam nada a não ser que isso fosse perguntado.[14] Esse é um problema comum também nas empresas, nas quais o diretor de cada divisão muitas vezes administra seu próprio "feudo" e não vê muita necessidade de trabalhar em equipe – ou contribuir – com as demais divisões, no sentido de obter melhores oportunidades competitivas para a empresa como um todo.

Muitos dos problemas dos presidentes Kennedy, Clinton e até de Jimmy Carter nos primeiros cem dias tiveram origem em seu desconhecimento do funcionamento da Casa Branca e da infinidade de órgãos e ramificações do executivo, bem como da dinâmica entre eles. Mas muito também se deveu à falta de preparo durante os primeiros meses no cargo. É geralmente aceito que a primeira tarefa de um presidente recém-empossado seja preencher os 30 cargos fundamentais – abarcando o Gabinete Civil e a Casa Branca – antes da véspera de Natal, o que o permitiria começar o ano com toda a máquina em funcionamento. Richard Nixon, por exemplo, já havia escolhido seus auxiliares e seu gabinete antes de tomar posse. Em 20 de janeiro de 1969, quando fez o juramento, ele enviou a lista completa de nomes para a aprovação do Senado, em que, exceção feita a um veto, todos foram aprovados numa sessão que durou 20 minutos.[15]

"Uma transição bem organizada", escreveu Stephen Hess, "mostra aos americanos a predisposição da presidência para o êxito".[16] No caso de

Clinton, somente em meados de março o crucial cargo de procurador-geral, cargo máximo da advocacia geral da União, foi confirmado. As indicações das opções anteriores de Clinton para esse cargo – Zoë Baird e Kimba Wood – enfrentaram dificuldades depois da divulgação de que eles não teriam pago encargos sociais a babás trabalhando ilegalmente no país. O gabinete de Ronald Reagan, por outro lado, que para algumas pessoas iria se limitar a "nove sujeitos da Califórnia", não só já estava completo em 22 de dezembro, como também se compunha de uma relação de nomes excepcionais vindos de todas as partes do país, muitos dos quais ele não conhecia bem, a não ser pela notável credibilidade profissional. Todos foram selecionados por sua experiência pregressa no Executivo e, portanto, aos olhos da população, esse presidente "começara a pleno vapor".[17]

O Jeito Certo, o Jeito Errado e o Jeito da IBM

Sabemos perfeitamente bem que nas organizações empresariais montar uma boa equipe sênior de alta gerência é um dos aspectos fundamentais de uma boa transição e, não obstante, é exatamente a tarefa que consome mais tempo – e energia. O novo CEO precisa da ajuda e da cooperação da alta gerência, e, ao mesmo tempo, decidir quem ele deseja manter nela e quem precisa ser substituído. Não só essas questões têm profundas raízes na história da empresa, na cultura política do lugar, como também o ato de promover mudanças na alta gerência muitas vezes depende da aprovação do Conselho. É claro que, enquanto tudo isso está sendo feito, o resto da empresa, assim como os acionistas de fora e os analistas financeiros, estão assistindo às medidas tomadas pelo novo CEO para saber com que grau de decisão e agilidade ele pretende conduzir a empresa segundo sua visão empresarial e aspirações.

O que não é tão conhecido, porém, são as complexas decisões organizacionais que os CEOs muitas vezes têm de tomar logo nos primeiros momentos e as questões às quais eles decidem dedicar maior atenção. A chegada de Lou Gerstner à IBM no dia primeiro de abril de 1993, quando um dos maiores ícones da indústria americana estava entrando em rápida decadência, é um bom exemplo disso. A empresa estava perdendo sua participação no mercado de *desktops* para nomes mais ágeis como a Compaq e a Dell, e até pessoas dentro da empresa tinham sérias dúvidas quanto à capacidade de permanência da IBM, a longo prazo, no mercado de *mainframes*. O preço das ações tinha despencado, ela havia se transformado em exemplo do que não deveria ser feito no setor, e nenhum gerente de alto nível estava disposto a aceitar o cargo máximo da IBM. Depois de recusar as primeiras tentativas de recrutamento, Gerstner foi convencido a sair da RJR Nabisco quando finalmente o cargo lhe foi apresentado, segundo relatos, não só como uma chance de salvar a empresa, mas, considerando-se a influência da IBM no mundo inteiro e na economia americana, também a sociedade americana como um todo.[18]

Quando Gerstner chegou à IBM, a empresa estava prestes a ser desmembrada em 13 partes distintas. Depois de dizer a famosa frase segundo a qual a última coisa que a IBM precisava naquele momento era de uma nova visão, Gerstner se lançou à tarefa de incutir uma atmosfera de urgência na empresa – e não de crise. Para tornar essa atmosfera de urgência palpável para todos os empregados, ele precisava escolher uma equipe que também transmitisse esse sentimento, e afastar a empresa de sua cultura excessivamente otimista, relaxada e festiva, na qual nenhuma medida drástica era tomada por pior que fosse a situação. Um antigo ditado circulava pela IBM: "Existe o jeito certo, o jeito errado e o jeito da IBM."

Em seu primeiro dia na Big Blue, Gerstner falou durante 20 a 30 minutos à sua gerência sênior, dizendo "quero me sentar nas próximas duas semanas com cada um de vocês e rever o método de trabalho. Quero que vocês me digam o que fazem, quem são seus concorrentes e seus clientes, quais são seus pontos fortes e pontos fracos, quais são os seus desafios de curto e de longo prazos".[19] Consta que Gerstner dedicou muito tempo conversando com gerentes, auxiliares, trabalhadores do chão-de-fábrica, fornecedores e clientes. Diz-se que ele muitas vezes pedia que um empregado dissesse à queima-roupa qual era a impressão que tinha dos gerentes acima dele. Colhia impressões de pessoas a partir de todas as perspectivas possíveis. Dizia a elas que não interessava se elas tinham sido uma estrela na gestão anterior ou estavam de saída; no que dizia respeito a ele, elas estavam recomeçando do zero, com a ficha em branco.

Quando se reunia com gerentes, fazia questão de montar uma pauta estabelecendo o contexto da reunião, o que incluía uma definição precisa do problema que seria discutido, o contexto geral, no qual o problema estava inserido, além dos dados relevantes. Ele teve de trabalhar com todo o foco e precisão baseados naquela cultura à qual o princípio operacional dizia para "só partilhar as boas notícias". Havia diversas reuniões, mas nada era feito – e, como em muitas burocracias nas quais as pessoas participam de reuniões porque seus cargos ou funções exigem que estejam presentes mesmo quando não têm nada a contribuir, as reuniões da IBM, infelizmente, também tinham seguido por esse caminho. O que se comenta é que se falava de muitas amenidades, havia muita simpatia e troca de elogios, mas pouco de concreto era realizado.

Gerstner precisava dar uma guinada; ele tinha pouco tempo para desperdiçar com amenidades. Guinadas, por sua própria natureza, são difíceis, levando a demissões e à aflição geral. Mas cortar custos mediante uma guinada mais agressiva era a única opção imediata de que ele dispunha; o aumento da receita ficaria para mais tarde. Nas reuniões, ele observava e avaliava cada participante. Baniu o uso de gráficos e a projeção de *slides* nesses encontros em prol da troca verbal de informações. Pediu que os gerentes fossem diretos, se concentrassem nos clientes e falassem de seus esforços em termos que priorizassem os clientes – e não a si mesmos. Gerstner procurou se proteger, especialmente do que ele chamava de "arsênico intelectual" – os projetos menores –, apresentado pelos gerentes nessas reuniões, e também das idéias da moda.

Em questão de semanas, a equipe estava quase toda montada, e era basicamente composta de gerentes que já estavam na IBM havia algum tempo, e outros que ele havia trazido de fora. Alguns ele não conhecia pessoalmente – tinham sido recomendados ou encontrados –, mas alguns eram pessoas com quem ele havia trabalhado em lugares como a American Express. Entre estes, os diretores de comunicação e de marketing, seu conselheiro geral e até seu assistente. Essas pessoas não só cobriram áreas fundamentais que precisavam ser fortalecidas dentro da empresa, como também, graças à sua história com Gerstner, entendiam o que ele precisava que fosse feito, e sabiam como fazê-lo. O importante é que se tratava também de pessoas em funções cruciais que sabiam como trabalhar umas com as outras. "Como já fiz isso três vezes", Gerstner declarou, "posso dizer que é extremamente solitário cair de pára-quedas numa empresa completamente sozinho".[20]

Os esforços de Gerstner no sentido da reorganização exerceram um profundo impacto sobre os negócios. Por não ter gasto meses desenvolvendo uma nova visão para a empresa, os próprios gerentes receberam carta branca para efetuar as mudanças que fariam suas áreas alçar vôo novamente. Ele reconheceu a importância da divisão de computadores pessoais e transferiu essas operações para longe do poder central. A gerência dessa divisão recebeu extraordinário grau de autonomia, graças à qual seu pessoal podia procurar quaisquer fornecedores para atender às suas necessidades, sem ficar restrito a fornecedores da própria IBM. Para evitar que os engenheiros e gerentes dessa divisão fossem bloqueados, ele determinou que toda a comunicação interna da empresa com aquela divisão passasse pela gerência da mesma.

Gerstner também questionou vários antigos pressupostos acerca da empresa. Muitos na IBM acreditavam que eles eram líderes não só no setor de *hardware*, como também a maior empresa de *software* – o que era verdade, mas apenas porque, conforme ficou claro, estavam produzindo e usando grande parte do código com eles mesmos. Como era de se esperar, houve muitas demissões na IBM. Para qualquer novo CEO de uma empresa em dificuldades, existem duas opções: aumentar a receita ou reduzir as despesas. Antes que se consiga pensar em formas de aumentar a receita, a única opção que resta é cortar as despesas.

Quando o Fracasso Não É Uma Opção

Ao voltar para a Macedônia retornando da Grécia central, Alexandre parou no Templo de Apolo, em Delfos – o mesmo que havia sido o pivô da primeira e da segunda guerras sagradas – para consultar o oráculo a respeito de seus planos de invasão da Pérsia. Enquanto o exército macedônio acampava fora do complexo sagrado, um emissário do templo foi ter com Alexandre para informá-lo de que não era dia de a pitonisa profetizar. Seria preciso voltar outro dia.

A falta de cooperação por parte do templo – considerando-se o apoio e a intervenção da Macedônia na libertação da região durante a primeira e a segunda guerras sagradas – deixou Alexandre profundamente abalado. Lá estava ele com todo o exército macedônio, há três meses em missão longe de casa, e a pitonisa se recusava a lhe oferecer uma consulta porque não era o dia dela. Ele não tinha idéia de quando poderia voltar; havia recebido informes segundo os quais os povos ao norte da Macedônia estavam se aliando para um acerto de contas com ele, e era imperioso dar início à invasão da Pérsia. Ele não planejava mais retornar à Grécia central – apesar de que ficaria surpreso se soubesse em quão pouco tempo *teria* de fazê-lo.

Não sendo homem de perder tempo, Alexandre desmontou do Bucéfalo e ingressou nas dependências da pitonisa no interior do templo – não muito longe da enorme pedra cônica que ocupava o centro do recinto, marcando o "ônfalo" (que significa centro, ou umbigo). Essa pedra, para os gregos antigos, representava o centro do mundo, e todas as distâncias geográficas eram medidas a partir dela. Poucos minutos depois, com as tropas macedônias contemplando abismadas a resolução de seu rei, ele saiu carregando a pitonisa aos gritos sobre os ombros. Ele a levou para dentro do templo, onde, inalando os vapores sagrados que emanavam do piso (esses vapores, descobriu-se recentemente, desprendiam-se do calcário betuminoso coberto de substâncias petroquímicas, situado abaixo do templo),[21] ela entrou em transe e, ao que consta, teria dito: "Você é invencível, meu filho." Isso era tudo que Alexandre desejava ouvir. Ele a presenteou com o que os macedônios haviam trazido para esse fim e, liderando suas tropas, retornou para a Macedônia. É interessante notar que o pronunciamento da pitonisa a respeito de Alexandre, dentre as famosas profecias do oráculo de Delfos, equiparava-se ao "Você é o mais sábio dos homens", dito a Sócrates várias décadas antes.

Imediatamente após seu retorno à Macedônia, Alexandre comandou uma divisão para sufocar a rebelião ao norte. A rebelião era mais profunda e violenta do que Alexandre esperava, mas, com sua habitual argúcia e destreza, ele sufocou uma série de insurreições ao longo do Danúbio. Foram precisos alguns meses para debelar todos os focos de resistência. Quando estava se preparando para partir, chegaram notícias de que o imperador persa Dario III havia enviado emissários para todas as cidades-Estado gregas com promessas de apoio financeiro e militar caso elas formassem uma aliança com a Pérsia – dessa forma enfraquecendo e, esperava-se, sabotando o plano macedônio de invadir a Pérsia. Apenas Esparta aceitou oficialmente a generosidade persa. Atenienses e tebanos, preocupados com a retaliação macedônia, recusaram quaisquer ofertas formais ou oficiais.

Porém, muitos dos líderes políticos de ambos os Estados o fizeram "oficiosamente", tanto assim que o óleo da propina escorria de suas mãos. Demóstenes havia aceitado a maior das somas, parte das quais usou para comprar armas para alguns dos exilados de Tebas em Atenas. Com o intuito de exaltar o ânimo de atenienses e tebanos, Demóstenes, usando o dinheiro persa, dedicou seus esforços a disseminar boatos, espalhando inquietação entre as massas. Ele proclamou para os exilados de Tebas e para os atenienses que nas últimas semanas o grande exército macedônio havia sido destruído nas batalhas a que se lançara para proteger as fronteiras ao norte da Macedônia e que Alexandre havia sido morto. Chegou a exibir um soldado nas ruas de Atenas que afirmava ter sido testemunha da morte de Alexandre em batalha.

Um seleto grupo de exilados e anciãos atenienses, tendo à frente Demóstenes, penetrou certa noite furtivamente em Tebas. Eles visitaram os políticos e generais mais importantes da cidade, que haviam escapado do massacre de Queronéia. Alguns dias depois, o exército de Tebas sitiou a guarnição macedônia localizada dentro da cidade-Estado.

Alexandre mal havia cruzado as fronteiras da Macedônia quando recebeu a notícia da insurreição de Tebas. Ele estava confiante de que podia enfrentar Tebas, mas sua maior preocupação era que poderia acabar se formando uma aliança entre Tebas, Atenas e, Deus o livrasse disso, Esparta, o que, inevitavelmente, tomaria tanto do seu tempo e energia que a invasão da Pérsia teria de ser adiada. Era preciso alcançar Tebas rapidamente e sufocar a insurreição. Infelizmente, da região onde ele se encontrava no norte da Macedônia, Tebas ficava a 480 quilômetros de distância, e a topografia da Macedônia e de grande parte da Tessália era tão montanhosa que um exército em condições normais levaria três semanas para cobrir essa distância.

O exército de Alexandre, por sua vez, não era um exército comum. Em marcha forçada – ou seja, dobrada – por sobre as montanhas da Macedônia, o esbaforido exército macedônio atingiu as fronteiras de Tebas em apenas 13 dias. Alexandre queria preservar o elemento surpresa, e por isso tomou todas as medidas necessárias para fazer a travessia. Evitou todas as rotas mais usadas dentro da Macedônia e da Tessália. Isso significava percorrer apenas as vias pelas montanhas. Chegou a evitar muitos dos desfiladeiros. O único que ele teve de atravessar para atingir a Grécia central foi o das Termópilas, ao qual teve acesso não pela estrada que levava até lá, mas sim descendo pela cordilheira de 1.500 metros de altitude que o rodeava. Os macedônios avançaram tão ágil e discretamente que nem os postos avançados tebanos espalhados pelas proximidades da passagem das Termópilas tomaram conhecimento de sua presença. Só depois que os macedônios atravessaram a passagem, os sentinelas tebanos perceberam sua presença, mas o avanço macedônio era tão rápido que os espiões chegaram a Tebas (viajando pela estrada principal) exatamente na mesma hora que o exército macedônio em peso.

Tebas foi pega inteiramente desprevenida.

Com seu exército aguardando diante das muralhas da cidade, Alexandre deu aos tebanos a chance de entregar dois de seus líderes que haviam sido especialmente virulentos nos ataques contra ele. Mas não só não entregaram esses indivíduos, como ainda massacraram alguns dos membros da guarnição macedônia que fora sitiada dentro da cidade. Essa foi a proverbial gota d'água que faz transbordar o cálice. Alexandre procedeu à invasão e, a não ser por alguns poucos que pôs em liberdade, arrasou a cidade inteira, matando mais de seis mil tebanos e levando mais de 30 mil prisioneiros, todos vendidos como escravos. Entre os libertos, encontravam-se sacerdotes e sacerdotisas, parentes do poeta lírico Píndaro (cuja obra admirava desde Mieza) e Timocléa, mulher do general tebano que havia liderado o exército de Tebas contra os macedônios em Queronéia.

Um comandante trácio aliado do exército macedônio havia estuprado Timocléa. Na ocasião, ele exigira ser levado até o tesouro que uma mulher daquela estatura certamente possuía. Nas palavras de Plutarco a respeito do ocorrido, Timocléa o conduziu até um poço no fundo do qual, informara ao trácio, havia muito ouro e prata escondidos. Quando o comandante trácio se inclinou para olhar, Timocléa o empurrou lá dentro e deixou cair pedras em cima dele, só por precaução. Quando várias horas já tinham se passado e seu comandante não apareceu, soldados trácios invadiram a casa e arrastaram Timocléa e seus filhos até a presença de Alexandre. Depois de ouvir sua história, ele a libertou, e a seus filhos. O pintor barroco do século XVII, Domenico Zampieri (Il Domenichino), imortalizou esse encontro num quadro intitulado "Alexandre e Timocléa", que se encontra em exposição no Louvre, em Paris.

A terrível decisão de destruir toda uma cultura e uma sociedade como a de Tebas pesou sobre Alexandre pelo resto da vida. Várias vezes, ele manifestou remorso pelo que havia feito, mas, no calor do momento, havia decidido mostrar para as demais cidades-Estado gregas o tipo de retaliação que uma revolta, de qualquer tipo que fosse, poderia acarretar. Além disso, ele sabia que a lealdade a Tebas não era uma unanimidade entre os gregos e, portanto, sua destruição, ao mesmo tempo em que serviria de exemplo, não provocaria a comoção que seria causada com a destruição de qualquer outra cidade-Estado.

Esse rancor em relação a Tebas se devia às atitudes da cidade-Estado durante as guerras contra a Pérsia, quando permitira que seu território fosse usado como base para ataques contra outras cidades-Estado gregas; também à destruição da cidade-Estado grega de Platéias, durante uma trégua nas guerras do Peloponeso; e à postura de Tebas no final dessas guerras, incentivando a destruição de Atenas por Esparta. Não obstante Tebas ter se aliado a Atenas para derrotar Esparta em Lêuctras e, portanto, ter libertado toda a Grécia do domínio tirânico no qual Esparta havia mergulhado todas as cidades-Estado desde que vencera as guerras do Peloponeso, e de ter se aliado novamente a Atenas contra os macedônios em Queronéia, os ressentimentos contra Tebas eram mais antigos e profundos.

Alexandre sabia quando devia liderar pela intimidação, o que, apesar de poder ser desanimador, desmoralizante e muitas vezes humilhante para o alvo da intimidação, segundo ele mesmo reconhecia, poderia ser bastante eficaz para cuidar de situações fora de controle como a da intransigência de Tebas. Ao fazer de Tebas um exemplo, Alexandre procurou inibir outros atos de intransigência e rebelião que vinham sendo planejados por outras cidades-Estado. Isso tinha o desejado efeito "chocante" de fazer com que os separatistas pensassem duas vezes e abandonassem seus planos.

Houve muitas ocasiões na História recente em que países tiveram de recorrer a destruições em massa desnecessárias para pôr fim a uma luta que poderia se prolongar indefinidamente. Todos sabemos do lançamento da bomba atômica sobre Hiroshima e Nagasaki para neutralizar o esforço de guerra japonês. Mas lembremos, por exemplo, o bombardeio promovido pelos Aliados contra a população e as intalações civis nas cidades alemães de Dresden, Leipzig, Darmstadt e Hamburgo durante a Segunda Guerra Mundial, que mataram, segundo estimativas conservadoras, mais de 150 mil civis. O que tem preocupado os historiadores é que Dresden, com oitocentos anos de história e possuidora de um tesouro arquitetônico, desprovida de qualquer importância estratégica para o esforço de guerra alemão, tenha sido tão pesadamente bombardeada sem nenhuma outra razão que não fosse para sinalizar aos alemães até onde os Aliados estavam dispostos a ir em suas retaliações.

Muito embora tivesse pleno controle sobre Tebas, Alexandre – para preservar o verniz de "liberdade" e "autonomia" do qual, apesar do domínio macedônio, os Estados gregos ainda acreditavam gozar – levou a questão sobre o futuro da cidade aos membros do Conselho Anfictiônico. Ele sabia que o Conselho não faria nada que sequer remotamente atrapalhasse seus planos. E, de fato, o Conselho não fez isso. Ao contrário, recomendou severa punição para Tebas, e a cidade foi punida com ainda maior rigor, além de condenada ao ostracismo pelas relações diplomáticas que mantinha com os persas.

Uma vez resolvida a questão de Tebas, Alexandre voltou sua atenção para Atenas – que ficava a apenas 60 quilômetros de Tebas –, exigindo que ela entregasse os oradores e generais que haviam insuflado a sublevação tebana. Não sitiou Atenas para conseguir o que queria. Suas exigências – como o ruído distante dos modernos bombardeiros B-52 ou os Lancaster britânicos sobre Berlim durante a Segunda Guerra Mundial – fizeram um arrepio percorrer a espinha dos atenienses. Temendo que um destino parecido com o que sobreviera a Tebas se abatesse sobre eles, enviaram Demóstenes para ter com Alexandre.

Apesar da oposição de Demóstenes tanto ao anterior como ao atual regente da Macedônia, Alexandre o recebeu e disse que aceitaria suas alegações desde que um dos mais virulentos oradores, Caridemo, fosse exilado. Caridemo deixou Atenas para se juntar ao imperador persa Dario, que, em alguns anos, mandaria executá-lo por não ter papas na língua. Os atenienses conferiram a Alexandre honrarias ainda mais elevadas do que aquelas conferidas a Filipe.

Carlyle escreveu a respeito de Napoleão: "Este homem tinha olhos de ver e uma alma intrépida e realizadora. Ele nasceu para ser rei. Todos podiam ver que era essa sua natureza." Exatamente o mesmo poderia ter sido escrito a respeito de Alexandre. Apesar de crueldades sem precedentes em algumas situações, como na campanha contra Tebas, uma aura de nobreza, grandeza e civilidade permeou os 12 anos de seu reinado.

RESUMO DAS QUESTÕES CENTRAIS

1. Agir com Rapidez para Evitar Rebeliões

Diversos Estados sob domínio macedônio ameaçavam romper com a Macedônia depois da coroação de Alexandre. As medidas tomadas contra eles foram rápidas e firmes. Na Tessália, as tropas passaram por cima de uma montanha para contornar o desfiladeiro que as separava do acesso ao sul.

2. Mostrar a que Veio nos "Primeiros Cem Dias"

As medidas emergenciais de Roosevelt nos primeiros dias após sua eleição para presidente dos Estados Unidos no sentido de fazer a economia americana voltar aos trilhos, assim como os esforços de Lincoln no sentido de buscar uma solução para a iminente guerra civil, são exemplos, numa época relativamente recente, de algo que teve seu modelo fixado por Alexandre 2.300 anos antes. Os primeiros meses de Lou Gerstner no cargo e as medidas que tomou para mudar o modo como as coisas eram feitas na IBM e salvar a empresa são outro exemplo disso.

3. Empregar Força Total para Deixar Clara a sua Determinação

Tebas foi destruída como forma de passar um eloqüente recado para todas as demais cidades-Estado gregas quanto ao tipo de retaliação que poderia sobrevir caso elas tentassem se rebelar contra a Macedônia. O uso da força total para derrotar um inimigo continua sendo uma das bases da geopolítica.

CAPÍTULO 5

VACAS SAGRADAS, ESCUDOS DOURADOS E UM NÓ EM FORMA DE TURBANTE

AGORA, QUE CONTAVA COM PLENA ATENÇÃO DE TODA A GRÉCIA, ALEXANDRE passou a cuidar da invasão do Império Persa de Dario III, o maior e mais extraordinário de todo o mundo. Deixando atrás de si um efetivo de 12 mil soldados de infantaria e 1.500 cavaleiros sob o comando de Antípatro na Macedônia, Alexandre, com 36 mil soldados a bordo de 160 trirremes gregos e macedônios, cruzou as águas azuis do estreito de Dardanelos, na Ásia Menor. À medida que as embarcações se afastavam da costa, Alexandre, a exemplo de Odisseu atado ao mastro de seu navio para não cair na tentação do canto das sereias, postou-se na proa e olhou firmemente na direção das terras que jaziam adiante – sem desviar o olhar. Quando a travessia do estreito ia a meio, ele ofereceu um sacrifício a Posêidon, o deus grego dos mares, matando um enorme touro que havia sido amarrado para esse fim e vertendo o sangue do animal na água salgada.

Como o conquistador espanhol Hernán Cortés faria quase mil anos depois, quando derrotaria os astecas e conquistaria o México para a coroa espanhola, Alexandre queimou seus navios depois do desembarque (apesar de hoje se acreditar que Cortés não tenha queimado os dele, mas apenas os tenha trazido para a areia, utilizando a madeira para construir casas).[1] O exército estava no limite de suas forças, e agora, sem os navios, Alexandre os obrigava a se lançar sem pejo numa vida de conquistas. Ou, nas palavras de Cortés, o motivo de ter trazido seus navios para terra firme fora o fato de a expedição "não ter naquele momento no que se apoiar além das próprias mãos, e a certeza de que iriam vencer e conquistar aquelas terras, ou morrer tentando".[2]

Além disso, Alexandre queria atacar os persas a seu modo. Os persas possuíam a mais poderosa frota naval do mundo de então, e Alexandre não desejava enfrentá-los no mar. Preferia que o confronto se desse em terra, onde os macedônios tinham maior chance de vitória.

Alexandre estava no primeiro navio que cruzou o Dardanelos. E, a exemplo do general Douglas MacArthur saltando na praia de Leyte, nas Filipinas, em outubro de 1944, Alexandre foi o primeiro a pisar em terra. Assim como na volta de MacArthur às Filipinas três anos depois de ter sido evacuado da península de Bataan, naquele país, quando MacArthur dissera a famosa frase, "Eu voltarei", havia um propósito nos olhos de Alexandre. Ele arremessou sua lança na areia, apoiou um joelho no solo e agradeceu aos deuses por terem lhe presenteado a Ásia como um território "conquistado na ponta da lança".

Mesmo aproveitando cada oportunidade para incutir em seus soldados a certeza de que a Ásia era deles por intervenção divina, ele sabia que aquela expedição seria muito diferente das que ele e seu pai haviam realizado nas cidades-Estado gregas, tão perto da Macedônia. Ele nunca havia enfrentado a fúria de todo o exército persa, e sabia que teria de suplantá-los se quisesse realmente vestir o manto de "Regente do Mundo". Apesar da pouca idade, e talvez por causa dela, sentia-se pronto para essa tarefa, após sua formação sob a tutela de Aristóteles desde os 13 anos. As recentes vitórias contra os vizinhos da Macedônia ao norte e as cidades-Estado também haviam contribuído para aumentar sua confiança e convicção.

A Nova Guerra de Tróia

Alexandre sabia que teria de "engendrar" um projeto que falasse profundamente a seus correligionários para contar com o total empenho de suas tropas. Além disso, os 36 mil homens sob seu comando, sendo 32 mil infantes e quatro mil cavaleiros,[3] procediam de diferentes nações e cidades-Estado. Apesar de grande parte das tropas ser de origem macedônia, sete mil infantes tinham vindo das vizinhas setentrionais da Macedônia, Tribália e Ilíria; a cavalaria se dividia em 1.800 macedônios, 1.800 tessálios e o restante das demais cidades-Estado. Cada soldado tinha muito pouco em comum um com o outro, daí a premência de um objetivo comum dotado de significado profundo.

Alexandre decidiu pintar a invasão da Pérsia como uma nova guerra de Tróia, imortalizada na *Ilíada*, de Homero. Ali estava ele, a poucos quilômetros de Tróia, cuja jovem princesa, Paris, havia dado à luz a mais bela mulher do mundo, Helena, esposa do rei Menelau, de Esparta. A ligação mítica era clara: como os gregos na *Ilíada* haviam decidido reduzir Tróia a cinzas, e assim foi feito, com a assistência de Aquiles – o quase invencível guerreiro grego –, os macedônios e gregos iriam se vingar da Pérsia por seus 150 anos de guerras contra a Grécia. As guerras com a Pérsia haviam destruído cidades gregas, espoliado suas riquezas e submetido os gregos a regimes cruéis. Alexandre expôs a invasão como uma batalha do mundo civilizado (macedônios e gregos) contra bárbaros (os persas), ignorando à sua conveniência a realidade segundo a qual a maioria dos gregos considerava os macedônios igualmente bárbaros.

O discurso de Alexandre não diferia da forma como os líderes atuais caracterizam suas ações em momentos de crise. Toda vez que os Estados Unidos vão para a guerra, não se trata tão-somente de submeter um país recalcitrante, mas também de proteger o "inalienável direito" do povo americano "à vida, à liberdade e à busca da felicidade". Os líderes políticos americanos muitas vezes repetem os esforços heróicos dos redatores da Constituição americana na forma como estes responderam a um desafio que, à primeira vista, parecia intransponível. E há também os mitos que definem a identidade americana – o maior dos quais sendo aquele que os considera uma terra distante descoberta por Colombo em suas navegações e definitivamente conquistada por William "Buffallo Bill" Cody e Davy Crockett no Velho Oeste.[4]

Nessa mesma linha, existe o mito do espírito empreendedor dos Estados Unidos, que envolve as garagens – cuja origem foi a garagem onde David Packard e Bill Hewlett fundaram a empresa epônima, Hewlett-Packard. Quando Carly Fiorina assumiu como CEO da HP, em 1999, para mudar a cultura monocórdia da empresa, ela lembrou a simbologia da garagem e o que isso representava: colaboração, empreendedorismo e cultura de risco. A empresa, hoje, não só comprou a minúscula garagem para um carro em Palo Alto, onde os dois engenheiros elétricos de Stanford montaram o "oscilador de áudio", em 1939 (seu primeiro produto comercial), dando com isso início à revolução tecnológica que deu à região o nome de Vale do Silício; como também "as regras da garagem" (segundo as quais os empregados têm ampla autonomia para tomar decisões e resolver problemas) se incorporaram ao lema da empresa. O mito da garagem é tão arraigado que o ex-gerente de fundos de *hedge*, Jeff Bezos, fundou a Amazon.com numa garagem exatamente para poder dizer que a livraria *on-line* havia começado ali.[5]

Em Tróia, onde a guerra homônima fora travada, o Templo de Atena ficava sobre uma colina. Atena (Minerva para os romanos), deusa da guerra, feroz e impiedosa, era a favorita de Zeus. Atenas foi batizada em homenagem a ela, pois também era a deusa que representava a civilização.

Ao chegar a Tróia, não muito longe de onde havia desembarcado, Alexandre subiu a colina com um seleto grupo de comandantes e uma numerosa comitiva de soldados para visitar o templo. Do lado de fora, ficava um vidente, próximo ao busto danificado de um sátrapa persa chamado Ariobarzanes.[6] Não se sabe se o "grupo avançado" de macedônios sob o comando de Parmênion tinha tido algo a ver com o dano à estátua (alguns historiadores afirmam que ela foi alvo em verdade dos próprios persas, quando da derrubada de Ariobarzanes num golpe, 25 anos antes da chegada de Alexandre), mas servia, sem dúvida, como um pertinente presságio.

A predição do vidente foi ainda mais ameaçadora: indo ter com o general macedônio, declarou a Alexandre que este estava predestinado a grandes vitórias, especialmente em suas batalhas na Frígia (a Turquia moderna), e que, em pouco tempo, iria derrotar um famoso general persa, e também que a deusa Atena prometera assisti-lo na batalha.[7] As ligações subliminares ou até diretas com a *Ilíada* de Homero, que a maioria de seus soldados também perceberia, eram impressionantes. Na *Ilíada*, a vitória final de Aquiles sobre o maior dos guerreiros troianos, Heitor, só foi possível graças à intervenção de Atena. Os soldados ali reunidos deram vivas a tão alvissareiras previsões.

Alexandre entrou no templo, retirou sua armadura e a entregou em oferenda à deusa. Nas paredes do templo estavam expostos um escudo e uma armadura que, segundo constava, Aquiles teria usado. Alexandre, respeitosamente, recolheu esses e outros apetrechos de guerra e os entregou a um guarda-costas, para que fossem levados. Desde então, eles sempre seriam carregados por alguém durante as batalhas. Na batalha de Multan, na Índia, o escudo de Aquiles salvou-lhe a vida.

Enquanto Alexandre planejava seus passos, os comandantes persas da região se reuniram para discutir a ameaça macedônia. Os persas podiam ter destruído a diminuta frota no mar, mas não haviam levado Alexandre a sério.

Mêmnon de Rodes era o comandante supremo de todas as forças persas na Frígia, terras ricas mineral e agricolamente na porção ocidental do império persa. Mêmnon provinha de uma longa linhagem de generais e nobres. Ele havia visitado a corte macedônia diversas vezes com sua mulher, Barsina, que era considerada uma das mulheres mais belas da Pérsia. Ambos haviam conhecido e passado a gostar de Alexandre (aliás, Alexandre sentia forte atração por Barsina), e Mêmnon não podia acreditar que o inexperiente Alexandre, acompanhado de um efetivo tão reduzido, estivesse realmente levando a sério a idéia de conquistar a Pérsia. Mêmnon ordenou que seus homens calcinassem o solo e destruíssem as lavouras ao redor de Tróia, mas não atacassem os macedônios. Apesar de estar destruindo as próprias lavouras, o cálculo de Mêmnon era que, uma vez inteiramente desprovidos do que comer – a ração nunca era farta –, Alexandre e os macedônios iriam imediatamente bater em retirada, voltando para a Macedônia.

Mal sabia ele que Alexandre conquistaria a Pérsia, dominaria toda a Ásia, tomaria Barsina como sua amante e teria um filho com ela, Héracles, que um dia seria assassinado em meio à divisão de seu império após sua morte.

O Discurso de Lincoln sobre a Guerra Civil

Assim como Alexandre, o Grande, que queria emprestar um objetivo moral mais elevado à sua invasão da Pérsia, Lincoln usou o Discurso de Gettysburg para elevar o propósito da guerra civil a algo mais que um conflito por causa da escravidão. Como Garry Wills escreveu em seu *Lincoln at Gettysburg*, de leitura agradavelmente fluente, Lincoln teve êxito naquilo a que tinha se proposto. "A Guerra Civil *é*, para a maioria dos americanos, o que Lincoln queria que ela *significasse*. Palavras tinham de complementar a função das armas."

Entre os dias 1º e 3 de julho de 1863, próximo à pequena e próspera cidade de Gettysburg, Pennsylvania, 23 mil soldados da União e 20 mil confederados perderam a vida, ou foram gravemente feridos, ou mesmo dados como desaparecidos – em torno de um quarto do efetivo de ambos os lados. Os cerca de cinco mil cavalos e mulas que morreram foram queimados sem demora, e os corpos dos soldados enterrados em covas feitas às pressas – muitas vezes, com poucas informações além de quem havia sido enterrado e onde. O cheiro fétido de tantos corpos em decomposição sob o Sol estival tornava a coleta de mais informações ou um enterro mais digno praticamente impossível.

Em 19 de novembro de 1863, mais de cinco meses após a fatídica batalha, o presidente Lincoln foi a Gettysburg para concluir uma importante tarefa: transformar o local num cemitério federal. O breve "Discurso de Gettysburg", de 272 palavras, entraria para a História como um dos mais memoráveis já pronunciados.

Preparado para falar tendo apenas duas folhas de papel na mão, Lincoln falou por menos de três minutos. Reza a lenda que o fotógrafo oficial do evento, que começara a preparar seu equipamento para tirar uma foto do presidente para a posteridade, mostrara-se estarrecido ao perceber que Lincoln terminara de falar muito antes que a câmera estivesse pronta.[8] Esse curto discurso alcançou o objetivo a que se propunha.

Lincoln não pronunciou nem uma vez as palavras *escravidão* ou *direito à propriedade*, ou qualquer uma remotamente relacionada com as palavras hostis sobre as quais a guerra vinha sendo travada – aliás, até 1862, o objetivo da União era simplesmente "reconduzir o país à sua situação antibélica".[9] Mas, com suas palavras – "Há 87 anos, nossos fundadores instalaram neste continente uma nova nação, concebida em liberdade e dedicada à idéia de que todos os homens foram criados iguais" –, Lincoln estava, segundo Wills, protagonizando o "mais ousado ato de prestidigitação a céu aberto já testemunhado por uma platéia de incautos. Cada um dos presentes naquela multidão, que se contava aos milhares, estava tendo batida sua carteira intelectual".[10]

A multidão deixou Gettysburg após o discurso de Lincoln com uma idéia diferente sobre os motivos pelos quais a guerra civil vinha sendo travada. A noção de igualdade, que tinha surgido por influência das idéias do filósofo político inglês do século XVII, John Locke, constava da Declaração de Independência – mas não da Constituição; isso até que a décima terceira emenda fosse aprovada depois da guerra. Mas, assim como muitos líderes políticos de extraordinário desempenho, Lincoln estava, em verdade, alterando ou, no mínimo, preparando as bases para alterar a Constituição dos Estados Unidos, a qual, como presidente, ele havia jurado proteger.

Ao fazer da Guerra Civil uma batalha pelo princípio básico da "igualdade", valor do qual – muitos dos mais importantes jornais não tardaram em ressaltar – a Constituição não tratava, Lincoln conseguira mudar o propósito pelo qual os soldados haviam morrido: da defesa da União para a da igualdade entre os homens. O discurso de Lincoln em Gettysburg se equipara ao de Péricles – feito no cemitério de Atenas, especialmente construído em honra aos mortos no primeiro ano das guerras do Peloponeso, quase 2.300 anos antes de Lincoln – no estabelecimento de um padrão de excelência que todos os líderes políticos têm procurado alcançar.

O Primeiro Gosto de Vitória

Filipe e Alexandre haviam dividido o mesmo mérito pela vitória macedônia em Queronéia. Alexandre iria em breve provar o gosto de uma vitória toda sua.

Algumas semanas após sua chegada à Frígia, batedores macedônios o informaram de que um grande contingente persa estava se reunindo cerca de 80 quilômetros a nordeste de sua posição atual. Os macedônios haviam utilizado sua incrível velocidade para frustar a política de terra arrasada dos persas, atingindo terreno intocado e pilhando a terra antes que os persas tivessem tempo de destruí-la. Ao ver que seus esforços não tinham surtido o efeito desejado, apesar do imenso custo e sacrifício autoimposto, grande parte da liderança persa exigiu que a política de terra arrasada fosse imediatamente suspensa.

Mêmnon havia chegado à conclusão de que estava na hora de um confronto direto com Alexandre, sendo esta, de fato, a única opção que lhe restara, e organizou uma força de 39 mil dos melhores soldados persas, o que incluía mais de 20 mil mercenários gregos (a maioria infantes), para um choque contra os macedônios. Apesar de sua antiga afeição por ele, ordenou que seus soldados matassem Alexandre. Mêmnon chegara à conclusão de que, se pudessem atingir esse objetivo, a ameaça macedônia seria imediatamente sufocada.

Os persas se enfileiraram ao longo dos barrancos íngremes do furioso rio Granico (hoje, rio Kocabas, na Turquia, que corre para o mar de Mármara), onde aguardaram os macedônios. As montanhas de onde o rio se originava ficavam ao fundo, e algumas ilhotas cortavam suas águas, que tinham quase 30 metros de largura. Os persas achavam que a natureza estava do seu lado: a largura do rio e a forte correnteza seriam obstáculos suficientes contra a travessia de qualquer exército, que dirá atravessar e *depois* ainda enfrentar em batalha o maior exército do mundo.

Os persas se posicionaram de forma defensiva, ocupando cada elevação e topo de colina ao longo de uma linha de frente de 2,4 quilômetros de extensão, espalhando nela milhares de arqueiros e balistas. Cinco mil cavaleiros aguardavam em seus cavalos diante dos arqueiros e lanceiros, prontos para atacar tudo e todos que ousassem pôr a cabeça para fora d'água. A infantaria estava postada atrás da cavalaria. Este se revelaria um grave erro dos persas.

Dezoito mil macedônios levaram três dias para chegar ao local da batalha; o restante fora deixado para trás para cuidar de quaisquer outras ameaças ao exército macedônio. Quando Alexandre estava se aproximando do rio, reduziu o passo, aguardando ansiosamente que os persas deixassem a outra margem e atravessassem o rio, quando daria início à carga de cavalaria. Mas isso não aconteceu. Os macedônios estavam cansados depois de três dias de extenuante marcha debaixo do Sol escaldante da Turquia e das noites frias. Vendo a expressão cansada de seus homens, Parmênion se aproximou com seu cavalo de Alexandre e sugeriu que eles descansassem aquela noite antes de tentar atravessar a correnteza furiosa do Granico. Mas Alexandre não concordava. "Que dificuldade um simples curso d'água como o Granico representa para quem já atravessou os mares encapelados do Helesponto?",[11] perguntou a Parmênion. Segundo o historiador Arriano, ele, em seguida, repreendeu Parmênion por ter sequer pensado naquilo, pois isso teria não só manchado sua reputação no que dizia respeito ao enfrentamento dos perigos, como também posto em dúvida o orgulho do exército macedônio, que estava começando a ser conhecido por sua intrepidez.

Percebendo que os persas não iriam atacar, Alexandre pôs seu reluzente elmo de plumas brancas, indicando aos macedônios que a batalha estava próxima. Ele pediu que Parmênion liderasse a extremidade esquerda da linha de frente macedônia, onde ficavam os cavalos tessálios. Ele próprio assumiu o comando da extremidade direita, à frente da cavalaria macedônia, e se lançou dentro d'água. A falange macedônia ocupava o centro, entre Alexandre e Parmênion. Os persas o vinham observando atentamente, convencidos, pela indumentária suntuosa e pelo nível de atividade a seu redor, de que aquele era Alexandre.

O restante dos macedônios também entrou na água, com Parmênion liderando o flanco esquerdo. Alexandre tinha planejado avançar até onde fosse possível sem precisar temer que uma saraivada de setas e dardos desabasse sobre ele e depois deixar-se arrastar pela correnteza, acompanhando a descida do rio. O restante das tropas o seguiu para dentro d'água e, assim que foram pegos pela correnteza, se deixaram levar rio abaixo, ao mesmo tempo em que continuavam atravessando a corrente. Uma disposição oblíqua natural se formou, com o flanco direito mais adiante e o esquerdo recuado.

Os persas não tinham se preparado para essa formação – com efeito, eles jamais tinham visto uma formação sequer parecida com aquela antes. Ficaram assistindo sem saber o que fazer enquanto a formação macedônia começava a assumir forma diagonal entre as duas margens. Até que começaram a se acotovelar e se atropelar procurando seguir a linha formada pelos macedônios. Foi nessa altura que Alexandre pediu que um de seus comandantes avançasse com um pequeno grupo de cavaleiros por sobre a margem oposta, para que pudessem ter uma idéia da natureza e do poder de fogo do ataque persa. Tão logo esse destacamento avançou na direção da margem onde estavam os persas, desabou sobre eles uma verdadeira chuva de lanças, setas e dardos. Foi literalmente um banho de sangue, visto que as águas em volta desse pequeno grupo de macedônios foram repentinamente tingidas pelo sangue dos feridos. Os persas ficaram tão eufóricos, e tão ansiosos para avançar e destruir aquele grupo tão reduzido, que não se deram conta de que tinham acabado de revelar a natureza de sua tática defensiva. E não só isso: em sua alegria e pressa para liquidar a ameaça macedônia, eles haviam aberto lacunas em sua antes coesa formação, as quais não se apressaram em fechar novamente. Além disso, tinham exposto os flancos.

Alexandre, acompanhado pela cavalaria, investiu na direção do flanco exposto, avançando contra a correnteza do rio. Eles subiram como puderam o barranco íngreme sem serem obrigados a voltar para a água pelos persas. Parmênion também conseguiu estabelecer uma cabeça-de-ponte na margem e, em pouco tempo, macedônios e persas entraram em batalha corpo-a-corpo. Ondas após ondas de cavalaria macedônia se lançaram contra o barranco, obrigando a cavalaria persa a recuar de sua posição. Essa era a primeira vez que uma cavalaria enfrentava outra de forma tão direta em batalha. A infantaria macedônia ainda estava atravessando o

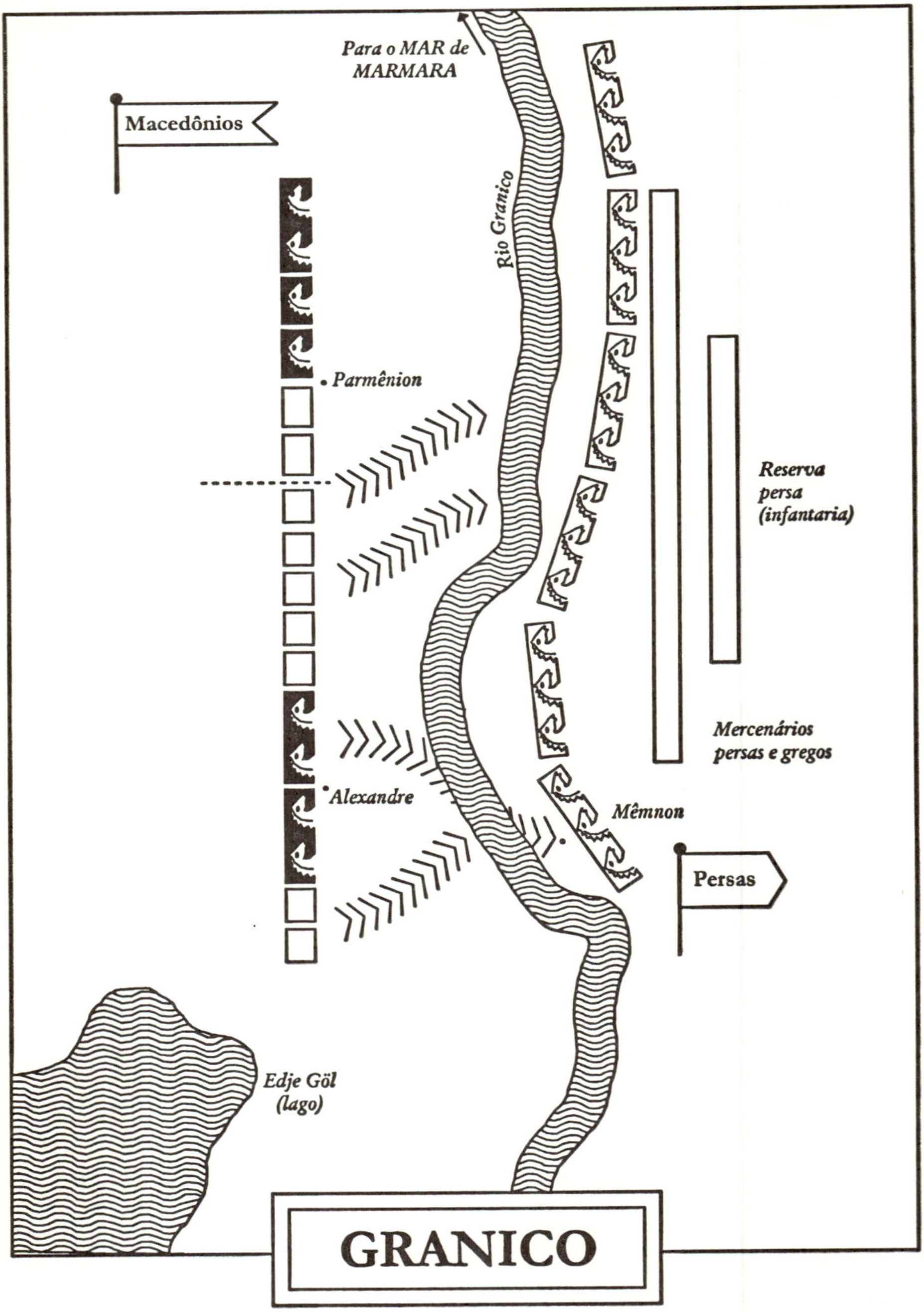
Para o MAR de MARMARA
Macedônios
Rio Granico
Parmênion
Reserva persa (infantaria)
Mercenários persas e gregos
Alexandre
Mêmnon
Persas
Edje Göl (lago)
GRANICO

rio quando a cavalaria persa começou a cair sob o peso da "cunha" formada pela cavalaria macedônia, que rasgava as fileiras do inimigo.

Houve um incidente digno de nota enquanto os macedônios enfrentavam os persas homem a homem – macedônios com suas espadas celtas e persas com suas cimitarras curvas. Conforme as instruções de Mêmnon, os persas haviam cercado Alexandre e, enquanto este enfrentava um dos comandantes do rei persa Dario, esforçando-se o máximo possível para manter afastados outros inimigos, um deles se aproximou sorrateiramente por trás e desferiu-lhe um golpe de acha na cabeça. A acha penetrou o elmo, partindo-o em dois, separando o penacho e quase atravessando a proteção interna da cabeça, que era o anteparo final que guarnecia o crânio. A atenção de Alexandre continuava focada no combate ao primeiro comandante. Quando o segundo comandante, que havia acertado o golpe, se preparava para desferir outro de acha na cabeça agora exposta de Alexandre, Clito "o Negro", antigo comandante macedônio, veio em seu socorro e trespassou a couraça do comandante persa com uma lança comprida, matando-o. As inovações tecnológicas que Filipe fizera na lança ajudaram a salvar seu filho.

Granico foi a primeira vez na história da guerra em que a cavalaria foi usada como tecnologia "inovadora". Em Queronéia, a cavalaria tinha sido usada para abrir uma brecha na linha de frente do inimigo e depois "resolver" a batalha, mas Granico foi a primeira vez em que todo o foco de uma batalha girou em torno da cavalaria. Ela marcou um momento decisivo na história da guerra do mesmo modo que o advento dos tanques como arma principal na batalha de Cambrai na Primeira Guerra Mundial, quando o Terceiro Exército britânico os usou para romper as defesas alemãs no norte da França, ou o advento do porta-aviões em Taranto, que afundou a frota italiana, ou o combate anfíbio efetuado por fuzileiros para evadir as defesas japonesas na Segunda Guerra Mundial. Outros exemplos de tecnologia inovadora incluem os mísseis antiaéreos Stinger, usados pelos *mujahedin* afegãos para conter a invasão soviética, e os mísseis anti-navio Exocet, usados pelos argentinos na guerra das Malvinas. Enquanto os afegãos venceram, os argentinos perderam a guerra das Malvinas contra a Inglaterra – importante lembrete de que a posse pura e simples de uma tecnologia inovadora não é garantia de vitória.

Ao verem seus comandantes morrendo (três dos sete comandantes persas tombaram em batalha, e um cometeu suicídio imediatamente após), incapazes de fazer frente à afluência ininterrupta da cavalaria macedônia, a cavalaria persa bateu nervosamente em retirada. Grande parte de sua infantaria leve, composta, em grande parte, por soldados de origem persa, também fugiu, mas os 20 mil homens da infantaria pesada, todos mercenários gregos, permaneceram fatidicamente na planície – parte por orgulho, parte pelo peso excessivo da armadura, que impedia um recuo eficiente –, enquanto a cavalaria e a infantaria macedônias desabavam sobre eles. Alexandre não estava disposto a perseguir os persas em debandada, mas decidiu o destino dos mercenários gregos sem demora e com firmeza. Há muito considerados traidores por seus conterrâneos, os mercenários foram massacrados aos milhares pelos soldados macedônios ali mesmo onde se encontravam. Cerca de dois mil foram presos e enviados de volta à Grécia como trabalhadores rurais forçados – para servir de exemplo a todos os gregos quanto ao fim reservado a quem traísse seu país.

Comparado ao massacre de 25 Companheiros do lado macedônio, algo em torno de mil cavaleiros persas jaziam mortos (apesar de alguns historiadores terem fixado as baixas persas na faixa dos 20 mil). Alexandre mandou enterrar os macedônios, os gregos e os persas com todas as honras militares. Ele visitou os feridos macedônios e escreveu para a família dos mortos falando da bravura que seus filhos, maridos e pais tinham demonstrado em batalha. Alguns historiadores já se perguntaram se tão poucas baixas do lado macedônio comparadas às pesadas baixas persas não se deviam a uma mera propaganda. Basta analisar batalhas relativamente mais recentes ocorridas nos séculos XIV ou XV, das quais foram mantidos registros detalhados e precisos, para se concluir que é de fato possível que exércitos muito menores derrotem outros bem maiores com diferença semelhante no número de baixas.

No início da Guerra dos Cem Anos, por exemplo, os ingleses sofreram algumas poucas baixas na Batalha de Crécy (1346) contra as perdas francesas de 1.500 cavaleiros e dez mil infantes, e, no fim da guerra, na Batalha de Agincourt (1415), o exército inglês de menos de seis mil homens, sob o comando do rei Henrique V, venceu o exército francês, de 40 mil homens – perdendo menos de quinhentos combatentes contra quase dez mil mortos do lado francês.[12] Crécy e Agincourt, ao lado de Blenheim e Waterloo, foram as batalhas responsáveis pela formação da identidade britânica e da mística de invencibilidade em torno dos ingleses. Churchill fez diversas vezes referência a essas batalhas durante a Segunda Grande Guerra para manter elevado o moral britânico.

Granico foi onde a mística da invencibilidade de Alexandre começou a se formar. Nas batalhas que se seguiriam, não seria incomum que exércitos bem defendidos e provisionados se rendessem a uma unidade macedônia muito menor. Assim como a presença de Napoleão no campo de batalha, que, segundo estimativas de Wellington, devia corresponder a pelo menos 40 mil soldados, Alexandre sozinho equivaleria a algo entre 50 e 100 mil homens em batalha – tamanho era o pavor que sua presença infundia em quem lutava contra ele.

Para completar sua vitória, Alexandre enviou trezentas peças de armadura persa para Atenas, mandando que fossem expostas em honra à deusa Atena nas ruínas do templo, na acrópole. O imperador persa Xerxes havia destruído a acrópole, santuário e monumento mais sagrado de Atenas, em 480 a.C. – quase 150 anos antes dos acontecimentos de Granico. Os atenienses haviam ficado tão profundamente chocados e sem ação que deixaram as ruínas intocadas durante 30 anos, como exemplo e lembrete para toda a Grécia do grau de brutalidade e selvageria dos persas. Então, sob o comando de seu líder e general Péricles, usando o que tinham conseguido encontrar entre as cinzas de seu monumento destruído, os atenienses ergueram o Pártenon no local das ruínas da acrópole – o qual está de pé até hoje.

Uma armadura oriunda da batalha de Granico foi exposta entre as ruínas do Templo de Atena com uma inscrição ditada por Alexandre, a qual, segundo Arriano, dizia: "Alexandre, filho de Filipe e de toda a Grécia, exceto dos espartanos, por meio da presente, entrega estas oferendas conquistadas aos bárbaros na Ásia." Não havia menção à sua condição de rei; era apenas o humilde descendente de seu pai e da Grécia. A mensagem queria dizer que a vingança da Grécia contra a Pérsia pelos séculos de crimes havia começado. Toda a Grécia e a Macedônia se regozijaram com a vitória de Alexandre.

A Mística dos Yankees e de Tiger Woods

Existem muitos paralelos interessantes no mundo dos esportes à mística de invencibilidade em torno de Alexandre e a seu poder de subjugar os oponentes. Os New York Yankees, no beisebol, e Tiger Woods, no golfe, por exemplo.

Durante 80 anos, os New York Yankees gozaram de uma imagem desse tipo, tendo vencido ao todo 26 campeonatos – ora cinco vezes consecutivas, entre 1949 e 1953, ora quatro vezes, 1936-1939, e, mais recentemente, três vezes, 1998-2000. Nenhum outro time de beisebol chegou sequer perto do recorde de vitórias desses homens em seus característicos uniformes com listras azuis. Não é de surpreender que as listras intimidem o time adversário.

O time e seus torcedores têm cultivado essa aura mágica que os cerca. O campo sagrado do Yankee Stadium homenageia os grandes que lá jogaram: Joe DiMaggio, Lou Gehrig, Reggie Jackson, Mickey Mantle, Roger Maris, Phil Rizzuto, Babe Ruth, entre outros. Os jogadores atuais tocam reverentemente os bustos do Monument Park para atrair sorte antes de assumir suas posições no campo. Comentaristas e especialistas da história do esporte alimentam a mística discutindo qual foi a melhor temporada de todas: teria sido a de 1929, com o *Murderer's Row*? Teria sido a de 1939, com Joe DiMaggio e Bill Dickey, mas também com o triste e rápido declínio de Lou Gehrig, vítima da doença que hoje traz seu nome? Ou teria sido a de 1956, com Mickey Mantle, a de 1961, com Roger Maris, ou a de 1980, com Reggie Jackson?

Por trás da "magia" dos Yankees, acredita a maioria dos especialistas, jaz a capacidade que seus jogadores têm de combinar um talento excepcional com a obstinação e a garra de vencer. Jornalistas esportivos e comentaristas acreditam que por trás dessa magia exista uma incrível e inata capacidade de reduzir o jogo a seus aspectos elementares. Para eles, enquanto os demais jogadores podem estar pensando em rebater uma *double*, um bom batedor Yankee como o *outfielder* Bernie Williams estará pensando: *Ok, uma* fastball *seria perfeita agora. E se não for uma* fastball*, eu não vou rebater.*[13] É essa autoconfiança de jogar da forma como o time sempre jogou que ajuda os Yankees a ganharem, sucessivamente.

Nem sempre os Yankees têm os melhores jogadores de beisebol. Mas eles basicamente fazem maravilhas com os que têm – uma mistura de alguns extraordinários e muitos bons jogadores. A mística que criaram, porém, é a de que contam com inúmeros grandes jogadores. Eles passam por uma fascinante transformação entre o verão e o outono, quando deixam de ser apenas mais um time e passam a ser um grande time. E isso porque enquanto os outros começam a perder a cabeça na pós-temporada, os Yankees sabem exatamente como manter a deles no lugar.

Pessoas também têm mística.

Tiger Woods, por exemplo. Onde quer que ele jogue, o desempenho geral cai como os pinos numa pista de boliche. Ele não só já ganhou o U.S. Open, o British Open, a PGA, o Master's, e acumulou esses títulos simultaneamente, tornando-se o primeiro na História a conseguir essa façanha (outros quatro jogadores conseguiram um *grand slam*), como também bateu o recorde de cada um desses torneios (sua marca no Master's, 18 abaixo do par 270, por exemplo, é o recorde daquele torneio, como também os 19 abaixo do par 269 no British Open). Cada vez que ele joga, faz algo que muitos consideravam impossível: tacadas de 350 jardas que transformam um par cinco num par quatro de meia distância, por exemplo, ou de 218 jardas com um taco estreito número seis.

Ele foi o primeiro afro-americano e o primeiro asiático-americano (ele é tão multiétnico quanto os bairros operários da Califórnia onde foi criado), assim como o primeiro membro da geração Y,* a ter êxito num esporte que até pouco tempo era dominado por homens brancos, ricos e mais velhos. Com efeito, não só venceu o sexagésimo primeiro torneio em Augusta, que durante anos mantivera-se como um símbolo nacional de segregação, como fez isso apenas dois dias antes de os Estados Unidos comemorarem o qüinquagésimo aniversário da estréia de Jackie Robinson com os Brooklyn Dodgers, na condição de primeiro afro-americano a jogar na liga principal de beisebol, um marco na luta pelos direitos civis.

Depois de ganhar o Master's, Woods, que sempre estudou e respeitou a história e nunca esqueceu o que o golfe fez por ele, falou sobre a influência que os grandes nomes afro-americanos do golfe, como Lee Elders e sua luta para vencer o preconceito no esporte, tiveram sobre sua vida. Elders só foi convidado para jogar no Master's em 1973 – depois de muitos anos de pressões feitas em seu favor –, apesar de não ter jogado antes de 1975.

Não obstante, mesmo quebrando recordes e barreiras de cor, raça e privilégios como se não houvesse amanhã, e conquistando milhões de novos fãs e jogadores, como Michael Jordan fez pelo basquete, ele é o

* A geração das pessoas nascidas entre o início da década de 1980 e o final da de 1990, sobretudo nos Estados Unidos. (*N. do T.*)

primeiro a ressaltar que espera ansiosamente o dia em que ninguém sequer pense sobre a sua cor – mas apenas o considere o maior golfista de todos os tempos. Enquanto tenta alcançar o recorde de Jack Nicklaus, dono de 18 grandes títulos, ele rouba a cena no campo de golfe: todo estilo e concentração. Como um médium numa casa assombrada, ele enxerga mais do que os outros, e seu jogo é pura precisão: suas tacadas são belíssimas e suas finalizações, simplesmente magníficas. Seus olhos são pura concentração e sua mente, absolutamente concentrada em cada tacada que executa. E treina religiosamente; quando entrou no U.S. Open em Pebble Beach logo após ter ganho o torneio anterior sem dificuldade, foi visto treinando por duas horas e meia na noite anterior à partida.

Apesar de todos os recordes que vem quebrando desde que tinha três anos, de todas as homenagens rendidas a ele e de todo o burburinho que o cerca aonde quer que vá, foi como esportista com insaciável sede e capacidade de vitória e com o comportamento impecável dentro e fora de campo que ele assegurou um lugar no panteão dos grandes invencíveis do esporte, como Pelé e Muhammad Ali. É exatamente essa aura de invencibilidade que faz com que seus oponentes se esforcem para garantir o segundo lugar quando ele aparece para mais uma partida desse esporte, que existe há novecentos anos.

Cortando o Nó Górdio

Alexandre apossou-se das cidades e aldeias próximas ao rio Granico, na Frígia. Quando se aproximava das cidades persas na região, os sátrapas (governadores) e comandantes militares se rendiam a ele. Alexandre se apossou de todas as fortificações persas e rumou ainda mais para o leste, na direção de Górdio (a moderna Bela-Hissar), antiga capital da Frígia, perto da cidade turca contemporânea de Ankara. À medida que passava pelas cidades e vilarejos, fechava os gabinetes dos oligarcas persas e implementava uma forma democrática de governo. Em muitos casos, ele não substituiu os sátrapas quando a opinião pública era favorável a eles, mas tirava-os do cargo sem hesitação quando não era. Tornou-se muito popular entre as massas porque agora elas tinham voz junto a quem as governava. Manteve os impostos inalterados, mas, em vez de devê-los aos persas, agora pagavam à sua administração. Também fez um esforço especial para garantir sua proteção aos habitantes daquela terra que haviam deixado suas casas e fugido durante a batalha de Granico.

Um dos marcos dentre as táticas de Alexandre, que se mostraria muito eficaz no combate a diversas tribos do Afeganistão, era a divisão de seu exército em diversas unidades, cada uma liderada por um experiente comandante egresso da fileira dos Companheiros, que percorria toda a região para debelar qualquer foco de resistência. Foi em Górdio que todos os macedônios se reuniram em maio de 333 a.C.

A cidade fora batizada em homenagem a um macedônio chamado Górdius (que teria sido pai do rei Midas), que deixara seu país natal para se instalar em Górdio e acabara se tornando regente de toda a Ásia. Isso aconteceu vários séculos antes de Alexandre. De acordo com a lenda da região, Górdius chegara ali num carro de boi, que ainda podia ser visto no templo de Zeus, situado numa cidadela no centro da cidade. O carro de madeira usado nos campos trazia um estranho nó que o atrelava à canga. Quem conseguisse desatar esse nó, dizia a lenda, tornar-se-ia senhor de toda a Ásia.

Alexandre ficou imediatamente ansioso para desatar o nó. Ele foi até o templo na cidadela, próximo ao qual passava a única rota de comércio entre a cidade de Tróia e a antiga Antioquia, na Síria atual. O nó, feito de fibra de cornácea, era extremamente complexo e não estava claro, segundo Arriano, onde começava e onde terminava.[14] Tratava-se do tipo de nó que, em inglês, faz referência ao "turbante turco"*.[15] Segundo Arriano, Alexandre, depois de observá-lo por algum tempo, extraiu o pino que atravessava o nó, atrelando a canga ao eixo do carro. Outros dizem que ele desembainhou sua espada e partiu o nó em dois – criando a metáfora "cortar o nó górdio". Fosse o que fosse, Arriano só sabia ao certo que isso definitivamente ajudou a propagar o mito de que Alexandre tinha desfeito o nó. Raios e trovões naquela noite foram imediatamente interpretados como sinal de satisfação dos deuses, ajudando a criar o mito de sua origem divina. Ele se mostrava capaz de cultivar o culto em torno de si buscando confirmações externas à sua divindade ou demonstrando, como em Górdio, que nenhum problema era superior à sua capacidade de solução. Quando começara sua trajetória, ainda era um líder jovem e inexperiente. Quanto mais confirmações externas conseguisse para seu papel no mundo, assim como para sua

* Em inglês, *Turk's-head knot*, ou pinha de anel ("nó em forma de turbante"). (*N. do T.*)

liderança e sua inteligência superior, mais provavelmente as pessoas deixariam de lado qualquer possível hesitação em segui-lo nas campanhas.

Dois anos depois do episódio em Górdio, Alexandre tomaria o rumo do sul, entrando no deserto do Saara no Egito e Líbia atuais, a caminho do oráculo de Zeus-Amon, em Siwah. Gregos e egípcios veneravam o Templo de Zeus-Amon, e Siwah, um oásis rodeado pelo deserto líbio, era considerado a morada dos deuses egípcios, assim como o monte Olimpo o era dos deuses gregos. A visita de Alexandre a Siwah é um evento importante sobre o qual todos os historiadores têm se debruçado e discutido há mais de dois mil anos. Para alguns, ele foi a Siwah para reaver suas origens; outros dizem que foi para obter reconhecimento político; alguns acreditam que ele foi lá para buscar perdão pelo assassinato de seu pai, do qual muitos o consideram cúmplice; e, finalmente, alguns acreditam que ele foi lá simplesmente em busca de "glória", para imitar os heróis gregos Perseu e Héracles, que também haviam passado por ali.

A última hipótese é importante. A glória na Antiguidade, diferente do mundo moderno, em que significa fama, fortuna e poder, tinha a ver com o fenômeno da apoteose – processo pelo qual um mortal se torna imortal como os deuses. Havia três formas de se tornar imortal: uma era por feitos tão extraordinários que a pessoa se eternizaria por meio do canto dos bardos; a segunda, de tom um pouco mais judaico, era prolongar a própria vida indiretamente por intermédio de seus filhos; e, finalmente, suplantar o maior de todos os heróis de origem divina. Acreditamos que Alexandre estava procurando essa última forma de assegurar sua divindade. Os gregos mantinham seus mistérios religiosos em sigilo, mas, como estudiosos como Werner Burkert escreveram,[16] seus mitos e peças de teatro apontavam para o deserto egípcio, do qual muitos de seus heróis tinham saído, e onde haviam conquistado a imortalidade. Ter cortado o nó górdio havia intensificado as aspirações divinas de Alexandre e o ajudado fortemente a se caracterizar como conquistador da Ásia, mas o Egito poderia lhe garantir um lugar no Olimpo.

Quaisquer que tenham sido as razões verdadeiras, foi uma jornada árdua de 320 quilômetros pelo inóspito deserto a partir da vasta faixa de areia onde Alexandre iria, em breve, fundar Alexandria-no-Egito. No quarto dia dessa viagem, que duraria oito, eles ficaram sem água, mas foram salvos por uma repentina tempestade. Eles se perderam, mas foram salvos pelo vôo de dois corvos que avistaram. Quando chegaram a Siwah, conta-se que um sacerdote conduziu todos os soldados para uma antecâmara, onde foi pedido que trocassem de roupa antes da visita ao oráculo. Alexandre, por sua vez, foi levado diretamente à presença do oráculo. O sumo-sacerdote, que foi ter com ele para levá-lo até os aposentos do oráculo, o teria saudado como "filho de Zeus-Amon". Os historiadores, também nesse caso, têm discutido se o sacerdote disse "meu filho", ou "filho de Zeus-Amon" ou "filho de Deus", ou se tudo não passou de um lapso na tradução. Jamais saberemos. Basta sabermos que Alexandre tirou disso o máximo proveito e, daquele dia em diante, os formadores de opinião macedônios alardearam suas raízes divinas.

Mais tarde, ele convenceria suas tropas a invadir a Índia dizendo a elas que seu deus Dioniso (também conhecido como Baco), o deus grego do vinho e do êxtase, atravessara aquele país. Ele chegaria a batizar uma das primeiras cidades a ser visitada, Nysa, com o nome do vilarejo imaginário onde o deus grego Hermes teria levado Dioniso para ali ser criado. Ele motivaria seus soldados a vencer a difícil cordilheira nevada do Hindu Kush, que separava a Índia do Afeganistão, levando-os a acreditar que, logo do outro lado das montanhas, ficava a caverna onde o titã Prometeu jazia acorrentado, para que a águia pudesse se aproximar e devorar seu fígado – até que Hércules chegasse para libertá-lo.

Alexandre buscava continuamente símbolos para intensificar a sensação de urgência de sua empreitada. Vários desses símbolos tinham caráter de celebração. Os vinhedos que eles avistaram nas encostas do Hindu Kush foram considerados mais um sinal de que Dioniso de fato havia passado por ali. Os soldados celebraram a descoberta cingindo a cabeça com ramos de hera e dançando à luz de tochas, cantando "Evoé, Evoé" – a tradicional celebração ritual das bacantes.

Homens de *Kilt*

Nos anos 60, quando Paris vivia o auge da cultura dos cafés com a afluência dos maiores intelectuais da França, que deram ao mundo desde o movimento da *nouvelle vague* no cinema até a literatura de Jean-Paul Sartre, Albert Camus e Simone de Beauvoir, um filósofo francês publicou pela Sorbonne uma importante obra intitulada *Antropologia estrutural*. Claude

Lévi-Strauss definia o objetivo do mito como um modelo lógico capaz de superar uma contradição inerente, e propunha diversas explicações racionais para explicar mitos ainda existentes, como Freud fizera antes com os sonhos. O estruturalismo se tornou uma lente em voga, através da qual muitos mitos culturais e históricos duradouros foram examinados, e outros tantos interpretados como meras formas convenientes de explicar ou preservar modos de vida que a era moderna de há muito já abolira.

Desde que os mitos começaram a ser criados, eles são questionados. Historiadores de 2.500 anos atrás questionaram a decantada democracia de Atenas, por exemplo, e muitos revelaram que *depois* da Era de Péricles a cidade não passava de um antro de xenofobia, perfídia e corrupção. Mitos sobre o sul dos Estados Unidos, sobretudo a lenda de Dixie e a imagem de uma idílica cultura antibélica, são hoje considerados uma ficção criada para dar aos sulistas pós-guerra civil uma série de imagens e símbolos de seu passado aos quais se apegar enquanto se procedia à reconstrução do sul.

Muitos mitos duradouros caíram com o tempo, como, por exemplo, o da cultura e das tradições das Terras Altas da Escócia, que constitui, de fato, uma "invenção retrospectiva".[17] O historiador de Cambridge, Hugh Trevor-Roper, revelou que a tradição das Terras Altas, com seus "símbolos externos" do *kilt* e da gaita-de-fole, foi uma criação dos séculos XVIII e XIX, não tendo vindo, portanto, dos tempos medievais, como os escoceses tanto alegavam.[18] As origens do *kilt* remontam à Irlanda, de onde os *highlanders* escoceses vieram migrando ao longo dos anos. Uma vez nas regiões montanhosas da Escócia, esses colonos fizeram adaptações à comprida camisola masculina irlandesa que eles usavam na "velha terra". Essas vestes eram apropriadas à necessidade de saltar pedras e atravessar os terrenos alagadiços, e serviam também para eles se deitarem sobre o solo turfoso da Escócia. No novo país, por conveniência, os colonos acrescentaram um cinto e encurtaram a camisola, de tal forma que, abaixo do cinto, ela ficou parecendo um saiote.

No início do século XVIII, um *quaker* inglês chamado Thomas Rawlinson foi para as Terras Altas e arrendou uma vasta porção de terras perto de Inverness, onde construiu uma fornalha para fundir o minério de ferro que tinha mandado vir de Lancashire. Constatando a inconveniência das roupas que seus operários usavam para cortar as árvores e trazer a madeira que alimentava a fornalha, segundo Trevor-Roper, Rawlinson contratou um alfaiate que trabalhava no regimento militar inglês de Inverness para desenhar uma indumentária de duas peças que substituísse aquela peça única. Essa segunda adaptação feita à comprida camisola masculina irlandesa resultou no *kilt*, inspirado num saiote plissado.

O *kilt* se tornou tão popular que os habitantes de todas as Terras Altas passaram a usá-lo em todas as cores e padrões de xadrez. Mas, depois da grande rebelião de 1745, quando os ingleses derrotaram os clãs escoceses em Culloden, os ingleses não só desarmaram os membros dos clãs, como também aboliram o uso do *kilt*, das mantas de lã xadrez, das gaitas-de-fole, dos tecidos xadrez e de qualquer coisa que remotamente pudesse evocar o modo de vida das Terras Altas. Mesmo Boswell e Johnson, quando fizeram sua célebre passagem pela região em 1773, tiveram dificuldade para detectar qualquer vestígio daquilo que eles consideravam o modo de vida "peculiar" e "antiquado" dos *highlanders*.

Em 1820, para a grande surpresa de todos, foi criada uma sociedade para a promoção da cultura das Terras Altas, tendo como sócio-fundador Sir Walter Scott, da Baixa Escócia. A sociedade devia sua origem ao empreendedorismo de Scott, que, num esforço para ajudar os tecelãos escoceses em dificuldades financeiras, tratou de reviver o estilo de vida das Terras Altas para a visita de George IV a Edimburgo. Foi idéia de Scott vestir cada clã com um tecido xadrez diferente, e os tecelãos escoceses, que haviam perdido seus clientes compradores de *kilts* depois de Culloden, passaram a propor cores e padrões diversos para cada clã; até então, a única forma de distinguir a filiação a determinado clã era pela insígnia estampada na boina do *highlander*.

Trevor-Roper narra que um tecelão, William Wilson and Sons of Bannockburn, publicou um "Livro de Padrões-Chave", no qual o tecido xadrez anteriormente catalogado como "nº 155", e que também havia sido registrado como "Kidd", de modo a fornecer a um certo sr. Kidd quantidade suficiente de tecido pra vestir seus escravos oriundos das Índias ocidentais, aparecia rebatizado como "Macpherson", e saía em quantidade suficiente para vestir todo o clã Macpherson. Assim teve início o mito das cores dos clãs, que quase duzentos anos depois não só sobrevive na forma de uma tradição, como também conta com um grande mercado dedicado à sua promoção – principalmente pelo chamado "Exército do Tecido Xadrez", simpáticos torcedores do *rugby* e do futebol escocês, que nem sempre se vestem em xadrez, mas estão sempre bêbados, e que rodam o mundo alimentando o mito.

Muitos mitos similares permeiam nossa vida. A evacuação da Força Expedicionária Britânica em Dunquerque, por exemplo, no início da Segunda Guerra Mundial, quando em dez fatídicos dias – entre 26 de maio e 4 de junho de 1940 – quase 350 mil homens batendo em retirada diante de pesado ataque terrestre e aéreo alemão foram evacuados a partir da cidade portuária de Dunquerque, na França. Para caracterizar o conflito como uma guerra do povo, o primeiro-ministro Churchill e outros líderes políticos e militares elogiaram o papel desempenhado por barcos particulares de passeio e de pesca na evacuação – levando ao famoso discurso de Churchill, em tom desafiador, que tinha por objetivo preparar o espírito da nação britânica e informar os alemães da difícil luta que aguardava a todos: "Lutaremos nas praias, lutaremos nos campos de pouso, lutaremos nos campos e nas ruas, lutaremos nas montanhas; jamais nos entregaremos."[19]

A realidade, porém, conforme recentes relatórios do Arquivo Público Britânico indicam,[20] era muito diferente: não só a maioria das tropas foi evacuada pela Marinha Real Britânica, como dos quase setecentos barcos particulares que ajudaram no resgate, principalmente nas praias, a maioria pertencia a reservistas e voluntários da Marinha Real – e não à população civil. A lembrança de rebocadores, barcos de pequeno porte, pequenos vapores e botes salva-vidas avançando, alguns a remo, pelo Canal da Mancha para salvar os soldados – a qual perdurou por mais de 60 anos após o acontecido –, foi um mito criado por Churchill no intuito de transformar o conflito numa "guerra popular". Ele foi criado para despertar nos britânicos o orgulho nacional e o impulso de cooperação – e, mais importante que isso, fazer um país que não era invadido desde 1066 acordar de seu estado de letargia para a gravidade da ameaça alemã.

Alexandre também pintou sua campanha como sendo uma luta travada pela população civil que ficara na Grécia e na Macedônia. Depois dos primeiros êxitos militares, ele chegou inclusive a ampliar o leque de supostos beneficiários de suas expedições, passando a incluir a população que estava sendo conquistada. Também não sabemos se Alexandre de fato acreditava em sua origem divina – ou se estava usando um dado que ele próprio sabia ser um mito para fazer seus seguidores confiarem nele e em seus objetivos. O que sabemos é que, na Grécia antiga, atribuir poderes divinos a seres humanos era comum. Os heróis gregos, portanto, eram muitas vezes considerados detentores de poderes sobrenaturais. Se, no início, ele não acreditava na própria divindade, provavelmente passou a acreditar com a sucessão de vitórias e a propaganda espalhada por seus seguidores. Mas a verdade importa pouco, uma vez que Alexandre estava criando as próprias verdades e mitos para atender à sua vasta ambição.

RESUMO DOS PONTOS CENTRAIS

1. Caracterizar a Guerra contra a Pérsia Como uma Nova Guerra de Tróia

Alexandre chamou o conflito de uma nova Guerra de Tróia. Ao elevar o sentido da guerra, ele assegurou o apoio de toda a Grécia. A forma como Lincoln se referiu à Guerra Civil obedeceu a um princípio semelhante.

2. Uso da Cavalaria Como Tecnologia "Inovadora" em Granico

Alexandre derrotou um efetivo persa muitas vezes mais numeroso, sob o comando de Mêmnon de Rodes, usando a cavalaria como força de ataque pela primeira vez na história da guerra – a exemplo do uso dos tanques de guerra em Cambrai, na Primeira Guerra Mundial, e do porta-aviões em Taranto, na Segunda Guerra Mundial.

3. Alimentar a Mística de Invencibilidade

Como Tiger Woods no golfe e os New York Yankees no beisebol, o exército macedônio criou – e alimentou – uma mística de invencibilidade, o que levou muitos exércitos e guarnições inimigas a se renderem, em vez de enfrentá-lo.

4. Criar um Mito em Torno de Sua Missão e Caracterizar a Guerra Como Vontade dos Deuses

Assim como o mito da tradição das Terras Altas, forjado e apresentado à população britânica, e a idéia de "guerra popular" na Segunda Guerra Mundial, Alexandre criou um mito acerca de sua origem divina e da participação macedônia nas batalhas como representação da vontade dos deuses.

CAPÍTULO 6

SETE ESTILOS DIFERENTES DE LIDERANÇA

Meses após a vitória de Alexandre em Granico, Mêmnon, de Rodes, o maior dos generais persas, morreu de causas naturais. Antes de morrer, porém, Mêmnon consolidara a marinha persa e convencera os fenícios, os cipriotas e os ródios a formarem juntos uma gigantesca frota. Evidentemente, isso representava uma ameaça à Grécia e à Macedônia, assim como a seus respectivos exércitos em campanha com Alexandre.

Dando-se conta da crescente ameaça naval, Alexandre, que havia queimado seus navios depois de cruzar o Helesponto, pediu a Antípatro, seu regente na Macedônia, que lhe enviasse uma pequena frota naval, basicamente para transportar suprimentos e máquinas de guerra. Antípatro preparou rapidamente uma frota com 20 navios mercantes atenienses que eram usados para transportar grãos da Ásia para aquela cidade-Estado (Atenas, como muitas outras cidades-Estado, havia deixado de produzir seus próprios grãos para se dedicar a culturas mais rentáveis, como a oliva e a uva, e, portanto, dependia da importação de cereais). Os atenienses, depois disso, sempre se queixaram por causa dos navios – assim como pelo destino dos mercenários atenienses capturados, os quais haviam sido condenados a trabalhos forçados –, mas Alexandre simplesmente ignorou seus protestos. Ele sabia que, enquanto estivesse com os navios e com aqueles homens trabalhando como cativos, os atenienses não representariam uma ameaça para a Macedônia.

Alexandre lidou com a ameaça naval dos persas analisando-a como um problema complexo. Seu modo de ver a ingratidão que os persas haviam demonstrado em relação aos cipriotas e aos ródios, assim como aos fenícios (destes últimos, todos, exceto os que viviam em Tiro), o fazia crer que nenhum dos contigentes navais desses territórios ocupados pela Pérsia faria um esforço muito grande em prol das batalhas do império. Sendo assim, a frota persa não representava uma ameaça tão grande quanto parecia à primeira vista – a não ser pelos tírios, cuja bravura nas batalhas navais e habilidade no mar nos lembra hoje a marinha britânica dos séculos XVII, XVIII e XIX, depois de ter reduzido à impotência a numericamente superior Invencível Armada espanhola em 1588. Além disso, os navios persas precisavam atracar nos portos uma vez por dia para efetuar reparos e embarcar suprimentos. A tática de Alexandre foi bloquear todo porto que ele pôde encontrar na Ásia Menor e mandar Antípatro fazer o mesmo na Grécia. Finalmente, a morte de Mêmnon foi mais um revés para as aspirações navais persas, atenuando, ainda mais, a ameaça representada pela gigantesca frota.

Sem o auxílio da visão militar de Mêmnon, o imperador persa Dario III cometeria uma série de erros graves, o que faria com que perdesse todo o seu império para Alexandre. O primeiro desses erros foi cometido na batalha de Isso, na atual Turquia, no final do outono de 333 a.C. Dario fora convencido por seus generais a atacar Alexandre. Em Babilônia, no Iraque atual, onde o conselho real se reuniu para avaliar as opções militares, o ateniense Caridemo, o orador rebelde que Alexandre mandara para o exílio depois de arrasar Tebas, garantiu ao imperador que a única maneira de derrotar Alexandre seria se Dario erguesse um exército de cem mil soldados treinados, a maioria composta de mercenários gregos, para enfrentar os macedônios. O exército persa e seus generais, Caridemo acrescentou, não estavam à altura da tarefa.

Dario seguiu o conselho de Caridemo, mas mandou executá-lo pela crítica dirigida ao exército persa. Críticas à realeza persa não eram toleradas. Com efeito, a monarquia persa era tão rigorosa que os súditos tinham de cobrir a boca e o nariz quando algum nobre andasse por perto porque eles não queriam inalar o ar respirado pelos súditos. Então, com um exército estimado por alguns historiadores em 600 mil soldados (incluindo aproximadamente 100 mil mercenários), Dario deixou a Babilônia na direção do oeste (ou seja, do atual norte do Iraque, onde vivem os curdos), à caça de Alexandre. Ele atravessou o vasto deserto árabe na direção da atual Síria e montou acampamento nas planícies abertas de Sochi, cujo local exato ainda não foi determinado, aguardando a chegada de Alexandre. Aquelas planícies desimpedidas era tudo que ele precisava para movimentar a cavalaria e as carruagens persas.

Mas os macedônios não apareceram. Alexandre havia caído gravemente enfermo.

O Líder Que Confia

Alexandre adoeceu quando estava atravessando com seu exército as passagens montanhosas do sul da Turquia, perto da cidade de Isso (não muito longe da atual fronteira da Turquia com a Síria). Era um abafado dia de outubro quando Alexandre, atravessando as cordilheiras, avistou uma corredeira. Ele não se dera conta de que a água estava quase congelando, e mergulhou no rio para se aliviar do calor. A súbita queda de temperatura provocou um ataque de câimbras tão violento que seu corpo inteiro entrou em convulsões. Arrastado para fora do rio, ficou estendido na margem com febre alta, calafrios e tremores. (Alguns médicos modernos, analisando as informações escritas a respeito, chegaram à conclusão de que Alexandre tinha contraído malária; não só essa parte da Turquia onde ele se encontrava possuía alta incidência da doença como também a Macedônia, até o início do século XX, era um dos países com maior ocorrência de malária fora dos trópicos).[1] Os médicos temeram por sua vida – a não ser por Filipe de Acarnania, amigo de infância, que era também seu médico particular. Filipe preparou uma poção e pediu que Alexandre a ingerisse. Também avisou a Alexandre que a poção provocaria um estado de coma temporário do qual, ele não tinha dúvidas, dado seu estado geral de saúde, Alexandre certamente se recuperaria.

Ao receber a beberagem, Alexandre entregou a Filipe uma mensagem que havia recebido de Parmênion. Na mensagem, Parmênion advertia Alexandre a se precaver contra Filipe, porque obtivera informações confiáveis segundo as quais este havia sido subornado para envenená-lo.[2] Alexandre já havia engolido o líquido quando Filipe terminou de ler a mensagem, tamanha era sua confiança nos amigos mais próximos – sobretudo aqueles com quem havia crescido. Alexandre se recuperou completamente em alguns dias. (Nove anos depois, quando seu melhor amigo,

Heféstion, morreu de uma febre em Ecbatana, Alexandre mandou crucificar o médico que cuidara do caso.)

Esse estilo de liderança de Alexandre, marcado por tamanha confiança nos subordinados, despertava uma profunda lealdade em torno dele. Alexandre confiava nas pessoas que conhecia havia muito tempo, como seu amigo dos tempos de rapaz, Filipe de Acarnania; mas, às vezes, depositava confiança em pessoas que tinha acabado de conhecer. Um desses foi um pastor persa que seu exército encontrou depois que os macedônios sofreram pesadas perdas tentando atravessar as montanhas de Zagros, que cercavam a capital persa, Persépolis. O segredo da travessia do Zagros, próximo a Persépolis, era uma cordilheira estreita, fortemente defendida, conhecida como os "Portais Persas". Alexandre havia enviado Parmênion com metade das tropas e todos os suprimentos e maquinários de guerra pela estrada mais longa que circundava a montanha, e, com a outra metade, resolveu escalar a encosta, ingressar na cordilheira e alcançar Persépolis, que ficava num platô abaixo.

O general de Dario, Ariobarzanes, porém, tinha outros planos. Os persas já tinham a essa altura experiência suficiente de combate contra Alexandre para saber que ele era capaz de tentar o impossível. Escalar o Zagros com tempo bom era uma missão delicada, mas fazê-lo com mais de 20 mil soldados em meio ao pior dos invernos persas era absolutamente impensável. Ariobarzanes estava convencido de que, se isso era impensável para a maioria dos mortais, então deveria ser exatamente o que Alexandre tentaria fazer. Portanto, com 40 mil homens bem equipados e treinados, Ariobarzanes aguardou a chegada de Alexandre à beira dos Portais Persas. Da segurança oferecida pelo forte que dominava a cordilheira de cima, os persas tinham uma visão clara de tudo a seu redor. Qualquer movimento de tropas macedônias seria imediatamente detectado pelos persas porque a neve os destacaria ainda mais. Assim que os macedônios começaram a se aproximar da passagem, os persas atacaram com uma saraivada de pedras e setas. Procurando agarrar-se a suas posições na encosta da montanha, os macedônios ficaram literalmente expostos como patos em céu limpo. Estavam tão vulneráveis que os persas poderiam tê-los atingido com suas fundas.

Alexandre sabia que não tinha como vencer ali e pediu que o arauto soasse o toque de retirada. Seu único caminho por sobre a montanha agora era alcançar o cume nevado, em vez de ingressar na cordilheira, mas não havia nenhuma trilha identificável – muitos centímetros de neve cobriam tudo. Foi então que um pastor, que havia sido capturado pelos macedônios sob suspeita de ser um espião a serviço dos persas, se aproximou de Alexandre e disse que poderia guiá-los até lá. Explicou que fora pastor na montanha de Zagros e que tinha sido obrigado a entrar para o exército persa como escravo antes de ser dispensado havia alguns meses. Ele não gostava dos persas e ficaria feliz em ajudar. Alegou que conhecia cada trilha do Zagros que conduzia a Persépolis.

Alexandre depositou toda a sua fé no pastor e prometeu que, se de fato ele os fizesse atravessar a montanha, iria torná-lo tão rico como ele jamais imaginara ser possível; por outro lado, se a trilha se revelasse uma cilada, ele mesmo o torturaria até a morte.

Historiadores têm manifestado sua mais profunda incredulidade com o fato de Alexandre ter posto tantas vidas nas mãos de alguém que havia acabado de conhecer – pior, alguém que havia sido capturado e feito prisioneiro por suspeita de espionagem. O pastor os conduziu por sobre a montanha naquela noite de inverno. A trilha que ele utilizou era a única forma de contornar as tropas de Ariobarzanes. Eles acenderam algumas tochas feitas com a casca de árvores que haviam ficado de fora da neve para iluminar o difícil avanço pela montanha. Os persas dormiram a noite inteira, apesar de algumas sentinelas terem ficado intrigadas com o brilho do que, para elas, deveriam ser pirilampos no alto da montanha. De manhã, quando despertaram, descobriram que os macedônios estavam acima deles pelo outro lado, preparando-se para atacá-los. Quando chegou o momento de recolher o butim, Alexandre deu ao pastor o equivalente a meio milhão de dólares atuais – o que, mesmo hoje, apesar da inflação no preço do gado, continua comprando muitas cabras nas montanhas de Zagros. Felizmente, àquela altura, o tesouro macedônio já havia arrecadado razoável quantia em impostos para poder recompensar tão bem o pequeno pastor. Mais uma vez, exatamente quando os persas pareciam tão perto da vitória, Alexandre impunha-lhes mais uma humilhação.

Para os gerentes modernos, viver num mundo onde a confiança nunca foi tão rara dentro das empresas, confiar nas pessoas, seja acima ou abaixo deles, não é fácil. Não surpreende, portanto, que – hoje mais do que nunca – a questão sobre "em quem confiar" continue sendo uma das eternas perguntas com as quais os gerentes têm de se ver às turras. O método que Lou Gerstner empregou para saber em quem confiar quando chegou a uma IBM mal das pernas em 1º de abril de 1993 foi dar a *todo mundo* a chance de ganhar sua confiança. Todos contavam com ela até prova em contrário. Esse é um método. Por precaução, Gerstner também tinha trazido com ele – ou contratado sem demora – alguns gerentes com quem tinha uma longa história de confiança.

A maioria dos líderes e gerentes não vive situações como a que Gerstner viveu, nem goza do prestígio necessário para atrair um verdadeiro exército de pessoas com as quais se tenha todo um histórico de confiança. A única forma de inspirar e estabelecer a confiança num relacionamento é viver um processo gradual e cumulativo de experiências positivas: "Confiar missões importantes aos empregados, mostrar-se franco e justo na avaliação do trabalho deles, e assim por diante", escreveu Fernando Bartolomé, professor de administração da *Harvard Business Review*.[3]

Seja qual for o método adotado, porém, não há como negar que o modo de agir e o comportamento de um líder em sua vida profissional – e pessoal – são a forma mais segura de estabelecer confiança; ou a forma mais rápida de destruí-la. A confiança é sempre uma via de mão dupla. A questão não se resume à pessoa em quem o líder pode confiar para a execução de um trabalho, mas inclui a retribuição da confiança que os empregados, soldados ou eleitores depositaram nesse líder. Líderes políticos e de negócios pegos com a boca na botija se mostram normalmente muito indignados quando se vêem abandonados por aqueles em quem confiaram tão completamente e por tanto tempo, e chamam esse abandono de ingratidão. Mas a verdade é que muitas vezes não foi a confiança entre o líder e seus seguidores que foi interrompida, mas sim o controle interesseiro do líder sobre os pontos fracos do seguidor (como a necessidade de manter o emprego), o possível responsável pela submissão (muitas vezes, confundida com confiança), que se rompeu, abrindo as portas à indiferença – descarada ou sutil.

Por outro lado, muitas empresas e gerentes são merecedores de profunda confiança por parte de seus empregados e até de seus acionistas. A Level 3, por exemplo, uma empresa de telecomunicações de fibra óptica sediada em Omaha que viu sua liderança no mercado despencar do patamar de 40 bilhões de dólares, no auge da bolha da Internet, para 1,3 bilhão em julho de 2002, quando todo o setor de telecomunicações já havia entrado em colapso. Além dos megainvestidores institucionais, os donos de ações da Level 3 eram basicamente moradores comuns de Omaha – a maioria dos quais nunca vendeu as ações, nem mesmo quando elas despecaram fragorosamente. Enquanto as instituições se desfaziam de sua participação, os moradores de Cornhusker State continuavam comprando avidamente os papéis. Motivo: um septuagenário chamado Walter Scott, fundador e atual presidente da Level 3. Em Omaha, Scott goza da mais profunda confiança como construtor – inclusive literalmente, pois fez sua fortuna construindo imóveis comerciais, represas e estradas. Warren Buffett, o lendário investidor e outro cidadão de Omaha que goza da extraordinária confiança geral, diz de seu amigo Walter: "Ele é o tipo de homem que empenha a palavra e pronto. Trata-se de uma pessoa de profunda integridade. Todos aqui têm um tremendo respeito por ele."[4] Os investidores de Omaha continuam comprando ações da Level 3 baseados pura e simplesmente na confiança que depositam em Scott – não muito diferente da confiança depositada em Alexandre pelos milhares de soldados e seguidores que o acompanharam por mais de 16 mil quilômetros.

O Líder que Inspira

Enquanto Alexandre se recuperava de sua enfermidade próximo a Isso, Dario ficava impaciente. Seus conselheiros lhe incutiram a idéia de que não só Alexandre havia detido seu avanço, como também havia escolhido as cordilheiras a sudeste da Turquia como defesa natural e posto avançado do império macedônio no Oriente. Os generais persas convenceram Dario de que Alexandre havia detido sua marcha. As montanhas, como Alexandre iria mostrar, e como Haníbal mostraria quando liderasse os cartaginenses por sobre os alpes para dominar Roma pouco mais de um século depois de Alexandre, não representam defesa contra exércitos resolutos em busca de um objetivo. As montanhas não protegem nada senão a si mesmas. O estrategista militar francês Jomini escreveu: "Há muito se discute se o domínio sobre uma montanha faz do líder o mestre dos vales ou exatamente o contrário."[5]

Para ir ao encontro dos macedônios nas montanhas da Turquia, Dario decidiu rumar ainda mais para oeste, na direção de Isso, perto de onde seus batedores haviam avistado o exército macedônio. Dario mandou levar seus equipamentos e suprimentos de guerra, a maior parte de seu tesouro e muitos dos seus familiares para Damasco, na Síria, para aguardar.

Enquanto Dario avançava para oeste e Alexandre se recuperava, Parmênion e outros generais deram início a operações para garantir um campo de batalha adequado, onde os macedônios, apesar de seu reduzido contingente, poderiam ter alguma vantagem. O campo de batalha que eles escolheram foi Isso, pequeno enclave de solo arenoso cercado por montanhas em três quadrantes e pelo golfo de Isso (hoje golfo de Iskenderun) no quarto quadrante. O rio Pínaro dividia o enclave aproximadamente no meio. O curso d'água corria das montanhas para o golfo.

Parmênion instruiu as tropas a assumirem posições em todas as passagens das montanhas ao redor de Isso. Essas passagens eram os únicos acessos a Isso por entre as encostas rochosas. Parmênion estava convencido de que o melhor lugar para enfrentar Dario era Isso. Alexandre concordava. Ele percebeu que seria difícil para qualquer dos lados promover um ataque de flanco ou carga de cavalaria eficaz devido ao exíguo espaço disponível em Isso. Além disso, considerando a estreiteza das passagens pelas montanhas, independentemente daquela que fosse escolhida pelos persas, os macedônios teriam toda a tranqüilidade para preparar seu ataque.

Apesar de Parmênion e outros generais acreditarem que Isso era o melhor lugar para enfrentar Dario, Alexandre não estava convencido de que Dario se encaminharia para lá. No início de novembro, já completamente recuperado, Alexandre decidiu ir ao encontro de Dario nas planícies da Turquia e da Síria. Ele acreditava tão piamente que não haveria ataque em Isso se Dario não fosse atraído até lá que deixou seus doentes e feridos para trás e rumou na direção do sul, em busca de Dario. Uma vez localizado Dario, Alexandre planejava retornar imediatamente para o enclave e aguardar a chegada do exército persa.

Deixar os doentes e feridos para trás iria se mostrar um erro. Enquanto Alexandre saía em busca de Dario nas planícies ao sul de Isso, Dario, graças à pura sorte, penetrou em Isso pelas passagens ao norte. Alexandre não previra essa possibilidade. Pior que isso, não imaginara a absurda mutilação e o massacre dos doentes e feridos macedônios, que foi o que Dario mandou fazer assim que se deparou com eles. O massacre foi "absurdo" porque, se os macedônios antes disso não estavam plenamente resolutos em seu desejo de derrotar os persas, a atitude de Dario faria em pouco tempo que sua resolução fosse a mais completa. Quando Alexandre recebeu a notícia de que Dario estava em Isso, assumiu a culpa por ter posto a perder a posição de vantagem que era dos macedônios até poucos dias antes. Sua admissão de culpa por algo que simplesmente não era possível prever só fez aumentar o grau de confiança que suas tropas depositavam nele.

Os macedônios deram meia-volta imediatamente e retornaram a Isso debaixo de um forte temporal – estavam tão inspirados pelo fato de Alexandre ter assumido a culpa que teriam sido capazes de atravessar o olho de um furacão. Depois de enveredar por uma das passagens ao sul no meio da noite, buscaram refúgio nos cantos e frestas à borda da encosta, com suas barracas, suprimentos e provisões inteiramente encharcados. Na manhã seguinte, o exército de Alexandre despertou, cansado e ensopado, e mais uma vez para receber notícias e perspectivas sombrias: sua rota de recuo (muito embora eles não planejassem recuar) na direção da Macedônia fora bloqueada por Dario, que se apossara da passagem norte. Mas isso não era o pior. Eles se depararam com o fato ainda mais triste de os doentes e feridos que eles haviam deixado para trás terem sido vítimas de um massacre. A expressão de pesar e dor nos olhos de Alexandre apenas renovou o ânimo com que agora todos desejavam vingar a morte de seus camaradas.

Nada abate mais profundamente o moral de um exército do que saber que suas linhas de comunicação e suprimentos, e, mais importante, de retirada, estão bloqueadas. Mas nada faz revirar com mais ânsia o estômago de um exército do que constatar que seus doentes e feridos foram massacrados. Inabalável diante desses golpes, Alexandre mandou preparar uma farta refeição quente para os seus homens. Enquanto todos descansavam e comiam na encosta da montanha (Alexandre, como Napoleão muitos séculos depois dele, também acreditava que os exércitos são movidos a estômago cheio), Alexandre convocou seus comandantes para um conselho de guerra em sua tenda para definir a estratégia e as táticas. A reunião se prolongou até a noite.

Com o anoitecer, Alexandre mandou que todos gozassem uma noite inteira de sono. Postou sentinelas em toda a encosta da montanha para vigiar cada passo dado por Dario. Diversas vezes no meio da noite acordou para observar pessoalmente a região, conversar com as sentinelas e sentar-se ao lado delas enquanto montavam guarda. Nada se movia lá embaixo, a não ser a chama das tochas que iluminavam as barracas do acampamento de Dario. Às primeiras luzes do dia, Alexandre já estava de pé, oferecendo preces e sacrifícios aos deuses, sobre uma carroça puxada por quatro cavalos, que ele conduziu até a praia para render suas homenagens a Posêidon, o deus grego dos mares.[6] Alexandre estava presumivelmente pedindo a intervenção divina caso fosse atacado pelo mar pela frota persa de Dario. Estava bastante preocupado com a frota fenícia de Tiro.

Um Discurso Empolgante

Depois de render homenagem aos deuses, Alexandre reuniu todos os seus soldados. Era senhor de uma invejável capacidade de motivar e inspirar seus homens ao definir as linhas de batalha. Enquanto falava, as silhuetas dos soldados assomavam e desapareciam na neblina que se erguia do fundo do vale:

Vocês já enfrentaram e venceram muitos perigos, e sem dúvida ganharam coragem com eles.

Outra vez nos preparamos para mais uma batalha.

Desta vez nossa luta será entre um exército vitorioso e um adversário que já foi derrotado antes.

Mais que isso, já podemos contar com a intervenção dos deuses em nosso favor.

Nem que fôssemos nós os generais de nossas tropas inimigas, poderíamos ter esperado um desdobramento de eventos mais favorável. Pois eis que Dario resolveu deixar os campos abertos e trancou seu exército num estreito vale, onde sua superioridade numérica será inútil.

Mas há espaço suficiente para que movimentemos nossas falanges.

Tampouco nossos inimigos sequer se aproximam de nós em força e coragem.

Nós, homens da Macedônia, temos longa experiência com as lidas da guerra e o enfrentamento dos perigos. Eles, por outro lado, são persas, enfraquecidos pela longa duração de seu ócio e dissipação.

Nós, os mais robustos e aguerridos soldados da Grécia e da Macedônia, estamos diante dos mais afeminados e indolentes dos homens.

Para coroar tudo, somos homens livres.

Estamos prestes a travar uma batalha com homens que são escravos.

E não se esqueçam de que Alexandre é o seu comandante nessa batalha, enquanto eles são guiados por Dario.[7]

Todo o vale irrompeu aos gritos de "Alexandre! Alexandre!" Ao mesmo tempo, as primeiras unidades começaram a se pôr em movimento lá embaixo, cobertas pela neblina que as engolfava. Quando o Sol dissipou toda a neblina por volta do meio-dia, o exército de 80 mil homens de Alexandre encontrava-se numa das margens do Pínaro, encarando o contingente muitas vezes superior de Dario – numa proporção de um para quatro ou oito, dependendo do historiador em que se resolva acreditar – na margem oposta.

Não estava claro o que Dario pretendia fazer. Ele havia criado uma cortina de infantaria leve e de cavalaria ao longo de toda a margem para ocultar os movimentos e o posicionamento de suas tropas logo atrás. Alexandre também não estava com nenhuma pressa. Ele dispôs suas tropas calmamente na posição em que desejava. Parmênion recebeu instruções para em nenhum momento perder contato com o mar à esquerda macedônia. A maior preocupação de Alexandre era que Dario fizesse uma operação de flanqueamento na direção do mar, e o contingente persa superior fosse suficiente para suplantar o melhor preparo da cavalaria macedônia posicionada à esquerda, desse modo permitindo que Dario impusesse o flanqueamento à esquerda e na direção da retaguarda macedônia.

Um líder moderno que tinha o admirável dom da palavra, como acabamos de ver em Alexandre, falando sempre com clareza, incentivo, simplicidade e firmeza a seus concidadãos era Ronald Reagan. Os termos, segundo alguns críticos, eram simples demais, mas cumpriam o papel de pintar o quadro da oportunidade ou da ameaça de um modo que era compreensível para todos, sem exceção. Os termos eram sempre pretos ou brancos, nunca de cor cinza. Reagan sempre conclamava a uma decisão entre esses extremos, e havia sempre otimismo nas decisões que convidava o país a tomar – ou tomava sozinho.

Quando falava sobre a Iniciativa de Defesa Estratégica (o programa "Guerra nas Estrelas"), por exemplo, dizia: "E se os cidadãos livres pudessem viver tranqüilos sabendo que sua segurança não dependeria da ameaça de retaliação americana imediata para deter um ataque soviético, mas poderíamos interceptar e destruir mísseis balísticos estratégicos antes que atingissem nosso território ou o de nossos aliados?" Muito embora a realidade na Terra fosse que o programa estava provocando uma nova e preocupante corrida por superioridade nuclear ofensiva, o discurso de Reagan fez com que os americanos tivessem a sensação de que tinham controle sobre seu futuro, o que, evidentemente, não era verdade. Não foi muito diferente do quadro de vitória pintado por Alexandre, do qual ele não podia, sob qualquer aspecto, ter qualquer certeza, simplesmente porque nunca havia enfrentado Dario antes, e nem um exército tão superior, quantitativamente falando.

Outro grande exemplo de liderança inspiradora foi a atitude de Winston Churchill diante dos britânicos na Segunda Guerra Mundial. A Grã-Bretanha conhecia suas fraquezas, o que incluía, no início da guerra, um exército despreparado que não seria páreo para a ameaça alemã. Mas Churchill conhecia o poder de se insuflar o país no sentido de uma vitória da qual ele próprio não estava seguro, pintando o país mais forte do que era de fato. Seus pontos fortes jaziam na excelente frota naval, na força aérea e, sobretudo, nos bombardeiros quadrimotores de longo alcance que levaram a guerra para dentro da Alemanha, bombardeando alvos importantes; capacidade ininterrupta de fabricação de aeronaves, dia e noite; e a força e determinação de seu povo, que Churchill traduziu em imagens quando de seu discurso "lutaremos nas praias". Inspirados por Churchill, eles se entregaram à luta, como os pilotos alemães puderam confirmar. Na Batalha da Inglaterra, enquanto os pilotos da Real Força Aérea cujos aviões haviam sido atingidos saltavam para se safar e estavam de volta a suas bases literalmente a tempo para o chá das cinco, e prontos para a missão seguinte, os pilotos alemães que saltavam para se salvar eram muitas vezes mortos a golpes de forcado pelos agricultores em cujas fazendas haviam caído.

O Líder Que se Comunica

O filho de Parmênion, Nicanor, comandava três batalhões de hipaspistas, exímios soldados de infantaria, na extrema direita das posições macedônias, próximo às montanhas. À esquerda de Nicanor, ficava o genro de Parmênion, Cuno, com um batalhão de falanges, e, à esquerda de Cuno, ficava outro batalhão de falanges liderado por Perdicas, amigo próximo de Alexandre e general digno de sua confiança, que um dia seria por breve tempo o regente de Babilônia. Esses três generais comandavam a infantaria na extremidade direita da linha de frente macedônia, sob a liderança pessoal de Alexandre.

Parmênion era o líder supremo da extremidade esquerda. Abaixo dele, havia quatro generais, cada qual no comando de um batalhão de falanges. Na extrema esquerda, do lado da costa, ficava Amintas, depois Ptolomeu, futuro rei do Egito, e depois Meléagro, seguido de Crátero. Amintas, Ptolomeu e Meléagro respondiam a Crátero, que, por sua vez, respondia a Parmênion. Cada um desses generais sabia o que era preciso fazer em batalha – os planos eram traçados em detalhes e repassados integralmente na reunião sobre estratégia antes da batalha.

Nem Parmênion nem Alexandre, que confiava nas decisões autônomas de cada um a quem delegara poder, jamais intervinham ou desaprovavam um movimento de seus generais depois de iniciada a batalha. Eles vinham em auxílio uns dos outros, mas já tinham estudado os planos e estratégias de batalha tantas vezes que implementá-los vinha de forma espontânea – não sendo necessário, portanto, efetuar correções de curso quando a batalha se encontrava em andamento. Também havia a preocupação de dar bastante espaço aos generais. Todos eram guerreiros extremamente habilidosos e condecorados. Tanto Parmênion como Alexandre acreditavam ter recrutado grandes seres humanos como seus generais; era importante que pudessem trabalhar livremente.

Assim que a infantaria ocupou suas posições, Alexandre mobilizou a cavalaria: os Companheiros à direita da infantaria de Nicanor, seguidos de um batalhão de lanceiros, e em seguida a cavalaria leve peônia e a cavalaria pesada tessália. Os Companheiros obviamente eram os melhores soldados macedônios, de formação esmerada e excepcional treinamento em todos os aspectos da arte da guerra. Apesar de a maioria do grupo de Companheiros ter sido herdada de seu pai, diversos amigos de Alexandre desde Mieza agora exerciam funções de relevância nas fileiras dos Companheiros em Isso.

À esquerda, sob o comando de Parmênion, ele posicionou a cavalaria dos aliados gregos, recrutados dentre as diversas cidades-Estado da Grécia, logo à frente da infantaria de Amintas.

"Doar-se"

Alexandre percorreu a cavalo várias vezes toda a extensão dos quase cinco quilômetros de sua linha de frente,[8] dirigindo-se a muitos soldados pelo nome e lembrando-os dos atos de bravura que haviam tido nas batalhas anteriores, mesmo correndo grandes riscos. Alexandre tinha aquela admirável qualidade de "doar-se" para seus soldados, o que o marechal-de-campo visconde Montgomery de Alamein considerava uma virtude crucial da liderança militar.[9] O apoio emocional oferecido por Alexandre, que era parte integrante de seu estilo, nesse caso cumpria a função de motivar os combatentes a segui-lo na batalha, e de ajudá-los a consolidar sua autoconfiança.

Alexandre já sabia o que esse tipo de contato com seus soldados era capaz de fazer pelo moral do grupo. Quando falou a suas tropas sobre a batalha de Isso e lembrou-as de seus atos pessoais de bravura nas batalhas anteriores, também fez referência aos êxitos de grandes heróis gregos, tais como Xenofonte, que com "os Dez Mil" derrotou o rei da Pérsia em condições muito mais precárias do que aquelas que enfrentariam naquele dia. O contingente de Xenofonte, Alexandre lembrou a seus homens, não contava com o apoio de uma cavalaria como eles, e nem com arqueiros e fundibulários – apenas um grupo de homens corajosos recrutados às pressas em Creta e Rodes, dispostos a lutar por uma causa. Se Xenofonte era capaz de improvisar e derrotar o rei da Pérsia naquelas condições, Alexandre lembrou, então eles também eram – em face de sua força e sua reputação como guerreiros, assim como seu histórico de batalha em Granico. Ao ouvir tais palavras de incentivo, os homens se aproximavam dele, punham suas mãos sobre as dele e pediam que ele os conduzisse em batalha.

Os Companheiros eram sempre os primeiros a atacar, cavalgavam à frente de seus homens, sempre combatiam nos pontos onde a luta era mais densa e feroz e acorriam em socorro de seus camaradas não importava de que patente se tratasse. Nenhum soldado jamais questionava a autoridade moral da qual esses homens gozavam para conduzi-los fosse aonde fosse. Era uma honra para a maioria segui-los, pois sua liderança emanava do exemplo pessoal. Cumprir a dupla função de grandes administradores e guerreiros era exatamente o que caracterizava os maiores heróis gregos. Os governantes e nobres macedônios eram exemplos desse tipo de herói.

Grandes generais, Montgomery dizia, estavam sempre próximos de seus soldados e aproveitavam toda oportunidade para conversar diretamente com eles. Lembrando-se de sua liderança à frente das forças britânicas na Segunda Guerra Mundial, Montgomery escreveu em seu *Concise History of*

Warfare, que às vezes ele se dirigia a vastos contingentes estando em cima do capô de um jipe, às vezes a alguns poucos homens à beira de uma estrada, ou numa casamata. "Eu também me dirigia a eles de forma menos direta, por escrito, em fases importantes da campanha e antes das batalhas. Essas conversas e contatos por escrito aumentavam a gana de vencer e ajudavam a unir todo o efetivo num grupo de luta coeso que acreditava na vitória."

Agora, comparemos o general Monty à liderança do marechal-de-campo Sir Douglas Haig durante a Primeira Guerra Mundial. A guerra de atrito de Douglas contra os alemães, que pode ser resumida a "mate mais alemães", é amplamente considerada um fiasco completo, tendo levado a pesadas perdas humanas entre as forças do império britânico. Uma grande ofensiva britânica, a de Passchendaele, lançada em 31 de julho de 1917 contra o norte na direção da costa belga para destruir as bases dos submarinos alemães, teve dez mil soldados britânicos mortos ou feridos nos primeiros dois dias de ofensiva, e um número igual de fatalidades do lado alemão.

A chuva constante e o bombardeio deixaram o terreno completamente inviável para a passagem de tanques, e representavam um verdadeiro pesadelo para os soldados. Quase cem dias depois, quando a guerra finalmente terminou, todo o exército aliado mal havia conseguido avançar oito quilômetros a partir de suas posições, mas os dois lados juntos totalizavam uma perda de quinhentos mil homens naquela ofensiva. Quando o chefe do Estado-Maior de Haig (mas não o próprio Haig) visitou os soldados *depois* que a batalha já havia terminado, consta que teria dito: "Meu Deus! Nós realmente enviamos nossos homens para combater aqui?"[10] Poetas como Wilfred Owen e Siegfried Sassoon escreveram alguns dos mais belos poemas de todos os tempos sobre guerra nessa batalha. Sassoon escreveu: "Eu morri no inferno (Eles a chamavam de Passchendaele)."

Parte do fracasso de Haig deveu-se à sua incapacidade de incutir o espírito de luta em seus soldados, o que, por sua vez, era resultado de sua incapacidade e relutância em "se doar" para seus homens. Monty narra uma história na qual Haig, depois de muito incentivo de seu gabinete, finalmente decidiu "se doar". Ele perguntou a um soldado no *front*: "Onde você começou essa guerra?" O soldado, inicialmente perplexo diante da pergunta de Haig, e em seguida convencido de que, dada a reputação dele, não podia se tratar de uma pergunta a respeito de seu envolvimento pessoal na guerra, respondeu: "Eu não comecei essa guerra, senhor; acho que foi o kaiser."

Napoleão também tinha uma admirável capacidade de se relacionar com seus soldados. Tanto assim que estes lhe deram a alcunha "o pequeno cabo". Napoleão a recebeu numa das primeiras expedições que liderou contra o exército austríaco. Para silenciar as armas austríacas durante a travessia de um rio, os franceses foram obrigados a carregar seus canhões mais rápido do que a capacidade austríaca de disparar contra eles, e Napoleão pôde ser visto pegando os obuses e colocando-os nos canhões, exatamente como os cabos, cuja função era carregar e recarregar o armamento pesado.

Durante a guerra do Golfo, o general encarregado da logística de todas as forças de coalizão, William "Gus" Pagonis, ficou famoso pelo sistema de gestão que implementou para se manter em contato com seus soldados e oficiais. Todos os integrantes do *22nd SupCom** – o comando de suprimentos e logística sob sua responsabilidade, composto por 40 mil homens – podiam escrever-lhe num cartão especialmente designado para esse fim, dando sugestões, fazendo consultas, atualizando informações ou levantando alguma questão. Ele lia centenas desses cartões todos os dias e respondia àqueles para os quais tinha a resposta, ou encaminhava a consulta para um de seus oficiais que tivesse condições ou autonomia para respondê-la e tomar as providências cabíveis. Além disso, toda manhã, ele fazia uma reunião "informal", da qual todos sob o seu comando podiam participar, e, toda noite, uma reunião mais "formal", aberta apenas a seus oficiais e a quem fosse convidado.

Pagonis exigia que seus oficiais usassem a mesma transparência ou folha de papel que haviam sido usadas na reunião anterior para que um tempo precioso não fosse perdido na apresentação de informações que eles já conheciam. No meio-tempo entre as reuniões formais e as informais, ele se deslocava entre os depósitos de suprimentos, ia ter com seus oficiais e soldados e sempre os cobria de perguntas.[11] Depois de sair do exército, Pagonis entrou para a Sears, Roebuck and Company como diretor de logística, onde manteve a tradição das reuniões informais e formais que criou nas forças armadas – mostrando que, em matéria de liderança, o que é bom para uma área é perfeitamente aplicável à outra.

---

* Vigésimo segundo comando de apoio logístico, também conhecido no jargão militar como "Cmdo Log". (*N. do T.*)

O Líder Agressivo

Do outro lado do rio, numa rápida retirada de sua cortina humana, Dario revelou sua formação de batalha. Ficou imediatamente claro para Alexandre que seu maior medo tinha se tornado realidade: Dario alinhara a maior parte da cavalaria persa de tal forma a investir contra as posições de cavalaria de Alexandre na direção do mar, onde Parmênion estava, e não, como Alexandre alimentara esperanças, contra suas posições de infantaria pesada do lado das montanhas. Ele não permitiu que isso o paralisasse. Alexandre imediatamente enviou a experiente cavalaria pesada tessália que ele havia postado à direita por trás dele para dar cobertura a Parmênion na esquerda. E ordenou que os tessálios se deslocassem discretamente, sem fazer alarde, por detrás das fileiras das falanges, de tal forma que não fossem vistos por Dario. As longas lanças das falanges funcionaram como uma cortina de aço atrás da qual os tessálios mudaram sua posição.

Tomar as posições de cavalaria macedônia como alvo na direção do mar era um cálculo acertado da parte de Dario, que se dera conta de que sua infantaria seria completamente inútil contra a formação das falanges macedônias, com 32 fileiras de homens guarnecidos de pesadas armaduras, com suas sarissas de 4,2m de comprimento, mais propriamente um pique do que uma lança. Dario havia decidido fazer daquela uma batalha de cavalaria. O lado da costa permitia maior facilidade de manobra para os cavalos do que o lado das montanhas. O próprio Dario posicionou-se bem no meio da linha de frente persa, o que, tinha ficado claro desde o tempo de Xenofonte, era a posição preferida de todos os reis persas em batalha. Dario, envergando o traje persa completo, ocupava uma carruagem ornamentada. Em volta dele, ficavam os nobres persas, cada qual comandando um regimento. Próximo a Dario, ficava uma carruagem sem ocupantes, suntuosamente adornada com jóias e ourivesaria, sobre a qual erguia-se um altar destinado ao deus do zoroastrismo Ahura Mazda, o qual, de acordo com a fé persa, acompanhava seu Grande Rei em batalha. Era comum que soldados de ambos os lados parassem brevemente para admirar sua opulência.

Diferente dos generais sob o comando de Alexandre, que treinavam, lutavam e viviam meses juntos em seus deslocamentos e incursões, os nobres persas só se reuniam no campo de batalha nos momentos de crise nacional. Assim, nos primeiros momentos de uma batalha, eles passavam a maior parte do tempo adaptando-se às virtudes e deficiências dos demais nobres à frente de seus batalhões. Logo atrás desses nobres persas, vinham familiares de Dario, que, conforme o costume persa, sempre acompanhavam o Grande Rei em batalha. Nas palavras do historiador Quintus Curtius Rufus, Dario, sobranceiro em sua imponente carruagem, como se estivesse ele próprio sobre um pedestal, parecia mais um general vitorioso *voltando* da guerra do que um que estivesse *indo* para a guerra.

Como tática diversiva, Dario mandou um grupo de cavalaria leve subir a encosta da montanha e ocupar uma posição logo acima do flanco direito macedônio, ostensivamente para atacar esse flanco e provavelmente até mesmo a retaguarda. O reduzido número desse contingente, assim como as lições aprendidas nas batalhas que gregos e macedônios já haviam travado contra os persas, denunciaram que, pela formação e pelo posicionamento assumidos, aquele era o grupo de recrutas que tinha acabado de se formar na academia militar persa. A manobra sugeriu a Alexandre que Dario não tinha de fato a intenção de usar aquele bando para atacar, e que o movimento só poderia ter natureza diversiva. Alexandre enviou alguns membros da cavalaria leve para cuidar do problema e a maioria dos persas saiu em debandada. Os macedônios cuidaram daqueles que não o fizeram.

Apesar de Alexandre temer uma carga de cavalaria persa pelo seu lado esquerdo, nada aconteceu. Dois dos maiores exércitos já reunidos na Antiguidade jaziam um diante do outro, separados por um rio. Começou a ocorrer a Alexandre que, apesar da enorme superioridade numérica com que Dario contava e da posição de ataque de sua cavalaria, ele poderia simplesmente não atacar. Alguns dos generais de Alexandre começaram a se perguntar se Dario tinha o brio e as condições necessárias para atacar os macedônios. Mas não tiveram de esperar pela resposta.

Alexandre já havia se preparado exatamente para essa eventualidade. Com efeito, os persas não atacarem era algo que ele preferia. Estava sempre disposto – e fora ensinado – a atacar em vez de se defender. Isso também combinava perfeitamente com seu estilo agressivo de liderança. Ele era sempre o primeiro a entrar no confronto, invariavelmente lutava na região de corpo-a-corpo mais cerrado e era sempre quem mais longe ia penetrando nas linhas inimigas. Nunca aguardava que as respostas para os problemas chegassem até ele. Era ele quem ia buscá-las. Enquanto

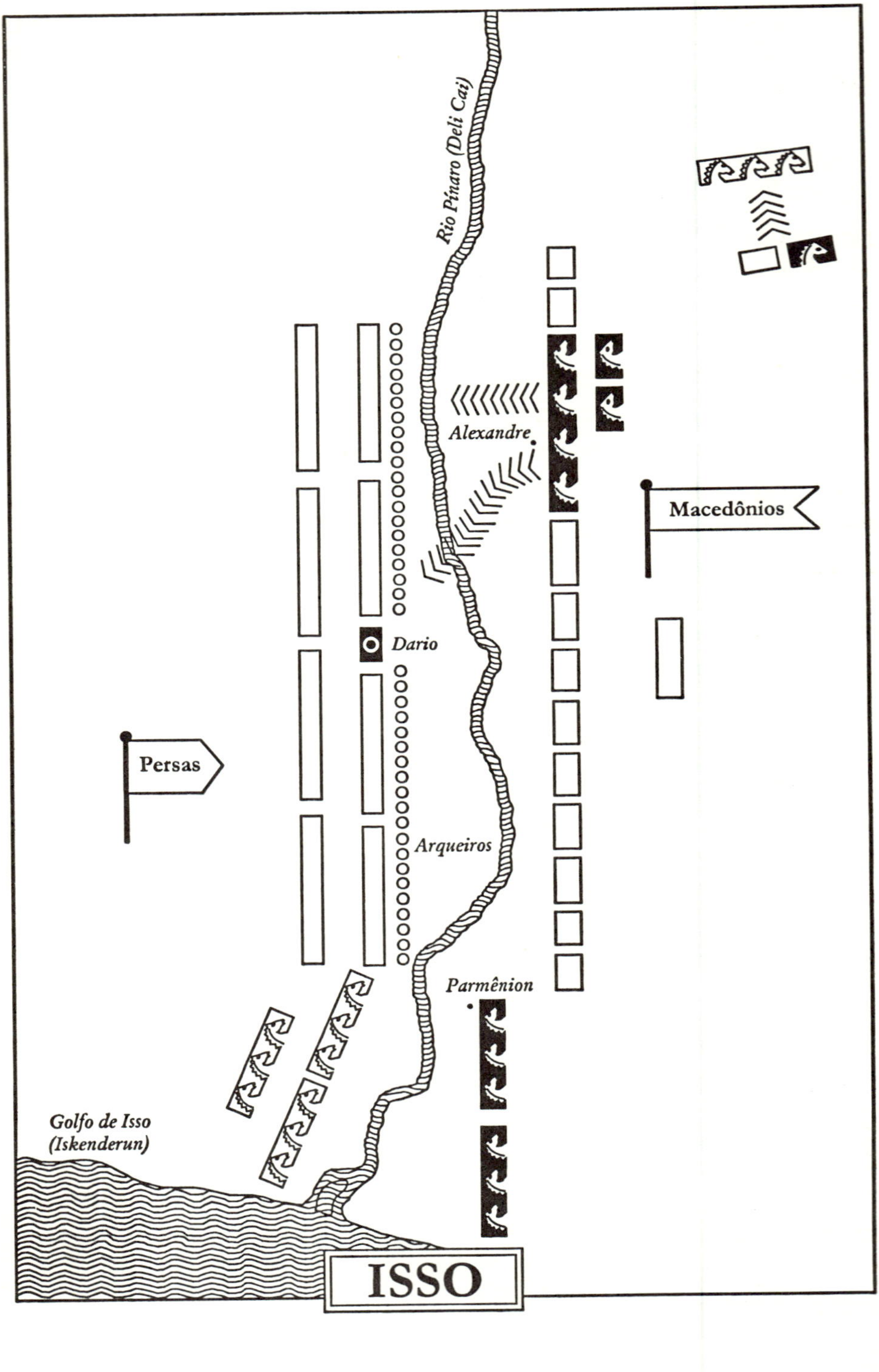
Rio Pínaro (Deli Cai)
Alexandre
Macedônios
Dario
Persas
Arqueiros
Parmênion
Golfo de Isso
(Iskenderun)
ISSO

outros generais enviavam soldados de baixa patente para fazer incursões de reconhecimento do teatro de operações de uma batalha ou recolher informações de inteligência, Alexandre era quem buscava pessoalmente e de forma agressiva essas informações.

Sem que os persas percebessem, assim como muitos dentre os próprios macedônios, Alexandre mantivera seus soldados em constante movimentação na direção das margens do Pínaro. A essa altura, a tarde já se encaminhava para o fim. Alexandre, em sua curta vida, já havia visto suficientes formações defensivas para saber que Dario havia se posicionado na clássica posição defensiva, e que permaneceria nela a menos que fosse atacado. Considerando seu vasto contingente, Dario não via por que mudar esse estado de coisas.

Mas Alexandre já havia esperado o bastante. Foi então que ele fez o que Napoleão iria sempre considerar a manobra mais difícil de uma batalha: passar de uma orientação defensiva para a de agressor com suficiente rapidez e intensidade de modo a preservar o elemento surpresa e, ao mesmo tempo, garantir a máxima eficácia. Alexandre arremeteu – um torrão de terra subindo no ar foi o sinal de que seu cavalo estava a pleno galope. Ele avançou acompanhado de um pequeno grupo de elite dos Companheiros em formação cerrada, até estar dentro do alcance dos arqueiros persas, que dispararam imediatamente uma saraivada de flechas sobre eles. Mas elas foram inúteis contra os escudos macedônios. Tamanha foi a intensidade desse ataque, observou um historiador, que as flechas pareciam ter subido como uma nuvem, e muitas simplesmente se entrechocaram no ar, perdendo inércia.

Agora que os arqueiros haviam disparado suas flechas, e antes que tivessem tempo de recarregar, ao som estridente de um clarim, Alexandre investiu contra os arqueiros à frente da cavalaria de elite dos Companheiros, que possuíam anos de treinamento exatamente naquele tipo de ataque. Eles eram, como os capitães do almirante Horatio Nelson seriam chamados, "um grupo de irmãos", que sabia o que fazer diante do inimigo – da mesma forma que os capitães de Nelson diante de um navio inimigo. Gozavam de tamanha sintonia de propósitos e objetivos que não havia dúvidas de que cada um deles saberia exatamente o que fazer.

O ataque de Alexandre teve efeito hipnotizante. Ao vê-lo sobre o Bucéfalo, o elmo alado brilhando contra o Sol de fim de tarde e a capa branca ondulando ao vento, os Companheiros igualmente paramentados seguindo-o a galope, os arqueiros persas recuaram por entre sua infantaria leve, posicionada logo atrás, o gesto de recarga ainda congelado no ar.

Era esse tipo de confusão que Alexandre esperava que sua investida à frente dos Companheiros provocasse entre os arqueiros. Ele e os Companheiros tomaram a direção do flanco persa esquerdo, protegido pelos Cárdaces – soldados persas que normalmente entravam para o exército aos 20 anos, recebiam treinamento tanto de infantaria como de cavalaria, e também de uso de arco e lança, e ainda trabalhavam nos tempos de paz plantando árvores, limpando ruas, fabricando escudos e cuidando dos animais usados na cavalaria. Eram doutrinados segundo o modo persa de vida e, com efeito, foram na Antiguidade praticamente os precursores da Juventude de Hitler, o que significava que se tratava de um grupo de soldados ineficazes, inexperientes e profundamente imaturos – e até sem vigor nem virilidade.[12] Vendo que os Companheiros vinham em seu encalço, eles também debandaram para o centro do contingente persa, que estava repleto de soldados que haviam sido recrutados à força das diversas partes da Ásia sob domínio persa. Estes não tinham muito interesse nem motivo para lutar com bravura. Os Companheiros tiveram facilidade para introduzir-se como uma cunha nas fileiras persas, rasgando o flanco esquerdo.

A essa altura, os hipaspistas já haviam se aproximado em marcha ligeira, e as falanges macedônias haviam começado a atravessar o rio, avançando em ritmo constante, um paredão de lanças afiadas apontadas na direção do inimigo, sem que fosse possível detectar qualquer espaço entre as lanças. A função precípua dos hipaspistas, levemente armados, era conter o avanço da linha inimiga e, se possível, obrigá-la a recuar. Seu objetivo era esperar que as falanges chegassem e começassem a massacrar e mutilar os adversários. Foi exatamente isso que os hipaspistas e as falanges fizeram, primeiro mantendo os mercenários pagos por Dario sem saída, depois massacrando-os, enquanto os Companheiros davam a volta por trás das linhas persas e atacavam pela retaguarda.

Alexandre e os Companheiros continuaram avançando para dentro do flanco persa esquerdo, concentrando suas energias para alcançar o posicionamento dos mercenários gregos e da Guarda Real – cuja função era proteger Dario – vindo por trás deles. O único objetivo de Alexandre era matar ou capturar Dario. A Cavalaria da Casa Real Persa tentou em vão proteger o monarca persa. Apesar de possuir cavalos de melhor qualidade, os persas não eram páreo para Alexandre nem para os Companheiros, que se mostraram decididos a abater sua presa. Os Companheiros tinham sido treinados para agir de forma independente ou coordenada, em grupo. Eles sabiam qual era o seu papel nesse caso: alcançar o centro das forças persas a qualquer custo. Na consecução desse objetivo, faziam as adaptações que fossem necessárias.

A cavalaria persa era treinada para se movimentar nas amplas planícies da Pérsia, e não no confinamento extremo de um vale estreito. Por essa razão, mostrou-se completamente ineficaz naquelas condições de espaço. Os macedônios, por outro lado, encontraram em Isso condições ideais, oriundos de um país que era, em sua maior parte, montanhoso e, portanto, repleto de vales estreitos para o movimento de sua cavalaria. E eles aproveitaram ao máximo essa vantagem.

"Mãos na Massa"

Os soldados e os cavalos persas tombaram diante da fúria macedônia. Alexandre localizou a carruagem de Dario e foi direto para cima dela – provavelmente a mais conhecida representação pictórica de Alexandre seja aquela num mosaico romano de Pompéia exibindo exatamente essa cena. Os cavalos que puxavam a carruagem estavam fora de controle em meio ao frenesi da batalha. O cocheiro da carruagem de Dario caíra e o monarca, em flagrante quebra do protocolo, assumiu as rédeas. Mas os cavalos estavam aterrorizados e cercados. Ao ver Alexandre quase em cima dele, Dario saltou dessa carruagem para outra mais leve que havia sido emparelhada, logrando afastar-se nela do centro da batalha. Alexandre estava pronto para persegui-lo, mas ouviu os gritos desesperados de ajuda de sua infantaria, travando batalha corpo-a-corpo com os mercenários gregos, e foi imediatamente em seu socorro, mandando que os Companheiros o seguissem para realizar uma investida pela retaguarda dos mercenários.

Esse era um aspecto muito importante da liderança de Alexandre: "Pôr as próprias mãos na massa" durante a batalha, liderando e incentivando os Companheiros, e, além de acompanhar o movimento dos hipaspistas e das falanges, também se manter flexível o suficiente para vir em seu auxílio sempre que necessário. Dario, por sua vez, só participava das batalhas quando sua segurança pessoal estava ameaçada, mas sempre mantendo o tipo de distanciamento que caracterizaria o "castelo de marfim" dos generais da Primeira Guerra Mundial, com resultados que, como era de se esperar, foram igualmente desastrosos.

Dario já havia liderado muitas expedições militares durante seu reinado, várias contra o pai de Alexandre, Filipe, e, portanto, tinha essa ampla experiência em seu favor. Mas como ele mesmo se encarregou de demonstrar, ter ampla experiência não era suficiente. Algumas pessoas, como Frederico, o Grande, observou: "Podiam já ter lutado 20 campanhas sob o comando do príncipe Eugênio e nem por isso aprimorar seu talento tático." Frederico, o Grande, chamava essas pessoas de "mulas". Dario, para sermos justos, não era uma mula, nem mesmo metaforicamente falando. Tinha o dobro da idade de Alexandre na batalha de Isso; era um homem digno, apesar de general medíocre que participara da batalha como soldado, sendo que o general em si contribuíra muito pouco, ou quase nada.

Vendo seu líder, Dario, em plena fuga, o moral persa afundou fragorosamente. À distância, Dario ainda podia ser visto detendo a carruagem na planície e, depois de passar para um corcel que o aguardava, livrando-se do escudo, do manto e até do arco, para, em seguida, desaparecer dentro da noite que já descia sobre o vale.

Como era de se esperar, pouco depois da fuga de Dario, a batalha terminou. As baixas persas foram de cem mil infantes e mais de dez mil cavaleiros mortos em batalha – muitos persas haviam sido simplesmente pisoteados em meio ao caos. Os macedônios haviam trucidado os mercenários gregos, bem como a infantaria e a cavalaria pesada persa. As baixas persas foram tão monumentais que um observador disse que, quando a perseguição a Dario ao longo das cordilheiras foi organizada, havia suficientes corpos de seus súditos para fazer uma passarela sobre a qual os cavaleiros macedônios poderiam galopar. Um total de apenas cinco mil mortos era a contagem do lado macedônio. Alexandre ordenou que tanto macedônios como persas tivessem enterro digno. A única coisa que ele não permitiu foram os elaborados e dispendiosos rituais fúnebres persas, o que pareceria uma afronta aos ritos simples que os macedônios estavam promovendo em homenagem a seus mortos.

Mais tarde naquela noite, em Isso, depois que o Sol já tinha se posto por completo e a escuridão havia tomado conta do enclave, os generais macedônios dividiram os espólios de guerra entre si e seus batalhões. Tudo de valor que os persas haviam levado para a batalha foi dividido.

Os Males da Atitude Defensiva

Napoleão também acreditava no princípio segundo o qual, "quando possível, ataque sempre". A função da estratégia, segundo generais como Napoleão e Alexandre, era entrar em choque decisivo contra o inimigo o mais rápido possível; todo o resto se encaixaria uma vez que isso fosse feito. O foco único no choque contra o inimigo – para atacá-lo e destruí-lo – era o que fazia de Alexandre e Napoleão generais exitosos. Tanto na Antiguidade como nos tempos modernos, a função da grande estratégia tem sido otimizar os fatores relativos a um amplo leque de objetivos muitas vezes conflitantes, sejam militares, políticos ou sociais. Mas nem Alexandre nem Napoleão jamais permitiram que outros objetivos que não atacar e derrotar o inimigo os desviasse de sua missão em batalha. Napoleão pôs isso de forma sucinta: "Há hoje na Europa muitos bons generais, mas eles dão atenção a coisas demais ao mesmo tempo. Eu vislumbro apenas uma [em batalha], que é o corpo do inimigo. E procuro esmagá-lo."

Os princípios da guerra ensinados hoje nas escolas militares mais importantes do mundo continuam os mesmos que foram concebidos e praticados por Napoleão e Alexandre – sobretudo Alexandre, pois a grande maioria das ações de Napoleão foi baseada no estudo do general macedônio. São estes os princípios, tais como definidos pelo general Wesley K. Clark em seu livro *Waging Modern War*: ter um objetivo claro e contar com uma unidade de comando para concentrar todos os esforços nessa direção. Os planos e as operações devem ser de concepção simples, concentrando forças nos pontos críticos, recorrendo à economia de força nas áreas periféricas e surpreendendo o inimigo. Resultados decisivos são obtidos graças a ações e manobras ofensivas.

Rudy Giuliani, que até 2002 foi prefeito da cidade de Nova York, demonstrou um estilo curto e grosso ao limpar a cidade do crime, da sujeira e da corrupção, levando, pela primeira vez em décadas, a uma ressurreição da cidade como uma das mais seguras do mundo. Uma das primeiras medidas de Giuliani como prefeito no início dos anos 90 foi perseguir os limpadores de vidros de carro, que, a pretexto de limpar os pára-brisas, extorquiam dinheiro dos motoristas que, parados nos sinais de trânsito, não queriam o serviço. Eles haviam se tornado um sintoma do atraso e da decadência. Livrar-se dos limpadores de vidro poderia parecer, de um ponto de vista mais amplo, uma atitude insignificante – afinal, não havia senão algo em torno de duzentos deles. Mas, em termos da percepção dos cidadãos e visitantes de Nova York, essa medida representou muito: pela primeira vez na história recente de Nova York, ali estava um prefeito que enfrentaria com a firmeza necessária as mazelas da vida urbana.

Antes de se tornar prefeito, quando era um jovem procurador do distrito sul de Nova York, Giuliani já havia perseguido, com igual agressividade, os crimes do colarinho-branco, assim como a máfia. Até o início dos anos 80, quando surgiu em cena, ninguém ainda havia se preocupado com os crimes de colarinho-branco em Nova York, pois havia muitos assassinatos e violência para se combater. Giuliani não só perseguiu todas as categorias de criminosos, como usou de tamanha energia que provocava calafrios em qualquer um que estivesse pretendendo cometer crime semelhante. Ele não se limitou a prender especuladores desonestos; mandou algemar os operadores financeiros da Kidder Peabody diante de seus colegas, e levá-los direto para a delegacia. Sua justificativa: o crime do colarinho-branco era premeditado, planejado e cometido por pessoas com plena capacidade de discernir o certo do errado. Ele não foi atrás de um único chefão da máfia, como os procuradores normalmente faziam, mas desbaratou organizações mafiosas inteiras usando a lei RICO.* Ao contrário do que Esopo preferiria que acreditássemos, no mundo de Giuliani foi a lebre mesmo que venceu a tartaruga.

Como prefeito, manteve o estilo agressivo, fosse perseguindo o pequeno malfeitor ou o tubarão grande. No passado recente, a política de Nova York, como na maioria das cidades, havia se dedicado a metodologias complicadas para resolver certas questões, como a dos sem-teto e a do racismo. Diferente de outros prefeitos, que tratavam essas questões com toda a firmeza de uma bomba de chocolate, Giuliani incentivou os sem-teto a se mexerem e arranjar um emprego, e na questão racial posicionou-se com energia. Isso lhe valeu críticas ferozes, mas ele não se fez de rogado. Em 1995, durante um concerto no Avery Fischer Hall, no Lincoln

* Em inglês, *Racketeer Influenced and Corrupt Organizations Act* – Lei das Organizações Corrompidas e Comprometidas por Extorsão. (*N. do T.*)

Center, em homenagem ao qüinquagésimo aniversário das Nações Unidas, ele pediu que o líder palestino Yasser Arafat, por quem não morria de amores, deixasse o recinto.

Na manhã de 11 de setembro de 2001, durante o ataque ao World Trade Center, o estilo de liderança que punha a "mão na massa" seria visto com total clareza pelo mundo em sua coordenação do trabalho de resgate efetuado no marco zero, pedindo às rádios e TVs que mantivessem seus ouvintes e telespectadores longe do baixo Manhattan e, enquanto os eventos do dia se desdobravam, simultaneamente consolando os inconsoláveis e confortando a população desolada com palavras e atitudes que faziam lembrar as condolências de Lincoln à mãe de vários rapazes mortos na guerra civil: "Percebo quão inúteis serão quaisquer palavras que eu possa dizer para minorar a dor de uma perda tão intolerável."

Nas semanas que se seguiram ao 11 de setembro, ele exortou os nova-iorquinos a prosseguir com suas vidas: praticar esportes nos parques, sair à noite com os amigos ou simplesmente fazer compras no final de semana. Ele próprio havia passado por muita coisa havia pouco tempo: um ano antes, depois de receber um diagnóstico de câncer, desistira de concorrer a uma vaga no Senado e, meses antes, admitira que seu casamento de 16 anos com a personalidade da TV Donna Hanover estava passando por sérias dificuldades. Os nova-iorquinos sentiram que, se ele tinha passado por tanta coisa e parecia estar mantendo o controle, então eles também poderiam fazer o mesmo. Sua liderança ajudou a devolver um pouco de normalidade a uma cidade que nunca mais será a mesma.

O Líder Humanista

Em toda a sua trajetória de conquistas por terras de culturas diferentes, Alexandre mostrou sucessivas vezes que era um conquistador de coração nobre, sem o ranço vingativo e a arrogância característicos de tantos vencedores na História da humanidade. Houve algumas exceções dignas de nota a essa regra, porém; seus sucessos em Gaza, Tiro e em diversas batalhas na Índia se fizeram seguir de extraordinária destruição e violência. Mas o humanismo vence essa disputa com folga nos pratos da balança.

Quando grandes exércitos como o persa ou o macedônio se deslocavam, seguia junto um vasto carregamento de materiais e suprimentos com tudo que pudessem vir a precisar na viagem, a qual poderia durar muitos anos, assim como uma comitiva composta por familiares, artistas, prostitutas, médicos, enfermeiras ou simplesmente admiradores. Essa comitiva que acompanhava o contingente militar normalmente aguardava atrás das linhas de batalha enquanto a luta era travada, mas, depois da contenda, como parte dos espólios de guerra, não só o carregamento dos derrotados era confiscado pelos vitoriosos, como os elementos de sua comitiva civil também o eram. Num grande contraste com os demais exércitos da Antiguidade, da Idade Média e até mesmo da era moderna, os macedônios sob o comando de Filipe e de Alexandre eram expressamente proibidos de pilhar e saquear qualquer coisa que se encontrasse fora dos campos de batalha, a menos que houvesse uma decisão de fundo militar nesse sentido. E, mesmo assim, não poderiam ser propriamente saques e pilhagens, mas o arrasamento sistemático de uma cidade ou vilarejo, exatamente como os macedônios haviam feito com Tebas e, como veremos mais adiante, o que fariam com a capital persa, Persépolis, e com a cidade indiana de Multan.

Entre a comitiva de Dario, contava-se o seu imenso harém (exatamente 350 concubinas, cada uma delas versada em música), as consortes dos demais membros da comitiva, um grande número de artistas, desde malabaristas até dançarinas do ventre para satisfazer os gostos mais variados de todo o exército persa, e *chefs* e cozinheiros das mais diversas partes da Ásia sob domínio persa. A comitiva de Alexandre obviamente incluía alguns desses elementos, mas era conhecida por incluir geólogos, cartógrafos, botânicos e zoólogos, de cujo conhecimento ele se valia para alimentar o serviço de inteligência e manter seus registros e documentação. Muito do que hoje se sabe sobre plantas e animais na Antiguidade, ou ainda sobre sua arte e arquitetura, como era de se esperar, remonta aos escritos de membros da comitiva de Alexandre em suas conquistas pelo mundo.

Era quase meia-noite quando Alexandre voltou para o acampamento depois de investigar pessoalmente mais uma possibilidade de localização de Dario. Tinha sido um dia longo, e seus generais aguardavam sua presença à mesa de jantar na tenda onde a refeição estava começando a ser servida. Uma enorme banheira que pertencera a Dario havia sido preparada para ele em sua tenda particular e, enquanto mergulhava o corpo cansado na água tépida, pôs-se a pensar: *Então, isto é ser rei.* Mas seus pensamentos foram interrompidos pelo som alto e claro de choro de mulher, partindo de uma das tendas persas que haviam sido trazidas pelos generais macedônios como parte dos espólios de batalha *dele*. O choro foi alto o suficiente para fazê-lo supor que só poderia estar vindo de uma tenda muito próxima. Isso descartava a hipótese de vir do harém de Dario, que também fazia parte de seu espólio de guerra, mas que deveria estar a uma distância maior de sua tenda por razões de segurança. Ele pediu que um de seus comandantes fosse averiguar quem estava chorando e também perguntasse por que aquela tenda estava assim tão próxima da dele. Responderam-lhe que se tratava de mãe, esposa, filhas e filho de Dario chorando a morte do regente. "Eles foram informados", um dos comandantes relatou, que "seu arco, seu manto real e seu escudo foram trazidos para o acampamento, e que você os mantém em seu poder".[13]

Ouvindo isto, Alexandre saiu da banheira e se vestiu apressadamente para o jantar. Ele mandou que um dos Companheiros fosse dizer à família de Dario que "Dario ainda está vivo; em sua fuga, abandonou as armas e o manto na carruagem; e estas são as únicas coisas dele que Alexandre mantém em seu poder".[14] Então saiu, enfiou a cabeça na tenda onde o jantar estava sendo servido e pediu que Heféstion, um dos comandantes das fileiras dos Companheiros e o amigo mais próximo de Alexandre, o seguisse. Acompanhado de Heféstion, Alexandre penetrou na tenda onde a mãe de Dario, sua esposa, as filhas adolescentes e seu jovem filho encontravam-se encolhidos num canto. A mãe de Dario, Sisigâmbis, ao ver os dois homens que haviam acabado de entrar, vestidos do mesmo modo e com a mesma idade, se prostrou diante de Heféstion, pensando, por ser este o mais alto dos dois, que deveria se tratar de Alexandre – cena pungente representada pelo mestre italiano do século XVI Paolo Veronese em seu quadro intitulado "A Família de Dario Diante de Alexandre", que hoje se encontra na National Gallery de Londres. Heféstion recuou um passo mais ou menos no mesmo momento em que uma das serviçais da mãe do monarca fujão esclarecia o engano. Visivelmente desconcertada, a mãe de Dario se curvou diante de Alexandre. Mas este a tomou pelos braços e a ergueu novamente, dizendo que ela não havia cometido nenhum erro, pois Heféstion também era "um Alexandre – um protetor dos homens".[15]

Ele prometeu que ela continuaria tendo todo o prestígio, status e posição de que gozara no mundo durante o reinado de seu filho. Sem olhar diretamente para a esposa de Dario, Estatira (que era irmã do monarca –

desposar parentes próximos, entre os seguidores de Zoroastro, era e ainda é prática aceita), ele informou à mulher que gozava da reputação de ser a mais bela de toda a Pérsia e que ela não deveria se enlutar porque Dario não estava morto. Alexandre manteve todas as promessas feitas à família de Dario, e foi além. Ao que consta, ele teve um relacionamento íntimo com a mãe de Dario, uma mulher corajosa, bela e nobre, que morreu de tristeza cinco dias depois da morte de Alexandre em Babilônia – dez anos depois de Isso. Ele se recusava a pôr os olhos na esposa de Dario, Estatira, tanto por respeito a ela como também porque não queria ser tentado pela beleza de uma mulher tão magnífica. Durante todo seu tempo de cativeiro, ele providenciou para que ela fosse bem tratada e para que ninguém abusasse de sua condição de prisioneira. Ela morreu dois anos depois da batalha de Isso, de abatimento e tristeza, pouco antes de seu marido ser completamente derrotado por Alexandre em Gaugamela.

Ao ficar sabendo da morte dela, Alexandre foi ter de imediato com a família real. Jejuou com eles, conforme o costume no zoroastrismo, acompanhou seu corpo no cortejo fúnebre, realizou todos os últimos ritos exigidos e, com isso, elevou sua grandemente merecida reputação de homem misericordioso e ponderado. Alguns anos depois, ele e Hefèstion se casariam com as filhas de Dario – Alexandre com Estatira (em homenagem à esposa de Dario) e Hefèstion com sua irmã, Drípetis.[16] O casamento simbolizou a união de gregos e persas, e tanto Alexandre como Hefèstion fizeram isso para criar a percepção de que aquelas duas nações – havia tanto tempo inimigas – eram agora uma só. Seguindo o exemplo, muitos gregos e persas se casaram e foram morar nas terras uns dos outros.

O tratamento concedido à família de Dario era do tipo que Alexandre reservava aos mais fracos ou aos desarmados, ou a quem ele aprendera a respeitar. Seu estilo humanístico de liderança ajudava a acalmar as situações de conflito e proporcionava esperança para quem se encontrava em situação aflitiva.

O Perdão aos Derrotados

Em Isso, Alexandre teve de deliberar quanto ao destino de quatro embaixadores enviados pelas três cidades-Estado gregas, Atenas, Tebas e Esparta, cuja missão era obter o apoio de Dario em sua batalha contra

Alexandre. (Como Alexandre estava longe da Grécia, Demóstenes tinha voltado a tramar seus planos sinistros). Os embaixadores foram feitos prisioneiros no campo de batalha. Ele libertou imediatamente os dois emissários de Tebas, por arrepender-se da destruição e da escravidão que os macedônios haviam recentemente imposto sobre a cidade. Qualquer país, na situação em que Tebas se encontrava naquele momento, teria feito o mesmo – aceitar ajuda de quem quer que estivesse em condições de oferecê-la. Mas ele nunca declarou isso publicamente.

A justificativa pública de Alexandre na soltura dos emissários de Tebas diferia de sua justificativa íntima, solidária. Ele declarou que estava soltando os dois homens por causa dos serviços que a família de um deles – que era um nobre – havia prestado em Tebas; o outro, ele estava libertando em sinal de admiração pelas vitórias que conquistara nos jogos olímpicos. O emissário de Atenas foi libertado porque era filho de um famoso general ateniense que havia prestado bons serviços a seu pai. O espartano, ele não pôde perdoar. Representava uma nação abertamente hostil em relação a ele e a seu povo. (Em meio às sucessivas vitórias que se seguiriam, ele acabaria pondo também o espartano em liberdade.) Alexandre tornou cada um desses perdões um gesto pessoal, determinado por linhagem, serviços ou realizações pessoais de cada um dos diplomatas, garantindo, ao agir assim, que os perdões não configurassem uma afronta a seus seguidores e à memória daqueles que haviam travado violentas batalhas contra aquelas cidades-Estado. Suas tropas não tinham qualquer reserva em relação a esse tipo de perdão justificado por uma história pregressa.

Também tentando fugir com os tesouros persas foram capturados vários familiares próximos de Dario, incluindo a família do irmão dele, seus generais e membros da corte. Parmênion os pegou tentando deixar Damasco, na Síria, a cidade de grande porte mais próxima de Isso, com uma grande parte do tesouro persa – só as peças de ouro chegavam a pesar duas toneladas. O tesouro era importante para a Fazenda macedônia, que, desde a morte de Filipe (Alexandre havia abolido toda taxação direta, numa medida de grande popularidade), contabilizava déficits gigantescos. Todos os prisioneiros foram dispensados por Alexandre, menos Barsina, a bela e jovem viúva de Mêmnon de Rodes. Barsina foi a Josefina de Alexandre. Porém, diferente de Josefina, que também era viúva, Barsina provinha da nobreza e era rica – viúva do maior general persa e filha do governador mais rico da Pérsia, Artabazo, que governava toda a Ásia Menor para Dario. Barsina, oito anos mais velha que Alexandre, nunca tirou vantagem do relacionamento como Josefina tirava de Napoleão.

Ela deu à luz um filho de Alexandre, Hércules. Depois que Alexandre conquistou a Ásia oriental, nomeou o pai dela, Artabazo, governador da antiga província da Báctria, no nordeste da Pérsia – região que hoje equivale ao Irã, ao Uzbequistão, ao Tadjiquistão e ao Afeganistão.

"TRATE-ME COMO REI"

Em sua expedição à Índia alguns anos mais tarde, Alexandre iria capturar o intrépido, culto, muito amado e orgulhoso rei Poros, que governava a região ao norte de Táxila – próxima a Rawalpindi, no atual Paquistão. Vendo-o ferido em batalha, mas irredutível em sua disposição de continuar lutando, Alexandre enviou diversos emissários até Poros para pedir que se rendesse, pois estava completamemnte cercado. Poros inicialmente repeliu esses emissários e chegou a investir contra alguns deles. Somente quando Alexandre enviou um emissário que era amigo de Poros, ele concordou em se entregar.

Alexandre passara a admirar o espírito de luta e a obstinação de Poros. Diferente de Dario, ali estava um rei que se recusava a abandonar o teatro de operações da guerra para salvar a própria vida. Alexandre perguntou a esse rei indiano de quase dois metros de altura o que deveria fazer com ele.

"Trate-me como rei", é o que todo estudante ginasial indiano aprende na escola quando estuda um dos encontros mais famosos – e um dos primeiros já registrados – entre a Índia e o Ocidente.

"De fato, é o que será feito", teria sido a resposta de Alexandre. Mas deveria haver algo mais que o rei indiano que ele havia aprendido a respeitar desejava?

"Tudo está contido nesse único pedido", Poros respondeu.[17]

Alexandre nunca jamais ouvira resposta semelhante. Já tinha ouvido pedidos de clemência e de misericórdia, e declarações de rendição. Mas nunca havia visto tanto orgulho e amor-próprio mesmo na derrota. Treinado por Aristóteles a compreender as sutilezas do comportamento humano, Alexandre percebeu que, mesmo na derrota, a magnificência, o porte e a auto-imagem daquele rei jaziam intocados. Alexandre o reconduziu ao trono, ampliou seu reino e prometeu a ele a proteção dos macedônios, então o mais valoroso exército do mundo.

Não é comum encontrar esse nível de humanismo nos líderes modernos – na verdade, trata-se de uma qualidade rara que toca apenas a alguns poucos. Nenhum líder jamais demonstrou tanto espírito de reconciliação e humanismo quanto o sul-africano Nelson Mandela em relação a seus antigos adversários e algozes – mesmo depois de submetido a tratamento cruel como prisioneiro, cujo castigo era remendar sacos de aniagem e quebrar pedras sob o jugo dos africânderes brancos, que o mantiveram preso por 27 anos.

Atribui-se a Mandela a exortação a seus companheiros para não humilharem a oposição. "Ninguém é mais perigoso do que aquele que foi humilhado."[18] Ao negociar com seus antigos inimigos, ele manifestava – e encorajava seus correligionários a manifestar – sua crença nos princípios democráticos, assim como uma integridade moral que repelia a vingança por tantas décadas de *apartheid*. De fato, a Comissão de Verdade e Reconciliação, chefiada pelo amigo de Mandela, o bispo anglicano Desmond Tutu, foi encarregada de investigar e pôr um fim, sem revanchismo, não só às atrocidades cometidas pelos brancos africânderes contra a maioria negra e outras etnias miscigenadas na África do Sul, como também aos atos de violência perpetrados por membros do Congresso Nacional Africano, chefiado por Mandela, contra os colaboradores negros do regime de *apartheid*.

Em sua fascinante biografia de Mandela, o jornalista britânico Anthony Sampson escreve sobre o hábito que Mandela tinha de citar versos de *Julius Caesar*, de Shakesperare: "Os covardes morrem muitas vezes antes de morrer; o bravo só prova da morte uma única vez." A vida de Mandela foi marcada pelo bravo triunfo sobre a mais cruel adversidade. Não admira que, a exemplo dos dois homens em cuja obra ele mais se inspirava, Mahatma Gandhi e o reverendo Martin Luther King Jr., sua coragem e sua firmeza moral tenham feito dele um dos grandes heróis de nosso tempo. Como Nadine Gordimer, a romancista sul-africana ganhadora do prêmio Nobel – a quem Mandela visitou pouco tempo depois de sair da prisão –, escreveu em seu brilhante e comovente romance político *Burger's Daughter*, para muitos sul-africanos deve ser "estranho viver num país onde ainda existam heróis".[19]

Firmeza de Comando

Aristóteles havia ensinado a Alexandre alguns dos princípios de uma liderança eficaz. A firmeza de comando, segundo Aristóteles, exigia que um líder fosse "duro com a pessoa certa, da maneira certa, no momento certo e pelo motivo justo". Com o tempo, Alexandre foi se deixando cada vez mais enredar nas malhas do próprio poder e se tornou de certa forma cruel no final da vida, mas, depois de Isso, encontrava-se no auge de sua forma como um líder com firmeza de comando. Um exemplo foi o tratamento que conferiu a Dario depois que o persa se ofereceu para legitimizar a conquista de Alexandre em Isso, em troca da libertação de sua família. Dario não só ofereceu a porção ocidental da Pérsia a Alexandre, como também a mão de sua filha Estatira em casamento.

"Futuramente", Alexandre teria escrito a Dario, "sempre que se dirigir a mim, o faça como Rei de Toda a Ásia, e não me fale de seus desejos como se fala a um igual. Se tiver necessidade de alguma coisa, fale comigo como o homem que governa a totalidade de seus territórios".[20] Caso não o fizesse, Alexandre ameaçava persegui-lo como a um criminoso comum. Estilo semelhante pôde ser visto na resposta do general da guerra civil americana Ulysses S. Grant à proposta do general Simon B. Buckner de negociar a rendição de Fort Donelson. Conhecido por seu pragmatismo tanto na linguagem escrita como pessoalmente, Grant escreveu a Buckner: "Nenhum termo senão a rendição incondicional e imediata é aceitável. Pretendo invadir imediatamente sua base."[21] Como a carta de Alexandre, direto ao ponto.

Alexandre lembrou a Dario que ele parecia ter esquecido quem era o vitorioso e quem era o derrotado, e se Dario estivesse um pouco confuso sobre quem estava em qual posição, ele não hesitaria em recorrer novamente ao uso da força; que Dario não tinha como oferecer-lhe o que não lhe pertencia mais: a terra que ele lhe ofertara já pertencia a Alexandre; e a filha cuja mão ele oferecia estava em seu poder como prisioneira. Ao comentário de Dario, segundo o qual seu império era vastíssimo e Alexandre teria de atravessar muitos rios como o Tigre, o Eufrates e o Hidaspes antes de sequer começar a pensar em se considerar o conquistador do império persa, ao longo de cujos rios, Dario prometia, suas tropas o enfrentariam aguerridamente, Alexandre teria retrucado com a seguinte pergunta: Que obstáculos podem os rios impor a quem está habituado a atravessar oceanos?[22] Alexandre fez questão de que todos tomassem conhecimento do teor de sua resposta a Dario, formulada segundo sua habitual firmeza de comando.

O Assassinato de Filotas e de Parmênion

O comandante Alexandre foi se tornando mais impiedoso à medida que avançava para coroar sua conquista do mundo, em parte porque começou a confiar em um número cada vez mais reduzido de membros de sua comitiva. Alguns anos depois de Isso, em campanha na Báctria, tornou a ouvir falar de uma conspiração contra ele, da qual ficara sabendo inicialmente em sua campanha pelo Egito, envolvendo remotamente Filotas, filho de Parmênion.

Segundo Ptolomeu, amigo e general de Alexandre – além de rei do Egito após a morte do conquistador –, Alexandre mandou buscar Filotas, que fora até aquele momento um de seus lugares-tenentes mais dignos de confiança. Era a ele que Alexandre havia confiado o comando de sua unidade de elite de Companheiros na batalha de Isso. Fora igualmente Filotas quem comandara os Companheiros em Gaugamela (batalha sobre a qual nos debruçaremos no próximo capítulo), que alguns historiadores têm descrito como a maior das batalhas já travadas na Antiguidade. Foi em Gaugamela que Dario foi mais uma vez derrotado, e todo o império persa passou às mãos de Alexandre. O professor B. I. Wheeler, em seu livro *Alexander the Great* (1925), escreveu a respeito dessa batalha: "Questões de séculos atingiram seu ponto de equilíbrio num dia. O rio da História foi aberto por mil anos com uma cunha volante." Esta última era a formação em cunha na qual Alexandre e Filotas organizaram a unidade de Companheiros antes de penetrar nas fileiras persas com efeito devastador.

Devido à elevada posição militar de que o pai de Filotas, Parmênion, gozara durante o reinado de Filipe, Alexandre conhecia Filotas desde o dia em que nasceu. Mas nem mesmo esse nível de intimidade impediu-o de fazer o que era preciso quando alguém tão próximo punha em risco sua segurança pessoal.

Filotas foi levado a julgamento na corte marcial, tendo Alexandre apresentado sua acusação e também testemunhas que sabiam que Filotas estava a par de uma conspiração para assassiná-lo. A acusação mais grave de Alexandre, longe de afirmar que Filotas participaria diretamente do assassinato, era o fato de não tê-lo avisado da existência da conspiração mesmo reunindo-se com ele no mínimo duas vezes por dia. Com efeito, a acusação teria muito pouca base se se referisse à participação pessoal de Filotas na conspiração. Acabou-se descobrindo que ele não tinha idéia de como o atentado seria feito ou mesmo quem seriam os conspiradores; seu crime fora não ter providenciado um encontro entre determinado macedônio que soubera do plano e Alexandre. Do ponto de vista de Alexandre, Filotas, em razão de sua posição e da confiança pessoal de que gozava, era tão culpado quanto os conspiradores, senão mais. E foi lapidado até a morte.

O historiador romano Quintus Curtius Rufus pinta um quadro vívido do que se deu imediatamente após a morte de Filotas. Alexandre enviou um dos maiores amigos de Parmênion (cujos irmãos estava mantendo como reféns) a Mídia (no noroeste do Irã atual, perto do mar Cáspio), onde Parmênion se encontrava baseado. Esse amigo de Parmênion levava consigo quatro cartas escritas por Alexandre: três dirigidas a três comandantes adjuntos de Parmênion, instruindo-os a matar Parmênion, e a quarta para o próprio Parmênion, que só deveria ser entregue a ele momentos antes da execução.

Alexandre lembrou ao amigo do general que todos haviam sido vítimas do crime do Parmênion. Mas nenhum fora maior vítima do que ele, o amigo, por ter sido tão completamente enganado pelo general macedônio. "Para ir em seu encalço e puni-lo, decidi usar os seus serviços – atente para a confiança que deposito em sua lealdade."[23] Tendo dito isso, Alexandre acrescentou que, enquanto a missão de matar Parmênion não estivesse cumprida, ele manteria seus irmãos como reféns. Além disso, ele teria de partir para Mídia sem demora, mais rápido do que a velocidade com que os boatos se espalham.

Dez dias depois, o amigo de Parmênion estava entrando no pomar que cercava a residência do general em Mídia. E, quando o general de 70 anos de idade – que tanto fizera antes de Alexandre e sem o qual nem Alexandre nem seu pai teriam conseguido nada – correu para saudar seu amigo, este lhe entregou o bilhete de Alexandre. Quando Parmênion estava lendo o bilhete, seus imediatos cortaram-lhe a garganta. Muito embora não ter havido suspeita de envolvimento do general no plano de assassinato contra ele, Alexandre percebera que não poderia se arriscar a manter viva uma pessoa tão influente como Parmênion depois de ter mandado matar seu filho Filotas de forma tão brutal. A influência de Parmênion não se limitava às tropas macedônias que ele havia liderado tantas vezes em batalha, mas incluía igualmente o contingente grego, que havia aprendido a respeitá-lo e admirá-lo como o maior general a quem já tinham tido a oportunidade de servir. Manter Parmênion vivo, segundo os cálculos de Alexandre, era um risco que não valia a pena correr.

O Assassinato de Clito

À medida que seu comando se tornava cada vez mais autocrático e menos tolerante a críticas, diversos companheiros próximos foram morrendo ou sendo discretamente levados para longe da vista de todos e mortos. O próprio sobrinho de seu antigo preceptor Aristóteles, Calístenes, foi morto quando o historiador se recusou a se curvar diante de Alexandre – como era o costume na Pérsia.

Dentre todos, o assassinato de Clito foi aquele em relação ao qual Alexandre manifestou o mais profundo remorso e arrependimento, como o rei Henrique II da Inglaterra, depois de ter mandado matar o arcebispo de Canterbury, Thomas à Becket, em 1170. Clito era um homem irascível e temperamental, o que significava que tê-lo do nosso lado num dia não era garantia de que estaria do nosso lado no dia seguinte. Mas o fato é que Clito era um dos comandantes de Alexandre. Um excelente comandante. Clito salvara a vida de Alexandre em Granico. Alexandre teria morrido naquela batalha e desaparecido como nota de rodapé nas brumas da História, não fosse por Clito.

Perto de 20 anos mais velho que Alexandre, Clito era também irmão da enfermeira que cuidara dele desde o nascimento. Infelizmente, também não tinha papas na língua. O aspecto negativo de todo esse inconformismo era que, volta e meia, isso o fazia perder a noção de limite. Clito, sob muitos aspectos, era como o general da guerra civil George B. McClellan, que ostentava abertamente seu desdém a todos à sua volta – especialmente seus superiores. McClellan se desentendia com os aspirantes mais velhos e com os professores de West Point. Ele criticou seus superiores civis quando trabalhou no setor privado, e zombava publicamente dos políticos – incluindo seu chefe, o presidente Abraham Lincoln, contra quem chegou a ponto de omitir informações; como seria de se esperar, com resultados desastrosos: em questão de meses, estava exonerado do comando.[24] De forma semelhante, num dos mais profundos desentendimentos públicos, o presidente Truman, em abril de 1951, exonerou o general Douglas MacArthur de seu posto de comandante supremo quando o general, detentor das mais altas honrarias militares, passou por cima da autoridade do presidente e enviou uma carta ao presidente do Congresso defendendo um ataque à China na guerra da Coréia. É claro, Clito nunca omitiu informações nem tentou passar por cima da autoridade de Alexandre, mas expressava clara e freqüentemente seu desagrado – e, às vezes, seu profundo desprezo – diante da pessoa na qual Alexandre havia se transformado.

Na noite em que Clito morreu, no final do verão de 328 a.C., na atual Samarkand, Uzbequistão, tanto ele como Alexandre estavam completamente embriagados. Seus colegas comandantes tentaram fazer com que Clito parasse de discursar contra o fato de Alexandre ter adotado roupas e costumes persas, e chegaram a acompanhá-lo para fora da tenda onde estavam reunidos para beber. Mas Clito voltou e, citando Eurípides em Andrômaca, falou algo sobre os costumes perniciosos que então tomavam conta da Grécia.[25]

Alexandre o trespassou com uma lança, matando-o instantaneamente. Horrorizado diante do corpo de seu amigo, ele retirou a lança e a teria cravado na própria garganta se não tivesse sido impedido pelos outros comandantes. Alexandre se retirou profundamente abalado para sua tenda e não saiu durante três dias. Chorava por seu amigo; mas, sobretudo, por si mesmo – pelo fato de estar agora sofrendo da irrefreável vaidade humana que ele vira tomar conta de seu pai, para quem qualquer um que discordasse dele seria moralmente inferior.

A História está repleta do que sobrou das organizações e dos líderes fracassados que não toleravam críticas. Mesmo nas organizações que contam com diversos grupos de líderes, o modo mais rápido de perder o rumo é quando o fato de se contestar o *status quo*, ou criticar as práticas normalmente aceitas, serve de motivo para bloquear ou até destruir a carreira do atrevido. Uma liderança de qualidade, seja militar ou empresarial, exige que se corram riscos, e Alexandre temia que o fato de ter matado Clito passasse o recado de que ele não desejava ser questionado ou ter suas decisões contestadas. Depois de três dias, quando finalmente saiu da tenda, foi direto para uma reunião com seus comandantes e se desculpou. Não era assim que ele desejava exercer o papel de líder.

O direito de discodar dele era uma liberdade fundamental que Alexandre acreditava ter o dever de preservar – incluindo as críticas mais absurdas ou desagradáveis. Era isso que Aristóteles havia lhe ensinado. Discordâncias e críticas não se confundiam com deslealdade. Governantes e líderes que confundiam as duas coisas, Alexandre sabia bem, estavam fadados a atrair em torno de si uma camarilha de bajuladores. Como muitas empresas e instituições políticas já puderam perceber, nada esgarça mais rápida e facilmente o tecido moral das instituições do que a instalação desse quadro. Esse tipo de ambiente gera intolerância à discordância. Sempre haverá, é claro, os poucos corajosos que mesmo assim discordarão, muitas vezes em alto e bom som, apesar das conseqüências. São os melífluos, porém, que provocam os maiores estragos. Deve-se temer, disse Napoleão, "não quem discorda de nós, mas quem discorda e é covarde demais para admitir na nossa frente". Esses irão puxar o nosso tapete na primeira oportunidade.

O Líder Saqueador

Corria o ano 326 a.C. – sete anos depois da batalha de Isso – quando os macedônios invadiram a Índia. Estavam cansados depois de terem atravessado a pé algumas das mais altas montanhas e alguns dos mais inóspitos desertos do mundo. Para sua imensa surpresa, também haviam encontrado forte resistência por parte dos exércitos dos reis locais – de um modo que nunca haviam encontrado antes. À medida que os macedônios invadiam cada cidade ou vilarejo, muitas vezes depois de ter travado batalhas violentas, eles procuravam assegurar a completa rendição por parte da população. Fugir era considerado o mesmo que declarar guerra, e quem fugia era perseguido e trucidado pela cavalaria macedônia. Acreditava-se, inclusive, que os macedônios ateavam fogo às matas atrás de refugiados que haviam abandonado suas terras, e os matavam.

Apesar de esse tipo de crueldade ser característico de muitos exércitos da época, os macedônios não tinham, segundo a maioria dos historiadores, nem de perto se dedicado ao extermínio sistemático do contingente civil em fuga – apesar de alguns historiadores eminentes, como Victor Davis

Hanson, da Universidade Estadual da Califórnia, terem incisiva e brilhantemente contestado essa tese.[26] Seja qual tenha sido a realidade antes da Índia, e houve exemplos de saques e extermínios por parte dos macedônios em Tebas, Gaza, Tiro e Persépolis, entre outros, é certo que, quando eles chegam à Índia, suas prioridades já são outras.

Alguns argumentam que a opção de controle de regiões nos limites mais longínquos do império era a submissão completa e o extermínio em escala maciça para servir de lição a quem sobrevivesse. Com regiões tão remotas, eles não podiam correr o risco de uma sublevação assim que dessem meia-volta ou abandonassem a região. Era preciso eliminar a possibilidade de qualquer rebelião desse tipo no futuro. Esse é um princípio fundamental da dissuasão. Thomas Schelling escreveu em sua influente obra *Arms and Influence* que o poder de destruição é o que dá aos exércitos, aos países e até às empresas poder de barganha diante de seus adversários.[27] Ao provocar danos, ou ameaçar provocá-los, um país pode deixar seu inimigo assustado – e muito – diante da perspectiva de sofrer conseqüências intoleráveis.

Multan, na província indiana de Punjab, foi uma das cidades indianas que sofreu uma retaliação de vastas proporções depois de Alexandre ter tido a oportunidade de exibir seu estilo de liderança inspirador e agressivo, responsável por ter chegado tão longe. A cidade de Multan, situada até hoje às margens do rio Ravi, possuía uma grande população e era muito bem defendida por uma muralha que cercava todo o núcleo urbano, no centro do qual havia uma maciça fortificação. As margens à beira das quais a cidade fora erguida eram muito mais altas que o nível da água, oferecendo à cidade uma espécie de defesa natural contra invasores.

Cerca de 50 mil soldados indianos haviam se postado ao longo da margem para conter qualquer incursão macedônia. Alexandre, com um efetivo de cinco mil, postou-se na margem oposta e, em vez de aguardar a chegada de reforços para fazer frente à enorme superioridade numérica indiana, atravessou o rio. Enquanto os indianos atacavam em formação linear bastante cerrada, Alexandre ordenou que as falanges gregas tomassem posição e atacassem em formação de coluna pelos flancos e pela retaguarda. Os macedônios se reagrupavam rapidamente depois de cada investida e, antes que os indianos tivessem chance de realinhar sua gigantesca formação, os homens de Alexandre investiam novamente. Em pouco tempo, o moral indiano foi abatido e eles recuaram para dentro de sua formidável cidadela, onde mulheres, crianças e velhos já se encontravam refugiados.

Alexandre mandou que seus homens rompessem a muralha da cidadela. Os aríetes entraram em ação, mas os muros reforçados não cediam. Alexandre instou seus homens a usarem de mais vigor. Ele ordenou que concentrassem seus esforços num único ponto da muralha, supondo corretamente que, se uma pequena brecha fosse aberta, o sítio estaria terminado. Mandou também que escadas fossem apoiadas contra a muralha e subiu pela primeira que chegou. Com o escudo erguido acima da cabeça para se proteger da saraivada de setas que chovia partindo das torres da cidadela, Alexandre conseguiu a custo chegar ao topo da muralha. Ali, brandindo sua espada e com a capa branca a esvoaçar no vento, o capacete "tão polido que reluzia como a mais cintilante prata", conforme descrito pelo historiador Quintus Curtius Rufus, ele pediu que seus homens, presas do desânimo, o acompanhassem em mais uma vitória – um discurso que, em seu caráter inspirador, só encontraria outro à altura quando Henrique V, de Shakespeare, convencesse astutamente seus soldados a atacarem Harfleur dizendo "Mais uma vez sobre a brecha, caros amigos, mais uma vez..."

Contaminados pela euforia, muitos macedônios subiram como puderam pelas escadas. Mas, sob o peso, elas se partiram. Apesar dos apelos desesperados de seus soldados para que pulasse de volta, Alexandre saltou para dentro da cidadela, agitando sua espada furiosamente para conter os ataques dos inimigos. Três de seus mais fiéis lugares-tenentes, incluindo Peucestes, que carregava o escudo de Aquiles retirado do Templo de Atena em Tróia, também se lançaram no meio do frenesi. Uma seta atingiu Alexandre, ferindo-o no peito. Se Peucestes não tivesse se jogado sobre ele, usando o célebre escudo para se proteger das setas que se seguiram, ambos estariam mortos; os outros dois combatentes macedônios que haviam saltado para lutar já estavam mortos.

Vendo Alexandre caído no chão, ferido por uma seta no peito, os soldados macedônios que haviam acabado de chegar ao parapeito da muralha logo acima anunciaram para seus colegas do lado de fora que seu rei estava morto. A notícia da morte de Alexandre se espalhou como fogo na palha, e os macedônios arrojaram os aríetes contra a muralha com toda a violência de que eram capazes, até que uma parte cedeu – bem a tempo para Alexandre. Os soldados indianos estavam prontos para dar cabo dele quando ouviram os brados dos macedônios atravessando a brecha na muralha. Enquanto davam meia-volta para enfrentar os macedônios que penetravam aos borbotões pela brecha, Alexandre foi levado para fora da cidadela, onde a seta foi cirurgicamente removida. O exército macedônio tinha ficado tão fora de si com a notícia da morte de seu rei (sem saber que ele havia sobrevivido) que trucidou toda a população de Multan. Apesar de não terem agido sob uma ordem de Alexandre, eles haviam claramente adotado uma nova postura vingativa, bem diferente daquela que caracterizara os primeiros dias de conquistas no Egito e na Pérsia.

A morte injustificada de civis e a destruição de seus bens e infra-estrutura continuam sendo, nos anais da guerra, uma daquelas questões insolúveis para as quais não há respostas claras. A idéia de "guerra estratégica", que implica não só o massacre de combatentes e a destruição de instalações e fortificações militares, como também a morte de não-combatentes, além da destruição sistemática de instalações civis e da pilhagem das cidades, passou a chamar a atenção durante a guerra civil americana, quando generais da União como William Sherman, respondendo a uma necessidade, mudaram a natureza das batalhas. Quando cidades inteiras – o que incluía sua população civil – se tornaram voluntária ou involuntariamente participantes do esforço de guerra, a caracterização de fazendas e celeiros, estações ferroviárias e linhas férreas, oficinas e fábricas, instalações de comunicações e correios como alvos de guerra se tornou legítima. Apesar de os soldados da União acreditarem que apenas civis que tivessem apoiado o esforço de guerra deveriam ser perseguidos, muitos historiadores especializados no tema do sul dos Estados Unidos afirmam que a retaliação se abateu sobre muitos inocentes, sobretudo no final da guerra, quando as forças da União deixaram um amplo rastro de destruição em sua "marcha para o mar" em novembro de 1864 – saindo de Atlanta na direção do Atlântico –, a qual promoveria, entre outras calamidades, a destruição de dois terços de Columbia, na Carolina do Sul, em 17 de fevereiro de 1865.

Inúmeros massacres de civis, conseqüentemente, se seguiram como tática de dissuasão: o bombardeio aliado de Dresden na Segunda Guerra Mundial para infundir o terror nos nazistas quanto ao tipo de retaliação que os aguardava; Winston Churchill, ao permitir o bombardeio da cidade britânica de Coventry em novembro de 1940 para não comprometer um centro de inteligência tão significativo;[28] o bombardeio da mais importante cidade histórica da cultura basca, Guernica, pelos aviões de Hitler em apoio ao general Franco na guerra civil espanhola; o massacre de mais de trezentas mulheres, crianças e velhos por soldados americanos na cidade de My Lai, no Vietnã; o assassinato de várias centenas de civis indianos no comício pacífico em Jallianwallah Bagh (Jardim) pelo general britânico R.E.H. Dyer, em abril de 1919; e, obviamente, Hiroshima e Nagasaki.

Também nos negócios, o estilo saqueador está presente na forma agressiva como alguns CEOs administram a empresa para vencer a qualquer custo, seguindo um molde supercompetitivo que não deixa pedra sobre pedra. Apesar de algumas empresas enfrentarem denúncias de abusos para assegurar vantagens competitivas – o que pode incluir campanhas de espionagem contra as rivais e ameaças de tirar a concorrente do mercado –, elas não cruzaram propriamente a linha da legalidade nos negócios e nem, no extremo oposto, são vistas como modelos de virtude, é evidente.

Alguns CEOs também podem agir de forma hipercompetitiva para mudar uma cultura organizacional cristalizada. Um exemplo é Jamie Dimon, o CEO da Bank One, baseada em Chicago – empresa formada em 1998 a partir da fusão de 29 bilhões de dólares com o Bank One de Columbus, Ohio, e o First Chicago NBD. Dimon, que está conseguindo imprimir um rumo àquela que até recentemente era uma fusão problemática, inspira seu pessoal mediante empolgantes e virulentos discursos contra os concorrentes, que são muito maiores que eles. "O que eu penso dos nossos concorrentes?" Dimon perguntou durante uma reunião de funcionários do Bank One no McCormick Plaza, em Chicago. "Eu os odeio! Quero ver o sangue deles!"[29] Essas palavras são ditas para inspirar os funcionários da empresa e para dar uma injeção de espírito competitivo na cultura do grupo. Não há nenhum problema nisso.

Muitas vezes, porém, o estilo hipercompetitivo, sobretudo quando leva a níveis estratosféricos de lucro, pode inflar o ego e a vaidade de tal forma que o que antes não passava de um estilo inspirador da competitividade se transforma no estilo saqueador – freqüentemente, fazendo com que as organizações assim administradas percam a noção dos limites. Quando o escândalo da compra de obrigações se abateu sobre a Salomon Brothers, em 1991, muitos não ficaram surpresos que a empresa estivesse envolvida em transações tão antiéticas, considerando-se a cultura extremamente agressiva fomentada por seus líderes, que se diziam "prontos para morder o traseiro de um urso".[30] Seus operadores eram encorajados a se concentrar no curto prazo e apurar lucros a qualquer custo. Havia muito pouca transparência no gerenciamento da organização, mas era do conhecimento geral que os departamentos que tivessem lucros acima da média eram regiamente recompensados, e acordos secretos eram muitas vezes fechados para contemplar determinados departamentos com bônus muitos mais polpudos que os demais. Foi divulgado que, em 1990, a alta diretoria fechou um acordo com o departamento de arbitragem de risco pelo qual eles poderiam ficar com até 15% de todos os lucros e distribuí-los entre os operadores. Se esse tipo de incentivo faria com que o departamento gerasse lucros mais consistentes, então era isso que seria feito na Salomon. Como era de se esperar, o departamento gerou lucros extraordinários e rendeu a seus operadores bônus de fazer cair o queixo.

Não que alguém na Salomon fosse mal pago, diga-se de passagem, mas onde um operador médio teria ficado com um ou dois milhões de dólares em bônus anuais? No ano do incentivo só um operador da arbitragem de risco embolsou mais de 20 milhões.[31] Pode-se até argumentar que os mecanismos institucionais para um escândalo de grande escala estavam instalados na Salomon meses antes de a história vazar. Quando finalmente vazou, as próprias bases do sistema financeiro americano foram abaladas, porque o escândalo atingia os delicadíssimos e sacrossantos leilões de Obrigações do Tesouro.

Os leilões de Obrigações do Tesouro determinam a taxa básica de juros, que afeta tudo na economia americana, desde as taxas das hipotecas até os empréstimos para compra de carros, passando pelos juros da poupança. Para garantir que nenhuma instituição possa influenciar acima de determinado nível esse importante pilar da economia americana, a lei de valores mobiliários proíbe que qualquer instituição compre mais de 35% das obrigações oferecidas em leilão. Quando a história vazou, ficou-se sabendo que a Salomon havia tentado fazer a festa arrematando mais de 90% dos lotes num único leilão. Além disso, em vez de investigar e punir os operadores desonestos, o impulso inicial dos líderes da instituição foi o de abafar o caso, e foram postos panos quentes após panos quentes até que a Salomon veio abaixo como um castelo de cartas – algo não muito diferente dos resultados desastrosos que o exército de Alexandre estava conseguindo na Índia. Apesar de vitorioso, seu triunfo estava saindo a um preço muito alto, e até mesmo os soldados que vinham seguindo Alexandre havia tantos anos estavam perplexos diante da egoísta e triste aberração na qual eles e seu líder haviam se transformado.

Sem a menor sombra de dúvida, Alexandre era um mestre estrategista e tático brilhante. General extraordinário, arguto, refinado, culto e inteligente, embora também tivesse defeitos como todo ser humano. E demonstrou cada um desses atributos a partir dos 20 anos. Mas sua maior virtude era a capacidade de escolher o mais adequado dentre um verdadeiro arsenal de estilos de liderança, conforme a situação com que se deparava. Pelo menos, foi isso que fez dele um líder extraordinário na primeira parte de suas campanhas. Infelizmente, no fim de seu reinado, já começara a sofrer do tipo de megalomania que atinge muitos líderes de sucesso. Esses diferentes estilos foram aqui discutidos não para que possamos seguir a todos (os dois últimos estilos de liderança não merecem senão nosso desprezo), mas porque representam os diversos estilos que podemos observar nos líderes com quem temos contato. Podemos desenvolver alguns, imitar outros e evitar intencionalmente esse ou aquele.

RESUMO DE TEMAS

1. O Líder Que Confia

Apesar de advertido por Parmênion de que a poção medicinal oferecida por seu médico, Filipe, era na verdade veneno, Alexandre confia plenamente no seu amigo de infância e ingere a beberagem – só depois revelando a Filipe a advertência trazida por Parmênion. Ele confiava inteiramente em pessoas que tinha acabado de conhecer – como o pastor persa em cujas mãos depositou a segurança de metade do exército macedônio.

2. O Líder Que Inspira

Alexandre tinha uma extraordinária capacidade para inspirar seus soldados. Ele os lembrava das batalhas e vitórias já conquistadas, conversava com eles sobre o objetivo mais elevado que estava buscando além da vitória naquela batalha específica e os inspirava com histórias de antigos heróis que haviam sido vencedores em condições muito mais adversas.

3. O Líder Que se Comunica

Antes de qualquer batalha, ele percorria a linha de frente de um extremo a outro, falando diretamente com seus homens, dirigindo-se aos rostos familiares pelo nome e lembrando-os de seus atos de bravura anteriores. Isso não só elevava o moral das tropas como os soldados também viam que sua contribuição era reconhecida.

4. O Líder Agressivo

Alexandre sempre procurava estar na posição de ataque – nunca de defesa – porque sabia das vantagens proporcionadas pela maioria das atitudes ofensivas. A surpresa era uma das mais importantes, seguida pela capacidade de imprimir a direção que quisesse à batalha. Também podia contar com a simpatia do povo, que o considerava antes um "libertador" do que um "agressor".

5. O Líder Humanista

Apesar da crueldade demonstrada em batalha, Alexandre sempre fez questão de garantir um enterro digno até mesmo aos soldados inimigos. Era nobre e magnânimo fora do campo de batalha. Providenciou para que a esposa, a mãe e os filhos de Dario tivessem todos régio tratamento, e que ninguém abusasse de sua condição de prisioneiros. Quando a esposa de Dario morreu de abatimento e tristeza dois anos depois da batalha de Isso – pouco antes de Alexandre derrotar seu marido em Gaugamela –, Alexandre visitou sua família imediatamente. Jejuou com eles e acompanhou o corpo no cortejo fúnebre.

6. O Líder Agressivo

Alexandre estava ciente do lugar que ocupava no mundo. Se alguém passasse dos limites, ele agia de imediato. Nem mesmo Dario deixou de ouvir dele quem era o vencedor e quem era o derrotado, e, se o derrotado desejasse seu perdão, deveria pedir da maneira correta. Com o passar do tempo, foi se tornando paranóico, o que levou aos assassinatos sumários de diversos de seus amigos mais próximos. A deplorável morte de Parmênion assim como a de seu filho por causa das denúncias de conspiração, ou o assassinato de Clito em meio a uma bebedeira, indicam que Alexandre se tornara uma pessoa bastante insegura e presunçosa, que muitas vezes podia agir como déspota.

7. O Líder Saqueador

A matança de milhares de civis inocentes em Tebas, Gaza, Tiro, Multan e outros lugares sempre suscitou uma dúvida a respeito de Alexandre: ele era um grande líder ou apenas mais um assassino bárbaro? Muitos historiadores têm se posicionado em ambos os extremos dessa questão. Infelizmente, jamais saberemos a verdade. O importante, porém, é posicionar-se em qualquer um desses dois lados com certa cautela – ou muita cautela, dependendo da veemência com que se afirme cada posição. A realidade, como em quase todos os casos, provavelmente será encontrada em algum ponto entre esses dois extremos.

CAPÍTULO 7

UMA ESTRATÉGIA GLOBAL PARA UNIFICAR O MUNDO

Agora que, depois de Isso, e graças ao tesouro Persa, tinha como pagar seus soldados, Alexandre decidiu consolidar suas conquistas nas porções leste e sul do Mediterrâneo antes de seguir no encalço de seu inimigo – que estava se internando rapidamente na segurança das capitais persas de verão e inverno de Susa e Persépolis. Apesar dos inúmeros comunicados que recebia a respeito do paradeiro de Dario, a prioridade de Alexandre era a consolidação de seu império, e não a caça a seu inimigo. Seu maior receio era que os sátrapas persas ao leste e ao sul do Mediterrâneo – sobretudo na Síria, na Palestina, no Líbano e no Egito – pudessem lançar uma ofensiva contra a Grécia ou a Macedônia enquanto ele estava tão distante, território persa adentro. Os fenícios, cujas bases ficavam em Tiro e em Sídon (a moderna Saída), no Líbano atual, deveriam ser especialmente temidos por sua perícia naval.

Cada um desses sátrapas também dominava técnicas e recursos fundamentais que os macedônios poderiam explorar em suas próximas campanhas. Os fenícios, por exemplo, contavam-se entre os maiores navegadores de seu tempo, e seus arquitetos e construtores navais, bem como seus marinheiros, seriam de grande valia para Alexandre. O Egito representava uma conquista bem diferente. De acordo com os egípcios, quem quer que conquistasse o país seria considerado faraó e, mais importante que isso, "Filho de Deus", sendo, portanto, considerado detentor de poderes divinos – atributo valioso para qualquer conquistador, pois, sem dúvida, incentivaria o próprio exército e infundiria medo no do inimigo.

Globalização Planejada

A política de expansão geográfica de Alexandre obedeceu a um padrão sistemático e preciso, apesar de muitas vezes parecer errática, tortuosa e extremamente complexa para muitos historiadores. Aonde quer que fosse, sempre tomava todas as precauções necessárias. Sendo assim, não surpreende que muitas vezes se envolvesse nas situações mais desconcertantes, apesar de detestá-las – como o sítio de sete meses a Tiro, para neutralizar a frota fenícia.

Num discurso que fez antes de conduzir seu exército até a costa do Mediterrâneo, ele apresentou as opções com que suas tropas se defrontavam: poderiam perseguir Dario naquele momento (que havia sido visto pela última vez rumando na direção de Babilônia) e exterminar a ameaça persa de uma vez por todas; ou poderiam invadir a Fenícia e o Egito, garantindo, assim, que aquelas duas poderosas nações, então sob o domínio persa, não pudessem atacar a Grécia enquanto eles estivessem internados nos mais longínquos rincões asiáticos no encalço de Dario. Os espartanos já vinham se preparando para uma guerra contra a Macedônia e a Grécia sob o domínio macedônio, e seria fácil para os persas formar uma coalizão das forças navais dessas duas grandes potências para lançar um ataque conjunto à Grécia. Além disso, eles não poderiam contar com a lealdade de Atenas à Macedônia – que se devia ao medo e não à boa vontade – para fazer frente a uma coalizão da Pérsia com Esparta.

Se o Egito e a Fenícia estivessem sob controle macedônio, Alexandre sabia, não haveria ameaça de ataque naval à Grécia. Além disso, a reputação dos macedônios como guerreiros se fortaleceria ainda mais se eles subjugassem egípcios e fenícios; ambos eram conhecidos como bravos guerreiros, o que facilitaria a invasão dos territórios mais remotos da Pérsia.

Os macedônios precisavam de uma cabeça-de-praia para entrar na Fenícia e no Egito. Apesar de as cidades menores, como Sídon, terem se rendido aos macedônios assim que eles pararam diante dos portões da cidade, Tiro permanecia como o último bastião da Fenícia. Tratava-se da cabeça-de-praia perfeita, porque era o centro da arquitetura e da marinha fenícias, além de rota de acesso às densas florestas da Fenícia e da Assíria. Os macedônios precisavam aprimorar seus conhecimentos de construção e batalha naval, e necessitavam de madeira para erguer uma suntuosa frota macedônia. Além disso, Tiro possuía portos de excelente qualidade, facilitando o transporte da madeira até o Egito, onde os macedônios planejavam implantar uma base naval a partir da qual estenderiam seu controle sobre o Mediterrâneo sul; o Egito não possuía florestas.

Companhia das Índias Orientais: Comerciantes, Traficantes de Drogas e Construtores de Impérios

Alexandre planejava usar Tiro como uma das bases para a futura expansão em direção à Fenícia (atual Líbano e Síria) e ao Egito, e, conseqüentemente, à Líbia e a outras regiões da África. Do mesmo modo, nos negócios, as empresas procuram sempre identificar uma "cabeça-de-praia" atraente – "um mercado consumidor que ofereça a maior demanda possível pelo que a empresa vende e que possa servir de base para uma expansão nos segmentos congêneres e nos mercados relevantes", de acordo com o professor Mohanbir Sawhney, da Faculdade de Administração Kellogg, da Northwestern University. Sawhney acredita que "uma boa cabeça-de-praia deve oferecer conectividade e acesso a um rico território contíguo", e não ser uma ilha, como o Havaí, que oferece pouco potencial para dar continuidade à expansão.[1]

Nenhuma empresa havia pensado tanto a respeito disso e explorado tanto uma cabeça-de-praia quanto a Companhia das Índias Orientais nos séculos XVII, XVIII e XIX. Também nenhuma outra empresa teve tamanha longevidade ou um controle tão amplo sobre o seu mercado. Finalmente, nenhuma outra empresa exerceu tanta influência sobre o gerenciamento corporativo dos dias atuais: ela foi a primeira a estruturar seu sistema de governança corporativa na forma de diretores com responsabilidade fiduciária, que eram eleitos por – e respondiam aos – acionistas da empresa. Não surpreende que ela seja a base sobre a qual encontram-se assentados os sistemas de governança corporativa americano e britânico – segundo os quais gerentes profissionais são supervisionados por um Conselho de diretores eleitos pelos acionistas –, até hoje.

Os primórdios da empresa remontam a 31 de dezembro de 1599, quando a rainha Elizabeth I concedeu a uma empresa recém-fundada, representando um grupo de comerciantes e navegadores mercantes de Londres, direitos exclusivos a todo o comércio com a Índia e o sudeste da Ásia. Elizabeth acreditava que o novo século traria enormes riquezas do Oriente para as ilhas britânicas. A Inglaterra vinha sendo praticamente mantida de fora do comércio com o Leste, mas agora, apenas uma década depois da derrota da Invencível Armada espanhola, afirmara-se como a força naval mais poderosa do mundo. O comércio com o Oriente era uma conseqüência natural das vantagens que a Inglaterra pretendia garantir com esse novo status.

No início, o foco da empresa foi o comércio de especiarias, que vinha sendo dominado em grande parte pelos portugueses. Vasco da Gama havia descoberto o caminho para as Índias a partir da Europa (dobrando o Cabo da Boa Esperança) e os portugueses haviam aproveitado essa descoberta tornando-se os primeiros a estabelecer rotas de comércio com as Índias e o Extremo Oriente. Os holandeses se seguiram aos portugueses, e esses dois colonizadores europeus detinham praticamente o monopólio desse comércio.

As primeiras incursões da Companhia das Índias Orientais no comércio de especiarias se caracterizaram por intensa competição, manipulação de preços e até violência – os comerciantes holandeses, certa vez, atearam fogo a um navio inglês na Indonésia, com tripulação e carga a bordo, obrigando os britânicos a se retirarem de vez do comércio de especiarias no Extremo Oriente e a se concentrarem na Índia.

Os comerciantes chegaram à Índia pensando em vender seu tecido de casimira, o principal produto britânico de exportação daquela época, mas encontraram poucos interessados no algodão de baixa qualidade produzido nas fiações de Manchester. A produção de algodão indiano era muito desenvolvida e, apesar de fiar em casa, o indiano havia se acostumado com tecidos de algodão muito mais finos do que aqueles que estavam sendo oferecidos pelos comerciantes ingleses. Por outro lado, os comerciantes descobriram que havia uma enorme demanda na Inglaterra pelos tecidos indianos de algodão e de seda. Portanto, apesar de terem feito um primeiro contato com a Índia pensando em tê-la como base de consumidores para os produtos britânicos, não demorou muito para que a Companhia das Índias Orientais percebesse que a Índia seria muito mais rentável como fornecedora de produtos como xales de *paisley*, *chintzes* florais e camisas e vestidos de algodão extremamente valorizados na Inglaterra.

Em 1612, a Companhia das Índias Orientais instalou uma fábrica têxtil mais a oeste, na cidade portuária de Surat (no atual estado de Gujarat), próxima do Mar da Arábia. Surat, nome que vem do urdu Bunder-e-Khubsoorat ("O Belo Porto"), era um importante entreposto comercial dos mogóis, que então dominavam a Índia. Usando Surat como cabeça-de-praia, os representantes da Companhia das Índias Orientais se aventuraram em território indiano. Eles faziam visitas freqüentes à corte do imperador mogol, Jehangir, que ficava em Déli, carregados de presentes para agradá-lo. Um funcionário da empresa, capitão William Hawkins, chegou a causar forte impressão em Jehangir pela quantidade de álcool que era capaz de ingerir. Jehangir, que era alcoólatra, passou brevemente às mãos de Hawkins o comando de uma de suas unidades de cavalaria.

Apesar de Surat estar excepcionalmente bem localizada para o comércio com os mercadores indianos na costa oeste da Índia, assim como com os árabes e persas que singravam o mar da Arábia para fazer negócio ali, a cidade não dava acesso às vastas regiões inexploradas da Índia, situadas além.

Sendo assim, a Companhia das Índias Orientais procurou estabelecer outros postos de comércio. Os três seguintes foram instalados nas grandes cidades portuárias de Madras (hoje Chennai) no sul, em 1641; Bombaim (hoje Mumbai), que eles arrendaram do rei inglês Carlos II, em 1688, por dez libras esterlinas ao ano; e Calcutá, no leste da Índia, em 1699. Como Alexandre, o Grande, a Companhia das Índias Orientais cobrira todas as rotas marítimas. Destas, Calcutá, a capital da província indiana mais rica, Bengala, era a mais importante. Além disso, agora, quase cem anos após sua fundação, a Companhia das Índias Orientais queria o controle político sobre seu mercado. Só o comércio não bastava para assegurar o crescimento dos lucros esperado pelos acionistas ingleses.

A Companhia das Índias Orientais havia começado a erguer um exército, o qual financiava com os lucros extraordinários da compra por preços módicos e a venda por preços exorbitantes. Esse exército, formado sob o pretexto de defender suas fábricas, navios e depósitos, assumiu proporções tão gigantescas que, quando a empresa instalou seu entreposto comercial em Calcutá, já rivalizava com o exército britânico em termos de tamanho e efetivo.[2] E se tratava de um exército cruel: quando um tecelão a serviço de comerciantes indianos se recusava a fiar algodão para a empresa, os soldados arrancavam seu polegar. Para assegurar o controle absoluto de todo o mercado de matérias-primas, o exército destruiu depósitos e fábricas de comerciantes indianos, tirando-os do jogo.

Quando a empresa estava se instalando em Calcutá, os ingleses viviam o auge de sua paixão pelo chá. Em Calcutá, a empresa havia ampliado enormemente sua participação nesse mercado, pois a cidade ficava a poucas centenas de quilômetros de duas das maiores produtoras de chá do mundo – Assam e Darjeeling. Mas o chá indiano não era suficiente para saciar a sede da Grã-Bretanha. Assim, usando Calcutá como base, a empresa usou seu braço armado para abrir caminho à força por algumas das antigas rotas comerciais das quais ela havia sido afastada no passado – sobretudo a China, que era a outra grande produtora de chá. A demanda pelo produto era tão grande que quase cinco milhões de toneladas eram importadas pela Inglaterra a cada ano a partir da Índia e da China. O chá passou a ser usado para subjugar as novas colônias britânicas, que se estendiam das Américas até a Ásia, e era visto pelos colonizadores como uma ferramenta de opressão. "Essa detestável *commodity*", era como Thomas Jefferson se referia ao chá quando os navios lotados aportavam em Boston. "A pior das pragas, o deplorável chá", era como os patriotas de Massachusetts se referiam ao chá trazido pela Companhia das Índias Orientais, até que um grupo deles, liderado por Samuel Adams, com a participação de Paul Revere, o rosto pintado de negro, jogou 45 toneladas do produto no porto de Boston – incidente fundamental na história da independência americana, brilhantemente batizado de "Boston Tea Party".*

A Companhia das Índias Orientais pagava em prata por tudo que comprava, porque essa era a única moeda aceita pelos comerciantes indianos e chineses. Quando a prata usada para suprir a demanda inglesa por chá escasseou, a empresa deu prosseguimento a seus planos de dominação territorial da Índia e aderiu ao comércio de ópio chinês. Em 1757, um oficial de graduação média da empresa, Robert Clive, derrotou as forças de um príncipe mogol, Siraj-ud-Daula, na Batalha de Plassey (1757), a apenas 160 quilômetros de Calcutá. Outros pequenos principados tombaram sob o massacre militar promovido pela empresa.

Agora, que tinha o controle político de partes da Índia, a Companhia das Índias Orientais não iria mais precisar embarcar prata de seus cofres em Londres para comprar algodão em Surat ou chá em Calcutá – o re-

* Festa do Chá de Boston. (*N. do T.*)

colhimento de impostos de seus domínios recém-conquistados na Índia bastava para isso. Mais da metade do total de sete milhões de libras esterlinas de despesas do governo britânico era paga pelos impostos coletados na Índia. Para financiar o comércio com a China, o governo britânico deu início à cultura do ópio, que era cultivado na Índia e enviado para a China para ser trocado por chá. No século XIX, o comércio de ópio havia crescido tanto que a marinha britânica escoltava até a China os navios mercantes da empresa carregados de ópio. Como o imperador chinês havia proibido o consumo da droga, os navios fundeavam no Mar da China Meridional, de onde traficantes de drogas levavam o contrabando para o interior – o maior esquema de tráfico de drogas já financiado por um governo.

Com o sucesso da empresa, veio a arrogância de seus gerentes. A conduta da empresa tinha sido a expansão a qualquer custo, incluindo suborno, tortura e assassinato, e alguns de seus métodos começaram a atingir partes de si mesma. Sua alta gerência era freqüentemente acusada de corrupção, e líderes como Clive foram conduzidos de volta à Inglaterra para serem julgados. Em 1857, depois de rebeliões maciças dos indianos alistados no exército (chamadas de "revolta dos cipaios"), a coroa britânica foi obrigada a intervir e assumir o controle dos territórios sob domínio da empresa. Esse foi o início do *Raj** e, com ele, uma nova história de pilhagem colonial. Em 1873, a empresa fecharia suas portas para sempre.

Assim como Alexandre havia usado os portos da Fenícia como base de suas operações navais e os habitantes e a madeira das florestas fenícias para manter sua frota em constante crescimento, a Companhia das Índias Orientais também usou a Índia para sediar suas operações comerciais internacionais, sendo, com isso, responsável pelo advento – conforme Edmund Burke escreveu em 1769 – de um sistema político amplamente influenciado pelo "princípio do comércio". Mas a corrupção a que deu livre curso e "o desprezo pelas pessoas que eram afetadas por suas práticas"[3] precipitaram sua queda.

O Sítio a Tiro

O cerco à cidade fenícia de Tiro começou no meio do inverno de 333 a.C. e durou sete meses. É considerado o maior sítio de toda a História; só a

*"Rei" em sânscrito, forma como ficou conhecido em inglês o domínio britânico sobre a Índia, que perdurou até 1947. (*N. do T.*)

artilharia de Napoleão contra a marinha britânica no sítio a Toulon e a defesa de Stalingrado pelos russos contra os invasores alemães na Segunda Guerra Mundial chegam perto. Em Toulon e em Stalingrado, os defensores conseguiram repelir os agressores; Tiro continua sendo o maior sítio ofensivo. Toda geração de generais estuda esse episódio porque ele mostra de forma conclusiva que, independentemente da robustez das fortificações físicas, elas não serão capazes de oferecer defesa contra um inimigo motivado.

Tiro era a melhor e mais poderosa base naval da invencível (até cruzar o caminho de Alexandre) marinha fenícia, situada numa ilha de pouco mais de três quilômetros de extensão e pouco menos que isso de largura, defendida em toda sua volta pelo mar e por uma gigantesca muralha. Os fenícios haviam construído a cidade nova como uma fortaleza inexpugnável. Os tírios eram famosos navegadores da Antiguidade e, além de sua intrepidez e vitórias no mar, eram conhecidos por sua capacidade de resistir aos sítios. A cidade velha, no continente, havia resistido a um sítio imposto por um general persa durante 13 anos. A cidade nova fora construída com ainda maior capacidade de resistência que a velha, e estava preparada para agüentar praticamente qualquer modalidade e duração de sítio possível naquela época.

Quando os macedônios se aproximaram de Tiro, os tírios disseram que se renderiam desde que eles prometessem não pôr os pés em sua fortaleza insular. A condição era inaceitável para Alexandre, apesar de esse ter sido exatamente o acordo feito entre os tírios e os persas. Alexandre queria fazer preces e oferecer um sacrifício no templo tírio de Héracles. Uma vez que, pela tradição tíria, só o rei podia oferecer sacrifícios, permitir que Alexandre o fizesse equivaleria a uma capitulação.

Praticamente sem nenhum navio, tendo queimado todos os que utilizara para atravessar o Helesponto, Alexandre deu início ao sítio. Ele começou a construir uma ponte a partir do continente (a velha Tiro), que ficava a uma distância de oitocentos metros da ilha. Esse seria seu principal meio de acesso à cidade fortificada. Os tírios acharam que ele estava completamente louco. Marinheiros tírios em suas embarcações passavam pelos operários trabalhando na ponte e zombavam deles por acreditar que poderiam passar por cima de Poseidon – o deus grego dos mares. Os soldados macedônios, lado a lado com toda a mão-de-obra disponível, continuaram erguendo sua ponte de 60 metros de largura. As ondas do Mediterrâneo, reforçadas pelo sudoeste, se abatiam sobre eles e destruíam o trabalho quase todos os dias. Mas os homens continuavam trabalhando e colocavam árvores inteiras em volta da ponte para acalmar as águas. Quanto mais a ponte balançava, mais fundo os macedônios cravavam suas estacas no leito do oceano, reforçando-a com rochas e toras trazidas da velha cidade.

Depois de vários meses, quando a ponte estava se aproximando da ilha, as condições se tornaram ainda mais precárias e dificultosas, em parte porque a profundidade da água perto da ilha era muito grande, mas principalmente porque os tírios utilizavam todos os meios a seu alcance para literalmente afundar os esforços macedônios: mandavam mergulhadores para sabotá-la à noite; enviavam embarcações munidas de catapultas, fundas e arqueiros para fustigar os operários; e atacavam do alto de sua muralha com pedregulhos, mechas e até óleo fervente. De certo modo, estavam praticando o equivalente, na Antiguidade, à artilharia pesada de Napoleão em Toulon. Para defender a cidade francesa contra o cerco inglês, Napoleão posicionou toda a artilharia no alto de um despenhadeiro que dava para o porto, de onde fazia a cortina de fogo desabar sobre os navios ingleses. Os tírios também eram inclementes com quaisquer prisioneiros capturados. Toda uma tripulação de marinheiros gregos e macedônios capturados foi trucidada no alto da muralha e seus corpos, lançados no mar.[4]

Alexandre ergueu duas torres no final da ponte para conter os tírios. Mas um dia, com vento pela popa, os tírios carregaram um navio com lenha, enxofre, nafta e outras substâncias combustíveis e o conduziram até a ponte. Os marinheiros a bordo do navio atearam fogo à carga e nadaram de volta para a segurança de sua cidadela. O fogo consumiu as torres, as máquinas de sítio que haviam sido construídas e, finalmente, a ponte inteira cedeu ao incêndio e veio abaixo. Foi preciso menos de uma hora para destruir o trabalho de meses.

Alexandre imediatamente mandou construir uma ponte maior – com o dobro do tamanho da anterior, para poder erguer muito mais torres e defender seus operários. Ele também se deu conta de que era preciso tirar dos tírios o controle daquelas águas. Como as empresas que constroem sedes regionais próprias ou se aliam a empresas já estabelecidas para alcançar seus objetivos globais, Alexandre, tendo como objetivo erguer uma frota em Tiro, saiu de lá acompanhado de um pequeno contingente de seu exército e foi até o porto fenício de Sídon. A cidade havia se rendido recentemente aos macedônios, e ele se apoderou dos 80 trirremes ali ancorados.

O rei de Chipre, vendo para que lado estava pendendo a balança do poder no Mediterrâneo, contribuiu com sua frota de 120 navios. Rodes seguiu o exemplo. Em pouco tempo, Alexandre retornava a Tiro com uma frota três vezes superior à daquela cidade. Ele muniu essas embarcações com lançadores, aríetes, balistas e pontes para desembarque. Apesar de a maioria dessas máquinas de guerra ser inútil contra a muralha de 45 metros da fortificação inimiga, elas eram muito superiores à força naval tíria. Muito embora Alexandre fosse um relativo neófito em matéria de batalha naval, sua ousadia o ajudou a vencer. No combate naval, ele praticou o que seria conhecido, quase 2.100 anos mais tarde, como a doutrina nelsoniana: "que nenhum capitão naval cometa o grave erro de aproximar sua embarcação da embarcação inimiga." Os trirremes criaram o pandemônio esperado. Parte dos navios tírios foi posta a pique, a outra parte bateu em rápida retirada para suas respectivas bases em terra.

Os tírios, de sua relativa segurança na vertiginosa altura da muralha, testemunharam o naufrágio de seus barcos e a rendição aos macedônios. A queda de Tiro seria uma questão de tempo. A guarnição de 30 mil tírios se rendeu aos macedônios, mas não sem antes travar uma intensa batalha na qual oito mil tírios foram mortos, 15 mil expulsos da região pelos sidônios (vizinhos de Tiro, que haviam se aliado aos macedônios) e o resto vendido como escravo. A ponte de Alexandre ligando a velha Tiro à nova transformou a cidade numa península, como a Tiro moderna continua sendo hoje, em sua paz e prosperidade.

Mentalidade de Sítio

A longa história das fortalezas físicas – desde Tiro, passando pela Muralha da China, a muralha romana de Adriano, que atravessa o norte das ilhas britânicas, até as barreiras relativamente modernas como o muro de Berlim – leva a crer que os muros não fazem senão manter afastadas temporariamente – e só temporariamente – *personae non gratae* e, pior que isso, manter prisioneira sua própria gente. Muitas vezes, essas barreiras podem existir também na cabeça das pessoas; movimentos fundamentalistas islâmicos criaram "barreiras mentais" para evitar que qualquer influência ocidental conspurcasse o espírito de seus fiéis, e até mesmo países desenvolvidos e de tendência progressista, como a França, fizeram o mesmo, tentando combater a influência de Hollywood e do *fast-food* americano sobre seus cidadãos.

Um exemplo interessante da ineficiência das muralhas, físicas ou mentais, pode ser visto na forma como Quebec, a maior província do Canadá – o segundo maior país do mundo –, tem procurado evitar invasões físicas ou intelectuais mediante o uso de barreiras. Quebec foi a primeira região da América do Norte a ser colonizada pelos europeus. No início do século XVII, exploradores franceses como Jacques Cartier e Samuel de Champlain mapearam sistematicamente a região, e muitos colonos do norte da França foram morar nas vastas planícies da província – aqueles capazes de desafiar o rigorosíssimo inverno da região. Em 1763, os franceses perderam a Guerra dos Sete Anos pelo domínio da região para os britânicos, e a maioria dos colonos franceses que pôde fez as malas e voltou para a Normandia, de onde eles e seus antepassados tinham vindo; os menos favorecidos economicamente falando permaneceram ali e, com a conquista do território pelos ingleses, caíram sob o jugo, basicamente, dos colonos escoceses.

A Batalha de Quebec foi a mais importante da guerra, na qual, depois de um longo sítio à cidade de Quebec, a única cidade murada da América do Norte – e, como Tiro, considerada invencível –, um contingente britânico de 4.500 homens sob o comando de major-general James Wolfe venceu o paredão quase vertical de cerca de cem metros de altura que separava a cidade fortificada das águas dos rios St. Charles e St. Lawrence. De manhã cedo, quando foram avistados nas planícies de Abraham, os franceses, sob a liderança do marquês de Montcalm, em vez de permanecerem em sua fortificação perto de uma das extremidades da cidade murada – e enquanto aguardavam a chegada de reforços, que deveriam estar a menos de 16 quilômetros dali –, decidiram lutar imediatamente. Em menos de 30 minutos, a cidade de Quebec foi tomada pelos ingleses, e um dos dois maiores sítios da América do Norte – o outro sendo o bem-sucedido sítio de Vicksburg, na guerra civil americana, conduzido pelo general da União Ulysses S. Grant – estava terminado.

O domínio da língua e da cultura inglesa sobre os franceses continua – desde sua derrota na batalha de Quebec, há 250 anos – sendo um grande problema para os sete milhões de francófonos, a maioria dos quais vive em

Quebec. Durante gerações, os francófonos quebequenses se sentiram, e de fato foram, oprimidos – pesquisas revelaram que, no início dos anos 60, um trabalhador francófono em Montreal ganhava um terço menos do que um anglófono. Mas, entre 1960 e 1975, Quebec foi testemunha do que ficou conhecido como a "revolução silenciosa", que não só trouxe igualdade econômica, como também deu origem a um contingente de profissionais, artistas e empresários francófonos que são motivo de alegria e orgulho para a região.

Junto com sua nova identidade, porém, nasceu um irreprimível ranço de purismo lingüístico e político. O separatista Bloc Quebecois subiu ao poder em 1976 e, com ele, a obrigatoriedade do francês como língua oficial de Quebec e a adoção do francês em todas as etiquetas, rótulos, placas e textos diversos, contra quaisquer invasões de uma língua estrangeira. Até imigrantes recentes na região são obrigados a estudar sem demora a língua, porque em Quebec ou se joga o jogo deles ou se está fora da partida.

Hoje, o Office de la Langue Française de Quebec policia o uso da língua francesa em toda a província. Não são admitidas exceções. Em 1996, os moradores judeus da província ficaram especialmente revoltados com o que hoje é chamado de "pão ázimo-gate", quando um fiscal excessivamente rigoroso proibiu a entrada de pães ázimos *kosher* – para a Páscoa judaica – em Montreal porque o rótulo das caixas estava em inglês.

O francês de Quebec – seu uso e obrigatoriedade – se transformou na alta muralha tíria atrás da qual se oculta um povo refratário a mudanças. Diferente do francês no país de origem, que continua seu desenvolvimento em meio a chuvas e trovoadas – apesar de adequadamente controlado pela Academie de la Langue Française –, o francês de Quebec tem sido mantido imutável, no mesmo lugar em que se encontrava quando chegaram os primeiros colonos franceses. Sua língua, infelizmente, deixou de servir à comunicação e à integração com o mundo exterior para se tornar apenas um modo de protegê-los dos ventos de mudança que sopram no mundo, com suas influências culturais e lingüísticas.

As práticas protecionistas do francês quebequense podem, sem dúvida, levá-lo ao mesmo estado agonizante no qual o valão, dialeto francês falado no sul da Bélgica, se encontra atualmente. A queda do forte não está longe. Como Alexandre esperava, a única coisa necessária para fazer cair uma fortaleza é concentrar o ataque num único ponto – assim que uma brecha fosse aberta ali, o resto viria abaixo como um castelo de areia. Quebec se vê às voltas com forças religiosas e sociais diversificadas: taxas crescentes de divórcio e aborto, queda acentuada de comparecimento a igrejas e o lento desapego de sua população às mais antigas tradições. Todas acabarão certamente contribuindo para solapar seu desejo de independência. Uma única seria capaz de fazer a fortaleza ruir.

O Estímulo ao Multiculturalismo

Alexandre permitia que as culturas e tradições sociais dos países que dominava se desenvolvessem lado a lado com as culturas e tradições gregas e macedônias. Alguns meses depois de Tiro, e cerca de um ano após a vitória em Isso, Alexandre chegou ao Egito viajando por terra; toda sua comitiva, máquinas de sítio e milhares de soldados seguiram por mar, usando a frota recém-adquirida. Os persas tinham conquistado o Egito pouco tempo antes. Alexandre sentia que não iria enfrentar muita resistência, pois a maioria da guarnição persa havia se rendido ou sido morta em Isso. Com efeito, o Egito, o país mais rico do sul do Mediterrâneo, se rendeu a ele sem que nenhuma vida fosse perdida.

Ao percorrer o país, Alexandre tomou cuidado para não ofender as suscetibilidades religiosas dos egípcios. Em Mênfis, centro religioso do Egito, ele ofereceu um sacrifício ao mais venerado dos deuses egípcios, Ápis, que tem a forma de um touro sagrado, assim como a outros deuses, como Ísis e Rá. Alexandre tomou todas as precauções para que o seu sacrifício estivesse de acordo com os ritos sagrados dos egípcios. Depois dos sacrifícios, promoveu competições eqüestres, musicais e de ginástica das quais gregos e egípcios tomaram parte. O comportamento de Alexandre era profundamente diferente daquele mostrado pelos conquistadores persas. Os persas haviam profanado os templos egípcios e também os ofendido de todas as maneiras possíveis – por exemplo, sabendo perfeitamente que o touro era um animal sagrado, mataram vários somente para humilhá-los.

Em resposta ao respeito e à honradez demonstrados por Alexandre, sacerdotes dos mais importantes templos egípcios o chamaram de faraó (muito embora qualquer um que conquistasse o Egito recebesse automaticamente esse título, ser tratado e respeitado como tal pelos poderosos sumo-sacerdotes egípcios era outra história). Inscrições hieroglíficas também revelam que eles acrescentaram um atributo ao título de faraó: "Aquele que pôs as mãos sobre as terras dos estrangeiros."[5] Isso indica que chegaram a aceitá-lo como uma de suas deidades, um avatar de seus maiores deuses.

Descendo o Nilo na direção da foz, Alexandre avistou uma vasta extensão de terra alargando-se na direção do delta, tendo o Mediterrâneo logo à frente. Foi ali que decidiu construir uma grande cidade para instalar seu centro de operações navais – militar e mercante –, além do centro artístico, cultural e educacional. Batizou a cidade de Alexandria, a primeira das cerca de 80 cidades que ele mesmo fundaria ou seriam fundadas em sua homenagem durante seu reinado (20 delas receberiam o nome de Alexandria) – apesar de alguns historiadores sustentarem que *ele* mesmo não fundou mais do que algo em torno de 12.[6] Pegando grãos de cevada do suprimento dos soldados, ele percorreu a galope essa faixa de terra, demarcando o perímetro da cidade.

Projetou-a com avenidas largas, com canais e aquedutos. Seu interesse pela leitura era profundo, levando sempre consigo a edição pessoal de Aristóteles da *Ilíada*, da qual lia algumas páginas todas as noites. Em Alexandria, decidiu partilhar seu amor pela leitura e pensou em criar – como Benjamin Franklin faria nos Estados Unidos do século XVIII – a primeira biblioteca pública. Chegou a conceber o primeiro museu da humanidade. Muito embora tanto a biblioteca como o museu tenham desaparecido misteriosamente há muitos séculos, seus acervos nos ajudaram a estabelecer pontes literárias e artísticas com o mundo antigo. Quando o sucessor de Alexandre no Egito, Ptolomeu, finalmente construiu a biblioteca, descobriu-se que muitas obras importantes em prosa já haviam desaparecido por completo da face da Terra (ler em voz alta e guardar na memória era a forma costumeira pela qual essas obras eram passadas adiante e transmitidas de geração em geração). Pelo menos 12 peças de Eurípedes, por exemplo, já haviam sumido, menos de duzentos anos depois de sua morte.

Os imperadores ptolemaicos estavam determinados a transformar em realidade o sonho de Alexandre de erguer uma grande biblioteca. O acervo da biblioteca de Alexandria, em poucas gerações, já ultrapassava quinhentos mil livros. Todo visitante de passagem pela cidade era instado pelos Ptolomeus a depositar seus livros na biblioteca, em troca dos quais recebia um certificado de depósito autenticado pelo selo real. O livro era copiado e devolvido aos visitantes antes de sua partida de Alexandria. Ptolomeu III (neto do primeiro Ptolomeu) também ficou conhecido por ter implementado um ambicioso sistema de empréstimos com a maior biblioteca de Atenas, montada havia pouco tempo nos moldes da instituição de Alexandria. Ele pagava uma boa quantia em dinheiro pelo privilégio de tomar um livro emprestado com o único fim de fazer uma cópia exata. Os originais dos livros que mandou trazer nunca voltaram para Atenas – e sim suas cópias. Atenas se encontrava mergulhada em tamanha desordem que ninguém se preocupou em verificar se estavam recebendo de volta os originais ou seus fac-símiles.

A biblioteca teve impacto profundo. Por exemplo, Euclides, que viveu durante a era do primeiro Ptolomeu, usou os livros sobre geometria mantidos na biblioteca para produzir o primeiro tratado sobre o assunto, *Elementos*. A geometria moderna remonta suas raízes à geometria euclidiana. Graças a seu interesse pela leitura e por sua preservação, os ptolomeus também mandaram traduzir o Torá para o grego. Acredita-se que essa tradução tenha ficado muito mais próxima do original do que os textos hebraicos que sobreviveram, porque a versão a partir da qual ela foi feita não só era mais velha que o mais antigo texto hebraico que chegou até a época atual, como também fora coligida a partir das diferentes versões do livro sagrado que existiam naquele período. Ninguém sabe quando a biblioteca foi destruída – alguns arqueólogos afirmam que isso aconteceu quando Júlio César invadiu o Egito e incendiou o edifício acidentalmente; outros alegam que o fato ocorreu durante o reinado de um dos califas que governou Alexandria no século XV. Basta dizer que as buscas pelas ruínas da biblioteca continuam.

Macedônios e gregos foram convidados a se mudar para Alexandria, mas os interesses da população egípcia local também foram levados em conta e protegidos. Alexandre decretou que os egípcios eram livres para praticar seus costumes religiosos e sociais e para adotar suas formas já consolidadas de governança política. Finalmente, as leis continuaram a ser feitas e aplicadas pelo já estável sistema judiciário egípcio. Além disso, Alexandre concebeu – e Ptolomeu formou – uma assembléia grega, como também nomeou magistrados gregos e implementou um sistema democrático no qual os assuntos estrangeiros e militares do Estado – em estreita colaboração com o sistema judiciário egípcio – eram contemplados.

Alexandre tinha consciência do ineditismo do sistema político que estava tentando criar. Evitando a estrutura altamente burocrática de governança em pirâmide implantada no Egito, superlotada de servidores civis persas, ele desenvolveu uma estrutura inovadora que protegia o direito dos cidadãos egípcios e dos estrangeiros que ali chegavam, assim como atendia aos requisitos de segurança do império. Ele pediu que os dois governadores egípcios que administravam o alto e o baixo Egito antes da invasão persa voltassem a ocupar seus cargos. Nomeou dois governadores gregos para administrar as regiões mais distantes e escassamente povoadas do Egito, no que é hoje a Líbia e o extremo ocidental da Arábia Saudita (ao longo do golfo de Suez). Dois generais macedônios no comando de 4 mil combatentes e um almirante com 30 trirremes na defesa das imediações do Nilo eram todo o contingente de defesa que deixou para guarnecer a região. Todos os sete respondiam diretamente a ele.[7]

Alexandria, hoje, é uma grande cidade com quase quatro milhões de habitantes, contando com um centro comercial e marítimo (que utiliza os mesmos portos inaugurados por Alexandre). Com o passar dos séculos, as características cosmopolitas e pluralistas de Alexandria vieram atraindo comerciantes, sábios e artistas de todas as partes do mundo, e até hoje existem enclaves egípcios, gregos, italianos e judeus. Apesar de o Egito ter assistido ao êxodo de muitos dos residentes não-nativos de Alexandria no auge do nacionalismo egípcio nos anos 60, liderado pelo carismático presidente Gamal Abdul Nasser, a cidade permanece sendo um movimentado centro internacional, marcado por uma saudável mistura cosmopolita – apesar de exibir todas as características de uma franca decadência física.

Estratégia Global, Oportunidades Locais

A globalização como tendência não é recente: em 200 a.C., os bretões do norte traziam nos pés calçados produzidos em Roma; nos anos 1340, todo o sistema bancário de Florença se encontrava praticamente arruinado pela inadimplência dos monarcas britânicos; e, no início do século XIX, geleiros de Cambridge, Massachusetts, embarcavam o gelo dos lagos da Nova Inglaterra para a Europa, a África e a Ásia, chegando até Calcutá. Há quase 150 anos, empresas americanas como a fabricante de armas Colt e a de máquinas de costura Singer abriram fábricas na Inglaterra para atender aos clientes locais. E, mesmo assim, depois de um histórico e uma experiência tão longos com a globalização, por que algumas das maiores multinacionais do mundo continuam tendo dificuldade para se manter com sucesso enquanto relativos neófitos da globalização, como Alexandre, o Grande, criaram impérios que duraram vários séculos? A resposta pode estar na dificuldade que muitas empresas têm para compreender seus mercados regionais.

Diferente da estrutura organizacional de Alexandre, graças à qual eram os egípcios de determinada região que governavam os habitantes daquela região, as multinacionais normalmente vivem sobrecarregadas em suas gigantescas burocracias, como que vazadas nos moldes soviéticos, as quais, via de regra, não conseguem enxergar as demandas e os anseios regionais. Gerentes de uma fabricante de refrigerantes se queixam de que, ao planejar o lançamento de um novo produto – digamos, no Brasil –, são obrigados a esperar uma decisão da matriz em Nova York ou Chicago, tomada por alguém que nunca esteve no Brasil. No início dos anos 80, a sede da Nestlé, toda em vidro e aço cromado, com vista para o lago Geneva, em Vevey, na Suíça, era zombeteiramente chamada de "o Vaticano". Seus gerentes no exterior se queixavam de ter de se submeter a três níveis de aprovação gerencial da matriz antes de conseguir aprovar até mesmo um simples *press release*. Felizmente, tudo isso mudou e a Nestlé mantém sua merecida posição como multinacional de destaque. "Há um equívoco muito em voga entre os gerentes", escreveu Gurcharan Das, ex-CEO da Proctor & Gamble India, "segundo o qual basta começar com o nome de uma marca, criar um produto padronizado, embalá-lo, anunciar, apertar um botão e bingo – você está pronto para conquistar um mercado internacional".[8] Mesmo hoje, poucas multinacionais realmente tentam entender seus clientes regionais, criando e comercializando produtos que atendam aos gostos locais e extraindo lições de seus êxitos regionais para, com isso, consolidar marcas globais.

Nos últimos anos, determinadas empresas parecem estar alcançando algumas vitórias, mas apenas quando envidam esforços especiais. Uma gerente sênior da Kraft disse que era imperativo que todos em seu grupo fossem para o mundo real e descobrissem quais eram os anseios do consumidor. Ela conta que, certa vez, levou todo o seu pessoal para os bairros espanhol e asiático de Los Angeles: "Pegamos o cidadão mais típico de Connecticut e o lançamos no meio de uma bodega espanhola dizendo: 'Dá um giro por aí e vê o que você consegue descobrir'. E todos voltaram com ótimas idéias – idéias que estarão em nosso plano de negócios no ano que vem."[9] Foi esse tipo de experiência local que levou o McDonald's a lançar gaspacho na Espanha e hambúrguer de carneiro na Índia.

Do mesmo modo, quando o Honda Accord passou por uma profunda mudança no seu *design*, da metade para o fim dos anos 80, os engenheiros da Honda foram enviados aos shopping-centers americanos para vasculhar de alto a baixo os estacionamentos e observar como os americanos colocavam as compras no porta-malas. Foi daí que nasceu o inovador projeto de porta-malas no qual as pessoas não têm mais de se curvar para pôr suas compras – basta um simples movimento lateral. Como era de se esperar, o Accord se tornou um dos carros mais populares – e, em poucos anos, o mais popular – dos Estados Unidos.

As empresas muitas vezes têm dificuldade para entender as preferências locais e as possíveis reações antes de entrar num novo mercado, geograficamente falando. Até a gigante do varejo Wal-Mart, lendária graças a seus grandes êxitos, estava mal informada a respeito das dificuldades que enfrentaria na Alemanha, país conhecido por proteger seus pequenos lojistas. Quando a Wal-Mart começou a oferecer seus preços baixos aos consumidores e foi igualada pelas gigantes alemãs Aldi Nord e Lidl Markets, o órgão alemão anticartel interveio e obrigou as três a aumentarem os preços para evitar que os pequenos lojistas do país – o sustentáculo da economia doméstica alemã – fossem varridos do mercado.

As empresas não têm suficiente conhecimento de seus mercados, em parte por não contarem com um número suficiente de gerentes ou tomadores de decisão locais capazes de adotar as medidas necessárias em cada situação regional específica, e em parte por não saber sequer como começar a recrutar gerentes que se encaixem nesse perfil. Nesse aspecto, não surpreende que a Unilever esteja entre uma das mais bem-sucedidas multinacionais do mundo. Desde os anos 40, a gigante anglo-holandesa atrai talentos locais para atuar no lugar dos gerentes ingleses e holandeses. E treina todos juntos. A Unilever tem sido tão bem-sucedida em sua expansão mundial que algumas de suas subsidiárias no estrangeiro, como a Hindustan Lever, na Índia, são identificadas como empresas locais, e não subsidiárias regionais de uma multinacional.

A conquista desse status de empresa local não foi fácil. A Unilever fez uma aproximação lenta e gradual, preparando-se para assumir um compromisso de longo prazo com a Índia por meio de uma construção de marcas voltadas para o consumidor indiano. Ela investiu na compreensão de seus consumidores num nível de profundidade que nem o governo indiano possuía. Muitos analistas do mercado consumidor indiano acreditam que a Hindustan Lever possui uma compreensão da composição econômica dos consumidores mais profunda do que aquela apurada pelo censo indiano, mesmo quando se trata dos lugarejos mais remotos do país. Ela conhece – muito mais do que qualquer entidade pública ou privada na Índia – o poder aquisitivo, os hábitos de compra, os anseios e, mais importante, as formas de chegar a esses consumidores. Seu sistema de distribuição na Índia, que inclui caminhões, trens, aviões, carros, barcos, riquixás, bicicletas e até pessoas a pé, é o mais sofisticado do mercado – capaz de levar o que quer que seja para o rincão mais extremo do país com a mais absoluta confiabilidade de que a entrega será feita corretamente ao consumidor final.

A empresa, que é uma das que possuem maior capitalização de mercado na bolsa de valores indiana, não só compreende, por exemplo, que determinado tipo de xampu tem alta demanda, mas também o embala em recipientes de diferentes tamanhos, assim como em sachês plásticos para uma única aplicação, porque o poder aquisitivo de alguns consumidores indianos os impede de comprar mais que isso. Ser local também tem outra grande vantagem: em meados dos anos 70, quando o fervor nacionalista assistiu à expulsão de gigantes multinacionais como a IBM e a Coca-Cola da Índia, a Hindustan Lever, por sua orientação local, sequer chegou a ser cogitada para expulsão. A Hindustan Lever também não é uma filha ilegítima na constelação de empresas Unilever; há décadas, o presidente da Hindustan Lever ocupa cargo no Conselho global da Unilever, e gerentes da subsidiária indiana constantemente recebem oportunidades globais de crescimento e desenvolvimento, assim como gerentes de subsidiárias da Unilever fora da Índia são muitas vezes enviados para a Índia em missões de curto e longo prazos. Como a estratégia de expansão global de Alexandre, que era levar o que a Grécia e a Macedônia tinham de melhor, mas também proteger o que de melhor o novo país tinha a oferecer, a Unilever tem conseguido estabelecer um equilíbrio ótimo entre sua posição global e, simultaneamente, local.

A Descentralização Vence

Uma forma descentralizada de estrutura organizacional só surgiu entre as empresas americanas nos anos 20, com os esforços de Alfred P. Sloan à frente da General Motors, e só nos anos 50 ela se tornou o modo predominante pelo qual empresas como a GM, a Dupont e a General Electric se organizavam. Mas a descentralização era a menina-dos-olhos de Alexandre, o Grande, e atingiria sua melhor forma na admnistração do império romano, especialmente no governo de Júlio César. A tomada descentralizada de decisões era o único modo pelo qual Alexandre poderia controlar e administrar seu vasto império.

Por outro lado, o fim do império persa aquemênida de mais de duzentos anos se deve exatamente à ausência da descentralização nas tomadas de decisão. Nos dois anos que se seguiram à sua derrota em Isso, Dario recrutara o maior exército que os persas já haviam tido. Ele buscou recrutas nos rincões mais longínquos, abarcando os atuais Paquistão, Afeganistão, Turcomenistão, Cazaquistão, Síria, Iraque e Irã. Como em Isso, seus combatentes mais experientes eram mercenários gregos bem treinados e antigos nessa atividade. Estimativas conservadoras colocam o número da infantaria do novo exército em 200 mil homens (embora alguns estimem um efetivo de até um milhão) e o da cavalaria em 40 mil.

Dario incorporou muitas inovações ao exército persa depois de Isso. Ele armou sua cavalaria com lanças em vez de setas; e aposentou a cimitarra persa, projetada para combate próximo, corpo-a-corpo, adotando uma espada comprida. Equipou suas carruagens com lâminas afiadas nas laterais e no jugo. Em alta velocidade, essas carruagens, puxadas por dois ou quatro cavalos, eram capazes de mutilar e atravessar fileiras de infantaria e cavalaria tal como uma faca aquecida atravessa um bloco de manteiga. Cada um dos contingentes nacionais era encabeçado honorariamente – não liderado – pelo sátrapa (o governador) da região.

Infelizmente, Dario tomou todas as decisões quanto a *onde* enfrentar seu inimigo e a *como* fazê-lo. Sozinho, ele considerou as diversas opções: deveria, por exemplo, atrair Alexandre e seus soldados mais para o leste da Pérsia e enfrentá-lo em território conhecido; deveria adotar uma política de terra arrasada e abater o inimigo pela fome; deveria enfrentar os macedônios diante de uma das duas corredeiras que atravessavam a região onde estavam brincando de gato e rato – o Tigre e o Eufrates; ou deveria simplesmente aguardar a chegada de Alexandre a Babilônia? Esses temas foram cogitados por Dario em sua solidão. Ele decidiu sozinho até mesmo quanto a minúcias táticas, como, por exemplo, quantos cavalos deveriam movimentar uma carroça ou quando uma divisão deveria avançar contra o inimigo.

O sistema centralizador de tomada de decisão de Dario seria responsável pela derrota do exército persa em Gaugamela e pelo fim de 227 anos de domínio do império aquemênida fundado por Ciro, o Grande, em 558 a.C. A conseqüência funesta de Dario ter tomado todas as decisões táticas e estratégicas sozinho foi que, apesar de ele estar determinado a *não* repetir nenhum dos erros da Batalha de Isso, não havia ninguém por perto para contestá-lo ou convencê-lo a confrontar-se com evidências no sentido oposto.

Com sua missão cumprida no Egito, Alexandre partiu na primavera de 331 a.C. na direção da antiga cidade de Babilônia, situada a cerca de 88 quilômetros ao sul da atual Bagdá, no Iraque. Babilônia era a maior e, segundo historiadores como Heródoto, a mais esplêndida cidade do mundo. Seus jardins suspensos eram considerados pelos antigos uma das sete maravilhas do mundo. Tratava-se de uma cidade de comércio, cortada pelo rio Eufrates, que a atravessava exatamente no meio (de lá para cá, seu curso mudou).

Ao longo do rio, ficavam cais para navios mercantes e depósitos para armazenar sua carga. O grande Templo de Marduk marcava o centro da cidade: uma grande estrutura circular com estágios em degrau, cada um menor que o anterior, até o topo. De acordo com a lenda, os deuses haviam posto um fim à sua complexa e ambiciosa construção confundindo a língua dos trabalhadores de tal forma que eles já não entendiam mais uns aos outros.[10] Essa foi a origem da Torre de Babel de que fala o Gênesis (11:1-9): "cujo cume toque nos céus."

Alexandre prosseguiu sua marcha na direção de Babilônia com as corredeiras do Tigre do seu lado direito. (O Tigre e o Eufrates são quase iguais em extensão e importância no oeste da Ásia, como o Mississippi e o Missouri nos Estados Unidos.) Ele ficara sabendo graças a batedores persas capturados que os persas estavam se reunindo na margem direita. Atravessar o Tigre, com 1,2 metro de profundidade e fortíssima correnteza, seria um grande desafio. Ele pôs uma fileira de cavalos para quebrar a força da água e outra fileira mais abaixo para segurar qualquer um que fosse arrastado. E construiu uma ponte improvisada com toras para atravessar suprimentos e máquinas de sítio.

Mazeu, general bastante antigo no exército de Dario, recebeu três mil cavaleiros (dois mil mercenários gregos e mil infantes persas) e ordens expressas para atacar os macedônios caso eles tentassem atravessar o Tigre ou o Eufrates. Tratava-se de ordens específicas dadas a ele – ataque se tentarem atravessar o rio. Por duas vezes, Mazeu encontrou toras de madeira fincadas no rio para sustentar pontes improvisadas e facilitar a travessia, mas, como não viu nenhum macedônio tentando atravessar o rio, teve de esperar as instruções de Dario quanto à próxima medida. Apesar de ser um general, não tinha autoridade para destruir as estruturas e impedir uma possível travessia. Em negócios, isso se chama "problema do principal agente", que Michael Jensen e outros há muito já identificaram como um grande problema que aflige as organizações: como o dono pode fazer o empregado agir em benefício dele, o dono?

A solução de Dario para o "problema do principal agente" era concentrar ele próprio todas as decisões. Não confiava em ninguém, nem mesmo em seus generais, para agir no sentido de promover os interesses do império persa. É impressionante que – mesmo quase 2.500 anos após esses eventos – uma das maiores incógnitas da história da administração continue sendo esta: um gerente ou general, quando longe de seu líder, deve exercer sua autoridade e agir diante de uma oportunidade fortuita no sentido de proteger os interesses desse líder? Quando Arthur Sulzberger Jr. assumiu como editor do *The New York Times*, em 1922, promoveu uma série de retiros para mostrar a seus gerentes o que esperava deles. "Todo e qualquer executivo ou gerente tem apenas duas gavetas em sua mesa", são as palavras atribuídas a Sulzberger: "Numa está escrito 'centralizar' e na outra está escrito 'descentralizar'."[11] Não existem outras gavetas, Sulzberger teria explicado. Cabia a cada gerente escolher o estilo mais apropriado a cada situação, mas, uma vez escolhido, eles teriam de respeitar essa escolha ou correr o risco de comprometer a capacidade de tomada de decisões críticas por parte de seus subordinados diretos. Alguns historiadores ainda sustentam que o motivo de o Vietnã ter se transformado num atoleiro tão grande para os Estados Unidos foi o fato de o presidente Lyndon Johnson ter escolhido a gaveta "centralizar", a ponto de decidir pessoalmente os locais específicos para bombardeio aéreo e ficar a noite inteira sofrendo enquanto esperava para saber se a operação tinha transcorrido conforme o esperado – em vez de permitir que seus comandantes em terra tomassem essa decisão e executassem uma operação tão específica. Johnson, como Dario, não confiava em seus generais para tomar a decisão mais apropriada.

Alexandre, ciente de que a gaveta escolhida pelos persas era aquela na qual estava escrito "centralização", tirou vantagem do método de tomada de decisão dos persas para atravessar o rio. Os engenheiros macedônios, desse modo, puderam explorar ao máximo o fato de Mazeu não poder fazer nada a respeito das estacas fincadas no rio. Eles fincaram estacas em diversos pontos para confundir o inimigo quanto ao local exato onde pretendiam fazer a travessia. Depois, apareciam subitamente em determinada altura do rio, punham pranchas de madeira por sobre as estacas para formar a ponte e, antes que a estrutura de comando persa conseguisse fazer a mensagem chegar a seu comandante, todo o exército macedônio – homens, máquinas e cavalos – já tinham feito a travessia.

Um excelente exemplo da tirania da centralização decisória pode ser visto nas conquistas do grande general cartaginês Haníbal. Cerca de um século depois desses eventos na Pérsia, Haníbal foi derrotado numa famosa batalha naval – a primeira vitória naval de Roma, a Batalha de Milas. Haníbal entrou nessa batalha porque achou que tinha chance de afundar a frota romana, que acabara de ser avistada. Se tivesse de aguardar uma decisão do senado de Cartago sobre se e como ele deveria aproveitar a oportunidade que surgira, ela passaria. Cartago, como a Pérsia, adotara o estilo centralizador de tomada de decisão, segundo o qual todas as grandes decisões cabiam ao senado democraticamente eleito, convicto de que eles, os senadores, eram as únicas pessoas que poderiam tomar decisões pelo bem de Cartago, e nunca seus generais em campo. Infelizmente para Haníbal, a aposta que ele fez em pleno mar lhe custou toda sua frota.

Haníbal, temendo represálias de seus concidadãos cartaginenses, enviou um emissário a Cartago para fazer a seguinte consulta ao senado: com os duzentos navios cartaginenses sob seu comando, uma frota romana de 120 navios deveria ser atacada? Os senadores esfregaram as mãos de satisfação e mandaram Haníbal atacar imediatamente.

O emissário de Haníbal, então, informou ao senado: "Muito bem. Foi exatamente por isso que Haníbal lutou. Infelizmente, fomos derrotados. Mas, como o senado deu a ordem, ele está isento de culpabilidade."[12] A vitória da Batalha de Milas foi especialmente comemorada em Roma porque os cartagineses, que até então dominavam os mares, haviam dito aos romanos que, devido à sua superioridade naval, eles não deveriam sequer lavar as mãos no mar. Os romanos, por sua vez, haviam advertido os cartagineses que eram conhecidos por aprender tudo de melhor que seus professores tinham a ensinar.[13] Em Milas, eles provaram que eram melhores como aprendizes de navegação do que os cartagineses como mestres.

A Batalha de Gaugamela

Para evitar que Alexandre chegasse à Babilônia, o exército de 200 mil infantes e 40 mil cavaleiros de Dario esperou o general macedônio nas planícies de Gaugamela na noite de 30 de setembro de 331 a.C. À distância, sobre a região curda, subiam colunas de fumaça das aldeias e plantações, que o exército de Dario havia incendiado para não entregar suprimentos a Alexandre. Os macedônios estavam bem descansados, tendo repousado durante quatro dias antes de chegar àquelas planícies de calor escaldante.

Batedores de Alexandre o haviam notificado dos três "corredores" que Dario havia mandado preparar nas planícies para que sua cavalaria e seus carros tivessem terreno plano sobre o qual manobrar livremente. Dario havia sido informado de que o único motivo pelo qual ele perdera em Isso fora porque os persas não haviam tido espaço de manobra e, portanto, daquela vez faria o que fosse preciso para ter espaço à vontade. Os corredores também haviam sido preparados com farpas cravadas no chão apontando na direção do inimigo, parecidas com aquelas instaladas na saída das garagens modernas. Como muitos generais costumam fazer, Dario havia se preparado para travar a batalha derradeira. Ele não sabia que, se isso lembrara uma partida de pôquer, a Batalha de Gaugamela iria lembrar uma partida de xadrez. Dario não estava preparado para isso.

Alexandre, ao avistar o inimigo a cerca de 6,4 quilômetros, mandou que fosse montado acampamento para passar a noite. Então, reuniu seus comandantes e galopou escuridão adentro para reconhecer o terreno e estudar as posições persas. Assim como os grandes generais que vieram depois dele, como Napoleão e Wellington, Alexandre fazia questão de ver tudo com os próprios olhos. Era como se já compreendesse o que Napoleão diria dois mil anos depois: "O general que precisa ver as coisas pelos olhos das outras pessoas jamais será capaz de comandar um exército como ele deveria ser comandado." Alexandre, apesar de conhecido por sua intrepidez em batalha, nunca induzia seus homens a tomar atitudes cuja probabilidade de sucesso não estivesse previamente calculada. Parte de sua determinação em ver tudo por si mesmo nascia de seu desejo de enxergar as possibilidades que o assistiam, mas a outra parte era para se preparar para toda e qualquer eventualidade concebível. Em nenhuma outra esfera de atividade humana a Lei de Murphy – tudo que pode dar errado certamente dará – se aplica tão bem quanto em relação à guerra. O estrategista militar prussiano Carl von Clausewitz chamava isso de "fricção" – a conspiração de circunstâncias imprevistas no sentido de arruinar planos de batalha cuidadosamente elaborados. Só quem se mostrasse capaz de se adaptar a essas circunstâncias sairia vencedor.

Alexandre viu que todo o exército persa havia assumido formação de batalha, com posições que se estendiam por 6,4 quilômetros de um extremo a outro. Ele convocou uma reunião com seus oficiais. Parmênion defendeu um ataque noturno, diante de cuja proposta Alexandre teria dito, nas palavras de Arriano: "Não vou me diminuir roubando a vitória como um ladrão."[14] Não sabemos ao certo se Alexandre, de fato, disse isso ou se a declaração foi atribuída a ele para exaltar sua coragem, mas essa continua sendo uma de suas máximas mais citadas.

Então, voltando-se para seus oficiais, disse que não havia necessidade de encorajá-los a cumprir seu dever; ele já tinha visto bravura suficiente nas últimas batalhas para saber que, se todos dessem o melhor de si, a vitória seria certa; menos que isso, e eles perderiam. Estavam lutando não como haviam lutado antes, pelo futuro da Síria, ou do Egito, ou da Fenícia; aquela era uma batalha pela alma de toda a Ásia. Cada oficial foi instado a lembrar seus homens da disciplina que se esperava deles – marchar em silêncio; e, no momento aprazado, "rugir a plenos pulmões o grito de guerra e infundir o pânico divino no coração do inimigo".[15] Então, mandou que todos tivessem uma noite de sono.

Dario, por sua vez, com suas tropas alinhadas em formação de batalha, aguardou a noite toda um ataque de Alexandre. Que não veio. Na manhã seguinte, após um desjejum reforçado, os macedônios se prepararam para a batalha. Dario tinha feito uma linha de frente tradicional, com a infantaria no meio e a cavalaria nos flancos de sua formação de 6,4 quilômetros de extensão; carruagens foram espalhadas ao longo de toda a linha, e elefantes postados no meio, à frente. Estava claro para Alexandre, dos seis quilômetros que o separavam de seu inimigo, que Dario esperava estilhaçar a ordenação macedônia usando os elefantes e as carruagens dotadas de lâminas, para, em seguida, engolfar suas fileiras com a cavalaria. Com efeito, considerando-se que toda a formação de Alexandre equivalia em extensão apenas ao bloco do meio da formação de Dario, nas mãos de um bom tático e estrategista o gambito de Dario era bastante plausível.

Felizmente para Alexandre, Dario não era nem estrategista nem tático. Alexandre venceu os primeiros cinco quilômetros que o separavam de Dario dando ao inimigo a impressão de que estava caindo na armadilha, ou seja, no "corredor" que havia sido preparado para os macedônios. Mas, quando se encontravam a 1,5 quilômetro da formação de Dario, foi dada subitamente a ordem para que os soldados assumissem a "formação oblíqua" de Epaminondas, com o flanco direito avançado e o esquerdo "recuado". Essa formação significava que os macedônios iriam se concentrar num ponto específico da linha de frente do inimigo, inserir nele uma cunha, atravessar o exército persa e trucidá-lo.

Dario tentou ampliar seu flanco esquerdo para se preparar para o flanco direito macedônio, que o atacaria em breve, mas seu exército cinco vezes maior não conseguiu fazer essa adaptação em tão curto espaço de tempo. Ele deu ordem para as carruagens partirem, mas, a essa altura, os macedônios já haviam se afastado dos corredores, conseguindo, em primeiro lugar, assustar os cavalos persas que puxavam as carruagens ao bater com suas espadas e lanças contra os escudos e, em seguida, manobrar e feri-los com as espadas. Os cavalos que, assustados, deram meia-volta, foram dardejados nos cascos.

Vendo que suas carruagens tinham sido inúteis, Dario mandou as unidades de infantaria e de cavalaria que estavam posicionadas no meio investir; parte delas já havia se deslocado para a esquerda na direção da extremidade direita de Alexandre, e uma brecha havia se formado no meio da linha

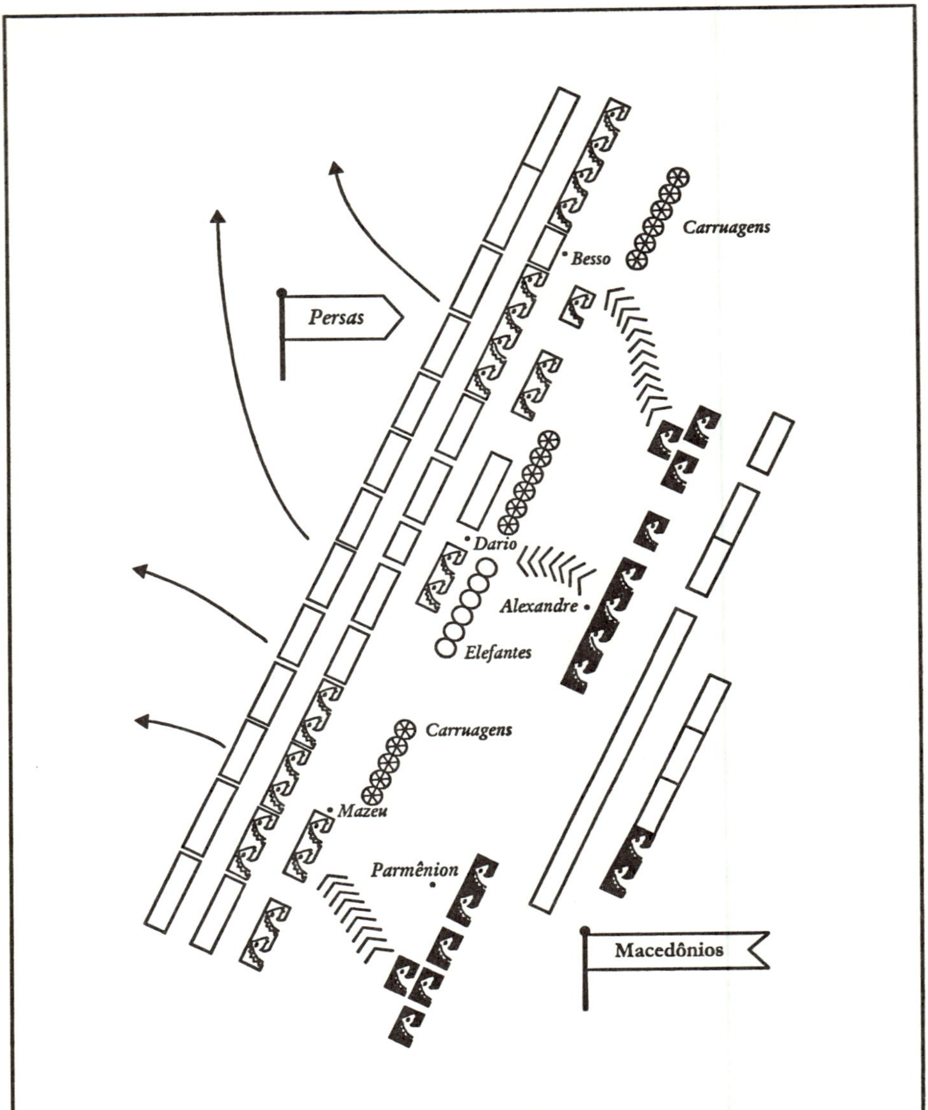
Carruagens
Besso
Persas
Dario
Alexandre
Elefantes
Carruagens
Mazeu
Parmênion
Macedônios

GAUGAMELA

persa. Alexandre, que sempre observava cada movimento no campo de batalha, vendo a brecha que se abrira, mandou os Companheiros se desviarem da direita e arremeterem contra o meio da linha persa em formação de "cunha", fazendo uma densa carga de cavalaria macedônia convergir para o ponto exato onde Dario ocupava sua luxuosa carruagem.

Alexandre em pessoa liderou essa carga, mas os macedônios já haviam treinado esse tipo de manobra tantas vezes que podiam fazer e desfazer a formação com a mão nas costas. Seu desempenho lembrava o da Filarmônica de Viena, que nunca teve um maestro permanente – os músicos, que tocavam toda noite na Ópera de Viena, ensaiavam e tocavam com tanta freqüência que sua música no palco fluía em movimentos coordenados de forma tão natural quanto a suave respiração de um casal que passara a vida dormindo junto. As defesas persas começaram a ruir à medida que a cavalaria macedônia prosseguia com a invasão e, em pouco tempo, depois que seu cocheiro foi atingido por uma lança macedônia, Dario deu meia-volta e fugiu do teatro de batalha.

Quando se preparava para sair em perseguição a Dario, Alexandre recebeu uma mensagem urgente de Parmênion avisando que a esquerda macedônia, que ele estava liderando, se encontrava sob pesado ataque. Levantando rodamoinhos de poeira atrás de si, os Companheiros deram meia-volta para ajudar Parmênion. Vendo que Alexandre estava voltando para enfrentá-los pela retaguarda, o flanco direito dos persas começou a se dispersar. Os macedônios haviam ganho a batalha, mas o objetivo de Alexandre, que era matar ou capturar Dario, tinha novamente escapado por entre seus dedos. Ordenando que Parmênion, mais uma vez, fosse atrás do carregamento de suprimentos persa, ele saiu no encalço de Dario. Apesar de as estimativas de baixas variarem bastante, cálculos conservadores situam as perdas persas naquele dia em mais de 30 por cento; as perdas macedônias foram de apenas um por cento.

Nos meses que se seguiram, Alexandre invadiu a principal cidade persa, Babilônia, e depois as capitais Susa e Persépolis. Apesar de ter assumido o controle das cidades e riquezas praticamente intocadas do império persa, Dario não foi encontrado em nenhum lugar.

Alexandre encontrou Dario vivo – mas apenas instantes antes de sua morte. Dario fora esfaqueado por seus próprios generais e abandonado à própria sorte sobre uma carruagem numa estrada poeirenta entre o Irã e o

Afeganistão. Alexandre encontrou o rei moribundo com um pequeno grupo de soldados persas fiéis ao monarca velando por ele. O encontro entre os dois grandes imperadores tem, desde então, servido de tema aos mais diversos poemas românticos e miniaturas artísticas. Segundo o poeta persa do século X, Firdausi, que escreveu o *Shahnama* (Romance do Rei), Dario agradeceu a Alexandre pelo tratamento dispensado à sua mãe, à esposa e aos filhos. Uma lendária versão grega da história afirma que o rei persa passou seu reino oficialmente a Alexandre. O que se considera geralmente é que Alexandre se limitou a envolver o corpo de Dario em seu manto, a prestar suas homenagens a um adversário digno e a mandar levar o corpo para a capital Persépolis, para ser enterrado ao lado de outros grandes imperadores persas.

RESUMO DOS TEMAS CENTRAIS

1. Trace uma Estratégia para a Globalização

O estilo expansionista de Alexandre foi sistemático. A perseguição a Dario foi suspensa durante o sítio a Tiro e a invasão do Egito, apesar de Alexandre saber que essas escalas permitiriam que Dario tivesse tempo para reerguer o exército persa, reduzido a frangalhos depois da batalha de Isso. Mas, como ele estava mais interessado em seu objetivo maior de conquistar o mundo, a conquista de Tiro e do Egito lhe daria uma base naval, melhoraria sua capacidade de lutar nos mares e daria acesso imediato à madeira da Fenícia e da Assíria para erguer sua frota naval, evitando que esses dois países atacassem a Grécia e a Macedônia.

2. Preserve Seus Recursos

Alexandre sempre procurou evitar uma guerra de atrito, ciente de que, quanto mais longa a guerra, menor seria o valor da geografia para ele, que se apresentava como aquele que havia libertado o povo da tirania persa, e os cidadãos de muitos países se aliaram a ele de livre e espontânea vontade.

3. Puna Quem se Recusa a Aceitar Seu Comando

Quando Tiro finalmente caiu, oitocentos tírios tinham morrido e o restante foi vendido como escravo. A exemplo da destruição de Tebas, o tratamento reservado à população de Tiro, e depois de Gaza, foram recados para os que pensavam em resistir.

4. Estimule o Pluralismo para Fortalecer a Sociedade

Alexandre permitia – aliás, estimulava – o pleno desenvolvimento da cultura e dos costumes dos países conquistados lado a lado com a cultura e os costumes gregos. No Egito, por exemplo, ele fundou Alexandria com avenidas largas, canais e aquedutos. Porém, mais do que isso, ele mandou que fossem feitas leis compatíveis com o sistema judiciário egípcio.

5. Aproveite os Talentos Locais

No Egito, ele pediu que dois governadores egípcios que governavam o alto e o baixo Egito permanecessem em seus cargos. E arregimentou todos os arquitetos navais, projetistas e construtores de Tiro para seu exército.

CAPÍTULO 8

"DENTES *VERSUS* CAUDA" – ESTRATÉGIA DE LOGÍSTICA

Os MACEDÔNIOS ERAM CONHECIDOS POR SUA EXTRAORDINÁRIA VELOCIDADE E por sua tática surpreendente. E realizavam essas duas façanhas ao mesmo tempo em que movimentavam um efetivo sem precedentes de pessoas e de carga ao longo de extensos desertos como os da Líbia, o núbio, o sírio, o da Arábia, o de Thal e o de Makran, e de algumas das cordilheiras mais altas do mundo, como o Cáucaso e o Hindu Kush, em meio a alguns dos povos e das tribos mais belicosas do mundo. O exército macedônio se constitui na operação de logística mais eficiente já criada pelo homem, tendo servido de modelo para Napoleão e para os exércitos relativamente modernos das duas Guerras Mundiais. Alexandre enviava navios com provisões para instalar bases avançadas, depois mandava desmontar e transportar os navios por terra até outro rio que conduzisse até a próxima base avançada. O general macedônio também foi o responsável pelo advento da idéia de se ter um ponto de contato único em torno de todas as questões logísticas, assegurando-se uma tal simplicidade nos objetivos militares que qualquer logístico era capaz de entendê-los com total clareza e, assim, cumpri-los. Como seria de se esperar, até hoje muitas empresas de sucesso, bem como instituições e operações militares, estudam a logística de Alexandre no intuito de conceber planos mais adequados a seus casos específicos.

Certa máxima militar muito corrente reza que, enquanto os amadores conversam sobre estratégia, os profissionais discutem a logística. O cardeal Richelieu da França, que no século XVII ajudou a pôr um fim à influência hegemônica que os espanhóis e as dinastias de Habsburgo exerciam sobre a Europa, escreveu em seu manifesto político que a história já assistira à derrota de mais exércitos pela carência e pelo caos provocados por uma logística ineficiente do que pelas mãos do inimigo.[1] Como foi o caso, por exemplo, do marechal-de-campo alemão Erwin Rommel, na Segunda Guerra Mundial. Rommel se tornou um general altamente condecorado quando em 1940 liderou a Alemanha na invasão à França. Em 1941, quando foi nomeado comandante do Afrika Korps, a "Raposa do Deserto", e seu exército de coalizão teuto-italiano no norte da África foi finalmente derrotado pelo marechal-de-campo britânico Bernard Montgomery, a cerca de 96 quilômetros de Alexandria, em El Alamein. Os tanques alemães eram mais bem equipados que os britânicos, e os soldados alemães se saíram bem em combate. Mas, toda noite, enquanto os alemães *retornavam* à sua base para se reabastecer, os britânicos avançavam – eles haviam plantado diversas bases avançadas de suprimentos a partir das quais se remuniciavam. Os alemães perderam porque se viram asfixiados naquilo que alguns historiadores militares chamam de "cordão umbilical de provisões". Imagine um elástico esticado. Os britânicos se mantinham estacionados numa das pontas do elástico, enquanto os alemães voltavam todas as noites para onde o elástico retornava a seu estado normal. Os britânicos finalmente venceram porque Montgomery soube aproveitar a logística como trunfo estratégico. Ele chegou a declarar que 80% dos problemas enfrentados pelos Aliados na Segunda Guerra Mundial se resumiam à logística.

A Queima das Carroças Antes de Entrar no Afeganistão

Dario havia morrido, o trono aquemênida estava nas mãos de Alexandre e os herdeiros de Dario eram seus prisioneiros. Toda capital da Pérsia estava nas mãos de Alexandre. Com o Mediterrâneo, o norte da África e boa parte do Cáucaso e da Pérsia sob seu controle, Alexandre pagou os soldados gregos com os tesouros recolhidos dos persas e tomou providências para mandá-los de volta para casa. Os que permanecessem voluntariamente receberiam um bônus.

Alexandre não permitiu que os macedônios voltassem, apesar de, com esse veto, arriscar-se a uma rebelião por parte desses homens que estavam há tantos anos longe de casa. Já havia pequenos indícios de um motim fermentando entre alguns grupos de soldados, e Alexandre decidiu enfrentar o problema de forma direta. Num poderoso discurso, ele os convenceu de que, enquanto todo o exército persa não sucumbisse ao poder dos macedônios, a Pérsia não estaria sob seu controle. Enquanto generais e governadores persas como Besso, artífice do assassinato de Dario, andassem livremente pela Pérsia, a vitória não estaria completa. Ele pediu que pegassem suas armas e seguissem em frente.

Logo chegaram notícias trazidas por persas recentemente aliados aos macedônios segundo as quais Besso havia se autoproclamado herdeiro do trono aquemênida, passando a usar a coroa e a tiara persas e a desfilar com o manto real, tendo inclusive se dado o título de Artaxerxes V.[2] Besso, os persas acrescentaram, havia se autoproclamado "Rei da Ásia" e vinha sendo seguido pelos báctrios (povo do atual norte do Afeganistão e Turcomenistão). As notícias, do ponto de vista de Alexandre, não poderiam ser melhores. Era exatamente esse tipo de pretexto que ele precisava para incitar seus homens à batalha.

Enquanto as colunas de soldados entravam em formação para marchar na direção do oeste do Afeganistão, Alexandre se deu conta de que seu exército estava curvando sob o peso do excesso de espólios de guerra. Não havia como marchar sequer próximo de seu ritmo costumeiro de 56 quilômetros por dia. Se Besso estava no norte com os sobreviventes do exército persa organizando uma força mediante alianças, os macedônios precisavam avançar rapidamente e sufocar essa operação.

Duas outras questões críticas de logística assomaram. Primeiro, apesar de Filipe, pai de Alexandre, ter banido a companhia de mulheres e proibido relacionamentos entre seus soldados e as mulheres das terras conquistadas, Alexandre havia, desde que eles tinham saído das terras próximas ao Mediterrâneo e tomado a direção dos atuais Irã e Iraque, permitido que seus homens se casassem com as nativas. O casamento abrandava as saudades de casa e das esposas (trazendo, em conseqüência, mais filhos) e ajudava a manter uma sensação de ordem e decoro entre os combatentes.

Segundo, apesar de o próprio Turcomenistão ser bastante bem povoado e abundante em alimento, o caminho através dos atuais leste do Irã e Norte do Afeganistão levariam Alexandre a uma região de escassa vegetação e muitos perigos para seres humanos, o deserto Kara Kum. Além disso, apesar de se ter apresentado como libertador das populações, e de elas terem voluntariamente cedido suas provisões e víveres quando ele ocupava essa condição de "libertador", ele agora se dava conta de que as pessoas teriam menos boa vontade em relação a provisões e víveres para com o novo governante da Pérsia, "uma vez que as populações locais são refratárias em relação a seus novos governantes".[3]

Alexandre, então, ordenou que as carroças fossem abarrotadas com toda a carga, excluindo-se os víveres. Uma vez que estavam todas cheias e posicionadas próximas umas das outras, ele mandou que as mulas e os cavalos fossem soltos. Alexandre, então, acendeu uma tocha e ateou fogo à carroça que estava com toda a bagagem *dele*. Em seguida, ordenou que o restante das carroças fosse queimado. Os macedônios assistiram a todo o seu excesso de carga e espólios de guerra que haviam sido recolhidos em campanha se transformar em fumaça. Literalmente. Ninguém protestou nem correu para salvar a carga. Eles apenas assistiram ao rápido trabalho das chamas. Apesar de frustrados, não haviam perdido seu afamado autocontrole e disciplina[4] depois de tantos anos longe de casa. Ficaram extasiados ao notar que seu fardo agora estava mais leve, e ficariam profundamente agradecidos por isso semanas depois. Muitos generais seguiriam o exemplo dado por Alexandre, incluindo Napoleão, que fez exatamente a mesma coisa em sua malfadada retirada de Moscou.

Não Leve o Que Você Não Precisa

Assim como Alexandre queimou sua carga até ficar com o mínimo necessário e levou consigo apenas o que era essencial, as forças armadas americanas na operação "Liberdade Duradoura" (codinome da coalização Estados Unidos-Grã-Bretanha para varrer do Afeganistão o regime Talibã e destruir a base de operações da rede terrorista internacional de Osama Bin Laden) também pediram que seus soldados só levassem o essencial. Computadores monitoravam tudo o que eles precisavam e quando precisavam, repunham e recompunham estoques e suprimentos em falta e geravam automaticamente ordens de requerimento para a compra de novos mantimentos e provisões.

O transporte de itens de alta prioridade, que antes era feito exclusivamente pelos próprios aviões e navios das forças armadas, agora é feito pela FedEx e pela DHL. Entre a Segunda Guerra Mundial e a operação

"Liberdade Duradoura", as unidades de combate, por maiores que fossem, foram invariavelmente assistidas por um sistema de apoio de tamanho semelhante, quando não maior. Na maioria das guerras, portanto, o índice "dentição-cauda" – a comparação padrão entre o tamanho da unidade de combate (dentes) e a infra-estrutura de apoio (cauda) – foi de cerca de 1:1. Na "Liberdade Duradoura", os "dentes" foram muito mais numerosos que a "cauda".

O transporte expresso de carga em ciclos de 24 horas pode ser melhor entendido em tempos de crise nacional, apesar de nem todo mundo ter condições de usar a FedEx, a UPS ou a DHL para suas necessidades de remessa de carga porque o custo seria proibitivamente alto. Varejistas que vendem equipamentos esportivos, como esteiras de exercício, por exemplo, dependem de redes de logística bastante sofisticadas – caso contrário, os custos de logística associados à entrega podem consumir toda a margem de lucro.

Assim como Alexandre tinha de decidir o que levar e o que não levar, a maioria dos varejistas também é forçada a perder de um lado para ganhar do outro, como na decisão entre o que estocar numa loja e o que não estocar, e o que despachar por um serviço de transporte expresso de 24 horas e o que deixar de fora desse tipo de transporte. A maioria dos consumidores não se dá conta de que as lojas – sobretudo nos shopping-centers e centros comerciais – são pontos de alto custo nos quais manter estoques de mercadorias de alta rotatividade, como ventiladores e condicionadores de ar no verão ou limpadores de neve no inverno, faz sentido na temporada, mas não fora dela, quando esses produtos ficariam melhor se estocados em depósitos regionais a partir dos quais pudessem ser despachados, de acordo com a demanda, diretamente ao consumidor. Por outro lado, varejistas de móveis como a IKEA e megalojas de varejo como a Wal-Mart podem manter seu estoque inteiro, ou pelo menos grande parte dele, na própria loja, graças à sua localização fora dos núcleos urbanos, onde constroem enormes estruturas que são também gigantescos estoques. O motivo pelo qual a IKEA consegue estocar uma mesa de jantar, por exemplo, enquanto uma típica loja de móveis pode levar oito semanas para fazer a entrega, é que a IKEA atrai um certo segmento de consumidor que está disposto a assumir a parte mais difícil da cadeia de valor do comércio de móveis: a montagem.

A velocidade da "Liberdade Duradoura" tinha como base uma técnica operacional dominada pela primeira vez por fabricantes e fornecedores japoneses da indústria automobilística no final dos anos 70 e início dos 80, chamada entrega "just-in-time", pela qual todas as peças e materiais necessários para se fazer um automóvel eram entregues diariamente, ou por hora – "quando fossem necessários". Um estudo de cinco anos de duração conduzido pelo Massachusetts Institute of Technology sobre o futuro do automóvel concluiu que, em 1982, mais de 50% de todos os fornecedores japoneses forneciam peças para grandes montadoras automotivas como a Honda, a Toyota e a Nissan diariamente, e 31% forneciam suas peças por hora.[5] Nos Estados Unidos, por outro lado, ainda em 1988, insignificantes 10% dos fornecedores entregavam suas peças diariamente ou por hora.[6]

Os japoneses revolucionaram ainda mais a produção em massa da indústria automobilística, desenvolvida pela primeira vez nos Estados Unidos por Henry Ford e Alfred Sloan, com a criação e a adoção, nos anos 90, da "lean production".* Hoje, essa técnica está revolucionando o pedido, a fabricação e a entrega de tudo, desde computadores Dell até aeronaves Boeing. A "lean production", que elimina excessos, diminui estoques e tem se mostrado capaz de cortar pela metade o tempo necessário para se fabricar um avião, exige um rigoroso fluxo de informações e de materiais entre o cliente, o fornecedor e o fabricante ou a montadora.

Ela também tem dado certo nas forças armadas. Em 1997, quando algum fuzileiro servindo na base de Camp Pendleton, perto de San Diego, solicitava uma peça de reposição, normalmente levava uma semana para que a peça saísse do almoxarifado da própria base.[7] Na operação Liberdade Duradoura, graças a uma cadeia de logística redesenhada e revitalizada, a mesma peça podia ser entregue ao fuzileiro solicitante em questão de horas no seu posto numa trincheira de um campo de batalha de qualquer lugar do mundo. A diferença no tempo necessário para entregar a peça equivale à diferença de se encomendar um móvel de um fabricante comum e esperar seis semanas até a entrega, e se pedir um item similar à L.L. Bean, e recebê-lo no dia seguinte.

Para sermos justos, porém, os Estados Unidos só puderam fazer o que fizeram em termos de logística no Afeganistão porque não tinham um

* Produção enxuta. (*N. do T.*)

grande contingente terrestre para provisionar e alimentar. Na Guerra do Golfo, por exemplo, os Estados Unidos levaram quatro meses para acumular a quantidade necessária de suprimentos para atender à chegada dos quinhentos mil combatentes terrestres enviados para a Arábia Saudita. No Afeganistão, o efetivo mobilizado foi de poucos milhares, e como eram basicamente das Forças Especiais, haviam sido treinados e equipados para ser auto-suficientes durante 30 dias de combate contados a partir da ordem para entrar em ação.[8]

O exército podia, assim, manter suas linhas de suprimento no nível mínimo e, com isso, também evitar qualquer risco de pane no sistema. Como os historiadores não nos deixam esquecer, o Afeganistão vinha sendo "o sepulcro de numerosos exércitos ao longo da História",[9] desde as duas incursões britânicas – em 1839 e 1878 – até a ocupação soviética, que durou uma década, começando em 1979. Num país cujo território é 80% montanhoso, as guerrilhas atacam as linhas de suprimento, emboscam os comboios e podem acabar minando o moral de quem sobrevive.

Bases Avançadas de Suprimentos

Um elemento-chave das operações logísticas de Alexandre era o serviço de inteligência de enorme sofisticação. Alexandre prescindia de uma rede de espiões – como a dos persas, que disseminava informações falsas, subornava oficiais e incitava rebeliões. Em vez disso, sua inteligência vinha de duas fontes principais: profissionais como botânicos, zoólogos, meteorologistas, topógrafos, cartógrafos e historiadores; e o conhecimento nativo, das pessoas que ele encontrava ou subjugava. Deste último grupo, ele buscava dados que desabonassem a estratégia que ele e seus conselheiros haviam traçado. Evidentemente, Alexandre tinha uma extraordinária capacidade que lhe permitia combinar fontes de informação tão díspares e chegar a uma estimativa ótima do número de combatentes que o terreno a ser percorrido podia acomodar. Essa informação determinava seus próximos passos. Por exemplo, quando invadiu a capital Persépolis, ele o fez com apenas 17 mil soldados, basicamente porque o espaço físico só poderia acomodar esse número – e não os 87 mil soldados e quase nove mil animais de carga que compunham sua comitiva.[10]

Sempre que uma campanha militar se aproximava, Napoleão mandava buscar todos os livros relevantes sobre aquela região – históricos, topográficos, botânicos, zoológicos, geográficos, e outros – para se informar o mais detidamente possível, dos ângulos mais variados. Na Guerra do Golfo, satélites militares haviam mapeado detalhadamente cada linha férrea, poço de petróleo, refinaria e oásis do deserto do Iraque, e tudo isso foi incluído nos planos de logística do exército americano para que, caso fosse necessário, os tanques, caminhões e soldados americanos pudessem se apossar desses recursos numa ofensiva mais prolongada – rompendo a cadeia de logística iraquiana ou tomando posse dela para uso próprio.

A coleta de informações e o serviço de inteligência superior de Alexandre eram as principais razões pelas quais os macedônios conseguiam atravessar regiões inóspitas onde outros exércitos sofreriam pesadas baixas por falta de alimento e por desidratação.[11] Alexandre poderia se gabar, como o duque de Wellington, de ser capaz de alimentar seu exército, quando outros generais se limitavam a comandá-los.

É senso comum que Alexandre foi a última pessoa a conquistar de fato o Afeganistão (depois de sua morte, o país primeiramente se tornou parte do império de Seleuco Nicator; depois, por meio de um acordo, foi por trezentos anos parte do império mauria, da Índia, fundado por um jovem indiano de 24 anos chamado Chandra Gupta Mauria, que também se tornou genro de Seleuco). Depois de conquistado por Alexandre, o Afeganistão permaneceu por mais de trezentos anos como parte do império legado a seus sucessores, e isso graças ao interesse de Alexandre pela fundação de cidades e núcleos urbanos e a seus esforços no sentido de ligar a região com outras partes do mundo.

Quando construiu sua primeira cidade no Afeganistão – Alexandria-em-Areia (a moderna Herat), no oeste do Afeganistão, Alexandre traçou o mapa da perseguição a Besso. Seu serviço de inteligência indicava que, apesar de partes do norte do país serem densamente povoadas e agricultáveis, ele teria de atravessar vastas regiões desérticas.

Em busca de uma região cultivada onde o alimento fosse abundante, Alexandre conduziu o exército macedônio para o sul de Areia na direção do vale Helmand, para sobreviver ao inverno. Isso o afastou centenas de quilômetros de seu destino na antiga Báctria (norte do Afeganistão e do Turcomenistão), onde Besso se reunira com seu exército.

A travessia dos 1.600 quilômetros de Areia até outra cidade fundada por ele, Alexandria-em-Aracósia (a moderna Kandahar), não foi fácil, porque os macedônios tiveram de atravessar os 240 quilômetros do Deserto da Morte, onde ninguém vive e nada cresce, e onde "o vento de 120 dias" castiga tudo com rajadas de areia – construções, montanhas e pessoas.[12] Muitos candidatos a conquistador antes dele, como a lendária rainha da Babilônia do século VIII a.C., Semiramis, haviam sido impedidos de continuar viagem porque seus cavalos não agüentaram a temperatura do solo, sendo forçados a dar meia-volta. Alexandre conseguiu fazer a travessia dividindo seu exército em pequenas unidades, cada uma encarregada de suprir sozinha suas necessidades de alimentação e, se uma quantidade maior de alimento fosse encontrada, de dividi-la com as demais unidades.

O exército descansou o resto do inverno em Kandahar, aguardando ansiosamente a colheita de trigo e cevada do final de inverno, que era farta na região. Kandahar, desde sua fundação por Alexandre, tem sido ponto estratégico em muitas conquistas históricas, e cada uma delas deixou sua marca na cidade sob alguma forma. Alguns médicos de Kandahar, por exemplo, ainda praticam a antiga medicina herbal grega ("Yunnani"), que foi levada à região pelo médico de Alexandre, Filipe de Acarnania.[13]

Durante a colheita, Alexandre despachou carregamentos de grãos na frente para abastecer as bases avançadas de suprimentos. A caminhada de mais de 480 quilômetros de Kandahar a Cabul atravessava a árida região de Aracósia, onde não havia nem água nem o que comer. A viagem pelos inúmeros passos do Hindu Kush seria também extremamente fria, e árdua o bastante para não permitir nenhum desvio em busca de comida – e, de resto, não haveria mesmo onde procurar. As opções, portanto, eram simples: ou levar todo o alimento e a água necessários para a travessia ou estocar reservas de suprimentos em bases tão avançadas quanto possível. Tratava-se de uma idéia revolucionária para a época, e continua sendo revolucionária ainda hoje. As bases avançadas de suprimentos implementadas pelo exército britânico no norte da África durante a Segunda Guerra e pelo exército americano na mais recente guerra do Golfo são exceções dignas de nota na história militar.

Com sua carga reduzida ao mínimo, as tropas macedônias tiveram de carregar apenas suas roupas e equipamentos; os cavalos e mulas transportavam peças das máquinas de guerra, das catapultas, balistas, aríetes, escadas e outros. O consumo de alimento ultrapassava 100 toneladas de grãos, 750 mil litros de água e 50 toneladas de forragem para os animais – por dia! Acrescentem-se a isso todas as frutas, frutos e caças que eles conseguissem no caminho. Como não havia a possibilidade de conseguir o que comer no deserto, e como os soldados não podiam levar comida, as bases avançadas de suprimentos armazenavam grãos, forragem e água. Os soldados teriam de carregar ração suficiente para no máximo três dias de viagem, o que, segundo cálculos simples e engenhosos de Donald Engels, é a quantidade ótima de alimento que uma pessoa pode carregar sozinha; acrescente-se mais um dia de viagem sem uma parada para reabastecimento e os macedônios iriam precisar de dez mil animais de carga.[14]

"Uma Boa Logística é Poder de Fogo"

Foi em 4 de agosto de 1990, "um dia especialmente quente, úmido e difícil na Georgia",[15] que o general de duas estrelas William "Gus" Pagonis recebeu a ordem para dar início ao planejamento logístico das forças de coalizão na Arábia Saudita. Em 2 de agosto, as tropas do presidente do Iraque, Saddam Hussein, haviam invadido e ocupado o Kuwait, e o objetivo da operação militar liderada pelos Estados Unidos era expulsar os iraquianos de lá. Quando Pagonis, acompanhado de dois oficiais, aterrissou na base aérea do rei Abdul Aziz, em Dhahran, Arábia Saudita, em 8 de agosto, unidades do 82º Aerotransportado já haviam começado a chegar para formar o que se tornaria um contingente plurinacional de 550 mil soldados, que tinham chegado de avião, e mais de sete milhões de toneladas de suprimentos, equipamentos e armas, trazidos quase que inteiramente por mar.

Quando a ofensiva terrestre começou, em 24 de fevereiro de 1991, a maior mobilização da História havia transportado quatro vezes o número de pessoas e suprimentos em um terço do tempo necessário para mobilizar a ponte aérea de Berlim de 1948,[16] sob enorme premência de tempo. O estoque de água e ração era suficiente para alimentar as tropas durante um mês, a munição era o bastante para 45 dias e o combustível podia manter todos os veículos em uso contínuo durante cinco dias.[17] No coração das operações logísticas havia oito bases avançadas, a menos de 145 quilômetros uma da outra, o que permitia que caminhões fizessem o percurso de ida e volta em 24 horas ou menos. Desse modo, assim como acontecia com as tropas de Alexandre, quando as forças de coalizão estavam envolvidas na ofensiva, sua linha de suprimentos não se interrompia em nenhum trecho do caminho, pois não se restringia a uma única base de suprimentos recuada.

Duas dessas bases logísticas avançadas haviam sido instaladas quase dentro do território inimigo, camufladas sob toneladas de areia que se misturavam ao deserto. Caminhões eram carregados com todos os suprimentos necessários para criar novas bases avançadas, de tal forma que, quando a ofensiva teve início, os soldados não tiveram de se preocupar com o fim da ração, do combustível e da munição. "Minha regra básica", escreveu Pagonis, "era que os depósitos de onde os soldados retiravam seus suprimentos tinham de estar localizados perto o suficiente da linha de frente, para que, uma vez as tropas tendo avançado, continuasse sendo possível reabastecer-se nesses depósitos".[18] De acordo com Pagonis, essa estrutura logística fora baseada no estudo que ele fizera das estratégias e táticas tanto de Alexandre, o Grande, como do exército britânico que combateu Rommel no norte da África.

Todo o sistema de logística foi pensado para apoiar uma manobra de flanqueamento inspirada na operação que Alexandre, o Grande, implementou pela primeira vez na História na Batalha de Hidaspes (ver no próximo Capítulo). Nos momentos finais da Guerra do Golfo, popularmente chamados de "Ave Maria" (por causa da oração que rogava por uma finalização isenta de erros), a VII divisão blindada iniciou a ofensiva avançando pouco mais de 400 quilômetros ao norte na direção do Eufrates, e cortando as linhas de comunicação e de suprimentos do exército iraquiano, emergindo, em seguida, pela retaguarda das divisões voltadas para o Kuwait e para a Arábia Saudita. Os enormes tanques da VII divisão, cujo consumo de combustível era elevadíssimo, reabasteciam a partir de tonéis trazidos por caminhões. Tomando emprestada uma idéia dos britânicos no norte da África, o exército americano transportou seus tanques até o *front* em cima de caminhões para que não fosse necessária nenhuma manutenção ou reparo no trajeto até lá – panes em pleno deserto, inclusive dos tanques mais sofisticados, são comuns.

A XVIII unidade aerotransportada, mais ágil, começou a se movimentar por detrás da VII e, devido à sua velocidade, cruzou com a VII pouco antes de ela entrar no Iraque. A XVIII rumou para oeste e chocou-se contra o exército iraquiano pela linha de frente. A XVIII também conseguiu o que Alexandre foi o primeiro a realizar numa guerra: passar de uma posição defensiva (proteger a Arábia Saudita) para uma ofensiva contra os iraquianos sem deixar de se movimentar. O movimento em forma de tenaz efetuado pela VII e pela XVIII unidades aerotransportadas obrigou o exército iraquiano a se render em quatro dias. Isso estava de acordo com o objetivo simples da Guerra do Golfo, que, nas palavras do general Colin Powell, era "primeiro cercar o exército iraquiano, depois esmagá-lo".

O comandante supremo das forças, general H. Norman Schwarzkopf, determinara que a logística desempenhasse um papel central na campanha, e, em busca desse objetivo, pouco antes da ofensiva terrestre, promoveu Pagonis a general de três estrelas, o que lhe garantiu voz e perfil equivalentes aos dos mais antigos comandantes táticos da campanha. Tratava-se de medidas que Alexandre já instituíra antes, quando não só tornou a logística um fator central de suas campanhas, como também providenciou para que ela fosse conduzida por um de seus maiores generais. Parmênion liderava as operações de logística com freqüência e, cada vez que os macedônios venciam, era ele o encarregado de recolher toda a carga de equipamentos, suprimentos e víveres do inimigo, apossando-se dela. Outros generais que desempenhavam funções máximas na logística eram Cuno e Crátero, os dois comandantes de alta patente do exército. Como Pagonis, esses generais de Alexandre eram, durante essas missões, as pessoas que detinham a última palavra em questões de logística.

Empresas de sucesso também investem no desenvolvimento de sofisticados processos logísticos e no recrutamento de um gerente de alto nível para ter a última palavra no assunto. Em nenhum outro setor a importância da logística é mais evidente do que na montagem e na distribuição de computadores pessoais. Durante anos, todos se voltaram para o modelo direto ao consumidor, da Dell, segundo o qual um computador só era montado quando chegava o pedido de um consumidor, sendo então enviado em um ou dois dias, por meio de um excelente sistema de transporte. Para concorrentes como a Compaq, o modelo da Dell representava um nicho de mercado que, eles acreditavam, só atrairia compradores de computadores relativamente simples, enquanto consumidores menos sofisticados exigiriam a ajuda do revendedor na escolha até mesmo dos sistemas mais elementares; sistemas mais complexos exigiriam os préstimos dos VARs (*value-added resellers*)* para sua instalação. O chamado "nicho" da Dell, infelizmente para a Compaq e outras empresas, acabou se mostrando extremamente amplo. A Compaq, como muitas outras montadoras de máquinas, adotou um modelo chamado "build-to-forecast",** pelo qual todo mês ou a cada trimestre era feito um prognóstico de vendas, e os computadores eram montados em função desse prognóstico. A Compaq possuía um sistema incipiente de pedido direto à fábrica, e a maioria de seus computadores era vendida por revendedores no varejo ou por VARs que adicionavam software e hardware personalizados conforme as necessidades de seus clientes comerciais. A Compaq recebia de sua força de vendas os números dos prognósticos, montava unidades de acordo com eles e as distribuía para as revendas e VARs – com o adendo de que, com o passar do tempo, uma grande quantidade de computadores começou a se acumular em seus estoques, assim como nos revendedores e VARs, porque as previsões, como de praxe, não estavam de acordo com a demanda real. Muitas vezes, rápidas mudanças tecnológicas tornavam certas peças de hardware ou determinados softwares obsoletos no período de um a seis meses que um computador podia ter de esperar antes de ser vendido. As "bases avançadas" da Compaq, portanto, freqüentemente estocavam unidades que os consumidores não queriam. Também eram mais caras. (A Dell, ao comprar os componentes pouco antes do pedido do consumidor, acabava conseguindo também tirar vantagem da média semanal de 1% da queda no preço dos componentes eletrônicos).

Diferente de lojas de roupas finas como a Zara (a sensação espanhola que está conquistando o mundo inteiro) e a Limited, que, por saberem o quanto o gosto do consumidor é volúvel, processam até mesmo os itens mais caros, num sistema de venda contínua, a Compaq nunca fez isso ou fez tarde demais; as vendas dos computadores Compaq recaíam sobre produtos que eram, na linguagem dos adolescentes, "coisa do ano passado". Não surpreende, portanto, que o modelo de montagem por prognósticos da Compaq tenha fracassado. A Dell, enquanto isso, continua à vontade, aumentando sua participação no mercado de computadores pessoais.

* Revendedores especializados. (*N. do T.*)

** Montagem segundo os prognósticos. (*N. do T.*)

A Compaq aprendeu da forma mais difícil, como muitas outras empresas de peso, que a logística pode ser o trunfo ou a ruína de uma empresa – especialmente daquelas que vivem de fabricar e vender produtos com ciclo de vida curto, como computadores ou vestuário *fashion*. A loja britânica Marks & Spencer, durante anos, foi apresentada como modelo de logística – notadamente por sua admirável reposição direta de estoque, feita nas próprias lojas de rua na Inglaterra, o que eliminava até mesmo a estocagem intermediária de produtos. A empresa tropeçou feio, porém, quando entrou no mercado *fashion* no final dos anos 80 e início dos 90, no qual a logística é não só uma questão de distribuição física de produtos, mas também guarda estreita relação com a previsão, os testes e a estocagem da coleção de moda da temporada seguinte. Antes, seu sistema de logística de reposição direta atendia ao abastecimento de suas gôndolas com produtos alimentícios frescos e de suas seções de roupas com peças acessíveis, de alta qualidade e resistência, que agradavam tanto àquela tia sempre malvestida como à jovem adepta dos caimentos perfeitos. Ao entrar no segmento *fashion*, era preciso dar um salto muito maior na direção de uma logística mais sofisticada, mas, a exemplo de muitas empresas – e diferente de Alexandre –, ela demorou a perceber que a logística significava muito mais que a mera distribuição física. "Para os gerentes atuais, preocupados que estão com os desafios mais imediatos", escreveu há quase 20 anos Graham Sharman, grande autoridade no papel fundamental da estratégia e da logística, "a logística pode parecer um campo de batalha improvável na luta por uma futura vantagem competitiva. Mas, em verdade, é exatamente nela que grande parte dessa batalha será travada"[19] – realidade que muitas empresas descobrem da pior forma. É impressionante que Alexandre já compreendesse naquela época o papel que a logística desempenharia no seu sucesso.

A Travessia do Hindu Kush para Controlar o Afeganistão

As altas cordilheiras do Hindu Kush ("Assassina de Hindus") erguem-se majestosamente por trás de Cabul e desaparecem no horizonte antes de mergulhar na cadeia das montanhas mais altas do mundo, os Himalaias. Sucessivos conquistadores, de Hércules a Dioniso, até outros relativamente modernos, como Tamerlão e Gêngis Khan, utilizaram os passos que atravessam essas montanhas para atingir os vales do outro lado. Os passos dessas montanhas estão repletos de ossadas dos soldados que tomaram parte nessas campanhas, a maioria das quais terminou em derrota. Os pachtos, que vivem nos vales adjacentes, estão entre os povos mais belicosos do mundo; costuma-se dizer que eles estão mais em paz quando estão em guerra. Além disso, como os britânicos puderam aprender em suas duas malfadadas missões, os homens não eram os únicos a ser temidos; as mulheres também eram extremamente perigosas. Rudyard Kipling, que conhecia razoavelmente o Afeganistão, advertiu em seu poema *O Jovem Soldado Britânico* que, uma vez ferido nas planícies do Afeganistão, era melhor terminar de estourar os miolos com sua própria espingarda do que cair nas mãos das mulheres afegãs, que certamente o cortariam em pedacinhos.

Depois de esperar que os últimos retardatários alcançassem o restante do efetivo, Alexandre decidiu pegar o exército inteiro, com toda sua carga e até a comitiva de civis, e atravessar o Hindu Kush na direção da Báctria, tendo em vista dar prosseguimento à caçada a Besso. Dos três principais passos pelas montanhas, o de Salang era o mais pérvio: era o mais baixo dos três e possuía alguma vegetação, o que poderia atenuar, até certo ponto, quaisquer problemas com os suprimentos. (Os soviéticos usaram esse caminho para sua invasão ao Afeganistão.)

Infelizmente, para evitar que Alexandre tivesse acesso a quaisquer suprimentos, Besso havia incendiado o solo do passo e, portanto, nada havia brotado quando Alexandre chegou às montanhas. O segundo passo levava a Bamian, um centro de estudos budistas, no qual as gigantescas estátuas de Buda haviam sido esculpidas na rocha quase dois séculos antes de Alexandre (até serem destruídas pelo regime fundamentalista Talibã nos anos 90). Esse passo era a rota principal dos monges budistas que viajavam pela Índia, pela China e pelo Afeganistão. Infelizmente, era estreito demais e levaria os macedônios para longe do refúgio de Besso, na Báctria. O único passo disponível, portanto, capaz de dar passagem às mais de cem mil pessoas que o acompanhavam – dois terços de soldados e um terço de familiares e comitiva – era o Khawak, que se estendia a mais de 3.600 metros acima do nível do mar.

Com 75 quilômetros de extensão, o Khawak também era o caminho mais longo. Besso havia apostado que com o Hindu Kush entre ele e

Alexandre, e o único caminho para a travessia sendo pela neve do Khawak, onde os ventos gelados das planícies da Ásia central passavam uivando antes de penetrar como lâmina de aço no Hindu Kush, Alexandre não o perseguiria na Báctria. Besso estava errado.

No início da primavera de 329 a.C., mais de cinco anos depois de ter saído da Macedônia, Alexandre pôs sobre os animais a carga máxima que eles podiam agüentar e, com três dias de ração, iniciou a árdua travessia do Hindu Kush. Ninguém nunca havia tentado tamanho feito com tantas pessoas, e ninguém nunca mais o repetiria. Toda expedição militar subseqüente seria menor, e já feita sobre o lombo de cavalos e mulas, já a bordo de helicópteros e aeronaves de carga.

Não era uma viagem fácil, mesmo para os tarimbados macedônios. A travessia da cordilheira levou 16 dias. A comida, mesmo racionada pela metade, terminou no sexto dia. A mais de 2.400 metros de altitude, a montanha estava coberta de neve, o que significava que não havia culturas comestíveis, de modo que tiveram de sobreviver de frutos silvestres e folhas. Cansados, com frio e fome, os macedônios avançaram a custo. O ar se tornava mais rarefeito à medida que aumentava a altitude, e alguns começaram a sofrer alucinações; outros simplesmente perderam os sentidos e pereceram. As pedras que marcam o local onde seus corpos foram enterrados estão lá até hoje, espalhadas em forma de círculo, como nos antigos funerais gregos.[20]

A procissão de vários quilômetros também estava exposta ao perigo dos cavaleiros das montanhas, armados com espadas, que emboscavam traiçoeiramente o cortejo e mutilavam tantos quantos fosse possível, desaparecendo novamente da maneira furtiva e misteriosa como tinham aparecido. Quem já assistiu ao esporte nacional afegão chamado *buzkashi* sabe como esse povo é hábil sobre um cavalo. Dizer que o *buzkashi*, que significa literalmente "agarrar o bode", é um esporte perigoso é usar de um eufemismo. Seria o equivalente ao *rugby* – sobre um cavalo. O jogo implica grupos de exímios cavaleiros montados em cavalos treinados disputando a carcaça de um bode decapitado. Os macedônios, que já haviam diversas vezes derrotado exércitos quatro – e até dez – vezes maiores que o deles nas planícies, ficaram atônitos com a forma brusca, a agilidade e a violência com que os afegãos os atacavam nas montanhas. Com algumas semanas de travessia, numa única emboscada, eles perderam dois mil infantes e trezentos cavaleiros – a mais elevada perda sofrida pelos macedônios em mais de 20 anos.

À medida que o cortejo se aproximava do cume, pairava sobre eles a ameaça real de morte em massa por inanição. Alexandre deu ordens para que alguns dos animais de carga fossem mortos e sua carne, consumida. Sem madeira para fazer fogo, Alexandre mandou que a carne fosse ingerida crua. Foi então que os médicos e botânicos da comitiva entraram em ação. Tendo identificado as propriedades medicinais de uma pequena planta que crescia na neve – essa planta, que conhecemos como assa-fétida,[21] cresce até hoje na região, e produz uma resina que é usada pelos médicos Yunnani para tratar ferimentos e curar males do estômago –, eles pediram que os soldados comessem a carne com o sumo da resina. Os botânicos e médicos salvaram os soldados da morte por inanição. (Várias descrições antigas de plantas e animais da Europa, da África e da Ásia devem sua origem aos cientistas que acompanharam o exército macedônio – estudando o que eles nunca tinham visto, fazendo longas descrições e analisando o que era comestível; do mesmo modo, muitas descrições e informações detalhadas sobre o Egito se devem aos cientistas e pesquisadores que acompanharam o exército de Napoleão.)

Durante toda a travessia, Alexandre incentivou e levantou o moral de seus soldados, contando histórias sobre a caverna de Prometeu, que poderia ser encontrada do outro lado da montanha. Finalmente, as tropas e a comitiva alcançaram o vale Konduz, onde todos se reuniram em Bactra, capital da província Bactriana (a atual Balki), para dar prosseguimento à perseguição a Besso.

Besso, o auto-proclamado imperador da Pérsia, ficou tão horrorizado e surpreso diante da obstinação macedônia que fugiu ainda mais para o norte, atravessando o rio Oxo (o atual Amu-Daria) em busca da segurança da atual Ásia Central, que abriga primeiramente o Turcomenistão e o Tadjiquistão, e, mais além, o Uzbequistão, o Quirguistão e o Cazaquistão.

Os 128 quilômetros que separavam Bactra do rio Oxo eram um deserto de dunas escaldantes, abrasador, onde temperaturas de 43 graus Celsius são consideradas amenas. Partículas de areia chicoteiam o rosto como tições em brasa. As temperaturas congelantes à noite e o calor seco e insuportável durante o dia causavam insolação e convulsões. Alexandre ordenou que os soldados descansassem de dia e viajassem de noite. Privados de água para matar a sede, alguns começaram a beber o vinho de alto teor alcoólico que traziam entre os suprimentos – e caíram doentes. Quatro dias depois, quando se aproximaram do Oxo, muitos pularam nas águas quentes e infestadas de doenças, e beberam do rio. A febre e a disenteria se alastraram pelo exército macedônio.

Deixando os doentes junto às margens, Alexandre mandou fazer balsas de pele de animais e de lona, usando quantos gravetos e folhas secas os soldados conseguissem encontrar. A infantaria levou cinco dias para atravessar o Oxo, mas a cavalaria já havia atravessado no primeiro dia e saído no encalço de Besso. Mensageiros a serviço dos comandantes de Besso foram ao encontro da cavalaria em seu avanço avassalador e se ofereceram para entregar Besso se Alexandre concordasse em interromper a caçada. Alexandre não estava interessado em negociar.

Ao ser informado por mensageiros que Besso tinha tomado a direção de Maracandos (atual Samarkand), Alexandre pediu que Ptolomeu liderasse os Companheiros numa perseguição.

Apesar do calor e da região desconhecida, Ptolomeu foi tão rápido que venceu a distância de dez dias a cavalo que o separava de Besso em apenas quatro dias. Os comandantes que acompanhavam Besso ficaram tão desnorteados que puseram uma canga de madeira em seu pescoço, tiraram todas as suas roupas e o abandonaram na beira da estrada principal de acesso a Samarkand. Besso foi levado de volta para ser julgado num pequeno tribunal persa reunido por Alexandre.

Cada sociedade tem sua forma de fazer justiça. Os esquimós se sentam em torno do réu confesso e o advertem que, apesar de seu crime, eles ainda o amam. Em muitas culturas islâmicas, os criminosos são apedrejados até a morte. Na Pérsia Antiga, o tribunal incluía os parentes da vítima. Presidido pelo irmão de Dario, o tribunal julgou Besso, considerando-o culpado de alta traição. Com os lobos das orelhas cortados, conforme o costume persa, e açoitado diante de todos, Besso foi finalmente levado até a presença de Alexandre em Ecbatana para ser julgado pela mais alta corte dos persas. O tribunal de Ecbatana considerou Besso igualmente culpado, e ele foi condenado à morte por empalamento.

Alexandre achou que agora tinha domínio completo sobre o Afeganistão, mas seria pego totalmente de surpresa em alguns meses por uma feroz rebelião insuflada por um comandante do exército de Besso. Alexandre se deu conta de que Besso não era o verdadeiro líder daquele grupo – nada é como parece no Afeganistão. Como era de se esperar, depois de inteiramente conquistado, cinco divisões de dez mil soldados macedônios cada percorreram todo o Afeganistão durante cinco meses, eliminando cada possível foco de resistência. Alexandre e seus homens varreram a região com pente fino, determinados a garantir que os afegãos nunca mais se reorganizassem para representar uma ameaça.

O legado de Alexandre no Afeganistão permaneceu vivo por mais de trezentos anos – primeiro, sob o império selêucida, cujo nome homenageia seu maior general, Seleuco Nicator; depois, sob o império mauria, da Índia, batizado em homenagem a seu contemporâneo e amigo Chandra Gupta Mauria, que conseguiu um acordo de paz pelo qual governaria o Afeganistão em troca de um dote de quinhentos elefantes de guerra oferecido a Seleuco; e, depois, sob a dinastia Kushan. As cidades que construiu – Alexandria-em-Areia (Herat), Alexandria-em-Aracósia (Kandahar) e Alexandria-sob-o-Cáucaso (Begram), ao norte de Cabul – existem até hoje. É também o caso de diversas cidades do Tadjiquistão, do Quirguistão e do Uzbequistão, incluindo Samarkand, que se tornou a cidade mais importante da rota da seda.

Nada disso teria acontecido se Alexandre não dominasse a arte e a ciência da logística militar, legado que permanece extraordinariamente até hoje, seja na guerra ou nos negócios.

RESUMO DE TEMAS

1. Simplifique

O princípio básico do sistema de logística de Alexandre, o Grande, era a simplicidade. Enquanto outros exércitos do mundo antigo costumavam levar consigo uma comitiva civil tão numerosa quanto a de combatentes numa expedição, sendo que a comitiva carregava os víveres e os demais suprimentos para as tropas, tanto Filipe como Alexandre treinavam seus soldados para carregar, eles mesmos, tudo que precisassem. Isso reduzia o contingente encarregado da logística, que seguia adiantado ou ia atrás, e também permitia que os macedônios fossem inacreditavelmente rápidos.

2. IMPLEMENTE BASES AVANÇADAS DE SUPRIMENTOS

A maioria dos exércitos da Antiguidade, assim como também a maioria dos modernos, fica dependente de suas bases de suprimentos. Operações táticas muitas vezes se perdem porque as cadeias de suprimento dos exércitos não os alcançam a tempo ou são bloqueadas pelo inimigo. O fator de sucesso mais importante na rápida vitória das forças de coalizão na Guerra do Golfo de 1991, no Iraque, se baseou num princípio que foi visto pela primeira vez no exército de Alexandre: bases de suprimento avançadas, que eram instaladas antes da chegada das tropas.

3. PLANEJE COM MUITA ANTECEDÊNCIA

Devido ao baixo grau de desenvolvimento da produção agrícola na Antiguidade e à falta de estradas e de melhores condições de comunicação, o exército de Alexandre não podia contar inteiramente com a terra para obter alimento, como Napoleão já pôde fazer. Portanto, antes de passar à etapa seguinte de uma campanha, Alexandre sempre enviava um grupo avançado encarregado de recolher suprimentos diante de um administrador ou governante nativo. A maioria das cidades e vilarejos se rendia imediatamente ao grupo avançado, mas, quando isso não acontecia, eram dobradas à força. Nas regiões onde não houvesse cidades ou vilarejos, Alexandre consultava os botânicos, zoólogos, meteorologistas e logísticos que seguiam em sua comitiva a respeito das condições do tempo e da disponibilidade de caça, frutas e frutos que poderiam ser aproveitados pelo contingente militar.

4. DIVIDA EM UNIDADES MENORES

Se não houvesse a certeza das bases avançadas de suprimentos, Alexandre dividia o exército em unidades menores, que seguiam rumos diferentes para alcançar o mesmo destino. Cada unidade era responsável pela própria coleta de suprimentos e, caso se deparasse com uma grande quantidade, esta era dividida entre as demais unidades. Muito freqüentemente, sua equipe avançada de inteligência lhe oferecia estimativas precisas sobre quantas pessoas uma cidade ou vilarejo adiante era capaz de alimentar devido ao nível de desenvolvimento da sua produção agrícola, e Alexandre destacava somente aquela quantidade específica de soldados, deixando os demais no ponto onde houvesse maior abundância de suprimentos.

5. Estabeleça um Único Ponto de Contato

Alexandre, o Grande, tomava muitas decisões relativas a questões logísticas. Mas, em grande parte, ele delegava as decisões logísticas a um de seus principais comandantes, como Parmênion, que ficava responsável pelo planejamento e pela execução. Todos sabiam quem tinha a última palavra em questão de logística.

CAPÍTULO 9

A ARTE DA ESTRATÉGIA DIVERSIVA

EM 328 A.C., ALEXANDRE SE PREPARAVA PARA INVADIR A ÍNDIA. ESSE PAÍS era a última fronteira antes que o mundo terminasse num imenso oceano – Aristóteles lhe dissera. Agora, que tinha todos os países desde a Grécia até o Extremo Oriente da Pérsia sob seu controle, Alexandre se decidira a pisar na areia daquela longínqua praia e se autoproclamar "Governante do Mundo" – um unificador de todas as nações. Esse era o principal motivo por trás de seu desejo de conquistar a Índia. Nada lhe causaria maior pesar e decepção do que ficar sabendo meses depois, já na Índia, que o mar que lhe disseram ser o fim do mundo não passava do rio Ganges – a partir de cuja margem oposta começava o império Nanda, com seu vasto e valoroso exército.

Alexandre tinha um outro motivo para querer invadir a Índia: tratava-se de um desafio que ele não podia deixar passar. Nenhum invasor estrangeiro havia conquistado a Índia, e a história de alguns dos maiores reis que nunca haviam conseguido impor seu domínio sobre aquele país já virara lenda. Encabeçando essa lista, estava a lendária rainha assíria do século VIII a.C., Semiramis. Em seu longo reinado, ela havia realizado feitos extraordinários, como a reconstrução da cidade de Babilônia, que havia sido destruída pelos hititas quase mil anos antes. Em sua tentativa de conquistar a Índia, porém, seus soldados sucumbiram ao deserto do Afeganistão. Nabucodonosor, que nunca desistia de nada – foi ele quem liderou o sítio de 13 anos a Tiro –, tentou no século VI a.C., mas não conseguiu. Ciro, o Grande, fundador do império aquemênida, que havia conquistado toda a

Ásia e até a Grécia, só conseguiu chegar à beira do território indiano – nada além disso. Até mesmo o superpoderoso Hércules, que ingressou na Índia para completar seus "12 trabalhos", não conseguira conquistar o país. Era essa a disposição das cartas sobre a mesa diante de Alexandre.

Mas havia esperança. O mítico Dioniso (ou Baco), deus do vinho e do êxtase, conseguira (muito embora tivesse sido porque fora criado na Índia desde que era bebê). Se esse filho de Zeus podia, Alexandre, que a essa altura já estava convencido de sua divindade, acreditava que também poderia. Na primavera de 327 a.C., o exército de Alexandre atravessou o Hindu Kush no norte do Afeganistão e entrou no vale de Cabul. Ali, depois de descansar um pouco, ele convenceu seus soldados a empreender a árdua viagem até a Índia.

A invasão da Índia havia sido meticulosamente planejada – e o fantasioso discurso de embasamento preparado. O exército foi dividido em dois, o corpo principal liderado por Hefêstion pelo passo de Khyber até as escaldantes planícies indianas – a rota principal por meio da qual sucessivas hordas de exércitos invasores iriam, durante os dois milênios seguintes, chegar à Índia. Alexandre liderou um contingente menor por sobre os Himalaias, ao norte – até o vale de Cachemira, para sermos exatos. Sua missão: apossar-se do extremo norte da Índia, onde o país terminava nos Himalaias, e, do alto dessa cordilheira, vigiar a Ásia central, que se estendia além. Os Himalaias são tão altos, e a Ásia central tão plana, que é quase possível se ver a curvatura da Terra de lá – apesar de que Alexandre não sabia que a Terra é redonda.

Os macedônios sentiam a neve cedendo sob seus pés e ouviam o ruído perturbador de gelo se rompendo à medida que avançavam por montanhas e vales que nenhum ser humano havia percorrido antes. Alexandre dissera a eles que aquele era o caminho feito por Dioniso há muitos séculos. Portanto, não se tratava de uma conquista, mas sim de uma peregrinação. Um destacamento macedônio que seguiu na frente tomou providências para que fossem encontradas suficientes videiras ao longo do caminho, de modo a não restar dúvida acerca da passagem de Dioniso por aquelas paragens. Os macedônios, em suas longas viagens, não tinham visto nenhum sinal de heras, ingrediente básico das bacanais. Sendo assim, aceitaram sem reservas a idéia da peregrinação.

O objetivo de Alexandre no norte da Índia era a captura do forte sobre o monte Aornos (o moderno Pir-Sar), nos Himalaias. O monte Aornos se erguia acima de uma floresta de abetos e pinheiros e de campos de açafrão que se estendiam até onde a vista alcançava. A cidadela ficava à beira de um lago vulcânico.

Alexandre tinha ouvido falar que uma tribo de invencíveis guerreiros indianos habitava a cidadela, que era convenientemente abastecida por seus terraços de arroz e por pomares plantados no cume plano da montanha – mais ou menos do tamanho da Montanha da Mesa, na Cidade do Cabo. Esses guerreiros eram içados e baixados por meio de cordas e correntes, mas, uma vez recolhidos esses meios de acesso, não havia como um ser humano escalar o paredão íngreme que cercava três quartos dessa montanha de 2.130 metros de altitude. O trecho onde o paredão não era tão íngreme era uma profunda ravina que separava a montanha das florestas. Segundo a lenda, até mesmo Hércules teve frustradas suas ambições de invadir a cidadela. É claro, onde quer que houvesse uma lenda, Alexandre se apresentava, mas o objetivo militar representado pelo monte Aornos se resumia à função natural de posto de observação.

Enquanto Alexandre estava a caminho do monte Aornos, uma cidade indiana recebeu notícias de que os macedônios estavam chegando. Para escapar à fúria de Alexandre, os aldeões saíram e se renderam, dizendo que aquela era a cidade de Nisa (perto de Jalalabad, Paquistão), batizada em homenagem à imaginária cidade da mitologia grega onde Hermes teria levado Dioniso ainda pequeno. Não sabemos até que ponto Alexandre se deixou enganar, mas seus soldados o foram inteiramente, e dançaram a noite inteira à luz de tochas aos gritos de "Evoé, Baco!"

Alguns historiadores têm apontado as semelhanças entre a marcha de Alexandre na direção do monte Aornos e a do conquistador espanhol Hernán Cortés na direção da capital asteca de Tenochtitlán, em agosto de 1519, igualmente situada próxima a um lago a cerca de 2.130 metros de altitude, onde ficavam os templos astecas mais sagrados. A cidade se comunicava com as terras ao redor por meio de três passagens elevadas. Quando ameaçados, os astecas só precisavam recolher as pontes que ligavam sua cidade a essas passagens e ficavam perfeitamente isolados.[1]

De modo semelhante a Alexandre, para incentivar o avanço de suas tropas, Cortés falava sobre o aspecto divino de sua expedição, feita em nome do deus cristão, que, segundo ele, ficaria satisfeito caso os conquistadores conseguissem mudar a adoração que o povo asteca tinha por seus deuses convertendo-os à fé de seu deus "superior",[2] com a ressalva de que Alexandre não se encontrava em missão religiosa. Sua missão era unificar o planeta, criar "Um Só Mundo" – cultural, política e economicamente.

Ameaça Fantasma

Chegando ao monte Aornos, Alexandre chegou à conclusão de que era preciso criar uma ameaça fantasma para obrigar os indianos a deixarem a segurança de seu refúgio na montanha. Tendo isso em mente, ele destacou um grande contingente de soldados liderados por Ptolomeu com ordens para instalar uma base avançada na montanha. Ptolomeu e seus homens foram implacavelmente atacados pelos indianos e tiveram de se proteger de uma verdadeira chuva de pedras e até de rochas maiores que vinham rolando montanha abaixo. A despeito das pesadas perdas, depois de extenuante resistência, Ptolomeu conseguiu assegurar uma posição num promontório da montanha. Os indianos mantiveram os olhos grudados nas movimentações de Ptolomeu, prontos para lançar mais rochas caso avistassem mais macedônios.

O que os indianos não perceberam foi que Alexandre havia criado uma cilada para eles. Enquanto estavam preocupados se defendendo de um possível ataque de Ptolomeu, Alexandre liderava o restante do efetivo pelo outro lado da montanha, onde a encosta não era tão íngreme. Ele se decidira a realizar o que todo mundo e principalmente todo indiano imaginava ser impossível: passar uma ponte por sobre a ravina. Para construí-la, ele dividiu seus homens em três grupos: um recolheu a madeira, que era abundante nas florestas, outro transportou as toras e as pedras até a ravina, despejando-as nela, e um terceiro cravou as estacas no fundo da depressão para construir a ponte. Os soldados se revezaram em turnos de dia e de noite – esforço similar ao dos prisioneiros de guerra dos Aliados na construção de uma ponte férrea ligando a Tailândia a Mianmar através do rio Khwae Noi (ou, como é popularmente conhecido, o rio Kwai), na Segunda Guerra Mundial.

No terceiro dia, a ponte já era forte o suficiente para dar passagem a máquinas de guerra e balistas, as quais, uma vez posicionadas, dariam cabo rapidamente da resistência indiana. Quando Alexandre avançou por sobre a ponte para atacar a base pelo lado que não era o mais íngreme, os sitiados se deram conta de seu erro. Então, todos correram para aquele lado para atacar as forças de Alexandre. Mas era preciso deixar sua base no alto da montanha para atingir a ponte, e foi o que eles fizeram. Era exatamente isso que Alexandre queria.

Uma vez dentro do alcance de suas máquinas de sítio e balistas, os macedônios arremessaram uma grande quantidade de pedras e setas contra eles. Os indianos estavam tão ocupados no combate a Alexandre que haviam se esquecido de Ptolomeu, que escalou com seus homens como pôde os vários quilômetros de encosta, surpreendendo a retaguarda da defesa indiana. O monte Aornos fora conquistado, e uma guarnição foi instalada no forte para vigiar todas as terras ao redor. A conquista do monte Aornos mais uma vez mostrava que trunfos de natureza física, como uma montanha, não podiam resistir à obstinação e à inteligência de um líder como Alexandre.

A determinação de Alexandre e sua habilidade na preparação de ciladas também podem ser testemunhadas numa de suas mais impressionantes vitórias militares, ocorrida meses antes da expedição à Índia. Foi a pedra Sogdiana, rocha escarpada – apesar de nem de longe tão alta quanto o monte Aornos – que abrigava em seu topo uma fortaleza. A neve cobria tudo ao redor. Quando Alexandre ordenou a rendição dos sogdianos (uzbeques) entrincheirados na fortaleza, eles riram. Alguns zombaram dos soldados, gesticulando que criassem asas e fossem voando até lá. Impassível, ele ordenou que trezentos montanhistas escalassem a pedra coberta de neve durante a noite usando cordas e grampos, e levando bandeiras macedônias.[3]

Esses combatentes escalaram a noite inteira e, quando amanheceu, diversas bandeiras podiam ser vistas ondulando nos postos de vigia muito acima do forte – os sogdianos, respeitando a máxima do montanhista "chegar no topo, dormir na base", abandonavam seus postos à noite para dormir dentro da fortaleza. Apesar de 30 macedônios terem morrido na escalada, seus corpos foram imediatamente recolhidos e o restante dos soldados saiu da vista do inimigo; assim, quando os sogdianos olharam lá para baixo de manhã para debochar dos macedônios, não viram senão um punhado deles. A zombaria agora partia desses que haviam ficado ali embaixo, pedindo que os sogdianos olhassem para trás de si, e para o alto. Ali, agarrados logo acima, estavam os macedônios acenando com sua bandeira nacional – prontos para saltar para dentro do forte. Os sogdianos não conseguiam ver a base da montanha abaixo deles, onde a maioria dos macedônios permanecia escondida de sua vista. Acreditando que *todos* os macedônios haviam escalado ou estavam escalando a rocha, eles se renderam.

Entre os sogdianos, Alexandre conheceu Roxane, a filha do chefe da tribo. Ele ficou tão encantado com ela que a desposou. Ela foi sua única e verdadeira esposa – Barsina foi sua amante e Estatira (filha de Dario) seria sua esposa simbólica, como forma de sugerir o casamento da cultura e da sociedade grega e macedônia com a Pérsia. Depois da morte de Alexandre, Roxane e seu filho com ele – Alexandre IV – iriam para a Macedônia. Ambos teriam mortes trágicas.

Ciladas no Mundo dos Negócios

A criação de uma ameaça fantasma para combater um inimigo, apesar de freqüente na guerra, é menos comum nos negócios – mas existe. O motivo de ser menos comum do que na guerra se deve às normas e aos relatórios protocolares, que inibem as manobras capciosas entre concorrentes. Na indústria farmacêutica e em muitas indústrias de alta tecnologia, por exemplo, não é de todo incomum que os fabricantes de remédios busquem patentes em áreas nas quais eles não têm a menor intenção de competir – o único objetivo da patente é expulsar ou impedir que concorrentes se aproximem de sua tecnologia-base.

Um dos melhores exemplos de um competidor que criou uma ameaça fantasma aconteceu no setor de ração para animais domésticos. No final dos anos 80 e início dos 90, a onda de saúde e forma física chegou a essa área. A Iams, empresa de ração animal fundada em meados dos anos 40 por um ex-vendedor da Procter & Gamble chamado Paul Iams, assim como a Hill's Pet Nutrition, da Colgate-Palmolive, entraram no segmento de alimentação saudável oferecendo aos donos de animais domésticos rações especiais. Essas empresas vendiam seus produtos por intermédio de uma rede de lojas especializadas, criadores e veterinários – parte porque não podiam usar os supermercados, parte porque queriam trabalhar uma imagem toda especial para suas marcas, que só podia ser criada em revendedores diferenciados; parecido com o caso de determinadas marcas mais caras de xampu, que são vendidas exclusivamente em determinados salões.

A Ralston Purina Company, baseada em St. Louis, maior oligopolista (em português claro, o tubarão) do setor de ração animal, então com mais de 30% desse mercado, praticamente ignorou esse segmento emergente e seus consumidores. A Ralston vendia suas rações para cães e gatos nos supermercados e, enquanto a Iams e a Hill's mantivessem seus produtos especiais e mais caros longe das prateleiras dos supermercados, ela acreditava que não seria preciso se preocupar. Infelizmente para a Ralston, um novo tipo de canal de distribuição para ração animal estava surgindo na forma de grandes lojas especializadas, como a Petco e a PetSmart, que ofereciam uma enorme variedade de rações para animais domésticos, incluindo rações finas, ou *gourmet.* Apesar de essas lojas atraírem uma quantidade enorme de compradores de ração animal graças a seus preços agressivos e promoções, os supermercados continuavam sendo, dentre todos, o ponto de venda mais freqüentado pela maioria dos consumidores desse produto. Portanto, a Ralston vendia seus produtos nas Petco's e PetSmart's do mundo, mas protegia o canal dos supermercados com unhas e dentes.

Para forçar a Iams e a Hill's a concentrarem ainda mais suas forças *longe* dos supermercados, e nos canais especializados, a Ralston desenvolveu uma linha própria de produtos *gourmet*, os quais precificou abaixo das ofertas de suas concorrentes e ofereceu nas lojas especializadas. A Ralston, com efeito, estava praticando um dos preceitos de Sun Tzu acerca de manobras diversivas: crie uma oportunidade que pareça tão atraente que o seu inimigo seja atraído para ela com a ilusão de lucros altos.[4] Algumas empresas criam produtos "fantasmas" para desviar os concorrentes, mas a Ralston criou um produto real que gerou uma ameaça "fantasma".

Vendo a Ralston entrar naquilo que elas consideravam seu território exclusivo, a Iams e a Hill's investiram ainda mais recursos no desenvolvimento e no lançamento de mais e melhores produtos finos. Para combater as incursões e as posições de preço da Ralston, elas se posicionaram como marcas *premium*. Aliás, ficaram tão eufóricas com esse posicionamento que chegaram a ponto de afirmar que seus produtos *não podiam* ser vendidos nos supermercados locais.[5]

Era exatamente a esse tipo de posicionamento que a Ralston esperava induzir suas concorrentes. Assim que a Iams e a Hill's vetaram a si mesmas o canal dos supermercados, a Ralston lançou toda uma linha de rações finas exatamente nesse canal – de tal forma que os consumidores teriam poucos motivos para querer suprir as necessidades de seus animais de estimação em outro lugar. A Ralston tinha se estabelecido em todos os canais onde a Iams e a Hill's atuavam, e ainda conseguira trancar o canal de supermercados. Ao obrigar suas concorrentes a aplicar todos os seus recursos na defesa de sua posição no mercado de rações especiais, a Ralston, comprada pela gigante suíça Nestlé em 2001, as havia isolado – pelo menos temporariamente – de um importante canal de vendas.

Em 1997, o gigantesco *warehouse club** Costco pressionou a Colgate a vender a ração *gourmet* Hill's em sua rede, caso contrário ameaçava cortar seus outros produtos, incluindo a conhecida pasta de dente. Apesar de a Colgate ter inicialmente resistido, e de o Costco ter cumprido a ameaça, mais tarde ela cedeu, e hoje a marca Hill's pode ser encontrada em suas prateleiras. Em 2000, a P & G comprou a marca Iams, e a sua ração *gourmet* é hoje vendida nos mesmos lugares que os demais produtos da P & G, como a pasta de dente Crest, os detergentes Tide e as batatas Pringles. A nova dinâmica competitiva no mercado de rações para animais domésticos, como se diz, hoje é completamente diferente.

No Coração da Índia

Alexandre, agora com o controle do norte da Índia, cavalgou de volta a toda pressa para se reunir com o maior contingente de seu efetivo, que se encontrava em movimento sob o comando de Hefēstion na direção de Taxila – a cerca de 32 quilômetros da moderna Rawalpindi, no Paquistão. Taxila era a grande cidade universitária da qual ele tanto ouvira falar, principalmente de seu preceptor, Aristóteles. Foi em Taxila que, muitos séculos antes da chegada de Alexandre, Buda sempre procurou tratamento médico ao ficar doente. Buda, que morreu aos 86 anos, visitara inúmeras vezes os professores locais de medicina ou fora visitado por eles para tratamento. A cidade-Estado era governada pelo rei indiano Ambi, que, ao ser informado da aproximação dos macedônios pelo passo de Khyber, enviou emissários para informá-los de que eram bem-vindos e seriam seus hóspedes.

* Megalojas americanas de varejo que vendem grandes quantidades de produtos a preços baixos exclusivamente para associados que pagam anuidade. (*N. do T.*)

Quando Alexandre chegou à cidade universitária acompanhado de 80 mil soldados, os portões da cidade se abriram e, lá dentro, o rei Ambi pôde ser visto acompanhado de 30 mil soldados montados em cavalos e elefantes. Sem saber se as cores das bandeiras, dos escudos, das selas e dos *howdah* eram um sinal de boas-vindas ou um código de guerra, Alexandre mandou que as falanges entrassem em formação e que a cavalaria se posicionasse no meio e nos flancos. Ambi percebeu que deveria estar havendo algum engano.

Assim, atravessou os muros da cidade para saudar o rei macedônio. Vendo que o rei indiano vinha em sua direção sozinho, Alexandre fez o mesmo. Ambi, em seu escasso e claudicante grego, aprendido às pressas com os professores do idioma de Taxila, entregou-lhe o trono e convidou-o a entrar.

Alexandre deixou-se ficar algumas semanas em Taxila, preparando-se para conquistar o interior da Índia. Ele e Ambi se envolveram numa disputa de generosidade que chegou a desagradar alguns comandantes macedônios. A filosofia pessoal de Ambi era que as únicas coisas pelas quais valia a pena lutar eram água, itens de primeira necessidade como comida, e conhecimento. Se essas coisas existissem em abundância, quem se importava com o resto? Estava disposto a entregar a Alexandre tudo o que possuía, e Alexandre, conquistado por tamanha mostra de generosidade, lhe ofereceu em troca tudo o que *ele* tinha.

Mas nesse breve descanso em Taxila, Alexandre traçou planos. Apesar de a civilização ocidental de onde Alexandre vinha acreditar que o mundo terminava no oceano (ou no rio Ganges), chegar a esse oceano exigia atravessar cinco grandes afluentes do rio Indo. Ao longo de cada um desses afluentes havia muitas cidades e vilarejos, cada uma governada por um rei ou príncipe. Diferente dos persas, os indianos gozavam de expressiva reputação como guerreiros, sua técnica e tecnologia militares eram bem desenvolvidas e seus exércitos eram imensos e bem treinados. Enquanto descansava em Taxila, Alexandre recebeu informes sobre a reunião de tropas às margens do Hidaspes (o atual rio Jhelum), um dos afluentes do Indo.

Apesar das notícias, ele não iria estragar sua estada em Taxila. Muitos anos o separavam dos tempos de Mieza, e, durante a campanha, ele vinha sentindo falta daquela época, sobretudo da disciplina e dos desafios intelectuais que tanto apreciara na academia. Alexandre passeava pela cidade todos os dias e travava contato com muitos intelectuais e professores. Envolvia-se freqüentemente em debates, discussões e aulas. Ele recebia um séquito infindável de membros da universidade, com quem mantinha sérias e densas conversas. O tempo livre que lhe restava, ele dedicava a escrever cartas e mais cartas para Aristóteles e também para sua mãe, contando sobre a cidade. (Escrever para casa em plena campanha, assim como ler trechos da *Ilíada* toda noite – na edição que pertencera a Aristóteles, a qual lhe fora presenteada pelo preceptor em Mieza –, são dois temas recorrentes na obra de muitos historiadores quando abordam os interesses pessoais do conquistador).

Tecendo uma Rede Confusa

"Ó, que confusa rede tecemos quando priorizamos o logro", escreveu Sir Walter Scott em 1808.[6] Uma das primeiras ocasiões em que complexas táticas diversivas de guerra foram aplicadas de forma sistemática se deu na Batalha de Hidaspes (Jhelum) contra o rei indiano Poro, que era tudo o que o rei de Taxila, Ambi, não era. Valente, destemido e orgulhoso, Poro reuniu seus homens ao longo do Hidaspes do outro lado da margem por onde Alexandre se aproximaria. A Batalha de Hidaspes, sem dúvida, concentra as lições mais fascinantes acerca da abordagem sutil e indireta de Alexandre em movimentos de guerra que excediam o inimigo em termos de manobras, flanqueamento e inteligência.

Muitos historiadores militares afirmam que somente na Segunda Guerra Mundial, bem mais de dois mil anos depois da Batalha de Hidaspes, o mundo seria novamente testemunha de algo parecido. Apenas Napoleão, para quem a Batalha de Hidaspes foi a mais fascinante de toda a História, adotaria táticas que se aproximariam daquelas. Houve alguns outros generais – Júlio César, Aníbal, Cipião, Marlborough, Frederico, o Grande, e Wellington entre eles – que exibiriam, em parte, a profunda argúcia e domínio de Alexandre – mas somente em parte.

De um modo geral, porém, o mundo passaria ao largo da sutileza, da malícia e do senso de oportunidade de Alexandre quanto ao momento de agir ou não agir, preferindo a mobilização maciça de vastos contingentes em batalha, cujos resultados seriam decididos exatamente pelos números e pela ferocidade. Essa abordagem *à la* Clausewitz seria rechaçada por estrategistas militares e historiadores como Liddell Hart, que, após a inútil perda de milhões na Primeira Guerra Mundial, conseguiria convocar uma reavaliação da estratégia militar, preparando o caminho para um modelo que, como em Alexandre e Napoleão, não dependia tanto da quantidade de pessoas, mas de argúcia, surpresa, rapidez e preparo.

Teria sido fácil para Alexandre derrotar Poro em Hidaspes se tudo só dependesse do tamanho dos efetivos: ele tinha mais que o dobro dos 35 mil homens de Poro – diferente da maioria das batalhas contra os persas, nas quais sempre esteve em franca desvantagem numérica. O histórico de vitórias macedônias a essa altura já virara lenda. E se os persas, o maior exército do mundo, não podiam com Alexandre, as forças de um pequeno reino provinciano, cujos maiores feitos tinham sido pequenas incursões ao reino vizinho de Taxila ou a captura de ladrões de gado, sem dúvida não estariam à altura dos macedônios.

Apesar da reputação de superioridade e do formidável histórico dos macedônios, o rei Poro e seus soldados se mobilizaram corajosamente para a luta. O exército de Poro, com 30 mil infantes, cinco mil cavaleiros, 300 carruagens e 100 elefantes, se posicionara ao longo das margens do Hidaspes, que se encontrava em pleno período de cheia. Os soldados poliam suas espadas, afiavam suas lanças e acertavam as lâminas em forma de foice presas às rodas das carruagens. Os arqueiros afiavam a ponta de suas flechas de 91 centímetros de comprimento e verificavam a flexibilidade de seus arcos de um metro e meio de envergadura.

As chuvas trazidas pela monção haviam começado, e a largura normal do rio, que era de oitocentos metros, duplicara, destruindo as margens de ambos os lados e inundando as regiões vizinhas. Essa era a primeira vez, desde o Egito, que os macedônios pegavam chuvas tão fortes, e seus meteorologistas anunciaram que elas estavam sendo causadas pelas mudanças climáticas sobre as planícies da Etiópia – como haviam afirmado anteriormente que era a causa das chuvas no Egito. Quando encontraram flores de lótus nos lagos e crocodilos aquecendo-se ao Sol, os cientistas na comitiva de Alexandre, por um breve momento, concluíram pela hipótese aristotélica, segundo a qual o Indo e o Nilo deviam estar interligados – mas essa hipótese seria derrubada mais tarde.[7]

Poro esperara que a monção de maio e a cheia do Hidaspes fizessem com que Alexandre detivesse seu avanço ou, no mínimo, lhe garantissem algum alívio da pressão de estar diante do maior exército do mundo. Eles não se deram conta de que essas chuvas eram exatamente o que Alexandre vinha esperando. Como a maioria dos exércitos na Ásia cessava suas lutas durante a monção, Alexandre queria atacar sob a sensação generalizada de paz que tomava conta de todos nessa época.

Apesar de Alexandre já ter atravessado rios antes para enfrentar um inimigo – no Granico e em Isso, por exemplo –, ele nunca havia enfrentado nenhum curso d'água como o Hidaspes. Além disso, apesar de contar com um exército maior e mais experiente do que o de Poro, não estava disposto a sacrificar vidas desnecessariamente. Em vez disso, descansou seus homens às margens do rio, mandou descer todo o enorme carregamento de trigo e milho, e, em vez de reunir o exército ao longo de algum trecho específico da margem e de erguer uma base temporária, passou a mudar de posição todo dia, dentro de uma faixa de vários quilômetros perto das águas. Desse modo, o inimigo do outro lado nunca sabia de onde esperar o ataque.

Todo os dias, o exército macedônio realizava movimentações de cavalaria e ruidosos exercícios de infantaria. Apesar de o efetivo de Alexandre ser de 80 mil homens, havia ainda uma comitiva civil de cerca de 40 mil pessoas – esposas, filhos, artistas, filósofos, prostitutas, médicos, poetas, adivinhos de diversas nacionalidades, topógrafos, geólogos, preceptores etc. Toda noite, havia cantoria em altos brados, muita dança e o consumo de grandes quantidades de vinho barato. Mas nada de ataque. Havia muita movimentação de suprimentos e tropas, e Poro na outra margem movia seus cavalos, carruagens, elefantes e soldados para acompanhar os movimentos macedônios – mas o ataque não acontecia.

Todos os dias, a encenação era montada. Soldados se punham em movimento, assumiam suas posições, saíam de suas posições, reuniam-se novamente, entravam outra vez em formação e se reposicionavam para um ataque iminente, e em seguida nada acontecia. Chegava a hora do almoço, seguida por jogos eqüestres, e depois uma noite inteira de muita festa. Tudo isso debaixo das torrenciais chuvas trazidas pelas monções. Assim se passaram semanas. O exército de Poro, esperando pelo ataque inevitável, a princípio ficara alarmado, para depois mergulhar no mais profundo tédio e sonolência. Exércitos inimigos encarando-se durante longos períodos desenvolvem laços com o lado oposto – os alemães paravam de bombardear as posições britânicas durante a Grande Guerra no final da tarde porque sabiam que os ingleses teriam se recolhido para o chá. O exército de Poro passou a apreciar bastante a animação e a alegria do adversário.

Protegendo a Verdade com uma Escolta de Mentiras

A exemplo das manobras de Alexandre para confundir os indianos do outro lado acerca do local e do momento exato do ataque, no final do verão de 1943 os estrategistas militares dos Aliados se viram às voltas com uma situação semelhante: como dissuadir os alemães de que uma invasão era iminente? Eles sabiam que seria difícil convencer os alemães de que uma invasão não estava sendo planejada – principalmente porque tinham passado os últimos dois anos tentando passar a impressão de que a invasão estava se aproximando. Mas, quando estavam dando os retoques finais na Operação *Overlord** – a invasão da França, que seria feita pela Normandia no dia 6 de junho de 1944 –, eles concluíram com certa relutância que, embora pudesse ser difícil persuadir os alemães de que a invasão não era iminente, seria extremamente benéfico manter pelo menos a dúvida quanto ao momento e ao local exatos do ataque.

Os alemães haviam passado vários anos preparando suas defesas ao longo da costa noroeste da França. A Muralha do Atlântico é considerada a barreira mais poderosa já instalada em todos os tempos. Espalhados por todas as praias e cidades litorâneas, havia *bunkers* de concreto com artilharia pesada, ninhos de metralhadora e casamatas. Propriedades de beira de praia – estalagens e casas de veraneio – haviam sido confiscadas pelos alemães e, atrás de sacos de areia, atiradores alemães vasculhavam ininterruptamente o mar azul. As águas e as praias haviam sido minadas para estraçalhar qualquer veículo de desembarque ou embarcação que chegasse muito perto.

Para desviar a atenção do exército alemão do local planejado para a invasão, os Aliados conceberam e efetuaram um complexo plano diversivo – não muito diferente dos jogos eqüestres e das bebedeiras promovidos por Alexandre. Os alemães sempre acreditaram que, quando – e não se – ocorresse uma invasão do noroeste da França, ela se daria em Pas-de-Calais – assim como Poro acreditava que, quando os macedônios atravessassem o Hidaspes, eles o fariam em linha reta ou de algum ponto muito

* "Chefe Supremo", nome de código da operação de invasão da Normandia. (*N. do T.*)

próximo – afinal, os exércitos estavam de frente um para o outro no trecho mais estreito do rio.

Do ponto de vista da maioria das pessoas, Pas-de-Calais fazia todo o sentido. Do lado oposto, ficava a cidade inglesa de Dover, que tinha grandes portos para apoiar a invasão. O Estreito de Dover, que separa a França da Inglaterra, é o ponto mais estreito do Canal da Mancha. Num dia claro, é possível ficar de pé nas praias da França e avistar as gaivotas voando acima da silhueta esbranquiçada das montanhas de Dover – tema de muitos poemas românticos. Para os aviões Aliados baseados nos inúmeros campos de aviação de Kent, Pas-de-Calais representaria praticamente um passeio. Os alemães estavam tão convencidos de que Pas-de-Calais seria o ponto de desembarque de uma força de invasão que haviam ampliado e aprofundado a Muralha do Atlântico nas proximidades desse balneário francês.

Os estrategistas militares aliados não tinham a pretensão de demover os alemães de suas convicções. Com efeito, fizeram de tudo para fortalecê-las. Foi assim que a Operação Fortitude entrou em cena. Ela foi dividida em duas partes: a Fortitude (Norte) se concentraria em criar uma cortina diversiva para levar os alemães a acreditar que os aliados planejavam invadir a Noruega; a Fortitude (Sul) se concentraria em criar a ilusão de um ataque em Pas-de-Calais. Como parte da Fortitude (Norte), todo um exército fictício foi criado para lançar um ataque à Noruega a partir da Escócia. Soldados de papelão assim como barcos e veículos militares falsos foram fabricados para dar a impressão de uma maciça força de invasão, e a operação chegou a criar comunicações fictícias por rádio em códigos facilmente decifráveis para dar a idéia de uma invasão iminente. Até os soviéticos cooperaram espalhando a notícia de que antigos oficiais estavam sendo enviados para a Inglaterra para proceder aos últimos preparativos de uma invasão.[8]

Os alemães se deixaram enganar tão completamente pela Fortitude (Norte) que, mesmo vários dias depois de iniciada a invasão real da Normandia, Adolf Hitler continuava aguardando notícias acerca da invasão da Noruega. Foi no contexto de uma troca de informações a respeito dessas ações diversivas que Winston Churchill teria dito as famosas palavras a Stálin em Teerã: "Em tempos de guerra, a verdade é tão preciosa que deveria andar sempre escoltada por mentiras."[9]

A Fortitude (Sul) era ainda mais ambiciosa. Meses antes dos desembarques, aeronaves aliadas haviam bombardeado cidades, ferrovias, depósitos de suprimentos, estradas, comboios, instalações de radar, paióis e aeroportos. Mas, das duzentas mil toneladas de bombas despejadas sobre o noroeste da França, apenas um terço foi lançado sobre a região onde se realizaria a invasão verdadeira, na Normandia, e a maior parte em torno de Pas-de-Calais – aumentando ainda mais a impressão de que era esse o local escolhido para a esperada ofensiva. Por exemplo, dos aeroportos bombardeados, 11 ficavam em Pas-de-Calais e apenas quatro nas proximidades da Normandia.[10]

Até mesmo os preparativos feitos na Inglaterra foram pensados para confundir o inimigo. Apesar de complexas providências já estarem sendo tomadas para mobilizar, preparar, equipar e transportar milhares de soldados até seu verdadeiro destino na Normandia, esforços paralelos também foram feitos no sudeste da Inglaterra (em frente a Pas-de-Calais) como forma de preparar a não-invasão à cidade francesa. Espiões alemães a serviço na Inglaterra haviam sido convertidos em agentes duplos, pois, pouco antes da invasão da Normandia, passaram para seus chefes alemães a informação de que os Aliados iriam lançar uma invasão contra a Normandia como manobra diversiva para afastá-los de Pas-de-Calais; a verdadeira invasão começaria quando as forças alemães fossem atraídas para a Normandia.

Hitler e seus generais caíram como patinhos no engodo. Apenas uma semana antes do desembarque na Normandia, o Führer chegou à conclusão de que uma invasão era iminente (os preparativos dos Aliados eram intensos demais para passar despercebidos); e que haveria um desembarque inicial na Normandia e na Bretanha, mas a invasão real começaria com a abertura de uma segunda frente através do Canal da Mancha, perto de Pas-de-Calais. A Alemanha não podia esperar nada melhor, ele teria dito, do que ter a oportunidade de combater o inimigo o mais rápido possível.[11] O resto, como se costuma dizer, é história.

A Batalha de Hidaspes

Por mais de dois meses, os macedônios movimentaram seus cavalos, beberam, cantaram e dançaram. Até que, uma noite, tudo se deu. Como na travessia do Delaware – perto de Trenton, Nova Jersey – por George Washington dois mil anos depois, Alexandre destacou um seletíssimo grupo de cavaleiros, cinco mil ao todo, e dez mil infantes, e partiu oculto pelas pesadas nuvens da monção, pela chuva fina e pelas elevações do terreno que acompanhava o rio. Ele havia deixado a maior parte de suas tropas para trás para continuar desviando a atenção de Poro, enquanto avançava por sobre as colinas que margeavam as águas na direção do ponto escolhido para a travessia – cerca de 20 quilômetros além da posição onde se encontravam. Poro jamais teria imaginado que o ponto escolhido por Alexandre para a travessia seria exatamente onde o rio era mais largo.

Ao contrário do exército revolucionário de George Washington, que se apossou de todos os barcos de pesca do rio Delaware naquela noite de travessia, o de Alexandre teve primeiro de caminhar com dificuldade dentro d'água, vencendo o trecho inicial infestado de cobras e crocodilos do Hidaspes para, em seguida, nadar até a outra margem. O que Poro não sabia era que Alexandre escolhera o trecho mais largo do rio porque era ali que as correntes eram mais fracas. Mesmo assim, a correnteza e o refluxo foram fortes o suficiente para arrastar e afogar alguns dos soldados e dos cavalos. Quando Alexandre começou a travessia, a chuva fina já se transformara numa tromba d'água, e os raios e trovões que a acompanharam teriam convencido qualquer homem razoável a desistir da operação.

Mas Alexandre não era um homem razoável. Montado em seu cavalo, o Bucéfalo, à frente de seus homens, ele se lançou nas águas furiosas. Os cavalos hesitaram em avançar até seus cascos tocarem o fundo do rio – isso foi cerca de um século antes da invenção da ferradura.[12] Os cavaleiros se agarravam como podiam usando apenas as pernas – nem o estribo nem as selas haviam ainda sido levados para fora do território indiano nessa época –, e alguns cavaleiros e seus cavalos subiram com dificuldade nos barcos que haviam sido divididos no meio para ser transportados por terra e depois rapidamente remontados para facilitar a travessia do rio. Balsas improvisadas com junco e peles de animais serviram de apoio para a infantaria e, como surfistas entrando no mar para pegar a onda perfeita com suas pranchas, os infantes usaram essas balsas como flutuadores para avançar até o outro lado.

Qualquer um que já tenha presenciado a migração dos gnus pelas planícies do Serengeti na África sabe que a maioria das mortes acontece na travessia dos rios, e não por causa da sede provocada pelo calor escaldante das savanas africanas ou mesmo pelos ataques-surpresa de predadores como leões e tigres, dos quais são presas comuns. Também sabemos que entrar na água, uma vez superado o medo inicial, é a parte fácil. Vencer a subida das margens lamacentas e escorregadias do outro lado, disputando espaço com quem está espremido do lado para encontrar onde apoiar os pés, é a parte difícil. Quem estava espremido do lado, nesse caso, eram cinco mil cavaleiros montados em seus cavalos e dez mil infantes encharcados e cansados, envergando pesadas couraças e outras peças de proteção, e suas longas espadas. Milhares de gnus morrem todo ano ao tentar sair das águas na margem dos rios. Foi um verdadeiro milagre que os soldados, cavalos e armaduras de Alexandre tivessem conseguido completar a travessia.

Às primeiras luzes do romper da aurora sobre a verdejante paisagem indiana, sentinelas a serviço de Poro avistaram algumas centenas de macedônios encharcados e exaustos do seu lado do rio. O rei imediatamente enviou seu filho e dois mil de seus soldados para averiguar. Quando eles chegaram no ponto da travessia dos macedônios, um número suficiente já havia se preparado – incluindo a armadura, a presença de espírito e a coragem – para repelir com sucesso o ataque. O filho de Poro foi morto nessa escaramuça.

Poro se deu conta de que fora enganado. Na margem oposta, um enorme contingente de macedônios se preparava para atravessar. Alguém estava se fazendo passar por Alexandre, com o requinte de estar usando um elmo de plumas e de bradar ordens. Mas, no fundo, ele sabia que o rio já fora atravessado. Poro, então, ordenou que seus homens se voltassem na direção dos macedônios mais adiante, do seu lado da margem.

Os macedônios do outro lado do rio estavam começando a atravessar, mas ele sabia que isso era uma armadilha para desviar sua atenção sobre eles – retirando-a daqueles que já haviam atravessado. Ele posicionou os elefantes na frente de sua formação, pelo meio. A posição dos elefantes tinha por objetivo assustar os cavalos macedônios e atropelar as falanges. A infantaria estava atrás dos elefantes, protegendo o meio. Nos flancos, estavam as carruagens e a cavalaria.

Quando todos os seus soldados haviam terminado de atravessar o rio, Alexandre e sua cavalaria seguiram na direção contrária da correnteza e estudaram as posições do inimigo. Ele queria evitar um ataque frontal, ainda mais contra elefantes de guerra – cujo desempenho em batalha era uma incógnita para ele. Ele posicionou a infantaria no meio. Sempre fiel à postura ofensiva, Alexandre não esperou que os indianos investissem. À frente da cavalaria macedônia, investiu contra a cavalaria e as carruagens indianas no flanco esquerdo. Enquanto arremetia na direção dos indianos, mandou Cuno liderar dois destacamentos de cavalaria na direção das colinas, passando por trás delas para surpreender a cavalaria indiana pela retaguarda, na altura do flanco direito.[13]

Vendo que os macedônios estavam investindo contra suas posições, Poro deu a ordem para que as carruagens e a cavalaria fossem ao seu encontro. Eles pareciam estar rumando na direção de seu flanco esquerdo, então a ordem foi para que a cavalaria na direita se deslocasse para apoiar a esquerda. Alexandre tinha programado o momento do choque com a cavalaria indiana de tal forma a permitir que Cuno chegasse pouco depois do encontro das duas forças, surpreendendo a cavalaria indiana pelo flanco ou pela retaguarda. Foi exatamente isso que aconteceu.

Quando as duas cavalarias estavam quase se encontrando, Alexandre ordenou que seus arqueiros a cavalo disparassem as setas. Na confusão que se seguiu à queda das setas sobre a cavalaria indiana, os macedônios aproveitaram as lacunas abertas para fazer sua invasão. A essa altura, a cavalaria macedônia, que havia se destacado do grupo para passar por trás das colinas, chegou ao local da luta. Pressionada pelos macedônios por todos os lados, a cavalaria indiana começou a tombar. As carruagens indianas tinham sido atraídas para tão perto do rio que muitas atolaram no lodaçal da margem. Sem ter como sair, os soldados que as dirigiam se transformaram em alvo fácil para a cavalaria macedônia, que massacrou diversos deles.

Alexandre havia dito à sua infantaria que, quando ela tivesse alcançado o meio da formação indiana, deveria ferir as patas dos elefantes com suas lanças. Não conseguira ter idéia melhor para lidar com aqueles enormes animais. Foi exatamente isso que a infantaria fez. Avistando a infantaria macedônia no horizonte, Poro mobilizou seus elefantes de guerra, atrás dos quais seguia a infantaria indiana. Assim que os pesados elefantes estavam dentro do seu alcance, os soldados nas primeiras fileiras da falange macedônia perfuraram suas patas; a infantaria que vinha logo atrás entrechocou seus escudos, criando um som agudo tão ensurdecedor que assustou os animais. Tinham conseguido o efeito desejado, e mais. Os elefantes feridos e assustados deram meia-volta, atropelando a infantaria indiana que seguia atrás. Finalmente, depois de oito horas de batalha, já no final da tarde, as defesas indianas cederam e Poro se rendeu. Alexandre ficara tão impressionado com a bravura e as manobras de Poro que o nomeou governante de toda a região ao longo do Hidaspes, e eles permaneceram grandes amigos até a morte de Alexandre.

Nada parecido com a Batalha de Hidaspes havia sido visto antes na Antiguidade: nem a manobra de duplo cerco da cavalaria nem a realização da batalha apoiada pela astúcia e pelas táticas diversivas. O estrategista militar chinês Sun Tzu escreveu em *A arte da guerra*, cerca de 150 anos antes de Alexandre, que "toda a guerra se baseia no engodo. Assim, quando podemos atacar, deve parecer que não podemos; quando no uso de nossas forças, devemos parecer inativos; quando próximos, devemos fazer o inimigo acreditar que estamos distantes; quando distantes, devemos fazê-lo acreditar que estamos próximos. Use iscas para atrair o inimigo. Finja-se em desalinho, e esmague-o".[14]

Tamanho é Documento, ou Velocidade?

Alexandre forçara Poro a alinhar todo seu exército na margem oposta do Hidaspes, de frente para o exército macedônio, apesar de não ter a intenção de atacar os indianos naquela posição. Nos negócios também as empresas freqüentemente recorrem a esse tipo de "estratégia diversiva de recursos" – obrigando um concorrente a concentrar seus recursos num produto ou numa região onde ela não pretende atuar. Por exemplo, a tática recente da Boeing contra a européia Airbus Industrie. Mais ou menos nos últimos dez anos, tem havido uma disputa entre essas duas líderes na fabricação de aeronaves comerciais no sentido de criar uma espécie de superjumbo de autonomia prolongada para atender à estimativa de triplicação da demanda de transporte aéreo nos próximos 20 anos.[15] A Boeing tem mantido a liderança no mercado de aviões comerciais, mas, no mercado de aviões de grande porte e longa autonomia, ela detém um franco monopólio de quase 30 anos com o 747.

Apesar desse monopólio, e do alarde e da freqüência com que é anunciado o desenvolvimento do superjumbo, a Boeing não passou imediatamente do anúncio à fabricação de fato até que, em dezembro de 2000, a

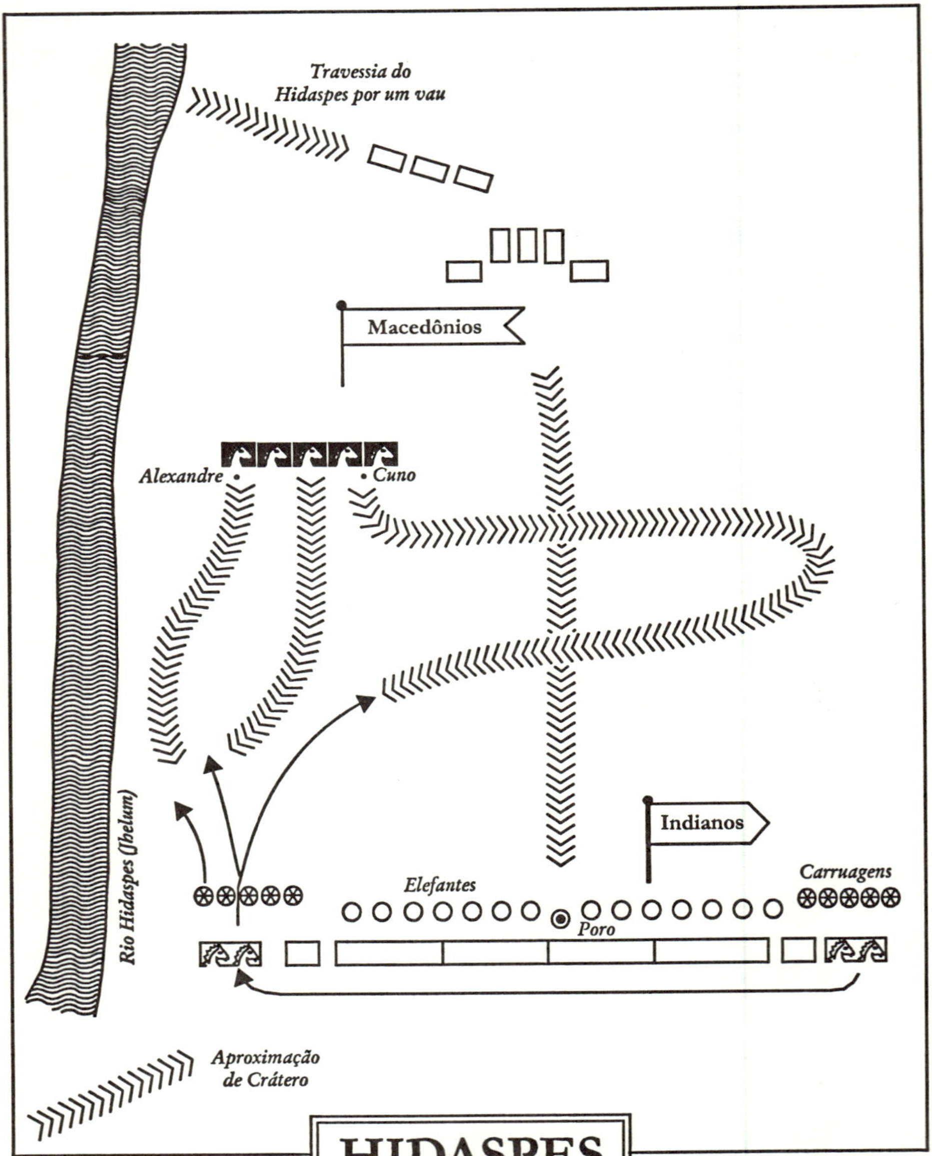

Travessia do Hidaspes por um vau
Macedônios
Alexandre
Cuno
Indianos
Carruagens
Elefantes
Poro
Rio Hidaspes (Jhelum)
Aproximação de Crátero

HIDASPES

Airbus Industrie anunciou que daria início ao desenvolvimento do A380, avião de 555 lugares. Com isso, três meses depois, em março de 2001, a Boeing anunciou que estava abandonando o desenvolvimento de um superjumbo e se concentrando na produção do Sonic Cruiser, de apenas 250 lugares, mas capaz de voar quase na velocidade do som.

Evidentemente, é cedo ainda para saber se o Sonic Cruiser da Boeing teria mais êxito que o A380 da Airbus. A Boeing está claramente apostando suas fichas num avião mais veloz, baseada na hipótese de que a maior desregulamentação do setor de linhas aéreas aumentaria a freqüência e as distâncias das viagens ponto a ponto, sem escalas, tornando menos freqüentes os vôos mais curtos e com escalas.[16] Se a hipótese da Boeing estiver correta, o mundo irá precisar de aviões menores e, preferencialmente, mais rápidos, como o Sonic Cruiser. Se, porém, os vôos menores com escalas prevalecerem, haverá necessidade de uma aeronave maior, como aquela na qual a Airbus está apostando seu futuro.

Há diversas interpretações diferentes para explicar por que a Boeing, líder do mercado de longas distâncias e grande capacidade de lotação com o 747, não procuraria se proteger de uma invasão competitiva numa área que tradicionalmente lhe pertence. Uma delas afirma que a Airbus se beneficiou de um subsídio oferecido por suas proprietárias européias – os governos britânico e francês, basicamente – no sentido de fazer o superjumbo decolar, enquanto a Boeing, na condição de empresa privada americana, não teria essa possibilidade. Outra interpretação propõe que a cultura organizacional da Boeing, de cunho marcadamente tecnológico, cuja principal característica era sempre aceitar novos desafios, mudou depois que a empresa foi comprada pela McDonnell-Douglas em 1997, passando a ser mais influenciada pelas inflexões financeiras; os gerentes da Boeing não previam grande lucratividade com o superjumbo.[17]

Outra perspectiva, proposta por Gordon Bethune, CEO da Continental Airlines, que foi gerente de programa dos modelos 737 e 757 da Boeing, é sem dúvida a mais curiosa. Bethune teria dito que o motivo pelo qual a Boeing não havia se envolvido no projeto de um superjumbo era porque ela sempre quis investir em velocidade, não em tamanho.[18] A Boeing, de acordo com Bethune, esperou que a Airbus se definisse pelo tamanho para só então anunciar sua preferência pela velocidade, quando já estivesse segura de que a Airbus, dada a profundidade do compromisso assumido com o superjumbo, não pudesse mais mudar de rumo na direção de um avião superveloz. Não sabemos ao certo se houve a preocupação tática de uma "estratégia diversiva de recursos" por parte da Boeing na concorrência com a Airbus Industrie, ou qual das duas irá vencer, mas essa é, sem dúvida, uma explicação plausível para o interesse intermitente da Boeing pelo superjumbo.

Os Soldados Obrigam Alexandre a Voltar para Casa

De volta à Antiguidade, depois de derrotar Poro, Alexandre seguiu em frente invadindo alguns principados menores em volta do rio Jhelum, assim como de outros afluentes do Indo. Nenhum desses estados tinha motivos fortes para resistir à invasão macedônia. A maioria se rendia e se somava ao império em expansão. Aqueles que não o faziam eram massacrados ou enfrentavam graves conseqüências.

Porém, os macedônios estavam ficando muito cansados, e havia demasiado descontentamento em suas fileiras. Mesmo perdendo as batalhas, os indianos infligiam pesadas perdas aos macedônios. Quando chegaram ao rio Hífase (o atual Beas), seus generais tentaram convencê-lo a voltar. Temiam os mercenários indianos, que erravam por aquela região e lutavam por quem quer que pagasse seu preço, e temiam também os exércitos dos grandes reinos que jaziam além do Hífase.

Num discurso de fortíssima carga emocional, feito em nome do exército, seu general Cuno, que havia liderado uma das manobras fundamentais de flanqueamento na Batalha de Hidaspes, apelou que Alexandre se decidisse a retornar. Muitos homens haviam morrido, outros tantos haviam se fixado nas terras conquistadas, mas os que continuavam em campanha estavam profundamente desejosos de voltar para casa, Cuno afirmou. Se Alexandre quisesse conquistar as terras além do Hífase, deveria organizar outro exército e, vendo os integrantes do antigo voltando para casa cobertos de glórias e riquezas, não faltariam voluntários para erguer esse novo exército. Mas aquela era a hora de voltar para o lar, rever a família e cuidar dos assuntos da Grécia.[19]

Como a famosa cara amarrada de Aquiles na Guerra de Tróia, Alexandre, ouvindo as palavras de Cuno, enfiou-se em sua tenda e ali ficou visivelmente contrariado durante três dias. Depois disso, saiu e concordou em voltar para casa, mas não sem antes fazer uma promessa semelhante à do general MacArthur, de um dia voltar. Dividiu seu exército em brigadas e mandou erguer 12 altares nas margens do Hífase para servir de marcos de sua expedição. Então, anexando todas as terras conquistadas até ali ao domínio de Poro, pôs-se a caminho de Hidaspes. Em algumas semanas, Cuno morreu misteriosamente.

Em vez de refazer o caminho pelos territórios que já havia conquistado, Alexandre tomou a direção do deserto Gedrosiano, o qual, como a marcha da Grande Armée de Napoleão voltando de Moscou, traria a fome e profundas adversidades. Era evidente que, enquanto Alexandre era capaz de passar por cima de quantos adversários fosse preciso sempre com uma enorme variedade de manobras estratégicas diversivas, seus próprios soldados já não agüentavam mais. Não havia muito que Alexandre pudesse tentar para fazê-los mudar de idéia quanto à volta para casa, mas o caminho que ele decidiu tomar tinha, mais uma vez, caráter diversivo, pois não se limitava a levá-los de volta, senão também o ajudava a consolidar o que ele já havia conquistado.

RESUMO DE TEMAS

1. Dispersar para Concentrar

"Os princípios da guerra, não meramente um princípio", escreveu Basil H. Liddell Hart, o estrategista militar e estudioso inglês, "podem ser resumidos numa única palavra – *concentração*... A concentração da força contra a fraqueza".[20] Para se conseguir essa concentração, Liddell Hart prosseguiu, é preciso dispersar a força do adversário, o que só é possível pela dispersão de nossas próprias forças. "A sua dispersão, a dispersão do inimigo, a sua concentração – esta é a seqüência, e uma decorre da outra."[21] Toda a batalha do monte Aornos foi travada em termos de dispersões calculadas e concentrações decisivas.

2. Desorientar e Tirar Vantagem

Tudo que Alexandre fez às margens do Hidaspes antes de lançar o ataque tinha como objetivo desviar a atenção do adversário. Ele não atacou nem quando nem onde o inimigo mais esperava; mas quando e onde o inimigo menos esperava. Ele conseguiu desorientar o inimigo por meio do elemento surpresa, mas também estando bem preparado para tirar a máxima vantagem dessa desorientação. A execução de manobras táticas e estratégicas na guerra e nos negócios muitas vezes negligencia o elemento surpresa porque todos ficam tão concentrados em seguir o planejado que surgem muito poucas oportunidades para surpreender; ou, mesmo quando surgem, ninguém está preparado para tirar vantagem delas.

3. SINAIS CAPCIOSOS

Sinalizar intenções é uma tática empregada com freqüência na estratégia das empresas para comunicar suas posições, alterar políticas de preços e trocar outros tipos de informações, o que pode disfarçar um comportamento capcioso. Na guerra, as sinalizações são empregadas para induzir a erro e fazer o outro lado concentrar seus recursos num ponto sobre o qual não planejamos atacar. Essas estratégias diversivas de recursos, quando bem empregadas, podem garantir vantagem competitiva, conforme a Ralston provou no mercado de ração animal e a Boeing provavelmente adquiriu no setor de jatos comerciais.

CAPÍTULO 10

A MORTE DE ALEXANDRE – E O SEU LEGADO

ALEXANDRE TOMARA O RIO HÍFASE (BIAS) COMO O LIMITE ORIENTAL DE SEU império. Agora, era hora de voltar para casa ou, pelo menos, para Babilônia, no atual Iraque, que emergia como o centro desse império – grande parte da burocracia macedônia partia de lá, e era nessa cidade que fora instalada sua principal casa da moeda.

Em vez de seguir a rota que tinha tomado para chegar à Índia, Alexandre foi para o sul, na direção do mar da Arábia. Ao chegar às cercanias da moderna Karachi, no Paquistão, ele decidiu dividir seu exército em três partes. Em 325 a.C., um efetivo de cerca de dez mil soldados e uma comitiva civil de tamanho semelhante seguiu pela rota que atravessava o Hindu Kush e conduzia ao ponto de encontro, nas imediações da atual cidade portuária de Bandar-e-Abbas, na antiga Carmânia (o atual sul do Iraque). Esse contingente consistia basicamente de calejados veteranos de guerra, pesadas máquinas de sítio e recém-adquiridos elefantes de guerra indianos, os tanques *Panzer* das guerras da Antiguidade.

Ele também despachou várias divisões por navio pelo mar da Arábia, sob a liderança de seu general Nearco, tendo sido acordado entre eles o ponto de encontro. Alexandre planejara atravessar o árido e inóspito deserto Gedrosiano (atual deserto de Makran), que ficava entre a Índia e o sul do Irã, por uma rota costeira, de forma a garantir os suprimentos da frota naval, que aportaria para recolher os mantimentos em diversos pontos predeterminados ao longo do litoral; porém, pouco depois de penetrar no deserto, foi obrigado a mudar seus planos. O exército sob seu comando havia inchado para cerca de 50 mil homens (dependendo da fonte em que se decida acreditar) e a comitiva civil chegava a 25 mil pessoas. Estava bastante claro que seria cada um por si – tamanha era a escassez de alimento e água naquela região. Para não privar as regiões costeiras do pouco alimento disponível, deixando a frota, dessa forma, sem sua principal fonte de suprimentos, o exército decidiu se internar no continente.

As perdas foram pesadas na cruel travessia de militares e civis sobre as areias escaldantes debaixo do Sol de outubro. Somente quando Napoleão fizesse seu desastroso ataque contra a retirada de Moscou entre julho e novembro de 1812 se veria novamente um exército enfrentando desafio igual àquele que Alexandre enfrentou nos 60 dias necessários para vencer os mais de 1.600 quilômetros do deserto Gedrosiano. Muitos dos cavalos e outros animais de carga, sem ração ou água, pereceram nas areias. O exército se serviu dos animais mortos. Os que vinham na retaguarda enfrentavam dificuldades ainda maiores, porque, quando o exército terminava de comer o pouco que havia, restava pouco ou quase nada para quem vinha depois.

Mesmo sob tão profunda adversidade, porém, houve exemplos de extraordinária liderança pessoal. Arriano conta que alguns soldados levaram para Alexandre, num capacete emborcado, o pouco de água que restava para saciar sua sede. Ele vinha liderando a marcha à frente do exército caminhando a pé sobre a areia, e não montado sobre seu cavalo, para que nenhum soldado pensasse que as coisas eram mais fáceis para ele. Alexandre virou a água sobre a areia e disse que o gesto deles havia saciado sua sede – ele não iria beber se seus soldados não pudessem beber antes. "Todo o exército recobrou o ânimo a tal ponto", escreveu Arriano a respeito desse episódio, "que poder-se-ia crer que a água derramada por Alexandre saciara a sede de cada um de seus homens".[1]

Foi perto de Bandar-e-Abbas que Alexandre reencontrou a frota comandada por Nearco, assim como o contingente liderado por Crátero, que havia enveredado pelo sul do Irã e recolhido quantos suprimentos fora capaz, viajando por entre as aldeias e cidades do vale de Helmand, no Afeganistão, e do leste do Irã. Eles haviam trazido tanta comida e vinho que alguns historiadores deram conta de uma prodigiosa orgia de uma semana de duração, quando todos se embebedaram, entregando-se à euforia e à dissipação mais profunda. As dificuldades do deserto foram rapidamente esquecidas.

Fusão de Culturas

Depois de descansar, o exército iniciou sua jornada na direção de Persépolis, antiga capital de verão dos reis aquemênidas, e de lá seguiu pela estrada real até a capital de inverno de Susa. Próxima a Persépolis ficava Pasárgada – a antiga capital dos aquemênidas, onde o fundador do império persa, Ciro, o Grande, fora enterrado. Alexandre, agora que era o regente de toda a Ásia, com a imensa população persa sob seu controle, decidiu fazer uma visita oficial ao túmulo para prestar suas homenagens ao grande rei – como todos os dignitários estrangeiros faziam diante do túmulo de Lênin quando a União Soviética ainda existia. Alexandre sabia o lugar que ocupava no mundo – era então o rei dos gregos, dos macedônios *e* dos persas, entre outros povos – e a visita ao túmulo de Ciro seria bem recebida entre seus súditos persas.

Vestido com roupas persas, Alexandre visitou o mausoléu, que se dizia conter não só a urna com os despojos do grande rei, como também jóias e tesouros diversos. Alexandre, curioso para ver o que tinha dentro, mandou abri-lo e, ao penetrar na câmara mortuária, horrorizou-se ao constatar seu conteúdo: um esquife malcuidado, um coxim puído e nada mais além de poeira e teias de aranha. Ele mandou fazer imediatamente uma investigação e deu ordem para torturar os sacerdotes persas para ver se eles sabiam quem havia roubado a tumba. Os persas ficaram evidentemente muito satisfeitos com a consideração de Alexandre por seus antepassados e bastante comovidos pelas mostras de sensibilidade que começara a demonstrar em relação à sua cultura.

Encontrava-se imerso nela havia muitos anos – no enterro da esposa de Dario, Estatira, por exemplo, ele seguira todos os costumes persas diante da morte de um familiar –, mas, na viagem de retorno pela Pérsia, passara a adotar as roupas persas, usando a tiara exclusiva dos monarcas persas e exigindo a observação de costumes persas – incluindo a *proskynesis* –, o costume de se prostrar no chão diante dos reis. Os persas acreditavam que os reis eram descendentes diretos do seu deus, Ahura Mazda, e reservavam aos monarcas o mesmo respeito devido a esse deus. Os macedônios também acreditavam que seus reis descendiam dos deuses do Olimpo, mas tratavam seus monarcas como iguais – atos como a prostração eram reservados exclusivamente para os próprios deuses ou heróis mortos.[2] Os macedônios ficaram horrorizados quando Alexandre exigiu que eles observassem os costumes persas.

A adoção da cultura persa por parte de Alexandre foi ditada pela vontade de se colocar como o verdadeiro e legítimo sucessor dos reis persas, e não um mero "conquistador de passagem".[3] Ele não só adotou as vestes dos monarcas persas, como também incluiu inúmeros nobres persas, mantendo o irmão de Dario, entre seus conselheiros.

Em Susa, Alexandre foi ter com os filhos de Dario, que ele havia deixado aos cuidados de preceptores gregos. Para honrar a promessa que fizera à avó e à mãe deles, antes da morte desta última, depois de capturá-las na Batalha de Isso, ele decidiu arranjar casamento para as duas filhas de Dario. Para transformá-los num símbolo da união das sociedades macedônia e persa, também convenceu quase cem de seus generais macedônios e conselheiros próximos a desposar noivas persas. Para dar o exemplo, ele mesmo se casou com Estatira, a filha mais velha de Dario, e com a filha de um nobre persa, Artaxerxes III.[4] Elas foram sua segunda e terceira esposas – ele já era casado com a princesa sogdiana (uzbeque) Roxane, que estava grávida.

Hefestion casou-se com a filha mais nova de Dario, Drípetis. Todos os conselheiros que desposaram mulheres persas foram regiamente recompensados. Muitos dos soldados rasos também tomaram esposas macedônias, e cada um deles recebeu um dote pago pelo ministro da Fazenda em nome do rei. As comemorações duraram cinco dias e, quando o exército deixou Babilônia na primavera de 324 a.C., grandes colônias haviam sido criadas para aqueles que desejassem sair do exército e fixar residência com suas novas famílias. O exército também havia aumentado devido à adesão de 30 mil voluntários persas, os quais tiveram meses de treinamento numa escola militar macedônia instalada na Pérsia.

No verão de 324 a.C., um ano depois de ter deixado a Índia, o exército entrou em Opis, vizinha de Babilônia. Mágoas e dissensões grassavam em suas fileiras – em parte, simplesmente porque, mais de uma década depois da travessia do Helesponto, eles já estavam sem energias e seu ânimo já havia esmorecido; e, em parte, também porque o povo contra o qual haviam lutado – os persas – era uma presença crescente e cada vez mais influente em suas fileiras.

Em Opis, quando Alexandre determinou o retorno de toda a velha guarda do exército para a Macedônia, recompensando-a devidamente por seus serviços, um motim estourou entre aqueles que estavam sendo enviados de volta e também entre os que ele planejara manter. Desde a rebelião no Hífase, quando os soldados não quiseram dar continuidade à incursão em território indiano, viera crescendo entre eles a sensação inquietante de que o exército macedônio havia perdido o rumo. Não era mais um exército macedônio, e essa nem era sua maior preocupação – afinal, desde o dia em que deixaram a Grécia, muitas outras nacionalidades haviam se juntado a suas fileiras. Apesar da diversidade de nacionalidades, o que fazia seu sangue ferver de fato era receber ordens, por mais insignificantes que fossem, dos persas, que eram não só estrangeiros como também, até bem pouco tempo, seus maiores inimigos. Além disso, os tradicionais laços que costumam aproximar os soldados – origens, experiências e adversidades em comum, todas as dificuldades vividas juntos – só existiam de forma superficial num exército que, àquela altura, era tão asiático quanto europeu.

Do ponto de vista do soldado comum, Alexandre também havia mudado. Ele não os estava liderando mais numa luta contra um inimigo claramente definido; estava trabalhando para cumprir metas indefinidas na direção de uma unidade entre culturas e sociedades, a qual, para eles, significava curvar-se diante do rei e, freqüentemente, receber ordens de membros da nobreza persa. Não só isso, mas seu estilo pessoal havia se tornado profundamente autocrático – ele se comportava altivo e arrogante como um imponente carvalho, mas um carvalho que não permitia que ramos menores crescessem a seu redor.

Alexandre estava revelando aqueles mesmos deslizes táticos de liderança que fariam cair muitos líderes nos séculos vindouros, como, por exemplo, os britânicos Oliver Cromwell e Margaret Thatcher. Ambos, como Alexandre, surgiram em momentos de incerteza da história de seu país. Cromwell assumiu como Lorde Protetor da Inglaterra em 1653, depois de o Parlamento ter feito uma gestão lamentável dos assuntos de Estado. A supremacia do Parlamento e a experiência inglesa com o republicanismo emergiram sob a liderança de Cromwell na guerra civil inglesa, que finalmente terminou com a decapitação de Carlos I – rei da Inglaterra e da Escócia. Mais de trezentos anos depois, em 1979, Margaret Thatcher assumiria o poder com a promessa de pôr um fim à longa experiência britânica com o socialismo, que havia levado a maciças taxas de desemprego, a impostos de até 83%, a uma profunda inquietação trabalhista e social, sobretudo racial, e à criação de uma gigantesca máquina estatal totalmente emperrada.

Mas o homem que conduziu a nação para longe do caos absoluto e a mulher que resgatou a Grã-Bretanha de sua condição de potência de segunda categoria quase caindo para terceira tiveram o profundo desprezo de seu povo no final de seu mandato. Como Alexandre perto do fim de seu reinado, os dois tinham perdido contato com os sentimentos do povo e haviam se esquecido de se comunicar com sua gente – a mesma que tinha sido responsável por sua ascensão ao poder[5] –, apesar de ambos possuírem o dom de tocar o coração das pessoas com seus discursos.

Mohandas Karamchand Gandhi

Vemos Alexandre, no final de sua trajetória, perdendo contato rapidamente com as esperanças e aspirações do povo que o ajudara a conquistar tanto em tão pouco tempo. A maioria das pessoas que o cercavam não partilhava de seu entusiasmo pela unidade social e cultural entre macedônios, gregos, egípcios, babilônios, persas e indianos, entre outros. Não obstante, os casamentos coletivos entre macedônios e membros de outras nacionalidades continuaram acontecendo, em meio a grande alarde e estardalhaço. Até mesmo seus generais temiam pôr um espelho diante dele, e deram prosseguimento às iniciativas de integração, como os casamentos em massa – apesar de a maioria ter se divorciado de suas esposas estrangeiras imediatamente após a morte de Alexandre. Muitos macedônios não acreditavam em sua divindade e, mesmo assim, alimentavam suas pretensões divinas. As convicções íntimas de Alexandre e seus atos públicos haviam se confundido de tal forma que já eram uma coisa só.

A forma como as crenças pessoais de um líder influenciam sua postura pública tem sido uma área pouco estudada nos anais da liderança e da administração, e, não obstante, tantos líderes destroem seu legado ou, no mínimo, deixam nele profundas manchas porque não sabem onde traçar a linha que separa suas convicções pessoais de suas ações públicas. Com Cromwell, por exemplo, sua origem puritana e suas crenças ancestrais poderiam fazer crer a seus seguidores que suas decisões eram inspiradas por intervenção divina, enquanto outras vezes ele passava por "prolongada aflição e profundo tormento espiritual dos quais só se libertava semanas depois para se pronunciar nesse ou naquele sentido".[6] A imprevisibilidade da forma pela qual as crenças pessoais de Cromwell afetavam suas decisões públicas sempre mantinha seus seguidores em suspense.

Um líder pertencente a uma época relativamente moderna e que não só usou suas crenças pessoais para definir suas ações públicas, como também eliminou de forma eficiente a linha que separava as duas coisas, de tal forma a não haver discrepância entre convicções íntimas e ações públicas, foi Mohandas Karamchand Gandhi. A visão que a maioria das pessoas tem de Gandhi é a de um indiano humilde e magérrimo, envolto em panos e trazendo um cajado numa das mãos. Surpreende a muita gente, portanto, saber que Gandhi nasceu numa família próspera que teve condições de enviá-lo a Londres para estudar direito. Foi graças ao profundo contraste proporcionado pela vida em Londres que as crenças e convicções pessoais de Gandhi, assim como suas decisões, se consolidaram: quanto ao modo de se vestir (modestamente e segundo a mais antiga tradição), ao que comer (vegetarianismo) e às interações sociais (limitadas).

Depois de Londres, Gandhi viveu 21 anos na África do Sul, entre 1893 e 1914. Foi lá que ele se deu conta de que suas crenças pessoais não só determinariam a forma como ele e sua família passariam a viver, como também eram fundamentais para a liderança pública que ele assumiria no sentido de conquistar a igualdade para a enorme colônia indiana numa África do Sul de forte polarização racial. A família de Gandhi na África do Sul, financeiramente próspera graças a seu emprego como advogado, passou a preparar seu pão e seus biscoitos de trigo integral com a farinha que havia sido moída por eles mesmos num moinho manual. Todos na casa de Gandhi se revezavam girando as pesadas rodas de ferro do moinho, porque isso infundia o orgulho da "autonomia" – que iria, no seu retorno à Índia, se transformar numa das plataformas do manifesto de Gandhi pela libertação da Índia do jugo britânico.

"Autonomia", "auto-suficiência" e "autocontrole" eram importantes posições assumidas pela liderança de Gandhi na busca da libertação da Índia. Foi graças a essas posições, e à sua prática fervorosa, que ele fez brotar a "autoridade moral" para persuadir seus seguidores a também adotá-las. Também havia coerência em suas posições. Ele tinha uma capacidade única para avaliar as implicações de um conflito e tomar uma posição com base no que era certo, e não no que era politicamente conveniente – mesmo quando isso significava abandonar a luta pela independência da Índia (e incitar seus seguidores a lutar lado a lado com os britânicos contra a ameaça maior da Primeira e da Segunda Guerras Mundiais) ou juntar-se à luta contra a divisão racial da África do Sul (e apoiar os britânicos nas guerras dos Zulus e dos Bôeres). Para ele, a luta da Grã-Bretanha em cada uma dessas quatro situações específicas era justa – seriam, em cada um dos casos, guerras contra a afirmação da superioridade racial, que poderiam ter levado, como, de fato, levaram na África do Sul, a uma profunda opressão racial. Na cabeça de Gandhi, não havia nada mais abjeto moralmente do que a opressão racial em qualquer uma de suas formas – cor, credo ou herança genealógica. O exercício de sua autoridade moral tinha um grau de coerência que nada era capaz de abalar.

A luta da Índia contra a Inglaterra, da forma como ele a abordou, era uma luta contra a opressão econômica. A filosofia política de "autonomia" e "auto-suficiência" era fundamental para o objetivo de libertar a Índia da Grã-Bretanha e o "autocontrole", uma forma de implementá-la. Era esse pacote – aliado à sua "autoridade moral" – que fazia de Gandhi um adversário tão formidável para qualquer um que se encontrasse na desagradável situação de ter de negociar com ele. Winston Churchill, que nunca conseguiu isso porque suas posições eram inflexíveis e não negociáveis, acabou se referindo a ele por expressões lamentáveis, como "faquir sedicioso". Até mesmo seus amigos e aliados mais próximos, como o primeiro-ministro indiano Jawaharlal Nehru, tinham dificuldade para demovê-lo de uma posição, mesmo quando isso poderia facilitar a chegada a um acordo.

Além de tudo isso, Gandhi tinha a mais extraordinária capacidade de surpreender e de aproveitar as oportunidades que surgiam. Ninguém podia saber que ele iria pegar um punhado de sal numa praia indiana e lançar um movimento de repulsa à draconiana Lei do Sal, que proibia os indianos de comprar sal de qualquer mercado que não fosse autorizado pelo governo britânico. Ou então, quando seus seguidores perderam o controle contra policiais que haviam atirado contra uma passeata pacífica, Gandhi imediatamente denunciou o assassinato dos policiais e fez greve de fome para se penitenciar pelo terrível ato que seus seguidores haviam cometido. Por meio de seus sacrifícios e atitudes pessoais, Gandhi sabia, seria possível fazer seus seguidores enxergarem a dignidade fundamental do ser humano, e acreditar nela.

Ao contrário de líderes como Thomas Jefferson, por exemplo, que combinavam a crença na democracia e na independência dos Estados Unidos, mas pessoalmente acreditavam, praticavam e fomentavam não só a escravidão (não obstante estarmos falando de período anterior à abolição da escravatura) como também um estilo de vida confortável e altivo, que não combinava com o do povo sob sua liderança, a filosofia política de Gandhi rezava que, para representar a causa dos indianos, era preciso viver como eles viviam – no final da vida, quando se lhe perguntava qual era a sua profissão, ele sempre se declarava "agricultor" ou "tecelão", que eram as profissões da maioria dos pobres na Índia. Como Alexandre, Gandhi achava que essa era a única forma possível de ser líder.

Diferentemente de Alexandre, porém, Gandhi era muito relutante e profundamente cauteloso quanto à adulação pública demonstrada por seus seguidores. Ele os advertiu de que nunca lhes desejaria que "derrubassem a escravidão imposta pelo governo para serem escravos de Gandhi".[7]

A Morte de Alexandre

De volta a Opis, ao tomar conhecimento do plano de aposentar todos os cidadãos macedônios idosos ou feridos, um soldado perguntou por que ele não liberava todos os macedônios. A aprovação por parte da multidão foi geral e barulhenta. Outro macedônio exclamou sarcasticamente que, se ele estava tão seguro de sua capacidade de combater sem a ajuda deles, por que não saía em campanha sozinho com seu "pai" – referindo-se a Zeus-Amon, a quem Alexandre passara a se referir como seu pai, em vez de Filipe. Explodiram risos e mais gritos de aprovação no meio do povo. Eles podiam aceitar – e tinham convivido com – Alexandre dizendo-se um "descendente" de Zeus por intermédio de Héracles, mas dizer-se "filho de Zeus", quando era filho de pais mortais, era ir longe demais na tentativa de forçar a própria divindade. A rebelião foi incisiva, generalizada e marcada pela sutileza dos elefantes de guerra da Batalha de Hidaspes.

Mas até que ponto uma crítica está dentro dos limites do aceitável? Apesar de ter enfrentado críticas antes, e de ter agido nos bastidores para sufocar qualquer rebelião, dessa vez ele decidiu que não havia forma possível de tolerar tamanho desafio à sua liderança – sobretudo quando isso havia se tornado tão freqüente. Mandou que seus generais prendessem diversos líderes do movimento e que fossem sumariamente executados.

Então, subiu num palanque e, com toda a dureza e a virulência de uma diatribe, discursou inflamadamente para os macedônios:

O propósito de meu discurso não é impedi-los de voltar para casa, pois, de minha parte, vocês podem voltar quando quiserem.

O propósito de meu discurso é mostrar a vocês o tipo de pessoas nas quais se transformaram e a retribuição que reservam a quem lhes concedeu tantas riquezas e tamanha magnanimidade.

Antes de falar do que fiz por vocês, permitam-me começar por meu pai, Filipe.

Meu pai os encontrou como errantes e miseráveis sem destino, cobertos de peles, pastoreando ovelhas nas campinas.

Ele os encontrou defendendo-se a custo de ilírios, tribálios e trácios.

Deu-lhes capas para vestir, em vez de peles. Ele os fez descer das colinas e habitar nas planícies. Mas, acima de tudo, deu-lhes coragem – a coragem de combater os povos bárbaros que vinham de toda parte.

Chegara ao fim o tempo de buscar o refúgio de suas impenetráveis furnas e grotões. Agora, defendiam e lutavam por seu território e por tudo que era seu de direito.

Ele os transformou em colonizadores e implementou leis e costumes que não só preservaram sua segurança, como também provocaram o despertar de uma nova era de cultura e de vida.

De escravos e súditos empobrecidos, ele fez de vocês senhores das terras, e não só das próprias, mas também dos bárbaros que antes os ameaçavam arruinando suas casas e arrebatando suas riquezas.

Ele os tornou senhores diante dos tessálios, de quem antes sempre tiveram profundo e mortal pavor. Ao vencer os fócios, ele assegurou nosso acesso à Grécia por estradas largas e bem calçadas, ao invés de estreitas e dificultosas.

Ele humilhou os atenienses e os tebanos a tal ponto – e eu lhe prestei minha assistência pessoal na campanha de Queronéia – que, em vez de essas nações repetidamente atacarem a Macedônia e vocês pagarem impostos à primeira e viverem como vassalos da segunda, elas agora dependem do nosso amparo e da nossa intervenção pessoal para assegurar sua proteção.

Ele foi para o Peloponeso e, depois de assumir o controle de seus assuntos, foi eleito comandante supremo de toda a Grécia na campanha contra os persas – glória que não assumiu sozinho, mas dividiu com toda a nação da Macedônia.

Esses foram os benefícios que vocês receberam dele – grandiosos se tidos isoladamente, mas pequenos diante do que receberam de mim.

Pois, muito embora eu só tenha herdado algumas taças de ouro e de prata de Filipe, vi-me sobrecarregado com um tesouro vazio e dívidas imensas deixadas por ele. Tomei empréstimos em benefício de vocês para liderar uma expedição a partir de um país que não podia ajudá-los e, ato contínuo, abri passagem pelo Helesponto, vencendo um mar cheio de perigos controlado pelos persas.

Depois de dominarmos os vice-reis de Dario com a nossa cavalaria, conquistamos a Jônia, a Eólia, a Frígia, a Lídia e submetemos Mileto[8] *num sítio.*

Todas as demais nações se renderam a nós voluntariamente.

Concedi a vocês o privilégio de se apropriarem da imensa riqueza encontrada em cada conquista.

As riquezas do Egito e de Cirene,[9] *que conquistei sem luta, foram-lhes entregues. As riquezas da Síria, da Palestina e da Mesopotâmia são suas; como assim o são as riquezas da Babilônia, de Bactra*[10] *e de Susa.*[11] *Os tesouros dos persas assim como as imensas riquezas dos indianos também são seus.*

Vocês são os vice-reis, os generais e os capitães dessa campanha.

Não fiquei com nada para mim além deste manto púrpura e este diadema. Ninguém pode apontar para qualquer posse minha que não seja aquela sob o seu poder, ou que eu protejo em seu nome.

E agora que eu quero mandar para casa os velhos e os enfermos, que a meu ver serão alvo da inveja de todos quando chegarem, todos desejam partir.

Vão, portanto, e digam à população que lá ficou que o seu rei, que conquistou os persas e os bactrianos, que subjugou os uxianos, que esmagou os partos, e que marchou sobre o Cáucaso e atravessou os Portais Persas, e que cruzou os grandes rios Oxo e Indo, que nunca haviam sido cruzados desde Dioniso, que alcançou a beira do Oceano, e que atravessou o deserto Gedrosiano, a cuja travessia nenhum exército sobreviveu antes, vão e digam à população que lá ficou que depois de todos esses feitos vocês abandonaram o homem que os liderou em tudo isso, deixando-o nas mãos do povo que ele conquistou.

Talvez seu relato faça com que eles os vejam com admiração e os tomem por motivo de inveja e espanto diante de homens e mulheres, e faça com que pareçam devotos aos olhos de Deus.

Voltem para a Macedônia. Vão embora.[12]

Depois desse discurso, Alexandre entrou em sua tenda e não saiu de lá por dois dias.

O efeito dessas palavras sobre os homens foi hipnótico. Eles acorreram para o palácio e esperaram que ele aparecesse, dizendo que não iriam sair dali enquanto Alexandre não viesse ter com eles. Quando ele finalmente surgiu, ficou tão emocionado com as manifestações de pesar que as lágrimas rolaram por seu rosto. Um oficial Companheiro deu um passo à frente e disse: "Ó Rei, o que mais entristece a nós, macedônios, é que tu já tornaste alguns persas teus parentes – eles têm a honra de se autoproclamar 'parentes de Alexandre' – e podem saudar-te com um beijo, não obstante nenhum dos macedônios até hoje ter gozado dessa honra."

"Mas", Alexandre interrompeu o oficial, "todos vocês, sem exceção, são considerados por mim meus parentes, e de agora em diante é assim que irei chamá-los".[13] Tudo estava acertado, e como no momento de um ofício religioso quando todos se voltam para seus vizinhos, apertam-se as mãos e dizem "Paz", todos os soldados apertaram-se as mãos, bateram no ombro de seus companheiros e se abraçaram – independentemente de sua nacionalidade.

Alexandre fez sacrifícios aos deuses para que macedônios e asiáticos pudessem governar juntos em harmonia. Ele pôs macedônios e asiáticos na mesma divisão, e muitos exercícios terrestres e marítimos foram efetuados para que todos os homens pudessem aprender a trabalhar juntos de forma harmônica. Em Babilônia, supervisionou pessoalmente a contrução de uma base naval na qual macedônios, babilônios, indianos e persas aprenderiam e trabalhariam lado a lado com os fenícios, os mais hábeis arquitetos e construtores navais da Antiguidade, e, depois de um dos banquetes para celebrar o lançamento da nova base, caiu com febre após uma longa noite de bebedeira.

Apesar de a febre não recuar, ele voltou ao trabalho na base naval. No terceiro dia, porém, caiu de cama. Seus soldados aguardavam notícias do lado de fora da tenda e, quando perceberam que sua saúde estava se deteriorando rapidamente, pediram autorização para entrar e se despedir. Mesmo com os soldados reunidos em volta do leito, ele estava fraco demais para falar –, mas retribuiu as saudações e acenou com a cabeça, com a mão ou com os olhos.

Seus principais generais se reuniram em torno dele, preocupados com o fato de não haver nenhum plano de sucessão. Quando perguntado a quem desejava deixar seu reino, disse de forma enigmática: "Ao mais forte." Alexandre morreu no quarto dia de febre, em 11 de junho de 323 a.C. Estava com 32 anos. Os historiadores continuam debatendo o que pode ter causado a morte de Alexandre, apesar de muitos historiadores importantes trabalharem com a hipótese de malária.[14]

Seu corpo, embalsamado para ser enterrado ao lado dos reis macedônios em Pela, iniciou a longa viagem de volta à Macedônia, mas foi seqüestrado por Ptolomeu, um de seus generais mais importantes, primeiro para o templo egípcio de Mênfis, e depois para algum lugar de Alexandria. Seus generais dividiram entre si o espólio: Ptolomeu ficou com o Egito, onde deu início à dinastia ptolemaica que durou algo em torno de trezentos anos – terminando com o reinado de Cleópatra, a última dentre os monarcas gregos do Egito; Seleuco ficou com a maior parte da Ásia a leste do Eufrates – império que se estendia da Síria até as fronteiras da Índia, o qual ele governou a partir de Babilônia. Seleuco entregou seus domínios na Índia ao primeiro imperador indiano que unificou todo o enorme território do país, Chandra Gupta Mauria. Lisímaco governou toda a antiga Trácia – a Bulgária e a Turquia modernas. Antígono, "o Monoftalmo", general de Alexandre, governou a Ásia Menor – toda a região a oeste das montanhas Tarsus até o Helesponto, e todas as regiões do leste até o Eufrates.

Antípatro, que Alexandre deixara para governar a Macedônia em sua ausência, herdou o país como regente, mas já estava velho, e morreu pouco tempo depois. Seu filho, Cassandro, governaria a Macedônia separada do restante do império.[15]

O custo pessoal para a família mais próxima de Alexandre foi alto. Quando morreu na Babilônia, sua esposa Roxane estava grávida de seu filho. Meses após sua morte, ela deu à luz um menino que recebeu o nome de Alexandre IV. Na disputa pelo poder entre seus generais para decidir quem governaria a Macedônia, foi decretado que Antípatro seria o regente em nome de Arrideu, o filho mais velho – e ilegítimo – de Filipe, que o tivera com sua amante tessália, e também no de Alexandre IV. Mas seis anos após a morte de Alexandre, quando a esposa de Arrideu – este sofria de um quadro grave de epilepsia – invocou o direito dele ao trono da Macedônia, ela e Arrideu foram assassinados imediatamente (alguns historiadores afirmam que pela mãe de Alexandre, Olímpia, que viera de Épiro acompanhada de um pequeno exército e mandara matar Arrideu, sua mulher e seus guarda-costas).

Quando Alexandre IV estava no princípio da adolescência, Cassandro, percebendo que o rapaz estava ficando mais maduro, mandou aprisionar Roxane e o menino, e depois ordenou que fossem mortos. (Antes que alguém sinta pena de Roxane, pode ser interessante lembrar, se quisermos dar crédito a Plutarco, que imediatamente após a morte de Alexandre, ela enviou uma carta falsa à filha de Dario, Estatira, a quem Alexandre desposara, convidando-a, bem como sua irmã Drípetis, para uma visita;

pouco depois da chegada das duas irmãs, Roxane mandou matá-las, esquartejar os corpos e jogar os pedaços num poço.) Nem mesmo o filho ilegítimo de Alexandre com Barsina, Héracles, foi poupado. Cassandro, em retribuição pela nomeação de um antigo guerreiro como general, mandou que este matasse o rapaz de 16 anos. Por volta de 309 a.C., um ano depois do assassinato de Héracles, a única irmã de Alexandre, Cleópatra (ele não tinha irmãos), também seria assassinada[16] (Filipe foi assassinado no casamento dela.)

A guerra entre os diferentes grupos de diádocos (sucessores) culminaria na Batalha de Ipso, em 301 a.C., na qual uma coalizão deles derrotaria outra liderada por Antígono (o Monoftalmo), então com 81 anos, e seu filho Demétrio (o Tomador de Cidades). Os exércitos grego e macedônio, que haviam servido a Alexandre, foram divididos em diversos pedaços – alguns acompanharam os diádocos, enquanto outros se tornaram mercenários errantes, oferecendo seus serviços a quem pagasse mais. Esses impérios, a exemplo do que o filósofo francês Charles Louis de Secondat Baron de Monstesquieu escreveu sobre a desagregação do império romano, eram fundados por meio das armas e mantidos por meio delas.[17]

Winston Churchill, em seu *The History of the English-Speaking Peoples*, escreveu que a história dos impérios revela como cada poderoso governante – metafórica e literalmente – prepara o terreno para um sucessor fraco. Jamais saberemos se os filhos de Alexandre – Alexandre IV ou Héracles – eram fortes ou fracos, mas os generais que o serviram não conseguiram brilhar o suficiente para liderar os impérios dos quais se apoderaram. Em parte, isso se devia ao próprio brilho do estilo de liderança de Alexandre, que ofuscava todos os demais; a outra parte se devia ao fato de que qualquer um que surgisse como seu inequívoco sucessor seria visto como uma ameaça pelo próprio Alexandre, e teria de enfrentar terríveis conseqüências; e, é claro, devia-se um pouco também à idade de Alexandre, insuficiente para se começar sequer a cogitar de questões como a sucessão ao trono. Sublinhando todos esses motivos, havia outro: que a liderança de Alexandre era objeto de lendas – tornando difícil para qualquer um, não importava o quão poderoso, ser lembrado como seu substituto. Quem se lembra quem substituiu o treinador do Green Bay Packers, Vince Lombardi (foi Phil Bengston), ou o do Chicago Bears, George Halas (foi Jim Dooley)? Os livros de História não perdoam os sucessores das lendas vivas.

Alexandre nunca treinou nem preparou um sucessor – porque isso iria criar um desafio à sua supremacia. Com efeito, no final de seu reinado, ele freqüentemente selecionou pessoas para cargos importantes pela lealdade ou pela ficha de serviços prestados a ele – não necessariamente pela habilidade na liderança de pessoas ou em batalha. Ele matara Clito, que havia criticado abertamente sua adesão aos costumes persas; Filotas, por saber de um plano de assassinato contra ele; Parmênion, simplesmente por ser o pai de Filotas, e Calístenes, sobrinho de Aristóteles e biógrafo oficial do exército macedônio, por sua língua afiada contra o fato de Alexandre se apresentar como filho de Zeus. O próprio Aristóteles, no final do reinado de Alexandre, perdera todo o respeito pelo estilo de comando e pelas atitudes de seu pupilo. "Ninguém", teria dito, "suportaria voluntariamente um tal reinado".

O Primeiro Imperador da China

Em outra parte do mundo, cerca de um século depois da morte de Alexandre, uma unificação nos moldes daquela promovida por Alexandre aconteceu na China, apesar de não haver razão para se supor que exista ligação entre os dois grandiosos acontecimentos. Essa integração foi obra do rei Ying Zheng da dinastia Qin (ou Ch'in), que unificou os sete Estados beligerantes que se estendiam pela região que corresponde à China moderna, e esta foi chamada de Qin Shihuang Di – em português, "o primeiro imperador da dinastia Qin" –, dando à China seu nome moderno. Após sua morte, o império chinês se desfez tanto quanto o império macedônio depois da morte de Alexandre.

O rei Ying Zheng subiu ao trono da dinastia Qin em 246 a.C., quando tinha apenas 13 anos. Sua mãe era a concubina de um rico mercador, que pôs o pai no trono de Qin apesar de não pertencer a uma linhagem nobre.

A primeira medida de Zheng como rei foi partir para a guerra contra os generais que governavam as províncias em nome de seus reis.[18] Todos eram alvo em sua busca pela unificação – como o pai de Alexandre, Filipe, Zheng recorreu a alianças, casamentos, golpes, subornos, agressões, seqüestros e assassinatos. Finalmente, em 221 a.C., depois de 25 anos de trabalho, ele conseguiu unificar um império, que se estendia desde as estepes do Tibet no leste, passando pelos vastos desertos da Mongólia no norte, até o mar da China Meridional, no sul.

Para proteger as fronteiras, milhões de homens foram recrutados – muitas vezes sem pagamento – para abrir estradas de todos os tamanhos para os deslocamentos do exército. Ao longo das fronteiras, Zheng construiu uma complexa combinação de fortificações de pedra, torres de vigia com ameias e guarnições militares,[19] que viriam a ser conhecidas como a Grande Muralha da China. Essa muralha foi, sob muitos aspectos, uma conquista perversa. Apesar de manter afastados os bárbaros hunos (mas não os mongóis, cujo avanço foi percebido por muitos camponeses trabalhando em seus terraços de arroz pelo ruído surdo de milhares de cavalos batendo com os cascos no chão), ela também isolou a China do resto do mundo. À exceção da "rota da seda", que a dinastia Han, sucessora da dinastia Qin, construiria, e da rota de comércio que Marco Polo abriria cerca de 1.500 anos depois, havia poucas estradas ou rotas que conduziam à China.

Acredita-se que morreram tantos homens na construção da Grande Muralha (Qin Shihuang Di construiu apenas 16 quilômetros em dez anos) quantas são as pedras que compõem seus quase 3.200 quilômetros – tornando-a não só uma das estradas mais longas do mundo (no alto da muralha, de uma extremidade à outra, passa uma estrada que varia entre 2,7 metros e 3,6 metros de largura), como também o maior cemitério já construído.

Canais foram construídos para irrigar os campos do país, que era fortemente agrário, e os aquedutos ligavam as cidades e os vilarejos ao rio Yangtze, permitindo o comércio marítimo e a passagem de navios de guerra. A maior das contribuições arquitetônicas de Qin Shihuang Di foi o Grande Mausoléu, descoberto por arqueólogos em 1970, que é uma cidade em miniatura de 145km^2, com edifícios, parques, jardins e rios onde corria mercúrio, e um exército de sete mil soldados de terracota para defendê-lo no além. Fala-se que quase um milhão de pessoas trabalharam durante mais de 30 anos para construir o mausoléu de Qin Shihuang Di.

A China dessa época encontrava-se sob a influência de duas diferentes correntes filosóficas e religiosas: uma baseada nos ensinamentos de Confúcio, que viveu no século VI a.C., mais ou menos na mesma época de Buda na Índia; e a outra calcada numa estrutura legalista que proclamava a elevada máxima moral "Faça ao próximo o que faria a si mesmo" do confucionismo. Para fomentar o processo de sistematização dos diversos sistemas jurídicos que existiam no país, bem como dos diferentes dialetos de uma mesma língua, dos métodos de governança e até de áreas como a meteorologia e o sistema monetário, ele aboliu do país os ensinamentos de Confúcio e submeteu os seguidores da religião a um duro regime de trabalho em seus projetos de construção. Livros com a doutrina de Confúcio foram queimados em cerimônias públicas.

Diferente de Alexandre, que aspirava à proteção das diferentes culturas e religiões de seu império, Qin Shihuang Di não tinha esse ecumenismo. Ele criou uma doutrina definitiva e ditatorial, a qual, enquanto de um lado sistematizava os pesos e as medidas, as leis e o idioma, de outro lado impunha ao povo chinês uma cultura totalitária e de sufocante conformismo. Milhares de pessoas foram levadas de uma região para outra para criar colônias e comunidades nos mais diversos lugares. Foi criado um sistema administrativo baseado numa máquina profundamente descentralizada de coleta de impostos, e o imperador, com freqüência, se gabava da capacidade que seu império tinha de se autogerir sem que o imperador tivesse de impor, ele próprio, qualquer uma das leis. Como Alexandre, ele também acreditava na própria origem divina e, mais tarde, procuraria a ajuda de xamãs e videntes para se comunicar com os deuses.

Depois que Qin Shihuang Di morreu misteriosamente em 210 a.C., a China irrompeu num estado de guerra civil que durou vários anos até que um pobre camponês, chamado Liu Bang, fez uma aliança com um general militar chamado Xiang Yu, dando início à dinastia Han, que devolveu à China sua antiga herança clássica, restaurou o confucionismo e introduziu o budismo no país, restabelecendo uma monarquia relativamente amena, a qual, atravessando diversos impérios, durou até 1911. Mais que isso, os Hans construíram a "rota da seda", ligando a China à Ásia central, à Índia, à Babilônia e a Roma – apesar de a saída e a entrada do território chinês continuarem controlada pela Grande Muralha. Como os ptolomeus no Egito, que fizeram a primeira biblioteca, o primeiro museu e o primeiro farol (em parte, graças à influência de Alexandre), os Hans fizeram o primeiro sistema de escolas públicas do mundo, o primeiro sismógrafo e a primeira bússola.

O legado de Qin Shihuang Di permaneceu altamente controverso durante a maior parte dos mais de dois mil anos que se passaram desde a sua morte. Ele ficou mais conhecido por ter sido o responsável pelo nascimento da tendência chinesa a construir mausoléus opulentos, conforme o ditado chinês que falava dos três deveres na vida: "Construir uma casa, ter um filho e cavar uma cova." Somente no século XX, Mao Tse-Tung e outros líderes do movimento comunista reviveram sua fama como um dos maiores imperadores chineses. Os comunistas seguiram um trilha semelhante à de Qin Shihuang Di dois milênios antes, com relação à sistematização das línguas, das culturas, da educação e da administração. Mas não há como negar – muitos estudiosos da história chinesa concordam – que, sem a intervenção e a visão de Qin Shihuang Di quanto a uma China unificada assim como quanto a um idioma comum para aproximá-la, o país não teria se desenvolvido como nação, ou teria se encaminhado para algo diferente.

O Legado Desigual de Andrew Carnegie

Andrew Carnegie, o homem que praticamente sozinho criaria a indústria siderúrgica dos Estados Unidos e, com isso, se tornaria o homem mais rico do mundo, nasceu na pobreza em 1835, em Dunfermline, antiga capital da Escócia, ao norte de Edinburgh. O jovem Andrew teve uma vida dickensiana de profunda pobreza e privações. As fiações de Dunfermline, onde ele trabalhou no manejo da bobina do tear, sujeitavam seus empregados a um estado de degradação humana semelhante àquele que Charles Dickens apenas alguns anos antes experimentara nas fábricas de Londres e a respeito do qual estava escrevendo mais ou menos na época em que Andrew era adolescente.

Dunfermline, outrora produtora do mais fino damasco tecido à mão, fora desfigurada pela revolução industrial. O tear mecânico submetia os mestres tecelãos da cidade a uma vida humilhante em alojamentos mistos, alimentados por migalhas – quando tinham sorte. Os pais de Andrew, que, além de tecer, eram ambos professores em meio período, finalmente, depois de ouvir falar de uma vida melhor na América, imigraram com Andrew para Pittsburgh, em 1848. Pittsburgh, no século XIX, era uma sórdida cidade industrial, onde a fuligem de suas fundições a carvão impregnava-se nos cabelos e nos pulmões de seus pobres moradores. Lá, Carnegie começou a ganhar a vida como entregador da agência de telégrafo da Estrada de Ferro da Pennsylvania, onde aprendeu as vantagens da eficiência nas operações:

quanto mais o trem corria, e quanto mais carregava, mais os donos ganhavam. A velocidade era tão importante que, se um trem antigo parasse na rede, seria mais barato queimar os vagões para depois encontrar um jeito de retirá-los dos trilhos e recuperar a carga aos poucos. Graças à sua iniciativa e à sua dedicação, ele subiu rapidamente na hierarquia da ferrovia, tornando-se executivo da empresa.

Andrew Carnegie sentia muita falta do Reino Unido, e fez muitas visitas a seu país de origem. Foi numa visita à Inglaterra que ele notou a transição que as indústrias do país estavam fazendo do ferro para o aço, graças ao alto-forno de Henry Bessemer. Voltou a Pittsburgh e aplicou o dinheiro que havia ganho na Pennsylvania Railroad em altos-fornos para transformar ferro em aço. O aço derretido era moldado na forma de lingotes, que, por sua vez, eram esticados, formatados ou transformados em trilhos, tubos, vigas ou chapas para as estradas de ferro, pontes, arranha-céus e navios de que os Estados Unidos – e o mundo – precisavam. Carnegie foi não só o homem que fez os Estados Unidos entrarem na era do aço, como também aquele que administrou as siderúrgicas mais eficientes e econômicas do mundo, nas quais os trabalhadores tinham uma carga de 13 horas diárias, 364 dias por ano (a única folga era em 4 de julho), com salários de subsistência, sob pressão para atingir alta produtividade e qualidade. Se alguém ficasse abaixo da meta de produção, era imediatamente demitido. Se houvesse um vestígio sequer de greve, o sócio de Carnegie, Henry Clay Frick, recorria aos meios necessários, fossem quais fossem – ameaças, propinas, violência física – para "encorajar" os trabalhadores a não entrarem em greve.

Apesar de tratar seus homens com o máximo rigor, e de estes viverem sob o medo constante de uma retaliação por parte de Frick, Carnegie exibia-lhes um semblante benevolente. Comunicava-se com eles de uma forma semelhante à de Alexandre com seus soldados, sempre falando, conversando, pedindo sua opinião e defendendo sua causa. Tão enfáticas e desbragadas eram suas causas pró-trabalhador que muitos dos mais importantes líderes empresariais o chamavam de lado para lhe passar uma descompostura. Mas, no seu entender, ele podia ser o mocinho, enquanto Frick era o vilão que tomava conta de tudo. Como seria de se esperar, as relações de trabalho nas siderúrgicas de Carnegie eram enganadoramente harmoniosas para a época, quando, em todo o resto dos Estados Unidos, o trabalho estava se organizando em sindicatos e estes tentavam, de forma agressiva, ajustar o foco de sua influência. Frick, por exemplo, era dono de várias minas de carvão, e as relações de trabalho nelas eram um problema completamente diferente, verdadeiro símbolo da época: surtos de greves, fura-greves sendo contratados – muitas vezes, a partir de lugares tão distantes quanto o leste europeu – para substituir quem tinha entrado em greve e a violência entre as forças trabalhistas adversárias ou entre os trabalhadores e os seguranças das fábricas eram lugar-comum.

No final do século XIX, nem Carnegie permaneceria imune à inquietação trabalhista. Ela se infiltrou em sua primeira siderúrgica em Pittsburgh. A postura de Carnegie era não negociar com seus operários e, assim como Alexandre metido por vários dias de cara amarrada em sua tenda depois da revolta de seus soldados em Opis, preferiu ir para Nova York esperar que a coisa esfriasse. Ele tinha olhos e ouvidos suficientes espalhados entre os empregados (o serviço de inteligência era uma prática comum de Carnegie) para saber a direção que a coisa tomaria – manifestações pacíficas, passeatas ou recurso à violência – e por quanto tempo eles podiam se dar ao luxo de ficar sem trabalhar. Ele sabia, como não havia outra coisa para fazer em Pittsburgh, que todos precisavam daquele emprego, e quando representantes do sindicato foram até Nova York para negociar a reabertura da fábrica, ele os acompanhou de volta até Pittsburgh para conversar diretamente com seus empregados sobre suas queixas – em vez de sequer aparecer para negociar com os representantes do sindicato.

Ele garantiu aos trabalhadores que seu emprego estava seguro, anunciou que "o sr. Carnegie não tira o emprego de ninguém" e convidou-os a voltar ao trabalho. O controle que o sindicato tinha sobre esses operários havia sido desfeito, e Carnegie foi ovacionado como um amigo do trabalhador. Dois anos mais tarde, Carnegie inaugurou uma gigantesca biblioteca – muito maior do que os trabalhadores poderiam sequer sonhar – para os próprios filhos e os de seus empregados. Como o projeto de Alexandre para erguer a primeira biblioteca da História da humanidade em Alexandria, no Egito, o gesto de Carnegie também era pioneiro – indicava o interesse sincero por parte do dono da empresa pelo bem-estar de seus empregados. Ela não só oferecia milhares de livros, como também era grande o suficiente para abrigar salas de reunião, um centro comunitário e um ginásio de esportes. Os trabalhadores estavam tendo um caso de amor com seu chefe.

O caso de amor dos trabalhadores com Carnegie não duraria muito e, em poucos anos, os sindicatos mais uma vez mostrariam seus dentes afiados (pelo menos aos olhos de Carnegie), exigindo segurança no emprego e o direito a um padrão de vida confortável. Em vez de ceder às reivindicações do sindicato, Carnegie mais uma vez instruiu Frick a fechar as fábricas e esperar que os ânimos esfriassem. Dessa vez, porém, os sindicatos estavam melhor organizados, e não só a greve foi longa como também havia uma clara mudança no posicionamento dos operários. Até então, eles se viam como meros empregados de uma siderúrgica; mas agora haviam começado a acreditar que as fábricas eram tanto deles quanto de seus donos.

Quando os trabalhadores se recusaram a deixar as dependências da fábrica, Frick chamou trezentos agentes de Pinkerton – serviço de segurança particular que ajudava o crescente grupo de industriais em sua luta contra o trabalhismo – para assumir o controle do local. Numa batalha que duraria 14 horas, acompanhada por cada cidadão americano por meio da cobertura feita pela imprensa em todos os principais jornais, os seguranças não só saíram perdendo como os trabalhadores e suas famílias – até mulheres e crianças – surraram e esfaquearam três até a morte; além disso, sete trabalhadores também perderam a vida. Carnegie, de férias no pacato refúgio de um lago escocês, instruiu Frick a deixar o mato crescer sobre a fábrica se preciso fosse, mas não negociar com os sindicatos; os trabalhadores poderiam entrar à vontade e negociar sozinhos, por conta própria.

Muitos integrantes do sindicato, acreditando que Carnegie era amigo do trabalhismo, enviaram freneticamente telegramas para ele na Escócia, todos sem resposta. As fábricas de Carnegie eram, no final do século XIX, o pilar de sustentação industrial do país, e uma greve numa delas era questão de emergência nacional. Seis dias depois do início da greve, o governador da Pennsylvania enviou a milícia do estado para prender diversos operários e abrir a fábrica, e Frick contratou trabalhadores não-sindicalizados para substituir os grevistas. Cinco dias depois, a greve terminava derrotada. Os sindicatos, mais uma vez, não tinham conseguido impor sua autoridade nas siderúrgicas de Carnegie – e, portanto, no setor siderúrgico como um todo – e continuariam sem ter esse grau de influência até meados do século XX. Toda vez que surgia uma tentativa de sindicalização, o serviço de inteligência de Carnegie o alertava e ele bania os trabalhadores do setor para sempre – essas eram as atitudes de um homem cujos pai, mãe e avô eram membros leais e ativos do movimento cartista britânico, grupo político cujo principal objetivo era promover os direitos dos trabalhadores.

Em 1892, a sociedade privada de Carnegie, avaliada em 25 milhões de dólares, estava dando retornos extraordinários para Andrew Carnegie e seu sócio Henry Frick – primeiro de 50%, depois de 100% e, mais tarde, de mais de 200%.[20] Ao comprar outras siderúrgicas e promover a fusão com elas, ele também desenvolveu o que chamou de "jovens gênios" – brilhantes gerentes de nível médio, promovidos a cargos de gerência sênior para administrar as fábricas, com os quais passou a dividir uma parcela do lucro líquido.[21] Como em muitas sociedades, se o gerente saísse por qualquer motivo, era obrigado a vender sua participação pelo valor corrigido. Milhares de funcionários administrativos e gerentes em princípio de carreira foram contratados, treinados e preparados pela empresa, e Pittsburgh se tornou uma próspera cidade de classe média com o crescimento de belos e arborizados bairros residenciais afastados do centro, onde vivia a classe emergente da indústria do aço, e até com recantos ainda mais arborizados, onde viviam as eminências pardas do setor em suas opulentas mansões. A classe dos trabalhadores, por sua vez, não saíra do lugar.

Com o trabalho desses gerentes, a empresa de Carnegie experimentou enorme crescimento. Carnegie e Frick se dedicavam a um processo de melhoria em grande escala da produtividade e da eficiência, pelo qual as antigas fornalhas foram substituídas por outras mais eficazes. Chegaram a realizar a primeira iniciativa de integração vertical de larga escala já vista no mundo, pela qual compravam não só quase todo o minério de ferro e o coque de que precisavam, como também as barcaças e linhas férreas necessárias para o transporte do ferro e do carvão até suas fábricas. Para aumentar a velocidade dos trens, Carnegie estimulou a troca dos velhos trilhos por outros de aço, e sua empresa ajudou a pagar pela troca das pontes de madeira sobre rios por pontes de aço. Onde quer que surgisse um avanço tecnológico na indústria do aço, podia-se contar que Carnegie o incorporaria em suas fábricas – como fez com o forno Martin, nos anos 1890. A produção de aço de Carnegie era não só a maior dos Estados Unidos, como também desbancara a Grã-Bretanha da posição de maior produtora mundial de aço.

Carnegie sempre quis se aposentar cedo e receber a formação que não teve quando jovem. Seu relacionamento com Frick estava se tornando cada vez mais tenso e, em 1900, quando Frick tentou aumentar o preço do coque que ele fornecia para as siderúrgicas, foi a proverbial gota d'água que faltava. Carnegie queria Frick fora da sociedade, e Frick ameaçava não só levar Carnegie aos tribunais como também chegou a ameaçá-lo fisicamente – Carnegie, com 1,57m de altura, era um homem franzino. A batalha legal que se seguiu, intitulada *O Duelo dos Reis do Aço*, foi o equivalente ao julgamento de O. J. Simpson na década passada. O país inteiro ficou em suspenso assistindo a cada detalhe sórdido dos bastidores da sociedade. Finalmente, Carnegie fez uma proposta financeira que dobrou Frick – não pelo valor total corrigido, como ele ameaçara, mas pela considerável soma de pouco mais de 30 milhões de dólares.

Porém, nuvens negras estavam rondando o horizonte de Carnegie. A United States Steel Corporation, do financista de Nova York J. P. Morgan, que vinha comprando instalações de acabamento onde o aço produzido pelas siderúrgicas de Carnegie era cortado, polido e enviado para cada cliente individualmente, estava agora subindo na pirâmide do setor e entrando no processo de fabricação de aço por meio da produção de altos-fornos. Para pressionar Carnegie a vender suas siderúrgicas, Morgan se recusou a comprar o aço de Carnegie para abastecer suas instalações de acabamento, e várias das siderúrgicas de Carnegie começaram lentamente a definhar. Carnegie zombou desse desafio de Morgan, mas não sabia que o *chief executive* que havia contratado para substituir Frick, Charles Schwab – preocupado com o rumo que a Carnegie Steel Corporation estava tomando –, procuraria Morgan, em total sigilo, com o intuito de obter uma oferta para a venda. Schwab também pressionou Carnegie por intermédio de sua mãe, que ficara com o coração partido diante das atitudes do filho contra os sindicatos, e queria que Carnegie abandonasse o negócio para se dedicar àquilo que ele sempre dissera que queria fazer: filantropia. Em 1901, a Carnegie Steel Corporation foi vendida para a United States Steel Corporation por cerca de 250 milhões de dólares.

O impacto da U.S. Steel no mundo moderno é muito parecido com o impacto dos diádocos – os sucessores de Alexandre – no mundo daquela época. Por um lado, a empresa lançou de fato a era do capitalismo gerencial, no qual profissionais bem formados nas faculdades de direito e de administração do país – aquelas que haviam optado por uma direção e um programa pedagógico semelhante àquele aplicado por Aristóteles na formação de Alexandre – eram contratados e subiam pela escada corporativa. Por outro lado, como os diádocos, a U.S. Steel também tinha seus problemas e incertezas – primeiro de coordenação e controle durante a aquisição, absorção e reorganização das usinas de aço que passaram a ser suas, depois, por causa dos clientes que estavam substituindo o aço por outros materiais resistentes, mas leves, como o alumínio, depois ainda devido aos avanços tecnológicos e às melhorias nas técnicas de produção adotados pelos concorrentes europeus e japoneses da U.S. Steel, e finalmente pelos preços mais baixos e pela qualidade superior do produto importado – sobretudo do Japão, mas também da Coréia e de Taiwan. Nos anos 80, a empresa não só mudou de nome, para USX, esforçando-se para sobreviver à fortíssima concorrência do Japão e de nomes hábeis como a Nucor, mas também teve de travar uma violenta batalha contra o gênio da compra alavancada Carl Icahn, mesmo enquanto ele – lenta, mas progressivamente – mergulhava seu nome na lama. Como no caso dos diádocos, a história da U.S. Steel é um dos principais exemplos de "colheita" (em vez de "construção" ou "cultivo") na história dos negócios.

Como a marca deixada por Alexandre no mundo, a de Carnegie foi profunda e duradoura – apesar de, como a de Alexandre, freqüentemente criticada. Os críticos o acusaram de exercer influência indevida sobre as pesquisas médicas e científicas, e sobre instituições acadêmicas. Mas os críticos nunca paralisaram Carnegie. Em seu *Evangelho da riqueza*, Carnegie escreveu: "O homem que morre rico morre em desgraça" e, em seguida, doou o que chamava de "riqueza excedente" para a "promoção da humanidade" o mais rápido que pôde. Foram 350 milhões de dólares (250 milhões da venda e mais 100 milhões de sua fortuna pessoal) para sete diferentes fundos fiduciários, cada um direcionado a um beneficiário distinto. Existiam alguns objetivos em comum que esses fundos deveriam financiar: instituições educacionais, de saúde e de pesquisa, bibliotecas e instituições que promovessem a causa do entendimento mundial e da paz. Como as cidades fundadas por Alexandre, que não só existem como prosperam até hoje, os milionários fundos e mecanismos de financiamento criados por Carnegie, como o Fundo Carnegie para a Paz Internacional e a Carnegie Corporation de Nova York, continuam bancando o tão necessário financiamento de inúmeras causas educacionais, culturais, científicas, médicas e sociais. Carnegie nunca se esqueceu de onde veio e, dos 62 milhões que doou para três fundos britânicos, um é dedicado especificamente a aprimorar as instituições educacionais da cidade de Dunfermline, onde ele nasceu.

O Mundo Unificado de Alexandre

A visão de um mundo único, acalentada por Alexandre, na qual diferentes culturas e sociedades viveriam juntas e coexistiriam de forma pacífica, basicamente virou fumaça após sua morte. Seu sonho era criar um império greco-oriental, que seria administrado por uma classe governante greco-oriental, sendo greco-oriental em toda sua essência.[22] Na busca dessa meta, ele não só havia criado um centro de treinamento militar para ensinar a arte da guerra aos povos asiáticos e atribuído responsabilidades executivas aos asiáticos nas forças armadas e na governança do império, como também havia começado a preparar milhares de asiáticos para exercer funções no serviço público. Infelizmente, no governo dos diádocos, sua visão foi transformada num regime greco-macedônio, composto por pessoas basicamente da mesma origem, falantes da mesma língua e praticantes da mesma religião, que jamais poderiam compreender o *éthos* multicultural que haviam herdado. Michael I. Rostovtzeff, um dos maiores historiadores clássicos, descreve esse regime mundial greco-macedônio pós-Alexandre (comumente chamado de "período helenístico") como "um fenômeno peculiar, único em seu gênero na evolução da humanidade".[23]

Nos países e províncias sob o regime greco-macedônio, a população nativa continuou tão estrangeira e isolada quanto antes da chegada dos macedônios. Os ptolomeus do Egito levavam uma vida de suntuosidade e indiferença, percorrendo o Nilo de vez em quando para acenar para seus súditos nativos, que basicamente permaneceram tão pobres quanto eram antes. As exceções eram os nativos egípcios que ajudavam a promover os vastos interesses comerciais dos ptolomeus: ou seja, aqueles que carregavam e descarregavam navios no porto de Alexandria, transportavam grãos, têxteis e óleo, ou trabalhavam na construção de obras públicas – estradas, canais e edificações.

Os ptolomeus pensavam tão obsessivamente em comércio que o Egito ptolemaico tem sido muitas vezes descrito como um dos maiores exemplos da prática dos modernos princípios capitalistas na Antiguidade. Um governador macedônio no Egito chegou a criar o conceito de arbitragem comercial – alertado quanto ao aumento da fome na Grécia, ele interveio no mercado egípcio de grãos, comprando toda a produção e vendendo-a para os gregos, que já eram os principais consumidores, a preços inflacionados.

Apesar de os ptolomeus terem aproveitado ao máximo o comércio no novo mundo, é importante lembrarmos, como Rostovtzeff disse certa vez, que Alexandre não foi um Colombo.[24] Alexandre não descobriu um novo mundo, tampouco uma rota de comércio. Sempre houve intenso comércio entre persas e gregos, e, muitos séculos antes de Alexandre, os persas haviam aberto a Estrada Real, que ligava o Extremo Oriente do império persa a Sardes, no Extremo Ocidente – o que garantia a travessia segura dos comerciantes e mercadores do leste da Ásia para a Europa.

Apesar de não ter sido um Colombo, Alexandre apresentou um projeto extremamente convincente de conquista da Pérsia e das terras que jaziam além. E mais, na consecução desse projeto, abriu vastos mercados para os produtos gregos na Ásia, fazendo a balança comercial historicamente negativa da Grécia (que importava todos os cereais e outros produtos básicos da Ásia) inverter-se de forma extraordinariamente positiva.

Infelizmente para Alexandre, os diádocos não tinham esse projeto, nem essa visão. Eram beneficiários absolutamente não merecedores de um impressionante golpe de azar para Alexandre e sua família e de sorte para si próprios. Seu único objetivo era tomar posse do que tinham conseguido amealhar na divisão do império de Alexandre em benefício próprio. Não conseguiam pensar nos legados representados pelos mundos que agora eram governados por eles. Eram homens – e, mais tarde, homens e mulheres – que só pensavam em seus legados pessoais – ou seja, os legados que deixariam para seus filhos e netos, mas não para o povo que governavam. A rota aberta entre a Ásia e a Europa, que vinha sendo usada para fazer comércio *com o mundo*, foi transformada por eles numa rota para se fazer comércio *com a Grécia* (a partir de suas capitais nas terras distantes). Enquanto Alexandre se dedicara ao projeto de descobrir novas terras, explorar novos territórios e assimilar diferentes culturas, os diádocos só conseguiam enxergar a Grécia. Imagine o comércio de peles nos Estados Unidos logo depois que a expedição de Lewis e Clark no início do século XIX abriu o caminho do oeste. E se John Jacob Astor e outros comerciantes de peles americanos e canadenses só tivessem feito comércio com a costa leste dos Estados Unidos?

Até mesmo seus respectivos exércitos foram recrutados não entre os nativos de cada região, mas entre gregos e macedônios. Diferente de Alexandre, que mandou para casa enormes contingentes de soldados gregos e macedônios, pôs em seus lugares soldados nativos e uniu os gregos e o contingente nativo num exército só, os diádocos recorreram a bandos de mercenários gregos e macedônios desempregados, cujos serviços contratavam num mercado aberto.

Tão helenocêntricos eram os diádocos e a burguesia grega que os cercava que praticamente não enxergavam os demais modelos de governança que estavam começando a se desenvolver durante o período helenístico. Por exemplo, Políbio, o maior cronista da constituição romana, que influenciou a forma como muitos filósofos políticos, tais como Montesquieu, viam o mundo e também como os redatores da constituição dos Estados Unidos pensaram e urdiram a Carta Magna de seu país. Provavelmente, o maior historiador grego do período helenístico (quase um Tucídides tardio), ele tinha muito a dizer a respeito da constituição romana, sobretudo o modo como a separação dos poderes entre os cônsules, o senado e as assembléias havia mantido o poder um do outro sob controle e em equilíbrio ótimo.

Políbio fora mantido refém em Roma durante 17 anos, entre 167 e 151 a.C., e, portanto, tivera a oportunidade de observar de perto os bastidores da estrutura política e da governança romana. Não obstante, apesar de admitir que "os romanos em menos de 53 anos conseguiram subjugar praticamente todo o mundo habitado – caso único na história", a superioridade helenocêntrica de Políbio jamais o permitiria admitir que os romanos haviam conseguido criar, com sua constituição, algo que era completamente inédito. Ele tratou as regras de governança da constituição romana como se elas não diferissem em nada daquelas que determinavam o rápido declínio das monarquias helenísticas.[25]

Por governar do ambiente restrito de seus opulentos palácios, não surpreende que nenhum dos diádocos tenha exercido o mais leve efeito sobre a vida social e econômica de seus súditos. Com efeito, assim que Alexandre morreu, cada um dos Companheiros, sem uma única exceção, se livrou de sua esposa não-grega ou não-macedônia. Alguns dos diádocos tinham pouco interesse em investir em seu império – estavam interessados apenas em tirar proveito dele. No Egito, por exemplo, em seus trezentos anos no poder, os ptolomeus fundaram mais duas cidades além de Alexandria, nada além disso.

Alguns dos outros diádocos, como os selêucidas e os antigônidas, fundaram muitas cidades e povoados. Com efeito, das cerca de 80 que devem ter sido fundadas por Alexandre, não mais que algo em torno de 12 foi ele mesmo quem fundou; as restantes foram fundadas por esses diádocos, e muitas batizadas em homenagem a ele para poderem continuar a explorar o mito que o cercava. Infelizmente, essas novas cidades e povoados foram usados para atrair como colonos apenas gregos e macedônios.

Uma área na qual o período helenístico prosseguiu dando importantes contribuições, mesmo após a morte de Alexandre, foi a da arte e cultura. A dedicação a essas duas áreas foi tão prolífica e profunda que somente na Renascença italiana, no século XIV, o mundo assistiria a algo parecido em termos de diversidade e de magnitude das contribuições. Uma das áreas nas quais a arte teve enorme impulso foi no extremo oriente do império selêucida, onde milhares de artesãos gregos se juntaram aos soldados do exército de Alexandre que se haviam fixado ali. Até hoje sobrevivem muitos monastérios, esculturas, artefatos, imagens e moedas dessa época, que atestam a congregação de culturas. As estátuas de Buda nessa região são comumente representadas nos motivos gregos e romanos, e freqüentemente são encontradas moedas com inscrições gregas de um lado e em sânscrito do outro.

Muitos desses gregos chegaram a se converter às religiões locais, alguns abraçando o budismo; outros, o hinduísmo. De fato, um dos últimos governantes gregos da região, Menandro, que se converteu ao budismo, chegou a ter um nome em sânscrito, Milindo. Seu longo diálogo socrático com um missionário budista para investigar os benefícios da conversão, "As Questões de Milindo", continua sendo um dos textos definitivos e seminais do budismo. Durante quase quinhentos anos após sua morte, a visão de Alexandre continuou influenciando essa remota parte do mundo – o Extremo Oriente do Irã, do Afeganistão, do Uzbequistão, do Tadjiquistão e da Índia ocidental – enquanto o mundo do qual ele saíra se dissolvia no império romano.

O Egito, com a ajuda de Roma, conquistaria a maior parte da Ásia ocidental. Mas a hegemonia egípcia terminaria com o suicídio do último dos monarcas macedônios, a rainha Cleópatra. Com a ajuda de seu marido, o general romano Marco Antônio, ela estava próxima de realizar seu sonho de unificar o mundo novamente, como Alexandre, o Grande, fizera, mas a fragorosa derrota naval de Marco Antônio para Otávio, irmão de sua divorciada e desventurada esposa romana, Otávia, em Actium, no outono de 31 a.C., quase trezentos anos depois da morte de Alexandre, pôs fim a suas pretensões.[26]

A Grécia e a Macedônia ficariam sob o domínio de Roma até o século IV d.C., passando então para Bizâncio e, mais tarde, no século XV, fundindo-se com o império otomano. A Grécia e a Macedônia só se tornariam nações soberanas e independentes no século XIX.

Cleópatra e o Fim do Período Helenístico

Em seu romance *Immortality*, o escritor tcheco Milan Kundera escreve sobre o desejo que o homem sente de deixar um legado duradouro. Esse legado faria dele imortal, porque, apesar da morte inevitável, ele viveria nos corações e mentes dos homens.[27] Foi esse anseio profundo por um legado que fez Cleópatra levar para o próprio leito uma áspide (mortal serpente egípcia) num cesto de figos, pois a morte por picada de cobra, para os egípcios, garantiria a imortalidade do tipo divina – ou seja, da alma.

Não sabemos se Cleópatra conquistou a imortalidade além da vida, mas imortalidade, isso sem dúvida – infelizmente, como uma *femme fatale* que se valeu astuciosamente de sua beleza para atrair primeiro Júlio César (quando era casada com seu irmão mais novo, Ptolomeu XIV), e depois, após a morte de César, seu amigo Marco Antônio. Extraordinária coincidência que tenha sido o sobrinho de César e cunhado de Marco Antônio, C. Julius Caesar Octavius, aos 32 anos (exatamente a mesma idade com que Alexandre morreu), quem pôs um fim ao caos que tomou conta de Roma após a morte de César e assumiu o controle do Mediterrâneo ao derrotar as forças de Cleópatra e de Marco Antônio em Actium.

Em 29 de agosto de 30 a.C., Otávio se pôs diante do corpo embalsamado de Alexandre, mantido com toda a pompa em Alexandria, e declarou que, com a morte de Cleópatra, todo o período helenístico estava oficialmente morto. (Foi a "Stunde Null", expressão alemã que se refere ao momento histórico que marcou o fim da Segunda Guerra Mundial.) Em menos de três anos, o senado romano iria conferir-lhe o título de "Imperator Caesar Augustus", de cunho religioso, que significava não só imperador, mas implicava também poderes sobre-humanos,[28] e Augustus Caesar, o primeiro imperador romano, em sua vida longa e marcada por doenças, concretizaria muitos dos preceitos do mundo unificado que Alexandre havia se proposto a implementar.

Uma vez passada a era dos diádocos, as atenções se voltaram novamente para a vida e o legado de Alexandre o Grande. Inúmeras histórias foram escritas. Diodoro da Sicília, considerado um compilador indiscriminado de informações das mais diversas fontes, escreveu uma das primeiras. Plutarco sucedeu Diodoro quase 120 anos depois com suas biografias de 46 gregos e romanos, nas quais os heróis não podiam ser mais heróicos e os vilões mais vis. Arriano foi o próximo quase meio século depois de Plutarco, e é considerado aquele que mais luz lançou, e que melhor interpretou e integrou suas fontes. Mas é claro que o legado de Alexandre depende de quem se debruça sobre ele e o analisa.

Conforme Kundera escreveu, a imortalidade muitas vezes leva não a um legado glorioso como o planejado, mas a um legado ridículo graças ao qual a pessoa é lembrada não pelos atos de coragem e bondade, mas por desconcertantes e lamentáveis deslizes e desvios. Tomemos, por exemplo, o legado de Cristóvão Colombo. Até há pouco tempo, a maioria das crianças nas escolas americanas cantava alegremente a cantiga "Em 1492, Colombo singrou o mar azul". Mas, pouco antes das comemorações dos quinhentos anos de sua viagem, conforme escrito pela colunista da *Newsweek*, Meg Greenfield: "O grande navegador recebeu uma torta na cara."[29] Greenfield escreveu que "seu legado foi revisto e deixou de ser um exemplo de coragem, imaginação e diligência" para se tornar "uma coleção de canalhices que incluem genocídio, racismo e a mais indiscriminada destruição do meio ambiente".[30]

O legado de Alexandre também atravessou uma fase revisionista. Até há poucos anos, ele era mais lembrado por seu projeto de unificação do mundo, por se ter dedicado a esse projeto numa época em que o poder do império persa fazia suas chances parecerem mínimas, por ter conquistado mais do que prometera, por ter alimentado uma visão de mundo de coexistência cultural e social e por ter criado instituições, nações e cidades que permanecem até hoje. Ele poderia ter se limitado a acumular e espoliar a riqueza para benefício próprio. Em meio à sua insaciável ambição, certamente cometeu erros e muitas vezes buscou ampliar seu império ou impor suas convicções pessoais de forma impiedosa. Milhares de vidas foram perdidas. Alguns historiadores têm preferido se concentrar inteiramente nesses deslizes e lembrar dele como um megalomaníaco com sede de poder, um destruidor de inúmeras grandes civilizações, um bárbaro fora do comum, um autocrata de rapina e um genocida.

Seja qual for o aspecto do legado de Alexandre para o qual se queira voltar o olhar, o que fez de certo e o que fez de errado, não resta dúvida de que seus feitos e decisões, táticas e estratégias, qualidades de liderança e visão, servirão eternamente como parâmetros e faróis para todos aqueles que desejam erguer instituições, grandes ou pequenas, pessoais ou profissionais, e seu entendimento e fascínio pelas diferentes culturas ajudarão a entender as dúvidas e incertezas do mundo em que vivemos hoje. É de fato necessário estudar sua personalidade e realizações com alguma reserva, e indo além do que um classicista, biógrafo ou historiador possa oferecer – ou, pelo menos, compreendendo que as interpretações são plurais.

Alexandre atingiu, de fato, a imortalidade como pessoa que foi aonde ninguém tivera a coragem de ir, fez o que ninguém tinha feito antes e conquistou seus objetivos de um modo que não só lhe convinha pessoalmente, como também apontava caminhos para as gerações porvindouras. Fez isso numa época em que a História parecia oferecer a solene opção entre o humanismo democrático da Grécia – apesar de imperfeito – e o totalitarismo da Pérsia. A história de Alexandre, o Grande, será sempre como um Sol a lançar seus raios brilhantes para todo aquele que deseje vencer a neblina da censura ou as densas nuvens do desprezo. Cada época irá interpretá-lo e reinterpretá-lo segundo suas conquistas sociais e morais específicas, e cada interpretação dirá tanto a nosso respeito quanto sobre ele. Não há como negar, porém, que, após 2.500 anos dessas interpretações, ele continua nos inspirando naquilo que fazemos hoje.

RESUMO DE QUESTÕES

1. Nenhum Plano Claro de Sucessão

Um dos desafios fundamentais do planejamento de uma sucessão nas organizações empresariais e políticas, como no governo das nações, é que poucas organizações chegam a traçar planos emergenciais para o caso da perda do líder. A história da morte de Alexandre, o Grande, e a dissolução do império por parte de seus sucessores é um eloqüente testemunho das conseqüências de não se estar preparado para a perda de um líder.

2. Promover a Lealdade em Detrimento do Talento

Apesar de os Companheiros serem líderes de grande capacidade, Alexandre nunca preparou ou treinou nenhum deles como seu sucessor – porque fazer isso traria problemas à sua supremacia. Com efeito, no fim de seu reinado, ele freqüentemente nomeou pessoas para cargos importantes em função da lealdade ou da ficha de serviços prestados a ele, e não necessariamente da capacidade para liderar pessoas ou vencer batalhas. Muitas vezes, o legado de um líder forte é uma organização sem suficiente capacidade de liderança para preencher a lacuna deixada pelo líder depois de sua partida.

3. Sufocar as Críticas Leva à Obediência

Os Companheiros, que haviam começado como colegas e pares de Alexandre, após o assassinato de Parmênion e de seu filho Filotas, desistiram de contestar as medidas, os planos e as decisões de Alexandre. No final de seu reinado, havia relutância em "causar perturbações na superfície do lago", e todos os generais mais antigos e governadores basicamente faziam o que Alexandre mandava ou desejava.

4. Valores Privados, Atos Públicos

Alexandre perdeu contato exatamente com aquelas qualidades específicas que tinham sido as responsáveis por seu sucesso. Seus valores pessoais e suas atitudes públicas se confundiram, e ele nunca chegou a refletir como suas crenças pessoais estavam afetando as pessoas que o haviam seguido até ali, as quais poderiam não partilhar dessas mesmas crenças.

5. Falta de Talento para Gerir

Todos os que estavam associados a Alexandre ficaram incrivelmente ricos – além do que jamais poderiam ter sonhado. Por outro lado, seus sucessores não aprimoraram as instituições políticas e militares que primeiramente Filipe e depois Alexandre haviam se esforçado tanto para criar. Em parte, a culpa cabe a seus sucessores, mas também uma parte dela cabe ao próprio Alexandre. Ele estava tão obcecado pela integração e unificação do mundo que dedicou pouca atenção ao fortalecimento daquelas mesmas instituições que haviam tornado possível para os macedônios conquistar quase todo o mundo conhecido.

BIBLIOGRAFIA SELECIONADA

ADCOCK, F. E. *The Greek and Macedonian Art of War.* Berkeley e Los Angeles: University of California Press, 1957.

ALLISON, GRAHAM T. *Essence of Decision: Explaining the Cuban Missile Crisis.* Boston: Little Brown, 1971.

AMBROSE, STEPHEN E. *D-Day, June 6, 1944: The Climactic Battle of World War II.* Nova York: Simon & Schuster, 1994.

ARGYRIS, CHRIS. *Flawed Advice and the Management Trap: How Managers Can Know When They're Getting Good Advice and When They're Not.* Oxford: Oxford University Press, 2000.

___________. *Knowledge for Action: A Guide to Overcoming Barriers to Organizational Change.* São Francisco: Jossey-Bass, 1993.

ARISTOTLE. *The Politics of Aristotle*, trad. Peter L. Phillips Simpson. Chapel Hill: University of North Carolina Press, 1997; *The Politics of Aristotle*, ed. e trad. Ernest Barker. Oxford: Oxford University Press, 1946; *and The Politics*, trad. T. A. Sinclair and Trevor J. Saunders Londres: Penguin Books, 1981.

ARMSTRONG, KAREN. *Holy War: The Crusades and Their Impact on Today's World.* Nova York: Random House, 1988.

ARRIAN. *Anabasis of Alexander*, trad. P.A. Brunt. Cambridge, MA: Harvard University Press, 1983.

BADIAN, ERNST. *Studies in Greek and Romaiz History.* Oxford: Basil Blackwell, 1964.

BARR-SHARRAR, B., E. N. BORZA. *Macedonia and Greece in Late Classical and Early Hellenistic Times.* (Studies in History of Art, Vol. 10) Washington: National Gallery of Art, 1982.

BARZUN, JACQUES. *From Dawn to Decadence: 500 Years of Western Cultural Life.* Nova York: HarperCollins, 2000.

BEARD, MARY. *The Parthenon.* Londres: Profile Books, 2002.

BEATTY, JACK, ed. *Colossus: How the Corporation Changed America.* Nova York: Broadway Books, 2001.

___________. *The World According to Peter Drucker: The Life and Work of the World's Greatest Management Thinker.* Nova York: The Free Press, 1998.

BONAPARTE, NAPOLEON, et al. *How to Make War.* Nova York: Ediciones La Calavera, 1998.

BOORSTIN, DANIEL J. *The Creators: A History of Heroes of the Imagination.* Nova York: Random House, 1992.

BOOT, MAX. *The Savage Wars of Peace: Small Wars and the Rise of American Power.* Nova York: Basic Books, 2002.

BORITT, GABOR S., ed. *Jefferson Davis's Generals.* Oxford: Oxford University Press, 1999.

BORZA, EUGENE N. *In the Shadow of Olympus: The Emergence of Macedon.* Princeton, NJ: Princeton University Press, 1990.

BOSWORTH, A. B. *Alexander and the East: The Tragedy of Triumph.* Oxford: Oxford University Press, 1996.

____________. *Conquest and Empire: The Reign of Alexander the Great.* Cambridge: Cambridge University Press, 1988.

BOSWORTH, A. B., E. J. BAYNHAM, ed. *Alexander the Great in Fact and Fiction.* Oxford: Oxford University Press, 2000.

BRADLEY, BEN. *A Good Life: Newspapering and Other Adventures.* Nova York: Simon & Schuster, 1995.

BURCKHARDT, JACOB. *The Greeks and Greek Civilization*, ed. Oswyn Murray e trad. Sheila Stern. Nova York: St. Martin's, 1999.

BURKERT, WALTER. *Ancient Mystery Cults.* Cambridge, MA: Harvard University Press, 1987.

BURNS, JAMES MACGREGOR. *Leadership.* Nova York: Harper and Row, 1978.

____________. *Roosevelt: The Lion and the Fox.* Nova York: Harcourt Brace, 1956.

CAMPBELL, JOSEPH, BILL MOYERS. *The Power of Myth.* Nova York: Random House, 1988.

CARNEY, ELIZABETH. *Women and Monarchy in Macedonia.* Norman, OK: University of Oklahoma Press, 2000.

CARO, ROBERT A. *Master of the Senate: The Years of Lyndon Johnson.* Nova York: Alfred A. Knopf, 2002.

CARTLEDGE, PAUL. *Ancient Greece: Cambridge Illustrated History.* Cambridge: Cambridge University Press, 1998.

CAWKWELL, GEORGE L. *Philip of Macedon.* Londres: Faber and Faber, 1978.

CHANDLER, ALFRED D. JR. *Strategy and Structure: Chapters in the History of the American Industrial Enterprise.* Cambridge, MA: MIT Press, 1962.

____________. *The Visible Hand: The Managerial Revolution in American Business.* Cambridge, MA: Harvard University Press, 1980.

CHANDLER, DAVID C. *The Military Maxims of Napoleon*, trad. Lieutenant-General Sir George C. D'Aguilar. Londres: Greenhill, 1987.

CHURCHILL, WINSTON. *A History of the English-Speaking People*, Vol. 1-4. Londres: Cassell, 1956.

____________. *The Second World War*, Vol. 1-6. Londres: Cassell, 1948-1954.

CLAUSEWITZ, CARL VON. *On War*, ed. e trad. Michael Howard and Peter Paret. Princeton, NJ: Princeton University Press, 1976.

CLAYTON, TIM, PHIL CRAIG. *Finest Hour: The Battle of Britain.* Nova York: Simon & Schuster, 1999.

COLLINGWOOD, R. C. *The Idea of History.* Oxford: Clarendon Press, 1993.

COLLINS, JAMES C., JERRY I. PORRAS. *Built to Last: Successful Habits of Visionary Companies.* Nova York: Harper Business, 1994.

CRANKSHAW, EDWARD. *The Fall of the House of Habsburg.* Londres: Longmans, Green, 1963.

CUSUMANO, MICHAEL A., DAVID B. YOFFIE. *Competing on Internet Times: Lessons from Netscape and its Battle with Microsoft.* Nova York: Free Press, 1998.

DAS, GURCHARAN. *India Unbound.* Londres: Profile Books, 2002.

DAVIS, PAUL K. *200 Decisive Battles: From Ancient Times to the Present.* Oxford: Oxford University Press, 1999.

DIODORUS SICULUS. *Library of History*, trad. C. Bradford Welles. Cambridge, MA: Harvard University Press, 1963.

DIXON, NORMAN. *On the Psychology of Military Incompetence.* Londres: Random House, 1976.

DODGE, THEODORE AYRAULT. *Alexander.* Boston, MA: Houghton Mifflin, 1890.

DRUCKER, PETER F. *The Age of Discontinuity: Guidelines to Our Changing Society.* Londres: Heinemann, 1969.

___________. *The Changing World of the Executive.* Londres: Heinemann, 1982.

___________. *The Practice of Management.* Londres: Butterworth-Heinemann, 1955.

ECCLES, ROBERT G., NITIN NOHRIA, JAMES D. BERKLEY. *Beyond the Hype: Rediscovering the Essence of Management.* Boston: Harvard Business School Press, 1992.

ENGELS, DONALD W. *Alexander the Great and the Logistics of the Macedonian Army.* Berkeley e Los Angeles: University of California Press, 1978.

ELLIS, JOSEPH. *Founding Brothers: The Revolutionary Generation.* Nova York: Random House, 2000.

ERRINGTON, R. MALCOLM. *A History of Macedonia*, trad. Catherine Errington. Berkeley e Los Angeles: University of California Press, 1990.

FINLEY, M. I. *Democracy Ancient & Modern.* New Brunswick, NJ: Rutgers University Press, 1985.

FISCHER, DAVID HACKETT. *Historians' Fallacies: Toward a Logic of Historical Thought.* Nova York: Harper & Row, 1970.

FISCHER, LOUIS. *The Life of Mahatma Gandhi.* Nova York: Harper & Row, 1950.

FOX, ROBIN LANE. *Alexander the Great.* Londres: Allen Lane, 1973.

FRANKEL, MAX. *The Times of My Life and My Life with the Times.* Nova York: Random House, 1999.

FRASER, P. M. *Cities of Alexander the Great.* Oxford: Oxford University Press, 1996.

FULLER, J. F. C. *The Generalship of Alexander the Great.* New Brunswick, NJ: Rutgers University Press, 1960.

___________. *Julius Caesar: Man, Soldier, and Tyrant.* New Brunswick, NJ: Rutgers University Press, 1965.

___________. *Military History of the Western World*, Vol. 1-3. New Brunswick, NJ: Rutgers University Press, 1955-1961.

CARDNER, JOHN W. *Excellence.* Nova York: W. W. Norton, 1984.

___________. *On Leadership.* Nova York: Free Press, 1990.

___________. *Self-Renewal: The Individual and the Innovative Society.* Nova York: W.W. Norton, 1981.

GHEMAWAT, PANKAJ. *Commitment: The Dynamic of Strategy.* Nova York: The Free Press, 1991.

GILBERT, MARTIN. *First World War.* Londres: Weidenfeld & Nicolson, 1994.

GRAHAM, KATHERINE. *Personal History.* Nova York: Alfred A. Knopf, 1997.

GRANT, MICHAEL. *The Classical Greeks.* Londres: Weidenfeld & Nicolson, 1989.

GRANT, ULYSSES S. *Personal Memoirs.* Nova York: C. L. Webster, 1889.

GRAVES, ROBERT. *The Greek Myths.* Nova York: George Braziller, 1957.

GREEN, PETER. *Alexander of Macedon, 356-323 B.c.: A Historical Biography.* Berkeley e Los Angeles: University of California Press, 1991.

____________. *Alexander to Actium: The Historical Evolution of the Hellenistic Age.* Berkeley e Los Angeles: University of California Press, 1990.

HAMILTON, EDITH. *The Echo of Greece.* Nova York: W. W. Norton, 1957.

____________. *The Greek Way.* Nova York: W. W. Norton, 1930.

____________. *Mythology.* Boston: Little Brown, 1942.

HAMMOND, N.C.L. *Alexander the Great: King, Commander and Statesman.* Londres: Bristol Classical Press, 1989.

____________. *The Genius of Alexander the Great.* Londres: Gerald Duckworth, 1997.

HANSON, VICTOR DAVIS. *The Wars of the Ancient Greeks: And Their Invention of Western Military Culture.* Londres: Cassell, 1999.

____________. *The Soul of Battle: From Ancient Times to the Present Day, How Three Great Liberators Vanquished Tyranny.* Nova York: The Free Press, 1999.

____________. *The Western Way of War: Infantry Battle in Classical Greece.* Nova York: Alfred A. Knopf, 1989.

HERMAN, ARTHUR. *How the Scots Invented the Modern World.* Nova York: Crown, 2001.

HESKETH, ROGER. *Fortitude: The D-Day Deception Campaign.* Nova York: Overlook Press, 2000.

HIBBERT, CHRISTOPHER. *Nelson: A Personal History.* Londres: Viking, 1994.

____________. *Wellington: A Personal History.* Londres: HarperCollins, 1997.

HOBSBAWM, ERIC, TERENCE RANGER, ed. *The Invention of Tradition.* Cambridge, MA: Cambridge University Press, 1983.

HOMER. *The Iliad*, trad. *Robert Fagles.* Introdução e notas Bernard Knox. Nova York: Penguin, 1990.

HORNE, ALISTAIR, DAVID MONTGOMERY. *How Far from Austerlitz? Napoleon 1805-1825.* Londres: Macmillan, 1996.

____________. *The Lonely Leader: Monty 2944-2945.* Londres: Macmillan, 1994.

HOWARD, SIR MICHAEL. *Strategic Deception in the Second World War. British Intelligence Operations Against the German High Command.* Nova York: Norton, 1990.

HUNTINGTON, SAMUEL P. *The Clash of Civilizations and the Remaking of World Order.* Nova York: Simon & Schuster, 1996.

____________. *Political Order in Changing Societies.* New Haven, CT: Yale University Press, 1968.

JARDINE, LISA. *Worldly Gods: A New History of Renaissance.* Londres: Macmillan, 1996.

JENKINS, ROY. *Churchill: A Biography.* Nova York: Farrar, Straus and Giroux, 2001.

JOHNSON, PAUL. *The Renaissance: A Short History.* Nova York: Random House, 2000.

JONES, ARCHER. *The Art of War in the Western World.* Oxford: Oxford University Press, 1987.

KAGAN, DONALD. *On the Origins of War and the Preservation of Peace.* Nova York: Doubleday, 1995.

KAPLAN, ROBERT D. *Warrior Politics: Why Leadership Demands a Pagan Ethos.* Nova York: Random House, 2002.

KATZENBACH, JON R., DOUGLAS K. SMITH. *The Wisdom of Teams: Creating the High-Performance Organization.* Boston, MA: Harvard Business School Press, 1993.

KENY, JOHN. *The Honorable Company: A History of the English East India Company.* Londres: HarperCollins, 1991.

____________. *India: A History.* Londres: HarperCollins, 2000.

KEEGAN, JOHN. *The First World War.* Londres: Hutchinson, 1998.

____________. *A History of Warfare.* Londres: Hutchinson, 1993.

____________. *The Mask of Command.* Londres: Penguin Books, 1987.

____________. *War and Our World.* Londres: Hutchinson, 1998.

KENNEDY, PAUL, ed. *Grand Strategies in War and Peace.* New Haven, CT: Yale University Press, 1991.

KERSHAW, IAN. *The "Hitler Myth": Image and Reality in the Third Reich.* Oxford: Oxford University Press, 1987.

____________. *Hitler 2889-2936: Hubris.* Londres: Allen Lane, 1998.

____________. *Hitler 1936-1945: Nemesis.* Londres: Allen Lane, 2000.

KLINGMAN, WILLIAM K. *Abraham Lincoln and the Road to Emancipation: 1861-1865.* Nova York: Penguin Putnam, 2001.

KUNDERA, MILAN. *Immortality*, trad. Peter Kussi. Nova York: HarperPerennial, 1992.

LANDES, DAVID S. *The Wealth and Poverty of Nations.* Nova York: Norton, 1998.

LIDDELL HART, B. H. *History of the Second World War.* Nova York: Putnam, 1971.

____________. *Strategy.* Londres: Faber & Faber, 1954.

LOURIE, RICHARD. *Sakharov: A Biography.* Hanover, NH: Brandeis University PreSS, 2002.

LUTTWAK, EDWARD N. *The Grand Strategy of the Roman Empire: From the First Century A.D. to the Third.* Baltimore, MD: Johns Hopkins University Press, 1976.

MACAULAY, THOMAS BABINGTON. *The History of England.* Londres: Longman, Brown, Green, and Longmans, 1849.

MACHIAVELLI, NICCOLB. *The Prince*, trad. George Bull. Londres: Penguin Books, 1961.

MANVILLE, PHILIP BROOK. *The Origins of Citizenship in Ancient Athens.* Princeton, NJ: Princeton University Press, 1990.

MARTIN, THOMAS R. *Ancient Greece: From Prehistoric to Hellenistic Times.* New Haven, CT: Yale University Press.

MASON, PHILIP. *The Men Who Ruled India.* Kolkata, India: Rupa, 1985.

MELCHERT, NORMAN. *The Great Conversation.* Nova York: McGraw-Hill, 1991.

MCCULLOUGH, DAVID. *John Adams.* Nova York: Simon & Schuster, 2001.

MCKEON, RICHARD. *Introduction to Aristotle.* Nova York: The Modern Library, 1947.

MCLYNN, FRANK. *Napoleon: A Biography.* Londres: Jonathan Cape, 1997.

MIDDLEKAUFF, ROBERT. *The Glorious Cause: The American Revolution, 1763-1789.* Oxford: Oxford University Press, 1982.

MILLER, PERRY. *Errand into the Wilderness.* Cambridge, MA: Harvard University Press, 1984.

MILTON, GILES. *Big Chief Elizabeth: How England's Adventurers Gambled and Won the New World.* Londres: Hodder & Stoughton, 2000.

MITFORD, NANCY. *Frederick the Great.* Londres: Hamish Hamilton, 1970.

MONTESQUIEU. *Considerations on the Causes of the Greatness of the Romans and Their Decline*, trad. Introdução e notas David Lowenthal. Nova York: The Free Press, 1965.

MONTGOMERY, LORD VISCOUNT. *A Concise History of Warfare*. Londres: William Collins, 1968.

MORRIS, EDMUND. *Theodore Rex*. Nova York: Random House, 2001.

NALEBUFF, BARRY J., ADAM M. BRANDENBURGER. *Co-Opetition*. Londres: Harper-Collins, 1996.

NEUSTADT, RAY, ERNIE MAY. *Thinking in Time: The Uses of History for Decision Makers*. Nova York: The Free Press, 1986.

NOHRIA, NITIN, DAVIS DYER, FREDERICK DALZELL. *Changing Fortunes: Remaking the Industrial Corporation*. Nova York: John Wiley, 2002.

NORWICH, JOHN JULIUS. *Shakespeare's Kings*. Londres: Penguin Books, 1999.

OHMAE, KENICHI. *The Mind of the Strategist: The Art of Japanese Business*. Nova York: McGraw-Hill, 1982.

PAGDEN, ANTHONY. *People and Empires: A Short History of European Migration, Exploration, and Conquest from Greece to the Present*. Nova York: Random House, 2001.

PAGONIS, LT. GEN. WILLIAM C., JEFFREY L. CRUIKSHANK. *Moving Mountains: Lessons in Leadership and Logistics from the Gulf War*. Boston, MA: Harvard Business School Press, 1992.

PAKENHAM, THOMAS. *The Boer War*. Londres: Weidenfeld & Nicolson, 1979.

PETERS, THOMAS J., ROBERT H. WATERMAN JR. *In Search of Excellence: Lessons from America's Best-Run Companies*. Nova York: HarperCollins, 1982.

PLUTARCH. *Lives*, trad. Bernadotte Perrin. Cambridge, MA: Harvard University Press, 1928.

____________. *The Age of Alexander: Nine Greek Lives*, trad. Ian Scott-Kilvert. Nova York: Penguin, 1973.

POLYBIUS. *The Rise of the Roman Empire*, trad. Ian Scott-Kilvert. Nova York: Penguim, 1979.

PORTER, GLENN. *The Rise of Big Business: 2860—1920*. Wheeling, IL: Harlan Davidson, 1992.

PORTER, MICHAEL E. *Competitive Advantage: Creating and Sustaining Superior Performance*. Nova York: The Free Press, 1985.

____________. *Competitive Strategy: Techniques for Analyzing Industries and Competitors*. Nova York: Free Press, 1980.

POTTER, JOHN. *The Antiquities of Greece*. Londres: J. Nicholson, 1715.

PRATT, FLETCHER. *The Battles That Changed History*. Nova York: Doubleday, 1956.

QUINN, JAMES BRIAN. *Strategies for Change: Logical Incrementalism*. Homewood, IL: Richard D. Irwin, 1990.

RAY, JOHN. *Reflections of Osiris: Lives from Ancient Egypt*. Londres: Profile, 2001.

ROSTOVTZEFF, MICHAEL. *The Social and Economic History of the Hellenistic World*. Oxford: Oxford University Press, 1941.

RUFUS, QUINTUS CURTIUS. *The History of Alexander*, trad. John Yardley. Nova York: Penguin Books, 1984.

SAGE, MICHAEL M. *Warfare in Ancient Greece: A Sourcebook*. Londres: Routledge, 1996.

SCHOM, ALAN. *Napoleon Bonaparte*. Nova York: HarperPerennial, 1997.

SCHAN, DONALD A. *Educating the Reflective Practitioner*. São Francisco: Jossey-Bass, 1987.

__________. *The Reflective Practitioner: How Professionals Think in Action.* Nova York: Basic Books, 1983.

SELBOURNE, DAVID. *The Principle of Duty.* Londres: Sinclair-Stevenson, 1994.

STALK, GEORGE JR., THOMAS M. HOUT. *Competing Against Time: How Time-Based Competition Is Reshaping Global Markets.* Nova York: The Free Press, 1990.

STARK, FREYA. *Alexander's Path.* Londres: John Murray, 1958.

STARKEY, DAVID. *Elizabeth: Apprenticeship.* Londres: Chatto & Windus, 2000.

STARR, CHESTER G. *A History of the Ancient World.* Oxford e Nova York: Oxford University Press, 1969.

STRASSLER, ROBERT B., ed. *The Landmark Thucydides: A Comprehensive Guide to the Peloponnesian War.* Nova York: Simon & Schuster, 1996.

STROUSE, JEAN. *Morgan: American Financier.* Nova York: Random House, 1999.

TZU, SUN. *The Art of War*, trad. S. B. Criffith. Oxford: Oxford University Press, 1963.

THAPAR, ROMILA. *A History of India*, Vol. 1. Londres: Penguin Books, 1966.

THOMAS, HUGH. *The Conquest of Mexico.* Londres: Random House, 1993.

THOMPSON, JULIAN. *The Lifeblood of War: Logistics in Armed Conflict.* Londres: Brassey's, 1991.

TITAMAYENIS, T.T. *History of Greece: From the Earliest Times to the Present.* Nova York: D. Appleton, 1883.

TUCHMAN, BARBARA W. *Stillwell and the American Experience in China, 1911-45.* Nova York: Macmillan, 1970.

TUSHMAN, MICHAEL L., CHARLES O'REILLY, DAVID A. NADLER, ed. *The Management of Organizations: Strategies, Tactics, Analyses.* Nova York: Harper & Row, 1989.

U.S. MARINE CORPS. *Warfighting.* Nova York: Doubleday, 1994.

VAN CREVELD, MARTIN. *Command in War.* Cambridge, MA, and Londres: Harvard University Press, 1985.

__________. *Supplying War: Logistics from Wallenstein to Patton.* Cambridge, MA: Cambridge University Press, 1977.

__________. *The Transformation of War: The Most Radical Re-interpretation of Armed Conflict since Clausewitz.* Nova York: The Free Press, 1991.

VERNANT, JEAN-PIERRE. *The Universe, the Gods, and the Mortals: Ancient Greek Myths*, trad. Linda Asher. Londres: Profile, 2001.

WARSH, DAVID. *Economic Principles: Masters and Mavericks of Modern Economics.* Nova York: The Free Press, 1993.

WEIGLEY, RUSSELL F. *The Age of Battles: The Quest for Decisive Warfare from Breitenfeld to Waterloo.* Bloomington and Indianapolis, IN: Indiana University Press, 1991.

WEIR, ALISON. *The Life of Elizabeth I.* Nova York: Random House, 1998.

WILCKEN, ULRICH. *Alexander the Great*, trad. C. C. Richards. Introdução E.N. Borza. Nova York: W. W. Norton, 1967.

WILLS, GARRY. *Lincoln at Gettysburg: The Words That Remade America.* Nova York: Simon & Schuster, 1992.

__________. *Saint Augustine.* Nova York: Penguin Putnam, 1999.

WOMACK, JAMES P., DANIEL T. JONES, DANIEL ROOS. *The Machine That Changed the World.* Nova York: Macmillan, 1990.

WOOD, MICHAEL. *In the Footsteps of Alexander the Great: A Journey from Greece to Asia.* Londres: BBC Books, 1997.

WOOD, W. J. *Civil War Generalship: The Art of Command.* Westport, CT: Greenwood Press, 1997.

WOODWARD, BOB. *The Commanders.* Nova York: Simon & Schuster, 1991.

WORTHINGTON, LAN, ed. *Ventures into Greek History: Essays in Honor of N.G.L. Hammond.* Oxford: Oxford University Press, 1994.

ZINN, HOWARD. *A People's History of the United States: 1492-Present.* Nova York: HarperCollins, 1980.

NOTAS

Introdução

1. Lisa Jardine, *Worldly Gods: A New History of the Renaissance* (Londres: Macmillan, 1996), pp. 67-68.

2. Ken Auletta, "The Lost Tycoon", *The Nova Yorker*, 23 e 30 de abril de 2001, p. 191.

3. Steven J. Ott, ed., *Classic Readings in Organizational Behavior* (Belmont, CA: Brooks/ Cole Publishing Company, 1989), p. 10.

4. Theodore Ayrault Dodge, *Alexander* (Boston, MA: Da Capo Press, 1996), p. 153.

5. Geoffrey Parker, ed. *Cambridge Illustrated History: Warfare* (Cambridge, MA: Cambridge University Press, 1995), pp. 36-37.

6. Thomas R. Martin, *Ancient Greece: From Prehistoric to Hellenistic Times* (New Haven, CT e Londres: Yale University Press), Orations 9.31, p. 188.

7. Quintus Curtius Rufus, *The History of Alexander*, trad. John Yardley (Londres: Penguin Books, 1984), Livro 4, Seção 7, Linha 31.

8. Borza, Eugene N. *In the Shadow of Olympus: The Emergence of Macedon*, (Princeton, NJ: Princeton University Press, 1990), p. 282, sustenta que, apesar de os macedônios não terem deixado propriamente uma pegada cultural, eles seriam mais lembrados por seu uso eficaz do poderio militar.

Capítulo 1
Perante a Grandeza

1. *Homer, The Iliad*, trad. Robert Fagles com introdução e notas de Bernard Knox (Nova York: Penguin Books, 1990), Livro 6-570, p. 211.

2. *Plutarch, The Age of Alexander*, trad. Ian Scott-Kilvert (Londres: Penguin Books, 1973), p. 254.

3. Peter Green, *Alexander of Macedon, 356-323 B.C.: A Historical Biography* (Berkeley, CA, Los Angeles, CA, Londres: The University of California Press, 1991), p. 15.

4. *Plutarco*, p. 294.

5. Citado de J. M. Edmonds, *Elegy and Iambus with the Anacreontea II* (Nova York: C.P. Putnam's Sons, 1931), p. 175.

6. Baseado no romance homônimo de John Jay Osborne Jr.

7. Os versos de Eliot: "Onde está a vida que perdemos ao viver! Onde está a sabedoria que perdemos no conhecimento! Onde está o conhecimento que perdemos na informação!"

8. David Leonhardt, "A Matter of Degree? Not for Consultants" (*The Nova York Times*, 1 de outubro de 2000), Seção 3, p. 1.

9. Norman Melchert, *The Great Conversation, Vol. 2: Pre-Socratics through Descartes*, 4a. ed. (Nova York: McGraw-Hill, 2002), p. 159.

10. *Ibid.*

11. *Aristotle, Nichomean Ethics*, trad. W. D. Ross, Livro 2, Seção 1. Citado de "Introduction to Aristotle", ed. Richard McKeon (Nova York: The Modern Library, 1947), p. 331.

12. *Ibid.*

13. Barbara W. Tuchman, *Stilwell and the American Experience in China, 1911-45* (Nova York: Bantam Books, 1970), p. 155.

14. *Ibid.*

15. Bruce Catton, "The Generalship of Ulysses S. Grant", de Crady McWhinney, ed., *Grant, Lee, Lincoln and the Radicals: Essays on Civil War Leadership* (Baton Rouge, LA: Louisiana State University Press), p. 6.

16. *Ibid.*

17. Barbara W. Tuchman, p. 155.

18. Forrest C. Pogue, *George C. Marshall: Global Commander, U.S. Air Force Academy Harmon Memorial Lecture # 10*, 1968.

19. Alden M. Hayashi, "When to Trust Your Cut", *Harvard Business Review*, fevereiro 2001, pp. 59-65.

20. Uma entrevista com o professor C. Roland Christensen publicada originalmente em 1985, *Graduate Management Admissions Council Spring/Summer 2000 Selections*, Vol. 16, No. 2, p. 4, 349.

CAPÍTULO 2
O NASCIMENTO DA ESTRATÉGIA

1. A. B. Bosworth, *Conquest and Empire: The Reign of Alexander the Great* (Cambridge: Cambridge University Press, 1988), p. 12.

2. Michael E. Porter, "What Is Strategy?", *Harvard Business Review*, novembro-dezembro, 1996, p. 70.

3. Versão de Lionel Giles para a obra chinesa de Sun Tzu. Giles, bibliotecário do British Museum, foi um dos primeiros tradutores de *A arte da guerra*, de Sun Tzu, para o inglês, quando em 1910 ele a deu de presente para seu irmão, que era soldado no exército britânico, na esperança de que o texto, escrito 2.400 anos antes, pudesse ser útil ao soldado de "hoje" – sendo "hoje" as vésperas da Primeira Guerra Mundial.

4. Chester C. Starr, *A History of the Ancient World* (Nova York e Oxford: Oxford University Press, 1991), p. 370.

5. J. F. C. Fuller, *Julius Caesar: Man, Soldier, and Tyrant* (Reading, MA: DaCapo Press), p. 86

6. Stephen E. Ambrose, *D-Day, June 6th 1944: The Climactic Battle of World War II* (Nova York: Simon & Schuster, 1994), p. 74

7. *Ibid.*

8. Martin Van Creveld, *Command in War* (Cambridge, MA, and Londres: Harvard University Press, 1985), p. 20.

9. Peter Creen, *Alexander of Macedon, 356-323 B.C. A Historical Biography* (Berkeley e Los Angeles, CA, Londres: University of California Press, 1991)

10. Paul K. Davis, *200 Decisive Battles-from Ancient Times to the Present* (Oxford: Oxford University Press, 1999), p. 29.

11. George Stalk Jr., Philip Evans e Lawrence E. Shulman, "Competing on Capabilities: The New Rules of Corporate Strategy", *Harvard Business Review*, março-abril, 1992.

12. Kenneth R. Andrews, *The Concept of Corporate Strategy* (Nova York: Dow Jones-Irwin, 1971, e Richard D. Irwin, Inc., 1980 e 1987), p. 22.

13. Barbara Tuchman, *Stilwell and the American Experience in China, 1921-45* (Nova York: Bantam Books), p. 96.

14. George Stalk Jr. e Thomas M. Hout, *Competing Against Time: How Time-Based Competition Is Reshaping Clobal Markets* (Nova York: The Free Press, 1990), p. 58.

15. Jonathan Fahey, "Love into Money", *Forbes*, 7 de janeiro de 2002, p. 60.

16. Michael E. Porter, "What Is Strategy?", *Harvard Business Review*, p. 69.

17. *Ibid.*

18. James Brian Quinn, *Strategies for Change: Logical Incrementalism* (Homewood, Ill: Richard D. Irwin Inc, 1980), p. 158.

19. *Ibid.*

CAPÍTULO 3
OS HOMENS QUE QUERIAM SER REIS

1. Lisa Endlich, *Goldman Sachs: The Culture of Success* (Nova York: Touchstone Books, 2000), p. 69.

2. *Plutarch, The Age of Alexander*, trad. Ian Scott-Kilvert (Londres: Penguin Books, 1973), p. 261.

3. *Ibid.*

4. David McCullough, *John Adams* (Nova York: Simon & Schuster, 2001), p. 408.

5. David Starkey, *Elizabeth* (Londres: Chatto & Windus, 2000), p. 222.

6. Katharine Graham, *Personal History* (Nova York: Alfred p. Knopf, 1997), p. 341.

7. Janet Lowe, *Warren Buffett Speaks: Wit and Wisdom from the World's Greatest Investor* (Nova York: John Wiley & Sons, Inc., 1997), p. 70.

8. Alison Weir, *The Life of Elizabeth I* (Nova York: Ballantine Books, 1998), p. 43.

9. Weir, p. 44.

10. *Ibid.*

11. Joseph J. Ellis, Founding *Brothers: The Revolutionary Generation* (Nova York: Alfred P. Knopf, 2001), p. 124.

CAPÍTULO 4
DANDO O TOM DE SEU REINADO

1. J. F. C. Fuller, *The Generalship of Alexander the Great* (Reading, MA: Da Capo Press, membro de Perseus Books Group; publicado originalmente por Rutgers University Press, New Brunswick, NJ, 1960), p. 81.

2. *Ibid.*

3. *The Nation*, "Editorial", Vol. 260, No. 16. 24 de abril de 1995, p. 545.

4. Patrick J. Maney, "Hundred Days' Standard Long Outmoded", *The State* (Columbia, SC), "Editorial", 28 de abril de 2001, p. 11.

5. *Ibid.*

6. *Ibid.*

7. *Ibid.*

8. Walter Lippmann, *New York Herald Tribune*, 8 de janeiro de 1932; citado por Herbert Mitgang em *New York Times Book Review*, artigo intitulado "The Crusader in the Unseen Wheelchair: A New Life of FDR" (The New York Times, 31 de março de 1990), Seção 1, p. 17 – artigo de Frank Freidel's "Franklin D. Roosevelt: A Rendezvous with Destiny" (Little Brown, 1990).

9. James A. Barnes, "The First too Days Are Often Hectic", *The National Journal*, 12 de novembro de 1988, Vol. 20, No. 46, p. 2.840.

10. Henry F. Graff, "In the Van of History", *Newsweek*, 3 de maio de 1993, p. 39.

11. Joel Swerdlow, "How to Handle the First Hundred Days; Words of Wisdom for Jimmy Carter from President Adviser-Survivors of Honeymoons Gone By", *Washington Post*, 9 de janeiro 1977, p. 10.

12. Philip Johnston, "Verdict on Blair's too Days", *The Daily Telegraph*, 9 de agosto de 1997, p. 4.

13. Gerard Baker, "Perspectives: A hundred days and the FDR factor-Roosevelt's first three months began a fad. Now it's Bush's turn", *Financial Times* (Londres), 28 de abril de 2001, p. 3.

14. Richard E. Neustadt, "The Contemporary Presidency: The Presidential Hundred Days-An Overview", *Presidential Studies Quarterly*, 1 de março de 2001, No.1, Vol. 31, p. 121.

15. Stephen Hess, "First Impressions: A Look Back at Five Presidential Transitions", *Brookings Review*, Verão 2001, Vol. 2, No. 4.

16. *Ibid.*

17. *Ibid.*

18. Betsy Morris, "He's Smart. He's Not Nice. He's Saving Big Blue", *Fortune*, 14 de abril de 1997, p. 68.

19. David Kirkpatrick, "Lou Gerstner's First 30 Days", *Fortune*, 31 de maio de 1993, p. 57.

20. Betsy Morris, p. 68.

21. William J. Broad, "Fumes and Visions Were Not a Myth for Oracle at Delphi", *The New York Times*, 19 de março de 2002, Seção F, p. 1.

Capítulo 5
Vacas Sagradas, Escudos Dourados e um Nó em Forma de Turbante

1. Hugh Thomas, *The Conquest of Mexico* (Londres: Hutchinson, 1993), pp. 222-223.

2. *Ibid.*

3. Esses números são a melhor estimativa feita a partir de diversas fontes: Arriano (30 mil infantes e cinco mil cavaleiros), Diodoro e Justino (32 mil infantes e 4.900 cavaleiros), Plutarco (30 a 43 mil infantes e quatro a cinco mil cavaleiros).

4. Andrew Douglas, John O. Burtis, and Kristine L. Pond-Burtis, "Myth and Leadership Vision: Rhetorical Manifestations of Cultural Force", *Journal of Leadership Studies*, No. 4, Vol. 7, p. 99.

5. *The Economist*, "Do you Sincerely Want to Co Crazy?" 19 de janeiro de 2002, p. 69.

6. Diodorus Siculus, trad. C. Bradford Welles, *Book XVII* (Cambridge, MA: Harvard University Press; Londres: William Heinemann Ltd., Loeb Classical Library, 1963), p. 167.

7. *Ibid.*

8. Wills, p. 34.

9. James Philbin, "A Contratrian View of the Great Emancipator", *The Washington Times*, 12 de fevereiro 2000, p. B3.

10. Wills, p. 38.

11. Adaptado de Arriano, *Anabasis of Alexander*, trad. E. J. Chinnock (Londres: George Bell and Sons, 1893), Book I, 11-16.

12. Paul K. Davis, *100 Decisive Battles: From Ancient Times to the Present* (Oxford e Nova York: Oxford University Press, 1999), p. 158.

13. Buster Olney, "Nova York Yankee Mystique as They Once Again Are Taking Part in Baseball's World Series", Weekend All Things Considered, National Public Radio, 27 de outubro de 2001.

14. Arrian, *Anabasis of Alexander*, trad. p. A. Brunt (Londres e Cambridge, MA: Harvard University Press, 1976), p. 131.

15. Michael Wood, *In the Footsteps of Alexander the Great* (Londres: BBC Books, 1997), p. 49.

16. Werner Burkert, "Ancient Mystery Cults" (Cambridge, MA: Harvard University Press, 1987.)

17. Hugh Trevor-Roper, "The Invention of Tradition: The Highland Tradition of Scotland", de Eric Hobsbawm e Terence Ranger, ed. "The Invention of Tradition" (Cambridge: Cambridge University Press, 1983), p. 19.

18. *Ibid.*

19. Winston Churchill, 4 de junho de 1940, discurso na Câmara dos Comuns.

20. Cavin Bell, "Myths and Miracles of Darkest Hour", *The Scotsman*, 3 de junho de 2000, p. 9.

Capítulo 6
Sete Estilos Diferentes de Liderança

1. David W. Oldach, Robert E. Richard, Eugene N. Borza, e R. Michael Benitez, "A Mysterious Death", *The New England Journal of Medicine*, 38: 1.764-1.769, 11 de junho de

1998 e Eugene N. Borza, "Malaria in Alexander's Army", *Ancient History Bulletin*, Vol 1.2, 1987, pp.36-38.

2. Arrian, *The Anabasis of Alexander*, Livro II, trad. Edward James Chinock (Londres: Ceorge Bell & Sons, 1893), p. 76.

3. Fernando Bartolomé, "Nobody Trusts the Boss Completely-Now What?", *Harvard Business Review*, março-abril, 1989, pp.135-142.

4. Andy Server, "It's a Saga that Brings Together Bill Gates, Bernie Ebbers, and Bill Miller - and even Warren Buffett", *Fortune*, 22 de julho de 2002, pp.131-142.

5. Jomini, *Precis de l'art de la guerre*, p. 333, conforme citado em F. E. Adcock, "The Greek and Macedonian Art of War" (Berkeley e Los Angeles, CA: University of California Press, 1957), p. 69.

6. Peter Creen, *Alexander of Macedon, 356-323 B.c.: A Historical Biography* (Berkeley e Los Angeles, CA: The University of California Press, 1991) p. 227.

7. Este discurso se baseia fundamentalmente em *Arriano: The Anabasis of Alexander*, Livro II, trad. Edward James Chinook (Londres: Ceorge Bell & Sons, 1893), p. 82, e, em segundo lugar, em duas outras traduções de *Arriano: The Campaigns of Alexander* por Aubrey De Séincourt (Londres: Penguin Books, 1971), p. 112, e por p. A. Brunt (Cambridge, MA and Londres: Harvard University Press, 1976), pp.145-147.

8. Peter Green, *Alexander of Macedon, 356-323 B.c: A Historical Biography* (Berkeley e Los Angeles, CA: University of California Press, 1991), p. 230.

9. Lord Montgomery of Alamein, *A Concise History of Warfare* (Hertfordshire, UK: Wordsworth Books, 2000), p. 18.

10. Martin Fletcher, "In Memory of the Fallen", *The Times*, 4 de março de 2002, p. 4.

11. William "Gus" Pagonis e Jeffrey L. Cruikshank, *Moving Mountains: Lessons in Leadership and Logistics from the Gulf War* (Boston, MA: Harvard Business School Press, 1992), pp.158-197.

12. J .F. C. Fuller, *The Generalship of Alexander the Great* (Boston, MA: Da Capo Press, 1960), p. 155.

13. *Arrian, Anabasis of Alexander*, Livro II, trad. Edward James Chinook (Londres: George Bell & Sons, 1893) p. 96.

14. *Ibid.*

15. *Arrian, The Campaigns of Alexander*, trad. Aubrey De Sélincourt (Londres: Penguin Books, 1971) p. 123.

16. Michael Wood, *In the Footsteps of Alexander the Great* (Londres: BBC Books, 1997), p. 67.

17. *Arrian, The Campaigns of Alexander*, trad. Aubrey De Sélincourt, (Londres: Penguin Books, 1971), p. 281.

18. Arline B. Tehan, "The Father of a Nation: Going Beyond Myth, Biography Captures Mandela in His Humanness, Greatness", *The Hartford Courant*, 16 de janeiro de 2000, p. G3 – resenha do livro de Anthony Sampson *Mandela: The Authorized Biography* (Nova York: Knopf, 1999).

19. Nadine Gordimer, *Burger's Daughter* (Nova York: Viking Penguin, 1980).

20. *Arrian, Anabasis of Alexander*, Livro II, trad. Edward James Chinook (Londres: George Bell & Sons, 1893), p. 103.

21. Ulysses S. Crant, *Personal Memoirs* (Nova York: Penguin Putnam, 1999), p. xix.

22. Quintus Curtius Rufus, *The History of Alexander*, trad. John Yardley (Londres: Penguin Books, 1984), p. 62.

23. Rufus, p. 151.

24. Michael Useem, *Leading Up: How to Lead Your Boss So You Both Win* (Nova York: Crown, 2001). O Capítulo 1 oferece uma interessante visão de McClellan, assim como da capacidade de liderança de outros generais da Guerra Civil.

25. Os versos de Eurípedes na *Andrômaca*: "Ó, quão distorcidos estão os costumes na Grécia! Quando o exército ergue seus troféus diante do inimigo, o povo não considera isso um ato daqueles que realizaram o trabalho. Em vez disso, é o general que recebe as honras" – em Eurípedes, *Andromache*, ed. E trad. David Kovacs, Loeb Classical Library (Londres e Cambridge, MA: Harvard University Press, 1995), p. 337.

26. Ver seu excelente *The Soul of Battle: From Ancient Times to the Present Day, How Three Great Liberators Vanquished Tyranny* (Nova York: The Free Press, 1999).

27. Thomas C. Schelling, *Arms and Influence* (New Haven, CT: Yale University Press, 1966) p. 2.

28. Consta que o primeiro-ministro Winston Churchill sabia, desde dois dias antes do ataque a Coventry, de uma fonte de inteligência chamada "Ultra", que Coventry seria bombardeada. Muitos acreditam hoje, como foi o caso de vários dos principais tomadores da decisão junto a Churchill – os quais escreveram livros a respeito –, que Churchill decidiu não evacuar a cidade porque, se o tivesse feito, teria revelado aos alemães o acesso do governo britânico a um agente nos mais altos escalões do governo alemão.

29. Shawn Tully, "The Jamie Dimon Show", *Fortune*, 22 de julho de 2002, pp. 88-96.

30. Ronald R. Sims and Johannes Brinkmann, "Leaders as Role Models: The Case of John Cutfreund at Solomon Brothers", *Journal of Business Ethics*, Vol. 35, No. 4, pp. 327-339.

31. *Ibid.*

CAPÍTULO 7
UMA ESTRATÉGIA GLOBAL PARA UNIFICAR O MUNDO

1. Sawhney, Mohanbir S., "Leveraged High-Variety Strategies: From Portfolio Thinking to Platform Thinking", *Journal of the Academy of Marketing Science*, Inverno 1998, Vol. 26, No. 1, pp. 54-61.

2. Huw V. Bowen, "400 Years of the East India Company", *History Today*, julho de 2000.

3. Emma Rothschild, "The Politics of Globalization circa 1773", *OECD Observer*, 1 de setembro de 2001, p. 12.

4. J. F. C. Fuller, *The Generalship of Alexander the Great* (New Brunswick, NJ: Rutgers University Press, 1960; reimpresso por Da Capo Press Inc., membro de Perseus Group), p. 103.

5. N.G.L. Hammond, *Alexander the Great: King, Commander, and Statesman* (Londres: Bristol Classical Press, 3rd Edition, 1980), p. 123.

6. p. M. Fraser, *Cities of Alexander the Great* (Oxford: Clarendon Press, 1996), lista cerca de 12 cidades que foram realmente fundadas por ele, incluindo: Alexandria, no Egito; Herat e

Kandahar, no Afeganistão; Khojend, no Tadjiquistão; Boukephala, perto de Rawalpindi, no Paquistão; e Naisan, no Irã.

7. *Ibid*, p. 130.

8. Curcharan Das, *India Unbound* (Londres: Profile Books, 2002), p. 117.

9. Nanette Byrnes, et al., "Brands in a Bind", *Business Week*, 28 de agosto de 2000.

10. *Encyclopaedia Britannica*, Vol. 1, p. 766.

11. Ken Auletta, "The Howell Doctrine", *The New Yorker*, 10 de junho de 2002, p. 68.

12. Diodorus Siculus, Livros XXI-XXXII (Cambridge, MA, e Londres: Harvard and Heinemann), trad. F.R. Walton, p. 95.

13. *Ibid*, p. 85.

14. *Arrian, The Campaigns of Alexander* (Londres: Penguin Books), trad. Aubrey de Selincourt, 1958; revisado, com nova introdução e notas de J. R. Hamilton, 1971, p. 163.

15. *Ibid.*

CAPÍTULO 8
"DENTES *VERSUS* CAUDA" – ESTRATÉGIA DE LOGÍSTICA

1. Andrè, ed., *Le Testament Politique du Cardinal de Richelieu* (Paris: 1947), p. 480.

2. A. B. Bosworth, *Conquest and Empire: The Reign of Alexander the Great* (Cambridge: Cambridge University Press, 1988), p. 99, e *Arrian, Anabasis of Alexander*, Livro III, 5-25, trad. p. A. Brunt (Cambridge, MA: Harvard University Press, Loeb Classical Library, 1976), p. 311.

3. Engels, p. 71.

4. Quintus Curtius Rufus, The *History of Alexander, trad. John Yardley* (Londres: Penguin Books, 1984), Livro 6, 14-17, p. 129.

5. James p. Womack, Daniel T. Jones, Daniel Roos, *The Machine That Changed The World* (Nova York: Macmillan, 1990), p. 160.

6. *Ibid.*

7. Faith Keenan, "The Marines Learn New Tactics - from Wal-Mart", *Business Week*, 24 de dezembro de 2001.

8. James W. Crawley, "Supplying the War Machine: Pentagon's intricate 10,000-mile pipeline keeps fighting forces equipped and ready", *The San Diego Union-Tribune*, 30 de dezembro de 2001, p. A1.

9. Larry Goodson, "Simple Strategies to Win Afghan War", *The Irish Times*, 24 de setembro de 2001, p. 16.

10. Donald W. Engels, *Alexander the Great and the Logistics of the Macedonian Army* (Berkeley e Los Angeles, CA: University of California Press, 1978), p. 73.

11. *Ibid*, p. 72.

12. Engels, p. 91.

13. Michael Wood, *In the Footsteps of Alexander the Great* (Londres: BBC Books, 1997), p. 136.

14. Donald W. Engels, *Alexander the Great and the Logistics of the Macedonian Army* (Berkeley e Los Angeles, CA: University of California Press, 1978), p. 21.

15. Lt. Gen. William G. Pagonis e Jeffrey L. Cruikshank, *Moving Mountains: Lessons in Leadership and Logistics from the Gulf War* (Cambridge, MA: Harvard Business School Press, 1992), p. 63.

16. Lee Smith, "Lessons from the Gulf", *Fortune*, 28 de janeiro de 1991, p. 86.

17. Lt. Cen. William G. Pagonis e Jeffrey L. Cruikshank, *Moving Mountains: Lessons in Leadership and Logistics from the Gulf War* (Cambridge, MA: Harvard Business School Press, 1992), p. 147.

18. *Ibid*, p. 118.

19. Graham Sharman, "The Rediscovery of Logistics", *Harvard Business Review*, setembro-outubro, 1984, p. 71.

20. Wood, p. 144.

21. *Ibid.*

CAPÍTULO 9
A ARTE DA ESTRATÉGIA DIVERSIVA

1. Hugh Thomas, *The Conquest of Mexico* (Londres: Random House, 1993), p. 5.

2. A. B. Bosworth and E. J. Baynham, ed., *Alexander the Great in Fact and Fiction* (Oxford: Oxford University Press, 2000) contém um interessante capítulo assinado por Brian Bosworth, intitulado "A Tale of Two Empires: Hernin Cortis and Alexander the Great", que mostra as semelhanças e diferenças dos enfoques imperialistas dos dois homens.

3. N.G.L. Hammond, *Alexander the Great: King, Commander 6 Statesman* (Londres: Chatto & Windus, 1980 e Bristol Classical Paperbacks, 1989), p. 198.

4. Sun Tzu, *The Art of War* (Oxford: Oxford University Press, 1963), trad. S. B. Criffith, p. 93.

5. Rita Gunther McCrath, Ming-Jer Chen, lan C. MacMillan, "Multimarket maneuvering in uncertain spheres of influence: Resource diversion strategies", *Academy of Management Review*, outubro de 1998, Vol. 23, No. 4, p. 724.

6. Tim Hindle, "Why Honesty Is the Best Policy", *The Economist*, 9-15 de março, 2002, Survey, p. 9.

7. A. B. Bosworth, *Alexander and the East: The Tragedy of Triumph* (Oxford: Oxford University Press, 1995), p. 71.

8. Michael Howard, *Strategic Deception in the Second World War: British Intelligence Operations Against the German High Command* (Londres e Nova York: Norton, 1990), p. 115.

9. Winston Churchill, *The Second World War*, Vol 9, *Closing the Ring* (Londres: Cassell, 1952), p. 338.

10. Howard, p. 128.

11. Roger Hesketh, *Fortitude: The D-Day Deception Campaign* (Nova York: Overlook Press, 2000), p. 194.

12. J. F. C. Fuller, *The Generalship of Alexander the Great* (Reading, MA: DaCapo Press, 1960), p. 47.

13. Historiadores têm discutido há muito tempo como foi feito, quem fez e onde aconteceu o destacamento de parte da cavalaria nesse ataque, mas a grande maioria concorda que aconteceu.

14. Lionel Giles trad., *Sun Tzu's Art of War*, 1910.

15. "Towards the Wild Blue Yonder – Boeing v Airbus", *The Economist*, 27 de abril de 2002.

16. Benjamin C. Esty e Pankaj Ghemawat, *Airbus vs. Boeing in Superjumbos: A Case of Failed Preemption*, Harvard Business School Working Paper 02-061, 3 de agosto de 2001 (revisado em 14 de fevereiro de 2002).

17. Ibid.

18. Matthew Brelis, "Faster vs. Bigger", *The Boston Globe*, 6 de maio de 2001, p. C7.

19. *Arrian, The Anabasis of Alexander*, trad. Edward James Chinnock (Londres: George Bell & Sons, 1893), Book V, p. 290.

20. Basil H. Liddell-Hart, "Strategy", *2nd Edition* (Londres: Faber & Faber, 1954, 1967; Meridian Books, 1991), p. 334.

21. Ibid.

CAPÍTULO 10
A MORTE DE ALEXANDRE – E O SEU LEGADO

1. *Arrian, The Anabasis of Alexander*, trad. E. J. Chinnock (Londres: George Bell and Sons, 1893), Livro VI, Chapter XXVI, p. 333.

2. Ian Worthington, "How Great was Alexander?", *The Ancient History Bulletin*, Vol. 13.2, 1999, pp. 39-55.

3. A. B. Bosworth, *Conquest and Empire-The Reign of Alexander the Great* (Cambridge: Cambridge University Press, 1988), p. 99.

4. Bosworth, p. 156.

5. Therese Raphael, "An English Lesson for France's President", *The Wall Street Journal*, 13 de junho de 2002, p. A16.

6. Roy Strong, *The Story of Britain* (Londres: Oman Productions Ltd., 1996), p. 271.

7. Curt Schleier, "Organizer Mohandas Gandhi: Persistence Helped Him Lead India to Independence", Investor's Business Daily, 20 de abril de 2001, p. 2.

8. Todas as regiões da Anatólia (na Turquia atual).

9. Líbia.

10. Nos atuais Afeganistão, Uzbequistão e Tadjiquistão.

11. No sudoeste do Irã.

12. Esse discurso foi adaptado de *Arriano, The Anabasis of Alexander*, trad. E. J. Chinnock (Londres: George Bell and Sons, 1893), Book VII, Chapter IX and X, pp. 356-360.

13. *Arrian*, p. 362.

14. Entre eles, Eugene N. Borza (ver "Some Observations on Malaria and the Ecology of Central Macedonia in Antiquity", *American Journal of Ancient History*, 4th Issue, pp. 102-104).

15. A. B. Bosworth, *Conquest and Empire-The Reign of Alexander the Great* (Cambridge: Cambridge University Press, 1988), p. 174.

16. Peter Green, *Alexander to Actium: The Historical Evolution of the Hellenistic Age* (Berkeley e Los Angeles, CA: University of California Press, 1990), pp. 28-29.

17. Montesquieu, *Considerations on the Causes of the Greatness of the Romans and their Decline*, trad., com introdução e notas de David Lowenthal (Nova York: The Free Press, 1965; Hackett 1999), p. 170.

18. Chester G. Starr, *A History of the Ancient World* (Nova York and Oxford: Oxford University Press, 1991, 1983, 1974, 1965), p. 174.

19. *The New Encyclopedia Britannica*, Vol. 16, p. 74.

20. Nohria, Nitin, et al., *Changing Fortunes: Remaking the Industrial Corporation* (Nova York: John Wiley, 2002), p. 165.

21. Nohria, p. 164.

22. Michael I. Rostovtzeff, "The Hellenistic World and Its Economic Development", Discurso presidencial feito diante da American Historical Association, em Chattanooga, em 28 de dezembro de 1935, reimpresso in American Historical Review, 41:2, janeiro de 1936, pp.231-52.

23. Michael I. Rostovtzeff, *Hellenistic World: The Social and Economic History of the Hellenistic World* (Oxford: Oxford University Press, 1941), Vol. 2.

24. *Ibid.*

25. Peter Green, p. 282.

26. Peter Green, p. 679.

27. Milan Kundera, *Immortality*, trad. Peter Kussi (Nova York: Grove Press Inc., 1991), p. 48.

28. Chester Starr, pp. 547-571

29. Meg Greenfield, "Coodbye, Columbus", *Newsweek*, 15 de fevereiro de 1999, p. A29.

30. *Ibid.*

Este livro foi composto na tipologia Garamond, em corpo 12/15,
impresso em papel off-white 80g/m², no Sistema Cameron
da Divisão Gráfica da Distribuidora Record.